全国普通高等学校人文社会科学重点研究基地
北京师范大学史学理论与史学史研究中心　主办

中文社会科学引文索引（CSSCI）来源集刊

史学理论与史学史学刊

JOURNAL OF HISTORICAL THEORY AND HISTORIOGRAPHY

2018年上卷(总第18卷)

杨共乐　主编

社会科学文献出版社
SOCIAL SCIENCES ACADEMIC PRESS (CHINA)

卷首语

杨共乐

《史学理论与史学史学刊》2018年上卷（总第18卷）即将出版，照例我们还是就本卷内容谈上几句。本卷刊发21篇文章，分作以下七个栏目：比较研究、中国古代史学研究、中国近现代史学研究、历史文献学研究、方志学研究、域外汉学研究、当代史学评论。

在比较研究栏目，陈安民的《文武分途与文武互济——王夫之与维柯的文武关系论（下）》是本刊2017年下卷所发《维柯的文教武功论——王夫之与维柯的文武关系论（上）》的续篇。王夫之与维柯是17～18世纪中西历史哲学家之代表，他们均有丰富的文教武功关系之论述，反映了他们的历史盛衰思想。陈安民对他们的文武思想在个案探讨的基础上进行比较研究，认为二者虽根植于各自的历史文化传统，但其文武关系论多有相通之处，即都认识到文教与武功的辩证关系，对野蛮征服与文明同化及其关系有长时段视角的观察和思考；其相异之处表现在维柯论科技革命与军事变革的应对之道具有突出的近代色彩与世界意识，王夫之则拘于古、泥于儒且昧于世界大势。二者具有彼此参照的价值，至今仍具有思想启迪和现实借鉴意义。

“中国古代史学研究”是本学刊的主干栏目，本卷安排了研究范围自北朝至清朝的五篇论文。从魏晋至隋唐，士族门阀在统治阶层、国家政治生活中居于主导地位。谱牒学之繁盛是这种社会现实之反映。谱牒修纂与史学发展关系密切。陈鹏的《北朝官修谱牒的类型与发展脉络》考察了北朝官修谱牒的类型，认为北朝官修谱牒类型可分为氏族谱、郡姓谱。这两类谱牒肇始于北魏太和定姓族，延续至周、隋定氏族，展现出官修谱牒与门阀制度的密切关系，乃至唐前期仍继承了北朝官修谱牒的方式和类型。李瑞华的《层累构造下的唐代宦官历史书写》通过考察唐代至宋代史家对唐代宦官书写的变化，反映了历史书写的层累特点，认为每一重累积，都是史实、文本与意识的碰撞与重构。庄兴亮的《论陈建〈皇明通纪〉中的"靖难之变"的叙事与史观》指出陈建《皇明通纪》关于"靖难之变"的记述与嘉靖朝发生的"大礼议"关系密切。陈建关于此一事件的历史叙事，是以大礼议中明世宗的政治态度为指导进行写作的。尤学工的《论清初史家群体与文化秩序》将清初史家群体划分为明遗民史家、仕清史家和贰臣史家三大类型，指出每种类型的政治倾向和史学特点。随着清朝统治的稳固，三类史家群体最终消融在官方主导的文化秩序之下，回归历史的常态。史家、史学与政治的关系也渐趋稳定，回到自身在文化秩序中的惯常位置，文化和史学上的易代宣告完成。周庆许的《〈四库全书总目〉与官修儒林传关系考述》认为，《四库全书总目》是清代学术的国家标准，对此后的官修儒林传之撰述具有指导意义。阮元《儒林传稿》作为第一部官修清代儒林传，即以《总目》为最重要的标准，并成为《总目》影响《清史稿·儒林传》的中介。

中国近现代史学研究近几年热度不减，成果丰硕。本刊收到的这方面稿件也相对较多，本卷"中国近现代史学研究"栏目刊载八篇论文。余康的《章太炎〈尚书〉研究旨趣探析》论述章太炎晚年的《尚书》研究成就，可谓抓住了章氏晚年的学术精髓。认为章氏《尚书》研究有三个层次：考订《尚书》中的疑难字、词，以疏通其文句；解读《尚书》各篇，阐述其所蕴含的史义；探寻《尚书》各篇的联系，研究《尚书》时代的历史过程和发展规律。这种《尚书》研究旨趣，不仅推动了对《尚书》的进一步校订与考释，而且加深了经史关系的认识，对中国史学的现代转型，具有重要意义。李长银的《非破无以立：钱玄同“六经与孔子无关”说考论》考察了钱玄同提出“六经与孔子无关”说的社会背景、学术背景，以及这一学说产生的影响。认为虽然“孔子与六经”的关系问题至今仍是学术悬案，但钱氏的主张不失为探讨这一重大历史问题的代表性论说。周励恒的《试论中国早期马克思主义者的中西文化观》以陈独秀、李大钊、杨明斋、瞿秋白为例，考察了中国早期马克思主义者对中西文化的研究和认识。梳理早期马克思主义者对儒家文化的批判、对东西文化所做的比较、对盲目的东方文化优越论的针砭、对西化派不加别择地拥抱西方文化的批评；指出他们中西文化观的归宿在于通过反帝反封建的革命斗争实现建设社会主义新制度和新文化。李玉莉的《中国马克思主义史学与传统经学》通过马克思主义史家的经学背景、马克思主义史学的经学观、马克思主义史学的经学研究及成就、经学对马克思主义史学的影响等视角，揭示了经学与马克思主义史学的关系，认为经学是中国马克思主义史学产生、成长的不可或缺的文化土壤，是马克思主义史学中国化、民族化不可忽视的重要学术资源。贾鹏涛的《杨宽与马克思主义史学》探讨了杨宽由消极看待马克思主义史学到成为中国马克思主义史学家的学术历程。1949年之前，他对唯物史观在建设古史方面的作用有所轻视。中华人民共和国成立后，他在上海博物馆担任领导工作，认真学习马克思主义理论，在经过了短暂的适应后，自觉运用马克思主义理论观点从事古史研究，参加古史讨论，不断有所创获。他的研究成果是20世纪中国马克思主义史学的重要组成部分。吴忠良的《南高学派与中国史学史研究》和李敏的《姚薇元的中国史学史研究述评》都属于研究中国史学史学科发展史的文章，在学科史研究方面具有拾遗补阙之功。吴忠良对南高学派有专门研究，他发掘的南高学派在研究中国史学史方面的成绩，无论对南高学派研究还是细化中国史学史学科史的认识，都是有益的。李敏的文章论述了姚薇元对中国史学史研究和建设的贡献，对于全面了解姚氏的学术成就和20世纪60年代我国的中国史学史学科建设情况，也是有价值的。任芮欣的《余英时"内在理路"说的再审视》认为，余英时对清代学术研究梁启超的"反理学"范式、钱穆的"每转益进"范式的归纳和解读并不准确，学界将余氏的"内在理路"说视为一种新范式、具有创新性的论断也不符合实际。文章结合梁氏、钱氏、余氏的著作，剖析了余氏对梁氏、钱氏清学研究范式的评论之失误，认为余氏提出的"内在理路"说难以取代梁、钱二氏的研究路数。

在历史文献学研究方面，李峰的《〈通鉴〉汉武帝元狩年间史事书写辨正》是一篇很用功的考据文章，指出了《资治通鉴》汉武帝元狩年间的记事之误，并进行了纠正。王舒琳的《新发现〈蔡尚思全集〉佚文述论》之所谓"新发现"，是相对于2005年上海古籍出版社出版的《蔡尚思全集》和2015年出版的《蔡尚思全集·集外集》而言的。该文对新发现的佚文逐一做了说明：介绍佚文发表的刊物、时间，佚文的主要内容和学术意义。它对蔡尚思先生的文献整理又是一次有益的推进。刘卓异的《一份难被遗忘的考古学讲义》评述了著名史学家赵光贤失而复得的考古学讲义的价值。认为该讲义体例科学，内容丰富，理论性与资料性兼顾，注释体系完备，考古资料与历史研究紧密结合，对一些学术争议问题有深入的研究，是一部富有学术价值的优秀讲义，是赵先生一生考古学情结的结晶。

在方志学研究方面，许曾会的《民国时期北方桐城派的方志编纂》对以直隶为地域核心的北方桐城派学人所编纂的方志进行了研究，概括出几个特点：在编纂原则上秉持应时之需，在内容上呈现新旧杂糅的面貌，在资料上重考辨和翔实，在文字上重典雅。胡青松的《论美国汉学家卜德的〈史记〉研究》属于域外汉学研究的范畴。该文评述了美国著名汉学家卜德的《史记》研究成果，对其研究特点和学术价值及其对西方汉学界产生的影响，做了比较恰当的评论。

朱洪斌的《一部丰满而精致的晚清史学批评史》和余伟的《当代西方史学理论的路线图》可以说是分别立足于中国史学史和西方史学史的学术背景而做出的当代史学评论。作者结合所评的对象，放眼学科发展，见微知著，立意高远。其中有称赞，有商榷，有纠谬，体现了温良宽厚、实事求是的良好学风。

本卷文章，创获良多。我们以此作为纪念改革开放四十年史学理论与史学史研究的献礼。同时，我们亦拟于本年下卷设专栏，反思四十年来的史学理论与史学史研究。四十年了，需要一个总结，也需要在新的起点上再出发，向着明天，向着更高的目标……

目录

·比较研究·

·中国古代史学研究·

·中国近现代史学研究·

·历史文献学研究·

·方志学研究·

·域外汉学研究·

·当代史学评论·

CONTENTS

Historical Philology

Local Chronicles

Sinology

Review

比较研究

文武分途与文武互济*

——王夫之与维柯的文武关系论（下）

陈安民

（西南大学历史文化学院，重庆　400715）

摘　要： 王夫之与维柯作为百科全书式的思想家，对于文武关系也有相当系统的历史考察与深刻的思辨审视。正是在对于中国文武关系的思考之中，维柯初步认识到中国文明文武互济的总体特征。二者虽根植于各自的历史文化传统，不过其文武关系论多有相通之处与彼此参照的价值。最值得道及的相通之处在于，都注意到暴力工具与战争手段的阶级性质及其对于族群存续的意义；都意识到文教与武功的辩证关系，故于己则强调文武并重、提高军人的社会地位、培养全社会积极健康的尚武精神以振兴武备，对敌则又都提倡禁止文教与军事技术外泄，严词批评为异质文化与敌对族群服务的人；都对野蛮征服与文明同化及其关系有长时段视角的观察和思考，触及了民族盛衰的规律。最具悲剧性的相异之处在于，维柯论科技革命与军事变革的应对之道具有突出的近代色彩与世界意识，王夫之则拘于古、泥于儒且昧于世界大势。以维柯此论观照王夫之所言，有助于洞悉此后中西武功盛衰、国势逆转的认知障碍所在。在战争根源未曾彻底消失、民族国家界限尚未真正泯灭之际，他们充盈着理性思辨的教训揭示抑或经验总结、谋略推演、规律洞悉，仍然具有思想启迪价值与现实借鉴意义。

关键词： 王夫之　维柯　文教　武功

---

* 本文系2014年度国家社科基金青年项目“王夫之与维柯的史学思想研究”（项目号：14CZS046）阶段性成果。

王夫之（1619～1692）与维柯（Giambattista Vico，1668～1744）基于各自所处时势和历史文化传统，就文武关系及其与国家盛衰、文明存亡、历史演进的关联予以系统的考察，既有厚重的历史感又有突出的时代感。及至今日，二者所论仍然不乏思想启迪价值与现实借鉴意义。承继本文上篇与中篇的分别梳理①，下篇拟就二者观点本身的异同做一初步的探讨。

现代政治学经典文武关系论的开创者亨廷顿认为，文武关系论的核心是“武装力量与社会中其他团体之间相对权力的问题”②。换言之，实即武装力量为谁所掌握的问题。这不仅是当代国家须慎之又慎加以处理的问题，也是历代政治平衡的难题，自然成为中西古今政治思想史上关注的一个重大理论问题。对此，维柯和王夫之皆有高度的关注。维柯注意到统治阶级对战争权力的垄断、对军事荣誉的看重、对贫民阶级获得军功的警惕，揭示了历史时期武装力量的阶级本质及其法律意蕴。王夫之审视历代文武关系，对军事力量必须为皇权所牢牢把握有明确的意识，对于“群盗”、下层“草莽”等“觊觎”皇权痛加斥责，也一再申论以文制武的基本原则。不过，基于华夷大防，他又提倡武臣在特定的情形之下可以僭越自立以保护族群免受外族欺凌，从而在某种程度上突破了君臣伦理的束缚。观点虽极相似，不过前者的分析多理论的洞见而后者侧重政治伦理的评判。当然，在这一核心问题之外，王夫之与维柯的文武关系论尚有丰富的内容。无论是全球视野的普遍性论断，还是长时段的历史观察，抑或一时应敌之略的谋划，二者的相关思考还有诸多可以融通、互为参照、彼此检讨之处。下文尝试指出其中的几个方面，失当之处，敬请方家不吝指正。

一　如何看待维柯文武关系论视角下的中国史叙述？

维柯对中国的关注，往上溯及原始古老的图腾与文字起源，往下及至当时向欧洲开放贸易对于中国和欧洲的意义，在主观意识上可谓既知古又

① 参见陈安民《维柯的文教武功论——王夫之与维柯的文武关系论（上）》，《史学理论与史学史学刊》2017年下卷；《王夫之文武关系论述要——王夫之与维柯的文武关系论（中）》，《西南大学学报》待刊。

② 参见李月军《新文武关系理论：范式替代抑或理论补充》，《军事历史研究》2010年第2期。一译“文武关系论的首要焦点是军官团与国家的关系”，参见〔美〕塞缪尔·杭廷顿《军人与国家：文武关系的理论与政治》，洪陆训等译，台北时英出版社，2006，第23页。

知今。[1] 他论雅典英雄贵族统治时代的德拉柯（Draco）象征暴力惩罚的“血的法律”时指出：“直到今天还在用象形文字的中国人中间，龙已成了民政权力的旗帜。这一点值得惊讶，中国和雅典这两个民族相隔那么久又那么远，竟用同样的诗性方式去思考和表达自己。”[2] 其《新科学》的目的就是通过古今中外所有民族历史的比较，“完全”展现“不只是罗马人或希腊人在法律和事迹方面在特定时期的特殊历史，而是（由于在杂多的发展形态中在可理解的实质上仍然现出一致性）由一种展现出一些永恒规律的理想性的历史，这些永恒规律是由一切民族在他们兴起、进展、成熟、衰颓和灭亡中的事迹所例证出来的。纵使在永恒中有无限多的世界不断地产生（情形决不会如此），他们的事迹也都会替这种永恒规律作例证”[3]。中国历史也是他构建这种理性的永恒历史哲学的一个例证，文武关系论又仅仅是中国例证中的一个领域而已。不过，他对中国历史特性的整体认知，却是在早年反思文教与武功的关系的第五演讲中表达的。

维柯说：“文教兴盛的民族，即使他们或由于自然屏障，或由于牢固的防御，从而远离战争，也没有什么理由阻碍他们，让他们在自己的统治范围之内拥有极为广大的疆域，并且有能力建立起极为伟大、极为繁荣的国度。中国就提供了这样一个例子，特别是其长城被锡西厄人攻破之前。”这一论断的前后语境是：“我们现在谈的是战争艺术的光荣，而不是侵略、屠杀和蹂躏；是如何创建伟大的国家，而不是如何摧毁国家文明；是关于亚历山大和恺撒，而不是关于野蛮民族的残暴将领……中国就提供了这样一个例子，特别是其长城被锡西厄人攻破之前。另外有些民族，尽管他们的前贤智者留下了优秀的战争与和平制度，但后来却文教贫瘠；对于他们来说，即使这些制度仍然在起作用，而且时代还与这些制度相适合，然而由于这两者都不长久，所以他们的统治从来都不能达到战争的辉煌荣耀，成为极其伟大的国家，即使有也非常短暂。”[4] 概略言之：维柯认为，与“另外有些民族”相较，中国文明的总体特点是“疆域广大”、“极为伟大、极为繁荣”与历史“长久”，而这有赖于文教的长盛不衰与自然屏障、牢固防御而远离战争的共同作用。需要提及的是，维柯对中国的高度评

① 参见〔意〕维柯《新科学》，朱光潜译，商务印书馆，1989，第32、50、303页。

② 〔意〕维柯：《新科学》，朱光潜译，第423页。

③ 〔意〕维柯：《新科学》，朱光潜译，第1096页。

④ 〔意〕维柯：《让我们用文教使武功更荣耀，使帝国更强盛》，见《大学开学典礼演讲集：维柯论人文教育》，张小勇译，上海人民出版社，2012，第72页。

价，并非意大利思想史上的特例，也并非仅仅是历史和文化认识问题，也有政治选择的借鉴意义。法国大革命前后和拿破仑统治时代，意大利思想界一再回顾维柯，且有人将眼光投向中国以寻求“意大利民族”的政治体制问题正是明证。① 因此，从王夫之的相关论述就维柯的论述加以检视是有意义的。

析而论之：①及至维柯的时代，从长期趋势来看，在世界范围内，中国堪称文教兴盛是无疑义的；中国先贤所开创的崇文传统，在后世得到了继承与发展。②不过，中国远离战争、防御牢固的说法难以成立，侵略、屠杀和蹂躏亦伴随着中国历史的始终，伟大与繁荣正是在艰难应对无数内外战争中成就的。也正因为此，伴随着武功盛衰，文教自然有高低起落、中心转移。王夫之说：“中国之天下，轩辕以前，其犹夷狄乎！太昊以上，其犹禽兽乎！禽兽不能全其质，夷狄不能备其文。文之不备，渐至于无文，则前无与识，后无与传，是非无恒，取舍无据，所谓饥则呴呴，饱则弃余者，亦植立之兽而已矣。魏、晋之降，刘、石之滥觞，中国之文，乍明乍灭，他日者必且陵蔑以之于无文，而人之返乎轩辕以前，蔑不夷矣……以其近且小者推之，吴、楚、闽、越，汉以前夷也，而今为文教之薮。齐、晋、燕、赵，唐、隋以前之中夏也，而今之椎钝轻戾者，十九而抱禽心矣。宋之去今五百年耳，邵子谓南人作相，乱自此始，则南人犹劣于北也，洪、永以来，学术节义，事功文章，皆出荆、扬之产，而贪忍无良、弑君卖国、结宫禁、附宦寺、事仇雠者，北人为尤酷焉。则邵子之言，验于宋而移于今矣。今且两粤、滇、黔，渐向文明，而徐、豫以北，风俗人心，益不忍问。地气南徙，在近小间有如此者。”② 其语虽有可议，却也大体道出了“中国之文”的历史起伏与地域转移的曲折往复。限于条件，维柯当时尚难以周知。

维柯所言的“自然屏障”，并非中国能远离战争的根本原因。其具体含义，可通过王夫之论“中国”的地域特征加以理解。王夫之通观“中

① 〔英〕克里斯托弗·达根：《剑桥意大利史》，邵嘉骏、沈慧慧译，新星出版社，2009，第87、96页。

② （清）王夫之：《思问录·外篇》，《船山全书》第12册，岳麓书社，2011，第467～468页。已有学者将此条材料作为王夫之文野互变思想的例证，并将之与维柯的文明独立起源论相参照（参见萧箑父、许苏民《王夫之评传》，南京大学出版社，2002，第222～224页）。又，参见（清）王夫之《读通鉴论》卷3《汉武帝一五》、卷26《唐穆宗一》，《宋论》卷6《神宗八》等。

国”的四至和边沿，认为内外的特征差异很明显：“崇峦沓嶂以垣结之，沙衍茅苇以纷披之，绝壁溻涧以沟画之，瀚海尾闾以凝荡之。其中带束脉绕，抟聚约固，寒暑相剂。言语相译，形象相若，百谷相养，六畜相字，货贝相灌，百川流恶，群山荫夕以翕成乎中区之合，自然之合也。”这是指出大山、沙漠、绝壁沟涧和大海自然地形成了“中国”与外部的屏障，在这个范围内的气候、山水与民族间的经济往来、生产生活、言语习俗等，自然地形成了“合”的趋势。在上述这样的“中国”范围内，由于气候的差异、山脉和河流的走势、关隘的存在等因素，又在内部形成了南北两个大的区域，北方内部则是河北、河右、河南，南方内部则是江南、江东、闽、粤。“若此者，旁条畦列，亦乘天地之间气，率以为离也。”这是王夫之对“中国”地理条件局部独立性的观察和描述。如上的整体统一性与局部独立性的形成，确实离不开维柯所言的“自然屏障”。王夫之认为，这一特征深刻影响着中国历史进程中统一与分裂的演替，应当积极地采取人力措施，防范其“离”而促进其“合”。[①] 不过，正如传统的主流观点一样，王夫之并不认为地理之险是中国得以抵御外敌、远离战争的根本原因，政通人和之德才是关键。“得地利而人不和，地未可恃；人不和以内溃，未有能保其地利者；失地之利，而后其亡也必也。”[②] 真正“牢固的防御”，可能在于维柯所讲斯巴达人以他们的胸膛而不是城墙来捍卫国家，康熙帝所言修德安民、众志成城。

维柯强调“战争艺术的光荣”，正是看到了正义战争保家卫国、存续文明的积极意义，也是鉴于历史与现实世界“残暴”将领的客观存在，以及他对战争负价值的深刻认识。基于人道的立场与对人类整体之善的追求，他特别强调将帅要以精神的德性统驭心灵的德性。王夫之论将帅德性，一方面，与维柯的基本理念有一致之处，即强调武德与谋略必须兼备。基于其民本立场，他对为了坚守城池而食人、灌水淹城以制胜、驱人攻城等行为痛加贬斥，强调即使在战争期间也应该互通物资有无，批评对

① （清）王夫之：《黄书·离合》，《船山全书》第12册，第532～537页。又，参见《读通鉴论》卷3《汉武帝三》、卷13《东晋成帝一三》、卷21《唐中宗六》等。相关梳理可参见陈安民《王夫之论地理条件与中国历史上统一与分裂演替之关系》，《衡阳师范学院学报》2013年第1期。

② （清）王夫之：《读通鉴论》卷17《梁元帝一》，《船山全书》第10册，岳麓书社，2011，第663页。

民族地区的贪功嗜杀、斩杀降敌、一味动用战争手段而不重怀柔。[①] 另一方面，他又认为对“夷狄”当奉行“欺之而不为不信，杀之而不为不仁，夺之而不为不义”[②] 的准则，则迥异于维柯“在敌人面前也讲求诚信”[③] 的“精神德性”的要求。克劳塞维茨说：“如果你要靠对其进行战争去强迫敌人屈膝就范，你就必须要么使之确实手无寸铁，无以防御，要么至少将他置于一种很可能遭到这危险的境地。”[④] 战争就没有温情脉脉、仁慈手软，王夫之的态度可谓与其相当接近。人性的光辉、人道的态度与基于民族文化立场的不择手段以打赢、取胜，并存于他的思想之中。其界限，一则适用于民族共同体内部，一则适用于他所认为的华夷之间。

就典范统帅的具体例证而言，维柯所崇拜者乃亚历山大与恺撒。他们以历史为师、向荷马史诗学习，有悲天悯人的情怀、精深的文化教养，具备“战争艺术中最主要的东西”即“把握战斗时机”，因而能够通过战争和军队创建伟大的君主国。[⑤] 他又说：“中国皇帝在一种温和的宗教下统治着，崇尚文艺，是最人道的。”[⑥] 在中国历史上，类似的理想“儒帅”，王夫之认为自三代而下唯光武帝一人而已。其原因在于：一则，“前而高帝，后而唐、宋，皆未有如光武之世，胥天下以称兵，数盈千万者”，而光武帝“安辑而镇抚之”，不十年而天下晏然，实乃“经世之大略”。[⑦] 二则，与同样是“起于学士大夫、习经术、终陟大位”的昭烈、梁武帝相比，光武帝既不习于申韩之术也不淫于浮屠，“天下未定，战争方亟，汲汲然式古典，修礼乐，宽以居，仁以行，而缘饰学问以充其美。”[⑧] 三则，光武帝也是“知时”的典范：“善用兵者，知时而已……帝以持重而挫其方决之势，禹以持重而失之方溃之初，相时之变，定几于顷刻，非智之所能知、

① 参见（清）王夫之《读通鉴论》卷7《后汉章帝七》、卷6《后汉光武帝三四》、卷6《后汉光武帝三五》、卷13《东晋元帝六》、卷13《东晋穆帝九》、卷17《梁武帝一二》、卷23《唐肃宗八》、卷27《唐昭宗五》、卷28《五代上五》等。

② （清）王夫之：《读通鉴论》卷28《五代上二》，第1083页。又，参见《读通鉴论》卷4《汉昭帝三》、卷4《汉宣帝一五》、卷26《唐文宗四》，《宋论》卷4《仁宗一三》等。

③ 〔意〕维柯：《让我们用文教使武功更荣耀，使帝国更强盛》，见《大学开学典礼演讲集：维柯论人文教育》，第70页。

④ 〔德〕卡尔·冯·克劳塞维茨：《战争论》，时殷弘译，商务印书馆，2016，第103页。

⑤ 〔意〕维柯：《让我们用文教使武功更荣耀，使帝国更强盛》，见《大学开学典礼演讲集：维柯论人文教育》，第73页。

⑥ 〔意〕维柯：《新科学》，朱光潜译，第1091页。

⑦ （清）王夫之：《读通鉴论》卷6《后汉光武帝一〇》，第225～226页。

⑧ （清）王夫之：《读通鉴论》卷6《后汉光武帝一五》，第229～230页。

勇之所能胜。”[①] 维柯曾指出，政体与君主国靠武力创建，而其安定则要靠法律与和平的制度。他虽然没有谈及由武而文这一转变过程中的具体问题，不过其意识是明确的。由此来看，王夫之所言光武帝与维柯心目中的典范或许确实有其共通之处。只是这种典范，在王夫之看来，中国历史上实际少之又少。

二　赵宋皇朝何以成为维柯中心论点的反例?

维柯第五演讲开篇所言的中心论点，还有另一种表达：“从历史的永恒秩序角度来观察时，就可以发现，哪里的文教兴盛，哪里的武功也同样兴盛。”[②] 任何历史事实的归纳都是不完全的，赵宋王朝恰恰成了维柯这一论断的一个反例。对于维柯来说，至多可能是全称论断的被驳斥而理论破产，而对于同在民族文化之中的王夫之来说则是家国之殇的切肤之痛。

赵宋皇朝文教发达、文化兴盛已成不争的事实，而武功之弱也不容否认。元修《宋史》指出“宋恃文教而略武卫”[③]，南宋时人吕祖谦（1137～1181）即已特有所论。他说：“国朝治体，有远过前代者，有视前代为未备者。夫以宽大忠厚建立规模，以礼逊节义成就风俗，此所谓远过前代者也。故于俶扰艰危之后，驻跸东南逾五十年，无纤毫之虞，则根本之深可知矣。然文治可观而武绩未振，名胜相望而干略未优，故虽昌炽盛大之时，此病已见。”[④] 这一论述部分地解释了为何赵宋能文教兴盛，而陈述了武绩未振的事实。王夫之的某些看法与吕祖谦有惊人的相似之处，而又有所发展。他说，赵宋“于士大夫也，亦几失其心矣；然而诛夷不加也，鞭笞愈不敢施也。祖宗之家法定，奸邪虽逞，而天子不为之移，则奸邪亦知所禁而弗能播其凶德。其于武臣也，猜防之而不使展其勇略，是以弱也；然而有功而未尝故挫抑之，有过而未尝深求之，危困而未尝割弃之，败衅而未尝按诛之。待之也既使有余，而驭之也亦有其制。不使之擅部曲而听其去来，不使之幸寇存以胁吾权宠。不纵之于先而操之于后，则怨不深；不操之已穷而纵之使傲，则情不悖。故武人犹思媚于君，而部曲不从逆以

① （清）王夫之：《读通鉴论》卷6《后汉光武帝九》，第224页。

② 〔意〕维柯：《让我们用文教使武功更荣耀，使帝国更强盛》，见《大学开学典礼演讲集：维柯论人文教育》，第73页。

③ （元）脱脱等：《宋史》卷493《蛮夷一·西南溪洞诸蛮上》，中华书局，1977，第14171页。

④ （元）脱脱等：《宋史》卷434《儒林四·吕祖谦》，第12873～12874页。

靡。天下之大势，十已去其八九，而士心协，民志定，军情犹固；宋之所以立国百余年如一日，而滨危不改其恒也。”① 即赵宋皇朝对待文臣和武将不甚苛刻，是故后者一般没有离心之意；却因其猜疑之家法而无卓立特出之武臣，是以积弱。

汉唐与赵宋一样，最初也受强邻压制，忍辱负重、厉兵秣马数朝，最终取得战争胜利、占据双方关系的主动权。然而赵宋却不能逆袭反败，缘由何在？王夫之认为并非财用不足、天不生英杰，根本原因就在于君主“怀黄袍加身之疑，以痛抑猛士”②，“赵普献猜防之谋，立国百余年，君臣上下，惴惴然唯以屈抑英杰为苞桑之上术。则分阃临戎者，固以容身为厚福，而畏建功以取祸”③。这一思想贯穿于王夫之批评“陋宋”的始终，于《宋论》中随处可见。赵宋以家天下为重而置民族利益于不顾，猜忌武将、重文抑武导致衣冠沦丧，这是一个惨痛的重大历史教训。

三 如何应对军事技术变革？

维柯论科技革命与军事变革的应对之道，具有鲜明的近代色彩与世界意识，王夫之则存在突出的认知缺陷，拘于古、泥于儒且昧于世界大势。

上篇的相关梳理表明：维柯已经明确认识到随着生产力的发展与科学技术的进步，武器与战略战术也相应变化，各民族只有不断创新或积极学习，才能应对军事变革，盲目固守只能走向毁灭。他指出辩证法、几何学、数学、光学、建筑学、机械学、伦理学、历史学、雄辩术、天文学等一系列学科知识的交相配合，是军事将领科学指挥赢得战争的素养前提。环顾世界，他已明察：“基督教世界由于复兴、培育和发展了文教事业，因而在地球上的所有民族中，他们因其能征善战而声名卓著。”④ 联系其所论心灵的智慧和精神的智慧来看，这里的文教事业包含了理论思想、政治制度到科学技术的各个层次，它是军事强盛的基础。从这一层面来看，王夫之作为思想家，是有认知缺陷的。

---

① （清）王夫之：《宋论》卷10《高宗五》，《船山全书》第11册，岳麓书社，2011，第227～228页。

② （清）王夫之：《宋论》卷6《神宗三》，第158页。

③ （清）王夫之：《宋论》卷8《徽宗三》，第197页。

④ 〔意〕维柯：《让我们用文教使武功更荣耀，使帝国更强盛》，见《大学开学典礼演讲集：维柯论人文教育》，第73页。

一是固守儒家传统，少言技术与器物，既往回看，又鄙视兵家之学。有明一代，尤其是万历以来，有感于时势，诸家兵书竞出。它们已非“在崇古思想支配下对以往的经典兵书进行注疏”，而是结合现实、讲求实用、冲破传统框架的创新之作，特别强调军队建设和重视军事技术。如有关火器的制作、使用与维护，专著已然不少。[①] 与之相较，王夫之少技术与器物的探讨而多历史的考察、谋略的反思与哲学的洞见。这本也无可厚非，因其经论史论之作有其特定的撰述目的。不过，其态度则有需加辨析之处。值得肯定的是，他系统批判了历代以宗教、迷信、巫术、鬼神等助兵取亡之道：“道不足则倚谋，谋不足则倚勇，勇不足则倚地，地不足则倚天，天不足则倚鬼。倚鬼，则敌知其举无可倚矣。倚鬼，则将吏士卒交释其忧勤，智者知其无成而心先乱，愚者幸其有成而妄自骄，兵败身死，以殉术士巫觋之妖，未有免者。然而术士巫觋之说，终淫于言兵者之口……王凝之奉天师道，请鬼兵御贼，而死于孙恩；殷仲堪奉天师道，不吝财贿以请祷，而死于桓玄；段业信卜筮巫觋，而死于沮渠蒙逊。鬼者，死之徒也，与鬼为徒，而早近于死。况以封疆人民倚于恍惚无实之妖邪，而贻国以亡，陷民于死；若是者，见绝于天，未有不丧其身首者也。段业，窃也；仲堪，叛也；天夺其魄，以迷于鬼，而死也固宜。王凝之清族雅士，分符治郡，以此戕身而误国，不亦愚乎？”流风所及，鸦片战争时以大粪抗英、义和团以气功御敌，其荒诞得以极度凸显。王夫之这样的认识与批判，称为唯物主义者在军事领域的反映亦不为过。不过，由于这些糟粕多“附于兵家之言，世所号为贤者且惑焉。郭京以陷城，申甫以丧师，金御史声秉大节以不贰于生死，而亦惑焉，白圭之玷也。丁甲也，壬遁奇禽也，《火珠林》也，乞灵于关壮缪及玄武之神也，皆言兵者之所倚也。其书不焚，其祀不毁，惑世诬民，乱人不可戢矣”。故而，他意欲将兵书一并焚毁了之。他甚至全面否定兵书的价值，认为：“孙、吴之言，切于情势，近于事理矣；而当时用之，偶一胜而不足以兴。读其书者，未有能制胜者也，况其滥而下者乎？”[②] 从而走向了另一个极端，真所谓泼洗澡水而将婴孩一起倒掉了。不仅如此，他还强调：“束伍之严，训练之勤，甘苦与共之以得士心，则取之六经而已足。其他诡诞不经而适以偾军杀将者，则阴阳时日壬遁星气之啧啧多言，非可进而进，可乘而不乘，以鬼道败人

① 参见中国军事史编写组《中国历代军事思想》，解放军出版社，2006，第 338 ~ 360 页。

② （清）王夫之：《读通鉴论》卷 14《东晋安帝四》，第 523 ~ 524 页。

之谋者也。至于骑射技击之法，虽可习焉，而精于态者不给于用；口授而目营之，规行矩止，观天画地，疑鬼疑神，以沮其气而荡其心，不败何待焉?”[①] 他强调实战以至于否定一切训练，甚至认为战法技术与士气培养、思想教育“取之六经而已足”。在军事技艺层面，“六经责我开生面”带给他的认识偏执竟至于此。

二是自我中心，对西方科技等而下之。王夫之明确限定自己的论述范围乃所知的“中国之天下”[②]，可见他已有世界地理的观念，对“中国”和“西夷”有明确的区分意识。同时，他对西方哲学也有相当程度的关注[③]。不过，面对西方科技的东来，则说：“盖西夷之可取者，惟远近测法一术，其他则皆剽袭中国之绪余，而无通理之可守也。”[④] 总体而言，因严格的“夷夏”观念藩篱，他“并没有深入研究和概括西方科学中最有价值的东西——数理思维方式。相反，他还否认西学中存在具有普遍应用价值的科学方法”[⑤]。既然如此，遑论关注到西方科技日新所带来的军事变革了。要求他像维柯一样撰《论我们时代的研究方法》这样的论著，系统分析西方各学科的得失与发展趋势，固然不必苛求。不过，对他者的文明成果的不屑和排斥态度，实在应该引以为戒。维柯说：“所有的政权就是这样，他们一旦受到为他们所不知的先进战争手段的攻击，毫无疑问，他们势必崩溃。所有这些统治政权就是这样，他们一旦受到敌人陌生的布阵艺术或者新型的战争器械的挑战，由于他们的文教不允许他们模仿敌人，或者用其他方法巧妙地胜过敌人，最后只能走向毁灭。”[⑥] 中国近代刻骨铭心的惨痛历史，业已无情地证明了这一论断。我们不能说，中国近代的落后挨打与王夫之直接相关。不过，正是像他这样持有类似态度的一个个个体所构成的整体认知氛围，成了近代中国学习西方的认知障碍。在世界近代历史大发展的背景下，王夫之所代表的这种态度无疑是危害甚大的。魏源于《〈海国图志〉原叙》中提出“师夷长技以制夷”，方真正在世界历史

---

① （清）王夫之：《读通鉴论》卷14《东晋孝武帝六》，第514页。

② （清）王夫之：《思问录·外篇》，《船山全书》第12册，第467页。

③ 参见许苏民《王夫之与儒耶哲学对话》，《武汉大学学报》2012年第1期；《晚明西学东渐对王夫之政治哲学之影响》，《船山学刊》2012年第4期。

④ （清）王夫之：《思问录·外篇》，《船山全书》第12册，第439页。

⑤ 徐海松：《清初士人与西学》，东方出版社，2000，第309页。

⑥ 〔意〕维柯：《让我们用文教使武功更荣耀，使帝国更强盛》，见《大学开学典礼演讲集：维柯论人文教育》，第72页。

地理结构中明确认识到必须向西方学习以振兴武备①，时已道光二十二年(1842)。其后从器物到制度，进而思想文化的认知，又是一波三折，经历数次挨打、割地赔款方逐步清醒和领悟。

四 主张严防文教外传、批评服务他族者

维柯持有人类整体利益观念，不过在他看来只有作为“世界上最好的宗教”的基督教才是其代言者。因为它“教导一种无限纯洁完善的上帝的理想，命令对全人类都要慈善”②。由于基督教与伊斯兰教的长期争战，使得他对当时的奥斯曼帝国尤为警惕。既然文教有益武功，那么禁绝传播以防壮大敌人则是他所希望的。他论“土耳其人是在野蛮制的基础上创建出一个大帝国，是靠着一位博学而不虔敬的基督教僧侣塞尔顾斯（Sergius,？～638）的智谋，此人替愚笨的穆罕默德立了法，用来建立土耳其帝国……阿拉伯帮助了土耳其建立起一个废除一切文学［学问研究］的帝国。但是这个庞大的帝国如果不是先后靠希腊的和拉丁的一些基督教叛徒们陆续向他们提供各种技艺和军事战略，早就会自动地灭亡了”③。“博学而不虔敬”“基督教叛徒们”，这些形容词，足以表明他对向异教政权传播文教与军事技艺者的憎恶态度。确立己方的优势，自然要想尽一切办法削弱现实与潜在对手。古希腊人禁止被征服民族的儿童接受文化教育，巴统组织的物资与技术禁运，其算计都是类似的。

王夫之与维柯有着相似的态度。一则，反对汉族与少数民族和亲与通婚。他认为，周边的游牧民族较之汉族，“猛悍”有余而“智巧”不足，这并非天性使然，而是有习俗与文化的原因。“性受于所生之气，习成于幼弱之时。天子以女配夷，臣民狃而不以为辱，夷且往来于内地，而内地之女子妇于胡者多矣。胡雏杂母之气，而狎其言语，骄戾如其父，慧巧如其母，益其所不足以佐其所有余。故刘渊、石勒、高欢、宇文黑獭之流，其狡猾乃凌操、懿而驾其上。则礼节者，徒以长其文奸之具，因以屈中国

① （清）魏源：《〈海国图志〉原叙》，《魏源全集》，岳麓书社，2004，第1页。参见王鹏辉《龚自珍和魏源的舆地学研究》，《历史研究》2014年第3期。

② 〔意〕维柯：《新科学》，朱光潜译，第1092、1094页。

③ 〔意〕维柯：《维柯自传》，《新科学》附录，第699页；又，参见〔意〕维柯《让我们用文教使武功更荣耀，使帝国更强盛》，见《大学开学典礼演讲集：维柯论人文教育》，第64、69页。

而臣之也有余，而遑臣中国哉！”① 和亲与通婚，使得少数民族“骄戾如其父，慧巧如其母”，将成为“中国”的劲敌。二则，对于汉族士人服务于少数民族政权，无论是主动投靠还是战败被俘，他都严词批评，认为他们“于家为败类，于国为匪人，于物类为禽虫”②。因为“败类之儒”的智慧贡献，一方面使得少数民族汉化而丧失了战斗力，另一方面也使得少数民族熟悉了汉族的文物制度、习得了中原的生活方式，进而心生艳羡与觊觎。他论最早倡导胡汉分治的汉族士人韩延徽（882～959）帮助契丹学习汉族制度时指出：“导之以中国之可欲，而人思掠夺，则中国以亡……叛臣以朝章国宪之辉煌赫奕者使之健羡，则彼且忘其所恃，奔欲以交靡。”③ 既注意到少数民族汉化对于自身的消极影响，更着意强调这一进程对于汉族的威胁。因而最好的办法就是民族隔绝，“两相忘”而“各安其所”。

维柯认识到了文教之于武功强盛的基础作用，意识到创新以引领或学习以应对军事变革的重要性，因而他反对文教传播与军事技艺资敌。王夫之尚停留在“中国”文教领先的迷梦里，尚未意识到“西夷”的根本厉害之处，更未曾意识到“中国”有学习他者的必要。他对于历史上周边民族向汉族学习或汉族士人向周边传授文教与技艺，批评之坚决，较之维柯有过之而无不及。反对别人学习自己的先进制度与科技、习俗，禁止技术与物资的输出，其实都是虚弱与自信不足的表现，可以获利于一时而有损于人类文明整体进步的福祉。同时我们也要看到，历史的实际情形却是，落后一方又总是在不断地学习并力求超越以居于先进。二者的矛盾与纷争，时至今日仍在上演。

五 揭示野蛮征服、文明同化与民族盛衰之关联

王夫之与维柯对于野蛮征服与文明同化的长时段思考，触及了民族盛衰的规律。历史上不乏落后野蛮者战胜文明先进者的情形，如何看待这种现象？维柯有论如下。

他们统治了在文化上比他们先进的民族，为了保证他们江山的稳固，他们就必然要么学习先进民族的文化，要么就把这种文化彻底消灭；因为

① （清）王夫之：《读通鉴论》卷2《汉高帝一五》，第90页。

② （清）王夫之：《读通鉴论》卷14《东晋安帝一五》，第537页。

③ （清）王夫之：《读通鉴论》卷28《五代上一二》，第1096页。

学问研究使创造力敏锐，创造力敏锐的民族就像是某种优秀的拳击手，他们不以体格强健取胜，而是随着时间的流逝，用他们的文章计谋将他们的敌人连根拔除。①

马克思说："野蛮的征服者，按照一条永恒的历史规律，本身被他们所征服的臣民的较高文明所征服。"② 相较而言，维柯的看法注意了两种可能性：学习先进而被同化或者彻底地消灭先进者。前一种暗含的可能危险是失去原来的民族性与野蛮所带来的战斗力；后一种则会造成文明倒退甚至中断的悲剧。中国历史上少数民族贵族入主中原后的两难选择与发展进程也可以为我们提供一定的证明。

那么，有没有一种智慧能兼得外来先进的文明艺术而又不失本来的孔武有力呢？维柯在意大利的古老智慧中看到了可能："所有那些一直被认为是罗马人的幸运的东西，我将它们归结为这种智慧的结果，即他们懂得如何运用其他国家的学问成果，同时又维持着（对这些成果）的无知，通过这种方式，在他们中间保存了凶猛野蛮；在这段时间内，他们摧毁了迦太基之后，便建立了绝对强大的世界帝国。"③ 应该说，维柯清醒地认识到了既吸取先进文明而又不被其同化从而变得毫无战斗力的重要性，明确视之为一种"智慧"。不过，至于到底如何做到既学习而又保持"无知"，即吸收外来而又不失本来，尚未见维柯的明确回答。

王夫之论华夷民族特性、游牧民族的汉化与封建化对于华夷的各自影响，也有助于我们认识维柯的相关论断。其一，"凶猛野蛮"何谓？王夫之认为这是华夷的民族特性相比较而言，与地理环境与生产生活方式有关。少数民族居于"朔漠荒远之乡，耐饥寒、勤畜牧、习射猎，以与禽兽争生死"，故"粗犷悍厉足以夺中国膏粱豢养之气"④；"以其法制之疏略，居处衣食之粗犷，养其骄悍之气。"⑤ 其二，同化的主要形式与途径有哪些？和亲、通婚、汉族士人的文教传播、少数民族首领的主动汉化、民族杂居皆为关键。杂居既久，民族融合自然而生："夷狄入而杂处焉，并且

---

① 〔意〕维柯：《让我们用文教使武功更荣耀，使帝国更强盛》，见《大学开学典礼演讲集：维柯论人文教育》，第 72 页。

② 〔德〕马克思：《不列颠在印度统治的未来结果》，《马克思恩格斯选集》第 1 卷，中共中央马克思恩格斯列宁斯大林著作编译局编译，人民出版社，1995，第 768 页。

③ 〔意〕维柯：《第二个答复》，见《论意大利最古老的智慧：从拉丁语词源发掘而来》书末，张小勇译，上海人民出版社，2013，第 119 页。

④ （清）王夫之：《读通鉴论》卷 12《晋惠帝二》，第 436 页。

⑤ （清）王夫之：《读通鉴论》卷 28《五代上一二》，第 1095 页。

与之相市易矣，必将与之相交游矣，浸乃与之结昏姻矣；其衣、其食、其寝处、其男女，盖有与愚不肖之民甘醉饱、便驰逐而相得者矣。”① 少数民族的有为君臣主动汉化，如“石勒起明堂、辟雍、灵台”②；拓跋宏修礼乐，“假中国之礼乐文章而冒其族姓，隋、唐以降，胥为中国之民，且进而为士大夫以自旌其阀阅矣。高门大姓，十五而非五帝三王之支庶，婚宦相杂，无与辨之矣”③；契丹重用韩延徽“以建牙、筑城、立市、垦田、分族类、辨昏姻、称帝改元，契丹以是威服小夷，而契丹之俗变矣；阿保机之悍，亦自此而柔矣”④。其三，相应的结果，一方面，因汉化、封建化、门阀化、农业化而柔化、腐化，游牧的少数民族逐渐失去原有的战斗力；另一方面，原本的民族界限渐渐泯灭而建立起新的认同，所谓华夷“无与辨之”“忘其为谁氏之族”⑤ 即是此意。在王夫之看来，前者是少数民族的“悲剧”，后者则是中原汉族所难以承受的。

新兴的少数民族、已汉化的少数民族与汉族，三者之间，进而成迭相盛衰之势。

> 夷狄之势，一盛一衰，必然之数也……突厥之盛，至颉利而衰，既分为二，不能相比，于是乎突厥以亡，迄于五代而遂绝。夫岂特夷狄为然哉？五帝、三王之明德，汉、唐、宋之混一，今其子孙仅存者不再兴，而君天下者不一姓，况恃强不逞之部落乎？夫其人衰矣亡矣，其土则犹故也，天不能不为之生种姓，地不能不为之长水草，后起者不能戢止其戎心；曾无虑此，而可以其一族之衰为中国幸邪？其族衰，其地无主，则必更有他族乘虚而潜滋暗长于灌莽之中。故唐自贞观以后，突厥之祸渐息矣，而吐蕃之害方兴，继之以契丹，皆突厥两部之域也。⑥
>
> 夷狄居塞内，乘中国之虚，窃为主于中国，而边远之地虚，于是更有夷狄乘之，而为主于所虚之地。夫夷狄所恃以胜中国者，朔漠荒远之乡，耐饥寒、勤畜牧、习射猎，以与禽兽争生死，故粗犷悍厉足

① （清）王夫之：《读通鉴论》卷7《后汉和帝二》，第272页。
② （清）王夫之：《读通鉴论》卷13《东晋成帝七》，第480页。
③ （清）王夫之：《读通鉴论》卷12《晋惠帝二》，第436页。
④ （清）王夫之：《读通鉴论》卷28《五代上一二》，第1095页。
⑤ （清）王夫之：《读通鉴论》卷6《后汉光武帝三六》，第249页。
⑥ （清）王夫之：《读通鉴论》卷20《唐太宗七》，第761~762页。

以夺中国膏粱豢养之气。而既入中国，沈迷于膏粱豢养以弃其故，则乘其虚以居其地者，又且粗犷悍厉而夺之。故刘、石、慕容、姚、苻、赫连迭相乘而迭相袭，猗馋之裔，乃养其锐于西北，徐起而收之，奄有群胡之所有，而享国以长，必然之势也。契丹入燕、云，而金人乘之于东；金人有河北，而蒙古乘之于北；知夺人而不知见夺之即在此矣……汉、魏徙戎于塞内，空朔漠以延新起之夷，相踵相仍，如蟹之登陆，陵陵藉藉以继进，天地之纪，乱而不可复理，乾坤其将毁乎！①

这里既指出了少数民族之间势力消长的一般模式，也探讨了何以进入中原地区的少数民族会走向衰落，以及这种盛衰之势对于中原皇朝与汉族主体政权的影响。他强调少数民族的优势和入主中原的变化，虽有单方面强调武力对朝代兴亡的决定作用之嫌，但以此通观历史上的民族盛衰及其关系的一般模式，无疑是相当敏锐的洞见。或许可以说，如上论述堪称从历史地理视角描述民族盛衰的宏论，充分展现了王夫之史论的通变色彩。他曾指出："土足以居，毛足以养，邃古无旷地，今日无余物，其消谢、生育相值，而偿其登耗者适相均也。"② 看来其民族盛衰论与其生命运动的消谢与均衡观是一致的。

少数民族迭相盛衰的认识，因近人陈寅恪申论而广为人知。如从华夷间和夷夷间的多重关系看文教、武功与民族征服的关系，雷海宗所言更有助于明晰王夫之的见解。他说："中国虽屡次被征服，但始终未曾消灭，因为游牧民族的文化程度低于中国，入主中国后大都汉化。只有蒙古人不肯汉化，所以不到百年就被驱逐。游牧民族原都尚武，但汉化之后，附带的也染上汉族的文弱习气，不能振作，引得新的外族又来内侵。蒙古人虽不肯汉化，但文弱的习气却已染上，所以汉人不很费力就把他们赶回沙漠。"③ 因而维柯所言野蛮征服文化先进者的两种结局，就中国历史而言，同化后进实系常态，而彻底灭绝先进还不曾真正发生过。

很多有作为的少数民族统治者，如鲜卑拓跋、蒙元与满族等都曾尝试寻求一种既吸收汉民族先进文教制度而又保持本来民族特性以不失"凶猛野蛮"的途径，正有如维柯所言既"学习"又保持"无知"的"智慧"。

① （清）王夫之：《读通鉴论》卷12《晋惠帝二》，第435～436页。

② 王夫之：《周易外传》卷4《未济》，《船山全书》第1册，岳麓书社，2011，第976页

③ 雷海宗：《中国文化与中国的兵》，商务印书馆，2014，第117页。

无论结局如何，他们都曾为之而努力过。王夫之的看法则简单粗暴得多："徙之出塞，万世之利也"①，要"正其氏族，别其婚姻，域其都鄙，制其风俗，维持之使若其性"②。妄想退回到华夷隔绝的状态，以达到少数民族不失其性而中原汉族不受危害的"双赢"结局。他对民族融合过程与原因的描述相当准确而形象③，但是却以否定的态度予以消极的评价，事实层面的洞见愈益衬托出价值判断的消极。以华夷的内外之防解决这一问题，根本不具备历史与现实的可能性。

结　语

维柯的文武关系论，在第五演讲中多以历史事实论证，面向大学生，培养他们对于武功的高贵意识，告知他们何为健康的尚武精神。而在《新科学》中对于相关问题的思考，多了哲学的眼光与历史理论的视野，将其与政治权力、经济占有、阶级斗争紧密结合在一起讨论。合而观之，其论自有内在的理路与系统性。第一，他对暴力与战争在人类历史上的重要作用及其法律意义有明确的认识。在其历史哲学的理论体系中，暴力与战争贯穿人类历史演变的每一个阶段。从原始社会到国家与政体产生、进而政体的渐次更迭，以及最后的崩溃再生与重新开始新一轮循环，都有战争手段的作用。在政治共同体内部，法律是掌握着武装力量的统治阶级意志的体现。在民族间，战争就是正义的裁判，是利益无法调和的最后选择。随着历史的发展，人类的战争形式与交战规则相应发生变化，简言之，从私战走向公战、从动辄言武到预先宣战。第二，他阐明了武功的限度与文教的功能。武功难离文教，除战争显而易见的破坏性之外，还在于如下原因：其一，从历史进程的角度看，战争并非历史发展的唯一推动力，宗教、哲学、艺术等文教手段有着战争无法替代的功能。在从兽到人这一转变的关键一步中，关键在于天神意旨及其催生的宗教、婚姻家庭生活、礼乐制度等，并非是暴力与战争的结果。极端情况下，"无论在什么地方，一个民族如果在武力方面变得野蛮，以致人道的法律都没有地位了，唯一

① （清）王夫之：《读通鉴论》卷 11《晋武帝一四》，第 431 页。

② （清）王夫之：《读通鉴论》卷 7《后汉和帝二》，第 271 页。又，参见卷 2《汉文帝一七》、卷 6《后汉光武帝三六》"内徙南单于非计"、卷 15《宋文帝一〇》等。

③ 参见葛剑雄《统一与分裂》第五章之"征服者被征服"部分，商务印书馆，2013，第 200～204 页，有助于理解王夫之相关论述的历史意蕴与其高卓史识。

的可以制服这种民族的强有力的手段就是宗教”[1]。进入文明时代以后，文教显著加速了人类文明发展的进程。其二，从帝国或王朝兴亡盛衰的角度来看，王朝或帝国的创建离不开武力，而要保持长治久安、传之久远，则离不开法律的作用。“凡是政体都是先凭兵力产生，然后（在和平时）凭法律安定下来的。”[2] 当然，即使是创建过程中的武功，也离不开文教尤其是谋略的支持。其三，从罗马这一具体案例来看，它从蕞尔小邦逐渐成为世界性帝国，武力征服的成功、帝国的维持与其政体特征、法律制度、善于学习、伟大统帅、集体精神有关。斯巴达、迦太基的“穷兵黩武”与之适成鲜明对照。第三，他就怎样以文教增益军事智慧有相应的思考。其一，基于公共的善与人类整体利益，要以文教统领武功。其二，统帅的军事智慧应当是精神德性与心灵德性的统一。后者是具体的知识素养，而前者是正义、节制、克制、宽厚、诚信等伦理道德的要求。类似于我们今天所讲要以精神和思想统领军事。其三，他强调各民族只有不断创新或积极学习，才能应对随着生产力发展与科学技术进步所带来的军事变革。自然，对于敌人，就应该禁止文教与军事艺术的外泄。第四，维柯对野蛮征服先进的思考，看到了两种结局——被同化或者彻底灭绝后者。

王夫之的文武关系论，不脱离具体人物与事件评价，而处处渗透着历史眼光与哲学思辨。第一，就其基本态度而言，强调在民族政治体内部，军事力量应统属并服务于皇权；不过，在朝廷腐败、危及衣冠存亡的紧急状态，应遵循夷夏之防的千古通义，肯定武将僭越自立与割据自雄的积极意义。第二，特别注重文武分途的不可逆转与军事发展的专业化趋势。他从历史发展的整体统一性看待战争形式与战争规模的演变，强调非专业化不能应对残酷战争，因而强调将相分离与兵农分离。就其专业化而言，除军事指挥的专业化外，还强调守兵与战兵之别、战备建设组织与战时指挥枢密之别，反对演习而强调实战练兵。进而，文臣将兵自然为他所反对。[3] 第三，从文武关系分析了武功与国势的衰微之由与强盛之道。强调内部团结、文武协调是战事取胜的基本保障；要重视军人的社会地位，提高社会

① 〔意〕维柯：《新科学》，朱光潜译，第 177 页。

② 〔意〕维柯：《新科学》，朱光潜译，第 25 页。

③ 王夫之对于军事与战争艺术的系统思考及其思想渊源与历史影响，可参见薛学共《湖湘文化与毛泽东军事思想研究》，博士学位论文，湖南师范大学，2004；李兆禄《王夫之对孙子军事思想的继承与发展》，《滨州学院学报》2011 年第 5 期；刘飞《毛泽东与王船山军事思想的相通之处》，硕士学位论文，新疆师范大学，2016。

的尚武意识；强调以纲纪与信义驭将、以荣誉励将。在政权并立之际，弱者的和谈策略运用得当只能应强敌于一时，加强军备与人才培养的实干才是根本之道，切忌“空谈无实，坐废迁延”。第四，从基本策略而言，切记“夷狄相攻非中国之利”，要扼杀敌人兼并弱小、做大做强之势，避免文教与谋略外传。第五，肯定开疆拓土对于文教扩展的长时段历史意义，强调中时段局势下历史文化认同之于统一大业的重要性。他深刻认识到武力拓殖是文教传播、文明扩展的前提与保障，相关论述渗透着对于主观动机与客观效果、一时利弊与长远得失、客观形势与人力作为的辩证认识。最有现实警示意义的是，王夫之认为国土分裂之际，历史文化认同对于谋求国家统一尤为关键。因为故土分离、时势变迁，不仅有百姓认同感流逝之虞，且有应当继承大统者苟且偷安、忘却统一大业之忧，乃至以成数典忘祖之势，所以趁早推进统一大业乃势所必然。

就二者观点而言，除论暴力工具与战争手段的阶级性质及其对于族群存续的意义、马上得之而文教治之若合符契外，尚有如下值得关注的彼此参照、互为检讨之处：第一，维柯正是在对于文教与武功之关系的审视中，初步认识到了中国文明的整体特征——疆域广大、极度繁荣、历史悠久、文教发达。不过，中国因自然屏障而远离战争、防御牢固的说法难以成立，侵略、屠杀和蹂躏亦伴随着中国历史的始终，伟大与繁荣正是在艰难应对无数内外争战中成就的。也正因为此，伴随着武功盛衰，“中国之文”自然有高低起落与地域转移，维柯当时尚难以知晓其中曲折。王夫之的论述，有助于我们认识维柯所言的是非杂糅之处。第二，“当一个国家在文教上最为繁荣之时，也就是这个国家在战争荣耀上最为显赫，在统治权力上最为强盛之时”。维柯文武关系论的这一中心论点遭遇了中国历史的反例，即赵宋皇朝的重文抑武。王夫之认为，赵宋武功不振并非财用不足、天不生英杰，根本原因就在于君主“怀黄袍加身之疑，以痛抑猛士”。两相对照，我们对王夫之不遗余力批评“陋宋”的深意也就多了一分理解。第三，维柯论科技革命与军事变革的应对之道，具有浓厚的近代色彩与世界意识，王夫之则明显存在认知缺陷，拘于古、泥于儒且昧于世界大势。对于中华民族来说，这是最具悲剧性的相异之处，也正是此后中西武功盛衰、国势逆转的认知障碍所在。第四，二者都反对文教与军事艺术外泄。维柯批评为其他文化与族群服务的“基督教叛徒们”。王夫之批评为他族政权服务的汉族士人更是不择言辞，对于汉族与少数民族的通婚与交往也持否定态度。第五，二者对野蛮征服与文明同化的长时段思考，触及了民族盛衰的规律。维柯的看法注意了野蛮征服先进的两种可能性：学习先进而被同化或者彻底地消灭先进者。前一种暗含的可能危险是失去原来的民族性与野蛮所带来的战斗力；后一种则会造成文明倒退甚至中断的悲剧。王夫之也指出了少数民族之间势力消长的一般模式，也探讨了何以进入中原地区的少数民族会走向衰落，以及这种盛衰之势对于汉族的影响。从“华夷”间和“夷夷”间的多重关系看文教、武功与民族征服的关系，他提出了民族消谢、生育相值的迭相盛衰论。

嵇文甫指出，即使以现代历史哲学的观念来看，王夫之的一些观点也有其精辟独到之处，如“从发展过程上看历史事项”“社会制度的相关性或整个性”“客观的独立于意识以外的势力之存在”“偶然中显现必然”等。[①] 毋庸置疑，王夫之的文武关系论，丰富并贯穿着这些理念。其实，维柯的文教武功论，作为其整体历史理论的一个重要部分，亦有类似特色。就研究方法与特色而言，二者皆有哲学洞见、历史的眼光、阶级分析意识与因果剖析，而其相异之处在于王夫之较多心态分析、谋略考察与道德裁断，维柯则多世界视野、法学视角而独具神话学解读与图像证史的运用。本文的初步思考，重在呈现二者文武关系论观点本身的丰富多样，哲学层面的提炼、论证理论与研究方法异同的考察，尚有待来日。

作者附记：2017 年 8 月，笔者与会《历史研究》编辑部与上海师范大学人文与传播学院主办的“第四届青年史学家论坛”，提交《王夫之与维柯的文武关系论》初稿。承蒙纪建勋、刘开军、刘志平等学长指正，谨致谢忱！

① 嵇文甫：《船山哲学》，《嵇文甫文集》（上），河南人民出版社，1985，第 583 页。

中国古代史学研究

北朝官修谱牒的类型与发展脉络*

陈　鹏
（吉林大学中国史系，长春　130012）

摘　要： 北朝谱牒以官修为主，与朝廷的士族评定关系密切。北朝士族评定，主要在于评定郡姓及其门第等级。与之相应，北朝官修谱牒分为“氏族谱”与“郡姓谱”两大类型：前者是著录士族门第等级的总谱，规模往往较大，可能包含士族房分、谱系记录；后者则是条列各郡著姓的简谱，且很可能是前者的节略本。这两类谱牒肇始于北魏太和定姓族，延续至周、隋定氏族，展现出官修谱牒与门阀制度的密切关系，乃至唐前期仍继承了北朝官修谱牒的方式和类型。

关键词： 北朝　官修谱牒　郡姓谱　氏族谱

南北朝时期，谱学兴盛，所谓“官有簿状，家有谱系”。① 其中北朝谱牒编撰，往往与朝廷评定士族门第相关，官修色彩明显。《隋书·经籍志》（下简称《隋志》）史部谱系类小序，即将北魏孝文帝定姓族、西魏北周改复胡姓与谱牒编撰联系起来。②

---

* 本文为教育部人文社会科学重点研究基地重大项目“中国中古史籍与史料的整理与研究”（16JJD770004）、吉林大学基本科研业务费项目“北朝谱牒与姓族制度研究”（2016ZZ021）阶段性成果。

① （南宋）郑樵著《通志二十略·氏族略第一》，王树民点校，中华书局，2009，第1页。

② （唐）魏徵等：《隋书》卷33《经籍志二》，中华书局，1973，第990页。

对于北朝谱牒，除通论性研究外[①]，亦存在专论：李裕民结合传世文献和吐鲁番出土残谱，讨论了北朝谱牒的种类和体例[②]；李传印提出北朝谱学与政治关系密切，北朝谱牒以官修为主，是建立门阀新秩序的工具，在选官、婚姻等方面发挥重要作用[③]；高贤栋认为北朝谱牒是选官和婚姻的依据，还具有收族的作用。[④] 既往研究推进了我们对北朝谱牒和谱学的认识，但由于北朝谱牒的散佚，确如学人所论，难以“进入具体的实证性研究层面”[⑤]。近年来，陈爽借助墓志对中古谱牒体例、内容的探寻，多少弥补了这一缺憾。[⑥]

不过，北朝谱牒尤其是官修谱牒的发展脉络，仍有待考察。唐代谱学家柳芳称：“太和以郡四姓为右姓；齐浮屠昙刚《类例》凡甲门为右姓；周建德氏族以四海通望为右姓；隋开皇氏族以上品、茂姓则为右姓。”[⑦] 太和定姓族的情况，唐长孺、陈爽、张旭华等先后做过精到的讨论[⑧]；北齐昙刚《类例》（全名《山东士大夫类例》），郭锋考察了该书的佚文和内容[⑨]；而北周和隋朝的情况，则研究不多。但柳芳之说透露出北魏、北周和隋朝均曾有过官修谱牒，笔者还注意到北朝官修谱牒存在形式和功能上的连续性。本文拟在前贤研究的基础上，进一步发掘北朝官修谱牒存目和佚文，探索其类型与发展脉络。

---

① 周一良：《魏晋南北朝史学发展的特点》，赵和平主编《周一良全集》第1编第2册《中国史·魏晋南北朝史论（下）》，高等教育出版社，2015，第90~91页；陈直：《南北朝谱牒形式的发现和索隐》，《西北大学学报》（哲学社会科学版）1980年第3期；郭锋：《晋唐时期的谱牒修撰》，载氏著《唐史与敦煌文献论稿》，中国社会科学出版社，2002，第170~195页；王鹤鸣：《中国家谱通论》，上海古籍出版社，2010，第80~84页；仓修良：《谱牒学通论》，华东师范大学出版社，2017，第94~95页。

② 李裕民：《北朝家谱研究》，《谱牒学研究》第3辑，书目文献出版社，1992，第61~69页。

③ 李传印：《北朝谱学与北朝政治》，《史学月刊》2003年第4期。

④ 高贤栋：《北朝宗族谱牒述论》，《北方论丛》2007年第5期。

⑤ 陈爽：《出土墓志所见中古谱牒研究》，学林出版社，2015，第8页。

⑥ 陈爽：《出土墓志所见中古谱牒研究》。

⑦ （北宋）欧阳修、宋祁：《新唐书》卷199《儒学列传中·柳冲传》，中华书局，1975，第5678页。

⑧ 唐长孺：《论北魏孝文帝定姓族》，载氏著《魏晋南北朝史论拾遗》，中华书局，2011，第79~92页；陈爽：《世界大族与北朝政治》，中国社会科学出版社，1998，第42~80页；张旭华：《九品中正制研究》，中华书局，2015，第414~432页。

⑨ 郭锋：《〈山东士大夫类例〉与北朝郡姓评定若干问题考察》，载氏著《唐史与敦煌文献论稿》，第130~144页。

一 北魏“郡姓谱”的性质与功能

北朝官修谱牒的编纂，肇始于北魏孝文帝太和定姓族。北魏官修谱牒，近人李正奋《补魏书艺文志》收录了《魏孝文列姓族牒》《方司格》二书，各一卷。[①] 考其史源，前者见于《隋书·经籍志》《通志·艺文略》著录[②]；后者见于《旧唐书·经籍志》《新唐书·艺文志》著录。[③]

《方司格》在唐代谱学家柳芳《氏族论》中，有着较详细的记述：

> 魏太和时，诏诸郡中正，各列本土姓族次第为举选格，名曰“方司格”，人到于今称之。[④]

《史通·书志篇》的记述稍有不同，称南北朝时“中原有方司殿格”。《史通》这条材料存在文字上的问题：“司”字，宋本《史通》作“思”，因版本较早，得到卢文弨等学者赞同；“殿”字，或认为是衍字，或认为当作“选”[⑤]。究竟是“方司”还是“方思”，似不能仅以版本早晚为据，因为柳芳《氏族论》和两《唐志》均作“方司格”。当代学人也多认为当作“方司格”，但解释不尽相同：郭锋认为“方”即“仿”，“方司格”为“仿比中央部、司的‘格’文件之意”[⑥]；楼劲主张“方”为“方舆、方国之‘方’”，“‘方司’意为各地之主者，故‘方司格’之为名，正表明此格规定的姓、族等次，虽最终由皇帝裁决，而其具体内容则主要是由各‘方’（郡）中正所拟定”[⑦]。从《氏族论》对《方司格》的描述来看，后

① 李正奋：《补魏书艺文志》，王承略、刘心明主编《二十五史艺文经籍志考补萃编》第12卷，清华大学出版社，2012，第273页。

② （唐）魏徵等：《隋书》卷33《经籍志二》，第989页；《通志二十略·艺文略第四》，第1587页。

③ （后晋）刘昫等：《旧唐书》卷46《经籍志上》，中华书局，1975，第2012页；《新唐书》卷58《艺文志二》，第1496页。

④ （北宋）欧阳修、宋祁：《新唐书》卷199《儒学列传中·柳冲传》，第5680页。

⑤ （清）卢文弨：《群书拾补·史通校正》，收入《清人校勘史籍两种》，北京图书馆出版社，2004，第765页；刘知幾著，浦起龙通释，王煦华整理《史通通释》卷3《内篇·书志第八》，上海古籍出版社，2009，第68页；赵吕甫：《史通新校注·内篇·书志》，重庆出版社，1990，第184页注［108］。

⑥ 郭锋：《〈山东士大夫类例〉与北朝郡姓评定若干问题考察》，见氏著《唐史与敦煌文献论稿》，第137页。

⑦ 楼劲：《魏晋南北朝隋唐立法与法律体系》，中国社会科学出版社，2014，第179页。

者的说法更合情理。

关于《方司格》的性质与功能，学界存在不同说法。周一良称："从卷帙之少可以推知，这是把天下各郡士族按门第高下列成为表格，以便一目了然，类似唐代的氏族志，而不是具有全部氏族的世系和人名的家谱族谱。"① 周先生提出《方司格》不载氏族世系和人名，仅列各郡士族的说法，极有道理；但他认为《方司格》是"表格"则没有依据，"格"当为律令格式之"格"②。张旭华认为《方司格》属"谱牒之作"，"是一种按照门第高低排列的姓族名册，与南朝'百家谱'的作用差不多"，"主旨就在于依据门阀等第高卑，区别姓、族次第，藉以作为吏部铨选时的依据"③。张氏关于《方司格》形式、功能的判断，大体符合柳芳《氏族论》的记述，但将《方司格》与南朝《百家谱》类比则不当，后者是仅记述侨姓高门士族的谱牒④。郭锋认为"方司格为地方州郡根据中央文件而制定的文件，包括本地郡四姓次第的记录等内容，作举选官员之用"⑤。此说最符合柳芳《氏族论》的记述，唯一的问题在于编撰《方司格》的中正是中央的郡中正，而非"地方州郡"。《氏族论》称《司方格》为"诸郡中正，各列本土姓族次第为举选格"而成，其中"诸郡中正"指北魏中央之郡中正⑥；"各列本土姓族次第"则指各郡中正列本郡著姓及其次第，由此认定各郡郡姓。

关于《方司格》，只能通过《氏族论》有大概了解，因无遗文留存，讨论难以具体深入。但笔者注意到，宋代邓名世《古今姓氏书辩证》（下简称《辩证》）曾征引了一部名为《太和姓族品》的著作的遗文，对北魏按郡列述著姓的认识，或可有所推进。这部著作即以"太和"为名，当与

① 周一良：《魏晋南北朝史学发展的特点》，赵和平主编《周一良全集》第1编第2册，第91页。

② 另外，唐《贞观氏族志》达130卷，当载世系和人名，周先生将《方司格》与之类比，并不妥当。

③ 张旭华：《北魏中正职权的扩大与分定姓族》，《九品中正制略论稿》，中州古籍出版社，2004，第287～288页；《九品中正制研究》，第427页。

④ 关于《百家谱》，参见周一良《魏晋南北朝史学发展的特点》，赵和平主编《周一良全集》第1编第2册，第90页；陈爽《出土墓志所见中古谱牒研究》，第33～34页。

⑤ 郭锋：《〈山东士大夫类例〉与北朝郡姓评定若干问题考察》，见氏著《唐史与敦煌文献论稿》，第137页。

⑥ 北魏中正系统存在中央、地方之别，参见严耕望《中国地方行政制度史·魏晋南北朝地方行政制度》，上海古籍出版社，2007，第639～651页；张旭华《九品中正制研究》，第387～401页。

北魏太和定姓族相关。今于《辩证》中检得两条佚文：

1《太和姓族品》荥阳四姓：郑、皇甫、崔、毛。①
2 魏《太和姓族品》：柳、裴、薛为河东三姓。②

另外，《辩证》称“游”姓“秦汉而下，著望河北广平郡，与宋、焦、谈为广平四姓”③。广平宋氏、游氏均显于北魏，此条亦可能依据《太和姓族品》。

从遗文来看，《太和姓族品》是一部记述北魏太和年间各郡著姓的文献，类似于《太平寰宇记》和敦煌文书中保存的唐代“郡姓谱”“姓望谱”。为形象说明这点，今稍举敦煌文书 S. 2052《新集天下姓望氏族谱》三条文字为证：

1 郑州　荥阳郡　出六姓：郑、潘、毛、阳、牟、郏、子（干）
2 蒲州　河东郡　出十五姓：裴、柳、薛、储、蒲、卫、聂、应、廉、麦、扈、昏、满、朗、贾
3 洺州　广平郡　出八姓：游、程、宋、谈、藉、啖、逯、焦④

为方便比较，本文有意举荥阳、河东、广平三郡著姓为例。尽管自北魏至唐，三郡著姓数量增多，但二者形式形近，无疑是同一类型的谱牒文献。这类谱牒仅条列郡姓，而不载谱系，传世文献著录和敦煌文本题名，一般作“郡望氏族谱”或“姓望氏族谱”⑤，池田温名之曰“郡望表”。⑥本文因其列述各郡著姓，称作“郡姓谱”。

《方司格》按郡“列本土姓族次第”，亦应属同样性质的谱牒。至于所谓“次第”，或指一郡著姓的先后次序。当然，也不排除《方司格》于每

① （宋）邓名世：《古今姓氏书辩证》，王力平点校，卷 5“崔”姓条，江西人民出版社，2006，第 78 页。
② （宋）邓名世：《古今姓氏书辩证》卷 38“薛”姓条，第 592 页。
③ （宋）邓名世：《古今姓氏书辩证》卷 18“游”姓条，第 261 页。
④ 郝春文等编著《英藏敦煌社会历史文献释录》第 9 卷，社会科学文献出版社，2012，第 151、152、154 页。
⑤ 姜士彬（David G. Johnson）据文献著录和敦煌遗书题名，称作“姓望氏族谱”，或简称“氏族谱”。见〔美〕姜士彬著，范兆飞、秦伊译《中古中国的寡头政治》第四章、第五章及附录三，中西书局，2016。
⑥ 〔日〕池田温：《唐代の郡望表—九・十世纪の敦煌寫本を中心として—》，《唐史論攷—氏族志と均田制—》，汲古書院，2014，第 5～64 页。

姓下存在次第的小注。至于文献著录的《魏孝文列姓族牒》(下简作《列姓族牒》),从书名来看,无疑与北魏孝文帝定姓族有关;但因史料缺乏,现存二说:其一,《列姓族牒》(1卷)见于《隋志》,而不载于两《唐志》,但两《唐志》载有不见《隋志》的《后魏方司格》(1卷),陈爽推测《列姓族牒》与《方司格》"同书异名"[①]。其二,北魏孝文帝太和定姓族,将代人(鲜卑)贵族评定为"姓""族"二级[②],清人姚振宗、张澍均将《列姓族牒》与代人姓族评定联系起来[③]。因材料不足,二说均存在可能性;但就史志目录著录来看,陈爽说可能性更高,《列姓族牒》之"列姓族"很可能即《方司格》"列本土姓族次第"之意,二者当为同书。

简言之,《方司格》和《太和姓族品》均为列述各郡著姓的简谱——"郡姓谱"。而北魏太和定姓族,对汉人士族而言,核心内容即郡姓评定。上引柳芳《氏族论》称"太和以郡四姓为右姓",又称北朝关中、山东士族著姓均称作"郡姓"[④];《隋书·经籍志》也提到北魏郡姓的存在[⑤]。姜士彬将北朝士族称作"郡式贵族制"[⑥]。北魏"郡姓谱"《方司格》《太和姓族品》,无疑就是北魏郡姓评定的结果。

二 北魏定阀阅等第与谱牒编撰

北魏太和定姓族,因郡姓评定的需要,产生"郡姓谱"。但无论从《太和姓族品》佚文,还是《魏孝文列姓族牒》《方司格》的卷数(一卷)来看,"郡姓谱"篇幅不大,仅条列郡姓而不载谱系。然而,北魏太和定姓族,对士族门第等级进行了评定。柳芳《氏族论》记载了太和定姓族时

① 陈爽:《出土墓志所见中古谱牒研究》,第35页。另外,两《唐志》还载有不见于《隋志》的《后魏谱》二卷,(清)章宗源认为《列姓族牒》与《后魏谱》可能是一书。但二者卷数不同,且据《通志·艺文略四》,《后魏谱》属皇族谱,故当非一书。章氏之说,见其著《隋书经籍志考证》,王承略、刘心明主编《二十五史艺文经籍志考补萃编》第14卷,清华大学出版社,2012,第164页。

② (北齐)魏收:《魏书》卷113《官氏志》,中华书局,1974,第3014~3015页。

③ (清)姚振宗:《隋书经籍志考证》,王承略、刘心明主编《二十五史艺文经籍志考补萃编》第15卷,清华大学出版社,2014,第990~991页;张澍:《姓韵》附录《古今姓氏书目考证》,三秦出版社,2003,第11页。

④ (北宋)欧阳修、宋祁:《新唐书》卷199《儒学列传中·柳冲传》,第5678页。

⑤ (唐)魏徵等:《隋书》卷33《经籍志二》,第990页。

⑥ 〔美〕姜士彬:《中古中国的寡头政治》,第41页。

评定“郡姓”等第的情况：

> “郡姓”者，以中国士人差第阀阅为之。制：凡三世有三公者曰“膏粱”，有令、仆者曰“华腴”，尚书、领、护而上者为“甲姓”，九卿若方伯者为“乙姓”，散骑常侍、太中大夫者为“丙姓”，吏部正员郎为“丁姓”。凡得入者，谓之“四姓”。①

《隋书·经籍志》史部谱系类也说“中国士人，则第其门阀”②；《魏书·崔僧渊传》也提到孝文帝“分氏定族，料甲乙之科”③。《通典·选举典》载孝明帝朝清河王怿上表引“孝文帝制”也提到“甲乙丙丁之族”“地非甲乙之类”云云④，表明北魏确实评定“郡姓”为甲、乙、丙、丁四等。

北魏太和定姓族，评定“郡姓”分甲、乙、丙、丁四等的情况，郭锋通过北齐昙刚《类例》佚文转引北魏旧制，给予了更明确的证明。⑤《古今姓氏书辩证》保留了一些北魏太和定士族门第的遗痕。《辩证》“崔”姓条有云：

> 魏太和中，定“清河崔”为山东五姓甲门……又魏旧定“清河崔”为第一甲门。释昙刚《类例》曰：崔怀兄弟并青州崔肇次卢、郑之后，崔陵及青州崔亮次之，崔隆宗为后。旧定博陵崔为次甲门，昙刚《类例》曰：先崔昂，次崔季舒及齐州崔光。李公�《类例》则首崔楷，后季舒。又旧甲乙门者，崔楷、长瑜为先，子枢、季舒次之。旧博陵崔在乙门者，昙刚以崔暹入第五件，李公掩则首崔敬宽，次崔暹。⑥

引文提到昙刚《类例》，是北齐时一部记述北朝魏齐政权定姓族的私

---

① （北宋）欧阳修、宋祁：《新唐书》卷199《儒学列传中·柳芳传》，第5678页。

② （唐）魏徵等：《隋书》卷33《经籍志二》，第990页。

③ （北齐）魏收：《魏书》卷24《崔玄伯传附族人僧渊传》，第631页。

④ （唐）杜佑：《通典》卷16《选举四·杂议论上》，王文锦、王永兴等点校，中华书局，1988，第390～391页。按：今本《魏书》卷22《孝文五王列传》亡佚，中华书局点校本该卷校勘记〔六〕认为《通典》这段话出自原本《魏书·孝文五王列传·清河王怿传》。

⑤ 郭锋：《〈山东士大夫类例〉与北朝郡姓评定若干问题考察》，见氏著《唐史与敦煌文献论稿》，第130～145页。

⑥ （宋）邓名世：《古今姓氏书辩证》卷5“崔”姓条，第78～79页。

撰谱牒著作；李公惇《类例》，是唐代谱牒著作。[①] 而文中提到“魏旧定清河崔为第一甲门”“旧定博陵崔为次甲门”“旧甲乙门者”“旧博陵崔在乙门者”云云，则当是北魏定门第的旧制，即北魏郡姓之等第。

那么，《辩证》记载下北魏旧制的依据是什么呢？这存在两种可能，一是昙刚《类例》、李公惇《类例》征引的，后为《辩证》转引；二是《辩证》别有所据。但无论哪种情况，“魏太和中”“魏旧定”云云的渊源必可上溯至某种北魏谱牒。[②] 又《辩证》“皇甫”姓条曰：“魏定安定皇甫在乙门。”[③] 这与上引魏定崔氏门第情况相近，且未言及昙刚《类例》，更令人相信北魏存在一种记录北魏士族门第等级的谱牒。

唐代定氏族门第，编修《氏族志》《姓氏录》等大型谱牒著作即按门第等级记述士族。《氏族志》对士族“类其等第”[④]，《姓氏录》更是按官员品级分等级记载士族谱系。[⑤] 同样是评定士族门第等级的北魏太和定姓族，编撰按门第高下记载士族的谱牒，也是合情合理的。毕竟士族门第等级信息，不是简明的“郡姓谱”所能包含的。特别是依据上引《辩证》载北魏定崔氏门第的情况，北魏是按“房支”而非“郡望”评定士族门第等级的[⑥]，而“郡姓谱”仅条列郡姓，无法反映这些信息，而编撰一部按门第等级记载士族的谱牒则可解决这一问题。柳芳《氏族论》称“太和以郡四姓为右姓”，“右姓”的标准不排除即依据一部这样的官修谱牒。

简言之，北魏太和定姓族，配合朝廷评定“郡姓”及其阀阅等第之举，出现了两种官修谱牒：一种是条列郡姓的“郡姓谱”，一种是著录士族门第高下的谱牒。关于后者，虽然未见文献著录有相关谱牒名目，但北魏定士族门第等级的相关记述，表明这类谱牒真实存在过，只是现存文献不足以展示其原貌罢了。

---

① 引文“李公惇”“李公掩”，显系字讹。柳芳《氏族论》提到谱学家李公淹，当即此人，郭锋推测其为玄宗朝人（见其著《〈山东士大夫类例〉与北朝郡姓评定若干问题考察》，《唐史与敦煌文献论稿》，第132页）。但《隋书》卷67《裴矩传》、《新唐书》卷222下《南蛮传下·南平獠传》提到唐高祖、太宗朝有李公淹，本窦建德部下，降唐后曾任员外散骑侍郎宣谕岭南，或即此谱学家。

② 郭锋：《〈山东士大夫类例〉与北朝郡姓评定若干问题考察》，见氏著《唐史与敦煌文献论稿》，第137～138页。

③ （宋）邓名世：《古今姓氏书辩证》卷15“皇甫”姓条，第226页。

④ （后晋）刘昫等：《旧唐书》卷65《高士廉传》，第2443页。

⑤ （北宋）王溥等编《唐会要》卷36《氏族》，上海古籍出版社，1991，第775页。

⑥ 郭锋：《〈山东士大夫类例〉与北朝郡姓评定若干问题考察》，见氏著《唐史与敦煌文献论稿》，第139～143页。

三 周隋定氏族与官修谱牒

北魏以降，北齐未见定氏族之举，北周和隋朝则曾先后定氏族，上引柳芳《氏族论》即提到“周建德氏族以四海通望为右姓；隋开皇氏族以上品、茂姓则为右姓”。这是传世史料对周、隋二代谱学、氏族最直接的描述，其说无疑当依据周、隋二朝编撰的谱牒。唐长孺即将“周建德氏族”称为“建德氏族志”，视作一部著作[①]；郭锋也将“建德氏族”“开皇氏族”视作谱牒著作，标以书名号[②]；美国学者姜士彬更认为周“建德氏族”、隋“开皇氏族”是朝廷编撰的大型“氏族谱”，且二书题名与唐《贞观氏族志》相似，可能是同类著作[③]。

北周和隋代定氏族，除柳芳《氏族论》外，不见于传世文献记载。西魏北周“赐复胡姓”虽然也涉及姓族制度的调整，但主要发生于西魏时期和北周初年，即周武帝即位（560 年）以前[④]，与“建德氏族”无关。后者当发生于北周武帝建德年间（572～578）。由于史料阙如，对于柳芳所言“周建德氏族”“隋开皇氏族”评定“右姓”的标准，今已无从考证。不过，可以注意到，唐天宝六载（747）《李迪墓志》称志主家族（赵郡李氏）“周隋定族，称为第一”[⑤]。赵郡李氏在周隋阀阅第一固然不符合实情，但可知在唐人的历史记忆中，周、隋确曾定过氏族。郭锋即认为《李迪墓志》“可为一例证”[⑥]。另外，敦煌出土的《沙州都督府图经》（P. 2005）

---

① 唐长孺：《论北魏孝文帝定姓族》，载氏著《魏晋南北朝史论拾遗》，第 88 页。

② 郭锋：《唐代士族个案研究——以吴郡、清河、范阳、敦煌张氏为中心》，厦门大学出版社，1999，第 45 页。

③ 〔美〕姜士彬：《中古中国的寡头政治》，第 55～56、57～58 页。

④ （唐）李延寿：《北史》卷 5《西魏文帝纪》称大统十五年（549）“初诏诸代人太和中改姓者，并令复旧”（中华书局，1974，第 180 页）；《周书》卷 2《文帝纪下》称魏恭帝元年（554）赐复胡姓，继北魏三十六国、九十九姓之后（中华书局，1974，第 36 页）。研究者针对“赐胡姓”时间的统计，尤可证明赐姓多在西魏和北周初年。见 Albert E. Dien（丁爱博），The Bestowal of Surnames under the Western Wei-Northern Chou：A Case of Counter-Acculturation，*T' oung Pao* 63：2～3（1997），pp. 137～177. 叶炜《从王光、叱罗招男夫妇墓志论西魏北周史二题》，武汉大学中国三至九世纪研究所编《魏晋南北朝隋唐史资料》第 28 辑，2012，第 92～93 页。

⑤ 周绍良、赵超主编《唐代墓志汇编》，上海古籍出版社，1992，第 1612 页。

⑥ 郭锋：《唐代士族个案研究》，第 45 页注①。

记述武周李无亏的家世，也提及“随（隋）时定氏族”[①]。由此来讲，“建德氏族”和“开皇氏族”，正是配合周、隋二代定氏族编撰的谱牒。本文因袭姜士彬之说，称之为“氏族谱”。就“氏族谱”与定氏族的关系而论，与北魏著录士族门第高下的谱牒性质相近。

除了“氏族谱”，周、隋二代同样存在条列各郡著姓的“郡姓谱”。上文指出北魏即已出现《太和姓族品》《方司格》等“郡姓谱”，至唐犹存；但周、齐和隋朝是否也存在这种姓望简谱，或者说其在北朝隋唐是否存在连续性，既往研究论述不多。《辩证》“司马”姓条称“隋唐间，旧定河内五姓，以司马氏为一门”[②]；同书“游”姓条称“隋唐间，（游）与戴、商、盛，又为广陵四姓”[③]。这是少有的提到隋代郡姓的记载。毛汉光注意到《辩证》“游”姓条的记载，并认为出自“隋谱”[④]；陈鹏对隋代谱牒进行了更细致的材料搜集和考察，证实了隋代“郡姓谱”的存在。[⑤] 更值得注意的材料，则来自《日本国见在书目录》。

《日本国见在书目录》成书于日本宇多天皇宽平三年，即唐昭宗大顺二年（891），旨在著录日本国平安前期为止的传世汉籍，保存了不少汉籍书目。其中谱系类著录有刘昉等撰《定四海姓望谱》一卷。[⑥] 这部谱牒著作不见于中国古代目录书著录，但对上述问题的考察却极具价值。对于这部谱牒，孙猛在《日本国见在书目录详考》中称：“汉魏、南北朝至唐代，崇尚郡望氏族，成为风气。时有多种谱录行世，后皆亡佚，刘昉等所撰此书，盖亦其中之一。”[⑦] 其说固然符合南北朝隋唐的谱学兴盛之风，但却未给出切实的考察或说明，未能发掘出这条材料在中古谱学研究上的重要价值。

《定四海姓望谱》以“姓望谱”为名，而且篇幅仅1卷，即当属于条

---

① 郑炳林：《敦煌地理文书汇辑校注·沙州都督府图经》，甘肃教育出版社，1989，第8页。

② （宋）邓名世：《古今姓氏书辩证》卷4“司马”姓条，第58页。

③ （宋）邓名世：《古今姓氏书辩证》卷18“游”姓条，第261～262页。按：《辩证》载广陵郡著姓“商”，疑当作“高”，《太平寰宇记》载广陵郡四姓即为戴、高、盛、游；敦煌文书S. 2052《新集天下姓望氏族谱》载扬州广陵郡十姓亦有“高”而无“商”。见《太平寰宇记》卷123《淮南道一·扬州》，中华书局，2007，第2443页；郝春文等编著《英藏敦煌社会历史文献释录》第9卷，第153页。

④ 毛汉光：《敦煌唐代氏族谱残卷之商榷》，《中国中古社会史论》，上海世纪出版社，2002，第428页。

⑤ 陈鹏：《世系与门第：中古谱牒新论》，博士学位论文，北京大学，2015，第172～175页。

⑥ 孙猛：《日本国见在书目录详考·本文篇》，上海古籍出版社，2015，第12页。

⑦ 孙猛：《日本国见在书目录详考·考证篇》廿二“谱系家”，第932页。

列各郡著姓的“郡姓谱”。日本学者池田温曾推测其与隋“开皇氏族”相关[①]，展现出学术的敏感性。但就性质而言，《定四海姓望谱》属“郡姓谱”而非“氏族谱”；就编撰时代而言，似也不无可商榷的余地。依据《日本国见在书目录》，该谱为刘昉等撰。刘昉（？~586）历周、隋二朝，《隋书》《北史》有传，但未见他编撰此书的记载，不足以断代。然刘昉在隋朝建立后，“闲居无事，不复任使”；而在北周宣帝朝和杨坚辅政时期，却颇受信任。[②] 尤可注意的是，柳芳《氏族论》称“周建德氏族以四海通望为右姓”[③]，与《定四海姓望谱》命名相近。姜士彬在讨论唐代官修氏族志和“郡姓谱”时，曾提出后者是前者的节录本或简略本。[④]《定四海姓望谱》很可能与周“建德氏族”也是这样的关系，即根据北周武帝建德年间定氏族的结果，编成条列各州郡著姓的简谱。

当然，受材料所限，上述观点尚无法确定。但《定四海姓望谱》的存在，至少表明“郡姓谱”自北魏至周、隋，再到唐朝，一直存在，在谱学史上不存在阙环。这是北魏孝文帝定姓族以来，山东、关中士族并称“郡姓”，朝野重郡望的反映。前引《辩证》“司马”“游”二姓之说，或即隋代“郡姓谱”之遗文。而周、隋“郡姓谱”既是对北魏“郡姓谱”的继承，也很可能是周、隋二代“氏族谱”的节录本。

余　论

北朝魏、周、隋三朝均曾定氏族，尤其是对各郡著姓及其门第高下进行评定。伴随着这一工作的是官修谱牒的编撰。北朝官修谱牒包括两类：一类是朝廷定姓族的“氏族谱”，大体按门第高下记述士族谱系；另一类是条列各郡著姓的简谱，可称作“郡姓谱”，往往是前者的“节略本”。门第高下和各郡著姓，正是北朝官修谱牒的核心内容，与当时的门阀制度表里相应。上述两种官修谱牒的形式，可能也不是北朝所独有，南朝亦曾出现过。虽然南朝谱牒多为《百家谱》《十八州谱》之属；但依据《玉海》

---

① 〔日〕池田温：《唐代の郡望表》，《唐史論攷》，第60页注（24）。

② （唐）魏徵等：《隋书》卷38《刘昉传》，第1131~1132页；《北史》卷74《刘昉传》，第2541~2542页。

③ （北宋）欧阳修、宋祁：《新唐书》卷199《儒林列传中·柳冲传》，第5678页。

④ 〔美〕姜士彬：《中古中国的寡头政治》，第107~108页。

引《中兴馆阁书目》，南朝梁亦曾出现1卷名为《诸士族谱》的“郡姓谱”[①]，且可能是当时总谱《梁天监十八州谱》的“简易本”[②]。这与北朝“氏族谱”和“郡姓谱”的关系相近。

除官修谱牒外，北朝亦存在私修总谱（通谱），其中最著名的即为柳芳《氏族论》提到的北齐昙刚《类例》。郭锋考察昙刚《类例》佚文，指出此书“是一部涉及北齐的郡姓士族家族门第变动情况的私修谱志类著作”[③]。类似著作很可能在北魏已存在，例如张始均《冠带录》、甄琛《姓族废兴》。[④]这两部著作仅见于作者《魏书》本传，具体内容不详，从书名来看当是著录士族的著作。其出现可能是对孝文帝定姓族以后，姓族废兴、门第升降、谱系婚姻的补充，毕竟“朝廷每选举人士，则校其一婚一宦，以为升降”[⑤]；但也不排除是对太和年间所定士族门第的某种调整，因为当时宋弁执掌此事，升降士族门第不尽合乎人心[⑥]，后来或遭到士林舆论反弹。倘二书确为私修总谱，当与昙刚《类例》的旨趣相近，即对官方定姓族结果和官修总谱的调整和补充。

北朝官修谱牒的两种形式，甚至延续至唐朝。唐前期三次官修“氏族志”，即“氏族谱”的代表；“郡望谱”则见存于《太平寰宇记》和敦煌遗书。至唐后期，朝廷不再士族评定，官修“氏族谱”也不再编撰[⑦]，修谱重点由“定士族郡姓、别士庶婚姻”转变为“辨认郡望为主”[⑧]，“郡望谱”也转变为“姓望谱”。这也正是门阀士族衰落的表现。

---

① （南宋）王应麟：《玉海》卷50《艺文·谱牒》，广陵书社，2016，第985页。

② 郭锋：《唐代士族个案研究》，第182～183页。

③ 郭锋：《〈山东士大夫类例〉与北朝郡姓评定若干问题考察》，载氏著《唐史与敦煌文献论稿》，第131～135页。

④ （北齐）魏收：《魏书》卷64《张彝传附子始均传》，第1433页；（北齐）魏收：《魏书》卷68《甄琛传》，第1516页。

⑤ （北齐）魏收：《魏书》卷60《韩麒麟传附子显宗传》，第1341页。

⑥ （北齐）魏收：《魏书》卷63《宋弁传》，第1415页。

⑦ 瞿林东：《瞿林东文集》第6卷《魏晋南北朝隋唐史学》，北京师范大学出版社，2017，第274页。

⑧ 郭锋：《唐代士族个案研究》，第185页。

层累构造下的唐代宦官历史书写

李瑞华

（北京师范大学历史学院，北京　100875）

摘　要： 握有历史记录权与编纂权的唐宋史家，一次次改写和重构了唐代宦官的历史书写。由于唐代固有的政治体制塑造了宦官与文臣百年相争的格局，二者紧张而疏远的关系影响了士大夫对宦官群体的第一重历史书写。宋初鉴于唐代宦祸，皇帝能够审慎任用宦官群体。宋仁宗朝君主逐渐任用宦官作为腹心亲信以加强皇权，因而宋代史家重新改写唐代宦官，以期通过前车之鉴来警诫规谏皇帝。加之当时史学春秋笔法的盛行，宋代史家进一步丑化和批判唐代宦官，进而完成了唐代宦官的第二重历史书写。可以说，唐代宦官的历史书写经历了多重累积，每一重累积又是史实、文本与意识的碰撞与重构。

关键词： 唐代宦官　历史书写　层累构造

“自书契以来，不无阉寺”①，宦官古来有之。史家一般认为，东汉、唐、明是宦祸最严重的统一朝代。由于宦官群体存世史料不多，正史宦官传是一朝宦官群体记载较为集中和全面的史料文献，因而成为探究历代宦官群体的基础资料。《后汉书·宦者传》是正史之中首次单独为宦官设传，载东汉宦官 16 人。虽对擅权乱政的宦官记载颇多，也不乏对贤宦的记载，如郑众“谨敏有心幾”、蔡伦“匡弼得失”、良贺“清俭退厚”、曹腾“未

① （后晋）刘昫等撰《旧唐书》卷 184《宦官传序》，中华书局，1975，第 4755 页。

尝有过”、吕强“清忠奉公”，整体权宦与良宦传记各占一半。[①]《明史》有宦官列传两卷，共记载有67位宦官，得到较正面评价的占了总人数的一半以上。即使是像北魏时代宦官可任中外要职、权衡人物，曾出现有杀帝、废后、戮相者，《魏书》录《阉官传》一卷，记有25位宦官，其中有将近一般的宦官得到史家的积极评价。

唐代被认为是继东汉之后宦官权势发展的第二个高峰，史家单独设有宦官传。然而翻阅新旧《唐书》中的宦官传记，旧书仅13人，新书扩充至21人。其中得到史家正面评价的宦官屈指可数，多因擅权或品性而受史家批评。某一历史书写作品，必定是复合多重的和持续的历史书写行为，层累到一定程度后的结果。[②]唐代宦官历史书写的形成与唐宋史学发展趋势、唐宋两朝史家对宦官角色的认知以及唐宋两朝的政治局势、时代背景等密切相关。得益于五代宋人的几部官修史书，唐代宦官历史书写中的这种层累叠加过程可以更加明晰地了解和探知。

一 唐人的宦者意识与历史书写——以《册府元龟》为例

首先，简单梳理一下唐人修史的概况。唐朝史馆编纂有皇帝实录与本朝国史，德宗后再未修撰纪传体国史，穆宗后无编年体国史，而从唐高祖到唐武宗凡16帝有皇帝实录。[③]国史的修撰主要依据实录。实录取材于记录天子言行和诏书奏报的起居注，以及时政记、日历等史书文献，此外还取材于行状、家传、采访笔录。目前仅《顺宗实录》因保存于韩愈的《昌黎先生文集》而得以传世，其余实录与国史均已散佚。所幸宋朝时唐代的实录和国史尚在，五代宋人收集梳理唐朝史书，删削编订而集结成了诸种有关唐朝的官修史书。其中唐代宦官的史实集中记载于新旧《唐书·宦者传》《册府元龟·内臣部》《资治通鉴》，新旧《五代史》也涉及对唐末宦官的记载。

诸书之中又以《册府元龟》保存的唐代宦官信息最完备。北宋大中祥符六年（1013）修成的《册府元龟》，旨在记述历代君臣事迹。其中唐史部分，

① （南朝宋）范晔撰，（唐）李贤等注《后汉书》卷78《宦者传》，中华书局，1965，第2507～2543页。

② 徐冲：《历史书写与中古王权》，《中国史研究动态》2016年第4期。

③ 谢保成：《〈旧唐书〉的史料来源》，荣新江主编《唐研究》第一卷，北京大学，1995，第353～376页。

武宗以前主要采自唐各帝实录，武宗以后主要参考贾纬“搜访遗文及耆旧传说”编纂而成的《唐年补遗录》65卷。[①] 由于此书基本是对前朝史料的摘抄，改编删减较少，笔者主要依据《册府元龟》探讨唐人宦者意识对历史书写的影响。下表为《册府元龟·内臣部》所载内臣部宦官信息汇总。

表1 《册府元龟·内臣部》所收宦官*

朝代＼类别	恩宠	贤行	荐贤	忠直	才识	将兵	监军	立功	干事	翊佐	朋党	恣横	谴责	贪货
唐以前	37	18	4	12	13	3	0	0	16	7	4	12	12	10
唐	23	0	2	5	4	37	22	5	4	8	5	9	8	11
五代	6	2	1	2	0	0	2	5	1	0	1	2	0	0

注：本表只列出了内臣部十六门的十四门，还缺规谏、诬构两门。

资料来源：（北宋）王钦若等编纂《册府元龟》，周勋初等校订，卷665～卷670，凤凰出版社，2006，第7662～7724页。

根据表①所列内臣部十六门的内容，七门是对宦官群体中正面事迹的记载，四门是对宦官行为的批评，可见对宦官群体褒多于贬。这实际与宋真宗朝宦官的角色以及真宗对宦官的态度有关。柳立言先生曾考察宋初君臣对宦官角色的认知，他指出由于宋真宗朝宦官屡在边疆立功，真宗对宦官颇具好感。因而真宗在阅览内臣部后提出，史家在编纂宦官资料时不要直接强调而要委婉表达他们的阉人身份，这一要求可以解读为真宗对宦官群体的优容。《册府元龟·内臣部》的编纂可能也受到了皇帝态度的影响，对历代宦官事迹好评居多。[②]

即使在这样优待宽容的编纂态度下，唐代宦官可褒扬者依然乏善可陈。宦官中竟无一人有贤行，忠直、才识、立功以及干事者屈指可数，恣横、谴责以及贪货门的宦官倒是与唐以前的宦官相当。记载集中在将兵和监军，主要是对任职左右神策军中尉和地方监军宦官的简单记录。鉴于《册府元龟》编纂原则和书写手法，这种对唐代宦官隐善扬恶的做法当来自拥有历史书写权的唐代士人群体。这样的记载一方面反映了唐代宦官的角色特点；一方面也折射出唐代史家的宦者意识以及对历史书写的影响，

① 谢保成：《两部〈唐书〉的取材与思想》，李斌城主编《唐代文化》下卷，中国社会科学出版社，2002，第1196页。

② 柳立言：《以阉为将：宋初君主与士大夫对宦官角色的认定》，载台北编译馆主编《宋史研究集》第二十六辑，台北编译馆，第281页。

奠定了唐代宦官形象的基调。

无论宦官权势如何，历代宦官与皇帝终是主仆，皇帝待宦官以家奴，利用宦官行使皇权。然而政治格局不同，宦官作为皇帝的棋子，其角色定位差异甚大。虽然宦官群体与外朝文官群体有直接的斗争，但只是在王朝的某些时间点或者在王朝末期。唐代宦官则不同，司马光言，“宦官之祸，始于明皇，盛于肃、代，成于德宗，极于昭宗”，大致对唐代宦官权势的发展阶段有一整体把握。玄宗以后宦官受到君主的信任和任用，开始以群体身份获得政治资源，这与唐代中央政局、宫廷变革等密不可分。① 君主本着制衡的目的，逐渐授予宦官各种政治权力。宦官集团在君主的支持下，通过内诸司扩大权力。不同于前朝宦官凭借偶然的契机或者皇帝的恩宠才参与政事，虽然内诸司一开始只是临时使职，但逐渐等级化固定化机制化，持续侵夺着外朝文官群体的政治资源。②

可以说唐代宦官群体百年发展史，伴随的是外朝文官群体政治资源被侵夺的历史。这种直接对抗加剧了南北衙间关系的紧张，以致晚唐宦官与外朝文官群体水火不容，甚至出现了血腥仇杀。唐代文官集团作为舆论的控制者以及史书工笔之人，面对唐代宦官群体这一政治对手，即使秉笔直书，其书写也不可避免地带有较强的主观倾向。由于二者关系的紧张与疏远，唐代史家对宦官群体的了解不多；而又由于宦官群体权势的扩张主要依靠对神策军权的掌控，宦官掌兵、专权等成为史家留心和关注之处。

作为政治资源争夺的敌手，士大夫对宦官的功绩尽量避而不谈，对宦

---

① （北宋）司马光撰《资治通鉴》，（元）胡三省注，卷263，中华书局，1956，第8598页，昭宗天复三年（903）正月庚午条。

② 唐代宦官集团与文官集团的斗争频繁，其中比较激烈的事件如牛李党争、二王八司马事件、甘露之变等，相关专题研究甚多，恕不赘述。宦官具体如何侵夺外朝官员的执掌，黄正建先生系统考证了宦官对殿中省六尚执掌的侵夺情况〔黄正建：《唐六尚长官考》，载《魏晋南北朝隋唐史资料》，2004。另氏著《唐六尚长官考补——兼论李令问、井真成墓志》（《隋唐辽宋金元史论丛》，2012）根据墓志补充完善了六尚长官的资料〕；王孙盈政先生探讨了宦官集团侵夺中枢决策权的阶段和特点（王孙盈政：《试论唐代后期宦官集团对中枢决策权的攫取》，《兰州学刊》2012年第11期）；胡沧泽先生考察了御史与宦官在监军权、馆驿权的争夺和斗争，认为宦官在皇帝的支持下，侵夺了御史台的权力（胡沧泽：《唐代御史制度研究》，福建教育出版社，2000）；〔英〕麦大维先生（David L McMullen）探讨了唐代朝会的作用和意义，以颜真卿所撰《争座位帖》为例，指出宦官权力上升威胁朝廷朝会的良好秩序，破坏了传统行政结构（David L McMullen，“Disorder in the Ranks：A Political Analysis of Tang Court Assemblies，” Cambridge University，UK，Tambridge University，UK er i pp. 1 –60.）。

官的劳苦遮蔽掩盖，更注重对宦官专悍、强权的讨伐，隐善扬恶成了历史书写的准绳。宦官涉足政治军事越多负面评价就越高，一旦政军局势出现问题，宦官便首当其冲成为代罪羔羊。例如一般官修史书往往将战事失败归咎于宦官监军制度，认为宦官监军扰乱地方军政，而官修史书更是宣称朝廷在刘辟事件中的军事胜利正得益于不设监军，《旧唐书》载：

> 刘辟作乱，议者以剑南险固，不宜生事；唯黄裳坚请讨除，宪宗从之。又奏请不以中官为监军，只委高崇文为使。黄裳自经营伐蜀，以至成功，指授崇文，无不悬合。①

据上文，高崇文讨刘辟之所以成功当在不设监军。然而白居易的疏奏中则有“比年始以中人为都监，韩全义讨淮西，贾良国监之，高崇文讨蜀，刘贞亮监之”②，可知刘贞亮便是高崇文讨刘辟时的监军。陆扬先生则找到《德阳龟胜山道场记》，内中明确记载讨刘辟时有都监军使俱文珍（刘贞亮原名）和另一位刘姓监军，证明宦官监军和主帅的合作相当成功。此外又考证了一位宦官夫人张氏墓志，这位宦官正是俱文珍任监军使时的判官，为该论点提供了新的证据。③《旧唐书》所书当根据唐人国史实录而来，士大夫对宦官功绩的遮蔽和对宦官角色与职任的贬低可见一斑。

二　宋人对唐代宦者的历史书写及时代背景——基于新旧《唐书》的比较

“事增于前，文省于旧”的《新唐书》，成书于宋仁宗嘉祐五年（1060）。前10年宋祁主持编修，后7年欧阳修与宋祁共同刊修。新修唐史以整部《旧唐书》为最直接的取材依据，对旧书的删削改增更能体现宋代史家的修史意识。而且《新唐书》刊布后，《旧唐书》遂不再流传。明嘉靖十七年（1538）旧书才重新刊行，但传布不广；明清之际，顾炎武建

① 《旧唐书》卷147《杜黄裳传》，第3974页。

② （唐）白居易撰《白居易集》，顾学颉校点，外集卷下《谏诏吐突承璀率师出讨王承宗疏》，中华书局，1999，第1549～1550页。

③ 陆扬：《从西川和浙西事件论元和政治格局的形成》，《唐研究》第八卷，2002，第238～239页；氏著《从新出墓志再论9世纪初剑南西川刘辟事件及其相关问题》，《唐研究》第十七卷，2011，第331～356页，载氏著《清流文化与唐帝国》，北京大学出版社，2016。

议兼刻《旧唐书》，直至清乾隆时《旧唐书》始得复刻。因此，《新唐书》对当时及后世唐代宦官历史形象产生深远影响。

首先，《新唐书·宦者传》从生理、性格、行为等方面对唐代宦官的批判尤为严厉。对宦官的态度上，旧书认为宦官能够发挥什么样的作用其决定权在君主，明君措置得当便不会发生宦官乱政的事情，“向使不假威权，但趋帷扆，何止四星终吉，抑亦万乘延洪”①。而新书则继承并进一步发挥了《后汉书·宦者传》对宦官生理缺陷的攻击，认为宦官是卑劣阴险的小人，“残气不刚，柔情易迁，亵则无上，怖则生怨，借之权则专，为祸则迫而近”②，因而君主根本防不胜防，“昏君蔽于所昵，英主祸生所忽”③。总而言之，有生理缺陷的宦官品性低劣，是危险的存在，君主完全不应该靠近他们。相较于旧书，新书对待宦官更加严苛，批评更激烈。在传记的编排上，新书史家将唐代宦官分为上下卷，但并非按照时间顺序而是按照专权擅权的程度划分，体现出宋代史家更加注重对宦官的道德批评。这一态度还反映在对宦官品性的措辞上，下表所列是新旧唐书对部分宦官品性的描述。

表 2　新旧唐书·宦官传部分措辞类比④

	高力士	鱼朝恩	俱文珍	田令孜	杨复光	杨复恭
旧书	巧密	性黠惠，通书计	性忠正 刚而蹈义	颇知书 有谋略	慷慨负节义 有筹略	知书 有学术
新书	阴巧	内阴黠	性忠强，识义理，专悍	知书能处事	颇以节谊自奋	略涉学术

可以发现新书对旧书的用词多有改写，倾向选择更消极、正面程度更低的词语。这仅是对宦官品性的评价，即使宦官获得较正面评价，在具体史实记载中，也会被指摘为擅权专政等，并不影响对唐代宦官整体负面的描述。

其次，《新唐书·宦者传》的书写可谓是错漏百出，有意无意妖魔化唐代宦官。《新唐书·宦者传》记有唐代宦官 21 人的传记，涵盖旧唐所载

---

① 《旧唐书》卷 184《宦官传》，第 4755 页。

② （北宋）欧阳修、宋祁撰《新唐书》卷 207《宦者传上》，中华书局，1975，第 5856 页。

③ （北宋）欧阳修、宋祁撰《新唐书》卷 207《宦者传上》，第 5856 页。

④ （北宋）欧阳修、宋祁撰《新唐书》卷 207《宦者传上》，第 5855 ~ 5902 页；（后晋）刘昫等撰《旧唐书》卷 184《宦官传》，第 4753 ~ 4779。

13 人外，主要新增几个晚唐宦官。书写上分为三种，一是基本承袭旧传，只作文字词语的删减改写，如杨思勖传；二是承用旧传的同时，增添了新的史料，增添详略不等，可信度各有不同，如高力士传增补自柳芳《高力士外传》，吐突承璀传增补自《唐阙史》《玉泉子》，窦文场、霍仙鸣传增补自《唐国史补》等；三是旧书无传，新书增者，如骆奉先、马存亮、严遵美、仇士良、刘克明、刘季述、韩全诲、张彦弘等。无论是增删填补，还是加入的新传，史家的价值观、宦者意识都反映得淋漓尽致。

赵翼《廿二史札记》卷十七“新书增旧书处”等条分类讨论了《新唐书》对《旧唐书》的增补删削之处，列出了新书宦官传较之旧书的增添之处。[①] 章群的《通鉴、新唐书引用笔记小说研究》罗列了高力士、李辅国、鱼朝恩和仇士良四个宦官传记中所引用的笔记小说内容。[②] 但二书对新书增添的内容不全面，且尚未探究内容本身。考察增补的内容，一是增加奇闻逸事。如高力士传中，高力士母子凭借高力士身上的七黑子相认；吐突承璀传中吐突承璀存放诏敕的房间地生毛二尺的记载。这符合唐代笔记小说撰者的一大旨趣，即搜罗奇闻逸事，承袭自魏晋以来笔记小说好记志人、志怪的特点，对传记整体的影响不大。二是增添传主经历，这一部分错谬矛盾之处甚多。如宦官俱文珍是旧书中罕有的具有正面评价的宦官，称其“性忠正，刚而蹈义”。而新书增添俱文珍擅杀东川节度使李康，称其“专悍”，史载：

> 高崇文讨刘辟，（俱文珍）复为监军。初，东川节度使李康为辟所破，囚之。崇文至，辟归康求雪，贞亮劾以不拒贼，斩之，故以专悍见訾。[③]

然而新书《高崇文传》基本承袭旧书《高崇文传》，指出是高崇文“数康失守罪，斩之”[④]，《资治通鉴》也遵循旧书所言。另外考异部分引

---

① （清）赵翼撰《廿二史札记校证》，王树民校证，卷 17，中华书局，1984，第 358～376 页，“新书增旧书处”“新书增旧书有关系处”“新书增旧书琐言碎事”“新书立传独详处”“新书删旧书处”。

② 章群：《通鉴、新唐书引用笔记小说研究》，“表文一：新唐书传文引用笔记小说表”，文津出版社，1999，第 45～120 页。

③ （北宋）欧阳修、宋祁等撰《新唐书》卷 207《宦者传上》，中华书局，1975，第 5868 页。

④ （北宋）欧阳修、宋祁等撰《新唐书》卷 170《高崇文传》，第 5163 页。

《金华子杂编》与《唐国史补》，认为二书所载系传闻而不采。但《金华子杂编》载李康有异志，故高崇文斩之；《唐国史补》载高崇文诱捕李康是因为二人早年有仇怨。[①] 不论传闻中高崇文斩李康的动机是否可信，高崇文斩李康此事当属事实，与俱文珍毫无关系。新书不知据何说认为李康之死与俱文珍有关，更凭此一条批评俱文珍专悍。

此种张冠李戴还可见于窦文场、霍仙鸣传，新书增补一条监察御史崔薳误入右神策军窦文场劾奏长流的记载。新书载："时监察御史崔薳行囚于军，吏为具酒食，薳欲悦媚之，故不拒。文场劾奏，诏流薳远方。"[②] 新书对窦文场、霍仙鸣的评价是"招权骄肆"，这条虽然没有明确表达新书史家的态度，但从行文来看，崔薳仅仅因为接受了军中的酒食就被窦文场劾奏长流，明显是将监察御史长流之罪加于窦文场，暗指窦文场有陷害仇视文臣之举。实际上，这是新书史家又一次从写书上遮蔽了历史事实。此事具载于《旧唐书》《资治通鉴》《册府元龟》和《唐会要》，《册府元龟》载：

> 崔薳，贞元十九年，为监察御史。初，建中元年，敕：京城诸使及府县，季终命御史分曹巡按系囚，省其冤滥以闻。近年以北军职在禁密，移牒而已，御史未尝至其军。薳任官近，严明遇下，下思陷之，知薳不练故事，至右神策军云奉制巡覆，军使等以为持有制令，御史推覆不详其旧例也，颇惊愕。军中遽奏之，帝发怒，笞薳四十，配崖州。[③]

据上文，惯例御史并不巡查神策军，而崔薳下属意欲陷害崔薳才将其引入右神策军，德宗知悉后笞崔薳并配流崖州。导致崔薳长流的原因是因为违规误入右神策军，与接受酒食与否并无关系，更与时任左神策军中尉的窦文场无半点关系。按理，新书编修时当知此事原委，但在史家的删削之下，失其本意不说，更有借此诋毁宦官之嫌。

更有甚者，唐末崔胤诛杀宦官，欲加重宦官的罪名，编造了一段仇士良欲废文宗之事。大致是其父崔慎由开成年间任翰林学士，曾被仇士良召入宫中。仇士良当着崔慎由的面指责教训文宗，欲令崔慎由草诏废文宗，被崔慎由拒绝。新书所载此事最早见于《皮氏业见闻录》，新书承袭了前

① （北宋）司马光撰《资治通鉴》，（元）胡三省音注，卷237，中华书局，1956，第7628～7629页，唐纪五三，宪宗元和元年（806）三月丙寅条及考异。

② 《新唐书》卷207《宦者传上》，第5867页。

③ 《册府元龟》卷522，第5929页。

书，指出“故胤恶中官，终讨除之，盖祸原于士良、弘志云”①，将唐末诛杀宦官完全归咎于宦官仇士良等人。然此事司马光早已考证清楚，据旧书，“崔慎由大中初始入朝，为右拾遗员外郎，知制诰。文宗时未为翰林学士”②，可知此事虚妄，新书不察。

除却上文新书增补旧传的例子，新书还对旧传多有删改，借机阐明自己的主张。例如旧书程元振传保留了对他的长流诏书，正是因《旧唐书》常常直接摘抄诏敕和大臣奏疏，被北宋朝廷批为“芜杂不精”。新传虽然删去了长流诏书，却又摘录了太常博士、翰林待诏柳伉请诛程元振的上疏，史载：

> ……自朝义之灭，陛下以为智力所能，故疏元功，委近习，日引月长以成大祸……内外离叛，虽一鱼朝恩以陕郡勠力，陛下独能以此守社稷乎？……臣闻良医疗疾，当病饮药，药不当疾，犹无益也。陛下视今日病何繇至此乎？天下之心，乃恨陛下远贤良，任宦竖，离间将相而几于亡。必欲存宗庙社稷，独斩元振首，驰告天下，悉出内使隶诸州，独留朝恩备左右，陛下持神策兵付大臣，然后削尊号，下诏引咎，率德励行，屏嫔妃，任将相……③

选择引用柳伉的疏奏，新书史家可谓用心良苦，这篇疏奏核心是劝谏代宗“亲贤臣，远宦官”，而这也正是新书史家所宣扬和表达的，因而借古人之口表达出来。然而程元振屡次陷害功臣宰相，难道没有代宗在背后的默许吗？有西方学者便指出，以程元振为代表的宦官是皇帝因不得人心政策而招致怨恨的避雷针和代罪羊。④

新书在抨击唐代宦官骄资、专悍的同时，亦有自己对良宦的认知。认为“唐世中人以忠谨称者，唯存亮、西门季玄、严遵美三人而已”⑤，故新增了马存亮和严遵美的传记。马存亮传主要记载了时任左军中尉的马存亮在敬宗初年张韶、苏玄明闯入宫廷谋反之际，保护敬宗周全，并且在立功

---

① 《皮氏见闻录》为五代皮光业撰，已佚。此处引文转引自《资治通鉴》卷245文宗大和九年（835）十一月乙丑条考异，第7917～7918页。

② 《资治通鉴》卷245，第7918页，唐纪六一，文宗大和九年（835），十一月乙丑条考异。

③ 《新唐书》卷207《宦者传上》，第5861～5862页。疏奏全文见于《全唐文》，但新书对此有删减，今为讨论新书历史书写，故直接引用新书所载。

④ Terrence Douglas O'Byrne, "Civil-military Relations during the Middle T'ang: The Career of Kuo Tzu-I, Ph. D. Dissertation," University of Illinois at Urbana-Champaign, 1982, pp. 171, pp. 294–295.

⑤ 《新唐书》卷207《宦者传上》，第5871页。

之后推诿权势，主动避功出外任监军。[①] 严遵美传主要引自《北梦琐言》，记载了严遵美批评枢密使杨复恭擅权，而他自己避权不任事，后隐居青城山。马存亮和严遵美均是因为避权不任事受到新书史家的称赞。

其实新书之所以如此有意无意攻击妖魔化唐代宦官，强调宦官应当避权不任事，与传统史家的史观、中唐以来的史学趋势以及新书所处的时代背景不无关系。

一是传统史家的史观。有意留下来的史料都是经过筛选的，官修正史更是如此。唐太宗在《修晋书诏》中云："盖史籍之为用也……彰善瘅恶，振一代之清芬，褒德惩凶，备百王之令典。"[②] 可见，官方史学的宗旨在于垂训、鉴戒和教化。承载了官方意识形态与儒家道德标准的史家在史书编纂中居于关键和主导地位，史家的历史观、价值观与道德观深深影响了史学书写。又，人物传记的编纂一般是需要参考传主的行状、家传、谱牒、诏敕等，但宦官传的编写则不同，往往是剪裁实录与增补小说而成[③]，史家的发挥空间更大。宋代史家通过对唐代宦官事迹的剪裁处理，一边达成对唐代宦官形象的重构甚至丑化，一边借机阐发自己对宦官群体的批评，从而达到警示皇帝的目的。

二是中唐以来的史学趋势。新书遵循春秋史笔，好褒贬人物，这实际上是继承自中唐以来的史学趋向。中唐以后出现以《春秋》编年，褒贬义例治史、论史的趋向，极力抨击纪传体史书"叙事依违，失褒贬体"。[④] 新书秉孔子修春秋之意，进行"忠奸顺逆"的褒贬，对人物道德评价更加严苛，相较于旧书，增添了卓行、奸臣、叛臣、逆臣等类传，将外戚、宦官、藩镇传与奸臣、叛臣、逆臣传置于全书最后，彰显出暴恶的编纂意图。因而在书写上对唐代宦官的道德批评更加激烈。

三是仁宗朝任用宦官的客观现实。前文已指出《册府元龟》对宦官

---

① 实际上，马存亮此举只是因势而为，毕竟敬宗更加宠任右军中尉梁守谦，从此次乱后的赏赐便可见端倪，"赐存亮实封户二百，梁守谦进开府仪同三司"，马存亮虽为首功也只是赐实封，梁守谦反而官阶更升一级，正是敬宗时以梁守谦为首的元和系宦官秉权，右军权势在左军之上的反映。参见黄楼《唐代"元和"系宦官与穆、敬、文、武四朝皇位更迭》，童岭主编《皇帝·单于·士人：中古中国与周边世界》，中西书局，2014，第277~310页。

② 《册府元龟》卷556，第6735页。

③ 谢保成对新书仇士良传记事与《资治通鉴》叙事及《考异》所引《文宗实录》《武宗实录》核对，认为基本上源出于当时所修实录。参见谢保成《两部〈唐书〉的取材与思想》，载李斌城主编《唐代文化》下卷，第1195页。

④ 谢保成：《两部〈唐书〉的取材与思想》，载李斌城主编《唐代文化》下卷，第1196页。

多有褒扬与宋真宗对宦官的态度密切相关，《新唐书》的编纂则与宋仁宗朝君臣对宦官的角色认知有关。《新唐书》自仁宗庆历四年（1044）至仁宗嘉祐五年（1060）历时 17 年完成，撰写完全在宋仁宗朝。仁宗朝时宦官群体活跃，主要表现是，本为医药机构的御药院出现了功能的改变。乾兴元年（1022）宋仁宗 13 岁即位，皇太后刘氏代行处理军国事务。女主主政为宦官涉足宋朝政治提供契机，刘太后任用宦官，“每中使出入，必委曲询究，故百司细微，无不知者”①，并设置御药供奉，以加强自身政治实力。② 此时御药院已经超出本职职能，负责皇帝日常与大臣沟通，传递有关事务的问答。③ 明道二年（1033）仁宗开始亲政，虽然对刘太后时期受重用的宦官打击罢用，但旋即培养了一批御药院内臣为自己的亲信腹心。

虽然整体来看宋代宦官权势并不强大，但宋朝士大夫鉴于唐朝宦官权势的膨胀与危害，防微杜渐，时刻劝谏君主抑制宦官势力的发展。不仅在《新唐书》以及欧阳修私修的《新五代史》等史书中集中阐发对宦官角色的认知，平日参政之际也会针对不同事件及时上奏，谏止皇帝偏恩内臣。如庆历三年欧阳修言：

> 臣伏见内官冯承用近因过失，为臣寮论奏……然初闻朝议将与外任，至今多日，未见指挥。近日外面虚传，云却得教坊勾当，留在京师。……今承用本因有过，超转官资，只与外任，尚为优幸。若更迟留不遣，则使今后伏事陛下左右者，恣为过恶，无以戒劝。……其冯承用，伏乞早与一外任闲慢差遣，便令出京，可以戒励后人，外弭物论。取进止。④

宋朝君臣认为宦官旧在内廷容易染指政事，因而规定宦官到一定年限便需出外任职。面对仁宗欲留内臣冯承用在内廷的情况，欧阳修及时上书谏止。有时也会在奏疏中重申女祸宦祸的危害，防微杜渐。如治平二年，欧阳修任参知政事时言：

---

① （北宋）魏泰撰《东轩笔录》，李裕民点校，卷 9，中华书局，1983，第 100 页。
② 刘静贞：《皇帝和他们的权力：北宋前期》，（台北）稻乡出版社，1996，第 172 页。
③ 程民生：《宋代御药院探秘》，《文史哲》2014 年第 6 期。
④ （北宋）欧阳修撰《欧阳修集编年笺注》，李知亮笺注，第六册卷 107，谏院，《奏事集》卷 10《论内臣冯承用与外任事札子〈庆历三年〉》，巴蜀书社，2007，第 285 页。

……又奏曰："宦女近习，自前世常患难于防制。今小事若蒙听许，后有大事，陛下必以害政不从。是初欲姑息，而反成怨望，不若绝之于渐。此一小事，陛下不以为意而从之，彼必自张于外，以谓为上亲信，朝政可回。在陛下目前似一闲事，外边威势不小矣。"①

引文的观点可以说与新书宦者传的态度一致，表达的观点也如出一辙，均反映了宋朝文臣防微杜渐、抑制宦官的意图。

三 总结：层累构造下的唐代宦官历史书写

"史学寓乎史籍，史籍撰自史家。语其发生之序，则史家最先，史籍次之，史学居末"②。从史书编纂过程看，史家的作用和影响甚为关键。就唐代宦官的历史书写来看，由于唐代固有的政治体制塑造了宦官与文臣百年相争的格局，二者紧张而疏远的关系影响了士大夫对宦官群体的第一重历史书写。鉴于唐代宦官权势的膨胀，宋初君臣防微杜渐，审慎任用宦官群体。宋仁宗朝无论是前期女主秉政还是仁宗亲政后，君主逐渐任用宦官作为腹心亲信以加强皇权，因而宋代史家重新改写唐代宦官，以期通过前车之鉴来警戒规谏皇帝。加之当时春秋笔法的盛行，宋代史家在唐人撰述的基础上，进一步丑化和批判唐代宦官，进而完成了唐代宦官的第二重历史书写。可以说，唐代宦官的历史书写经历了多重累积，每一重累积又是史实、文本与意识的碰撞与重构。

李约瑟曾在谈及汉代的宦官时指出："（中国）历史大都是由宦官的对头们写的，结果，很多替国家工作得很好的宦官都完全没有被载入史册。因此，对于史官们记述宦官活动时惯用的阴暗笔调，应采取有所保留的态度。"③ 历代史家将权臣专权篡位视为个人行为，而将权阉乱政弑君视为宦官的本性常态，这本就是对宦官有意无意地歧视和偏见。即使正史能够记载宦官群体中的良宦，即使他们品性和处事无可挑剔，仍然不能正视和承认他们在政权中的角色和地位。就唐代而言，部分宦官深受统治者信任和优待，在政治舞台上扮演过关键角色。唐代宦官的历史书写也是如此。君主利用宦官实现自身权利

① 《欧阳修集编年笺注》第七册卷120，《奏事录》，《内降补僧官》，第10~11页。

② 金毓黻：《中国史学史》，商务印书馆，1999，第5页。

③ 〔英〕李约瑟撰，王玲协助《中国科学技术史》第一卷，科学出版社、上海古籍出版社，1990，第106页。

的扩张，也实现对各方势力的平衡。然而受主客观诸因素的影响与驱动，握有历史记录权与编纂权的唐宋史家，一次次改写和重构着唐代宦官的历史。

可以说唐代宦官的历史书写既是李约瑟先生这一论断的注脚，更明确揭示了这种改写的形成过程。所幸正史并非唯一留存于世的文献，得益于出土文献的陆续发现与研究方法的更新，原本被遮蔽被扭曲的都得以重见天日。现代史家需要借助这些资料，运用与时俱进的史学研究方法，努力拨开历史的重重迷雾与叠加，寻找历史的本来面目。

论陈建《皇明通纪》中“靖难之变”的叙事与史观

庄兴亮
（香港理工大学中国文化学系，中国香港）

摘　要：“靖难之变”作为明初政治史上的大事，对明后期的影响既是深远亦是持续的。明中叶私修史籍繁兴之原因与该时期政治禁忌的逐渐解禁有关，尤其嘉靖朝发生的“大礼议”对当时学术文化风气产生了直接的作用，民间有关靖难书写的私史自此增多。然时隔百余年的两起国朝大事之间如何相互影响，影响的具体程度又何如，遂为一项值得再深究的课题。本文从微观史的视角出发，以成书于16世纪初的广东东莞史家陈建所著之《皇明通纪》中“靖难之变”的历史叙事部分为探讨中心，着重结合作者所处的时代环境因素，最终发现陈建在“靖难问题”书写立场上之所以“维护”明成祖，乃因其将明世宗的政治态度涵摄其中。绎言之，作者在此议题上的史观反映出“法祖”论述实提供了其在著史/改革的政治上“正确性”与“合法性”之保障。

关键词：陈建　《皇明通纪》　靖难之变　嘉靖朝　大礼议

前　言

明成祖[①]朱棣（永乐帝，1403～1424年在位）在太祖朱元璋死后以外

① 朱棣庙号本为“太宗”，嘉靖十七年（1538）改为“成祖”。因本文所讨论的《皇明通纪》乃成书于嘉靖三十四年（1555），故以下皆以“成祖”称之，方较为符合时代情境。

藩举兵篡夺其侄惠帝朱允炆（建文帝，1399～1402年在位）皇位，以至于最终上演较之“暴秦”“强汉”[①]更为凶残惨烈的连坐杀戮凌虐。史称“靖难之变”的这场内战持续三年（1399～1402）之久，它不仅是明初政治史上的大事，其效应对明后期政治文化、社会经济、对外关系亦产生深远的影响。[②]

从传统儒家忠义的角度出发的评判之外，明中叶的通俗性历史题材的私人著作中尚有将成祖当年的对手——也是这场夺位战争[③]中的失败方——惠帝及为其殉难者刻画为悲剧式的英雄人物。这些故事不仅反映出时人对失位的少年皇帝深切的同情，同时亦表明了对成祖起兵强行夺位后又以暴虐手段铲除异己的不满情绪。[④]郑克晟则发现这些多出自于江南文人笔下对建文政权的怀念，实乃源于对成祖即位后即下令废除一切惠帝礼遇江南士人的举措，恢复洪武朝太祖（1328～1398；1368～1398年在位）打压江南地主旧制的反弹。[⑤]晚近有关建文朝历史记忆的前沿研究进一步指出到了正德、嘉靖年间对靖难历史和殉臣事迹感兴趣的作者/编纂者实则多为来自江南地区的“吴中文人”，而通过交错的文人网络，吴中文风

---

① （清）谷应泰曰：“嗟乎！暴秦之法，罪止三族，强汉之律，不过五宗，故步、阐之门皆尽，机、云之种无遗。世谓天道好还，而人命至重，遂可灭绝至此乎！又况孔融覆巢之女，郭淮从坐之妻，古者但有刑诛，从无玷染，而或分隶教坊，给配象奴，潘氏承恩于织室，才人下降于厮养，此忠臣义士尤所为植发冲冠，椎胸而雪涕者也。”详见《明史纪事本末》第1册卷18《壬午殉难》，中华书局，1977，第291～308页。

② 有关朱棣夺位之详细研究，可参王崇武《明靖难史事考证稿》，商务印书馆，1948；David B. Chan, *The Usurpation of the Prince of Yen*, 1398－1402 (San Francisco: Chinese Materials Center, Inc., 1976); Hok-lam Chan, "The *Chien-wen*, Yung-lo, Hung-hsi, and Hsüan-te reigns, 1399－1435," in *The Ming Dynasty*, 1368－1644, *Part* 1, ed. Frederick W. Mote and Denis Twitchett, vol. 7 of *The Cambridge History of China* (Cambridge, New York: Cambridge University Press, 1998), pp. 196－202；晁中辰《明成祖传》，人民出版社，2004，第39～239页。

③ 商传就认为“靖难之役”的本质就是一次赤裸裸的夺位战争。详见氏著《试论“靖难之役”的性质》，载中国社会科学院历史研究所明史研究室编《明史研究论丛》第1辑，江苏人民出版社，1982，第210～225页。

④ Hok-lam Chan, "The *Chien-wen*, Yung-lo, Hung-hsi, and Hsüan-te reigns, 1399－1435", pp. 203－205. 另有由野史出发，探究“靖难”的历史记忆与文学叙事之间的互动的佳例，可参刘琼云《帝王还魂——明代建文帝流亡叙事的衍异》，《新史学》（台北），23：4 (2012)，第61～117页。

⑤ 详见郑克晟《明代政争探源》，天津古籍出版社，1988，第49～62页。

以及其史观甚至对其他原籍南方的文人造成影响。[①] 同样对于那个特殊的时段，陈学霖通过对明太祖文字狱一案的考辨提醒我们记载明初史事的野史稗乘特盛于弘治至万历之间的原因和“中叶后诸帝对国初忌讳之渐次开禁有关”；其中陈先生还特别点出发生于嘉靖朝的重大政治事件“大礼议”，以小宗为正传、一改国初礼制的做法，对当时学术文化风气转变所产生的影响。[②] 然则，当我们从微观史的视角出发，将探讨重心放到同样成书于私史繁兴的明中叶背景下的广东东莞史家陈建（1497～1567，字廷肇，号清澜）所著之《皇明通纪》（以下简称《通纪》）中有关明初史事时[③]，就会察觉它所展现的是有别于上述的另类观点。本文由《通纪》中“靖难之变”的历史叙事入手，仔细籀绎文本之余，进而结合作者所处的时代环境因素，尝试逐步发掘陈建看待此国朝“篡逆”事件立场的主要考量所在。

一 《通纪》中有关“靖难之变”的述评

作为明中叶重要的一部私修当代史，陈建的《通纪》是由前编《皇明启运录》八卷及后编《皇明历朝资治通纪》三十四卷所组成。[④] 而建文即位至成祖夺国这段时间的事迹则记载于《皇明历朝资治通纪》中，称之为“革除靖难纪”；以太祖的洪武系年的同时，下亦标示“建文”年份。[⑤]《通纪》固不及官书《奉天靖难记》般肆意诋毁诬蔑惠帝，但依然看得出作者在评述过程中有意将成祖篡位、惠帝丢国的主要原因解释为“天命之

---

① 参何幸真《明代的建文朝历史记忆》（台湾师范大学历史研究所硕士学位论文），《真相与想象：正德至嘉靖年间（1506～1566）》，第73～76页。

② 详见陈学霖《明太祖文字狱案考疑》，载氏著《明代人物与传记》，香港中文大学出版社，1997，第1～33页。

③ 有关陈建及其《皇明通纪》的相关研究，可参向燕南《陈建〈皇明资治通纪〉的编纂特点及影响》，《史学史研究》1993年第1期，第48～56页；庄兴亮《明代史家陈建的学术生平及其〈皇明通纪〉研究述评》，《史学史研究》2013年第4期，第27～48页。此外，西方世界最近特别关注到《通纪》的论文尚可见 Peter Ditmanson，"Imperial History and Broadening Historical Consciousness in Late Ming China," *Ming Studies* 71（May 2015），pp. 29－32。

④ 有关《皇明通纪》的书写体例与编纂目的，可参庄兴亮《陈建〈皇明通纪〉的经世史学初探》，载中国社会科学院历史研究所明史研究室编《明史研究论丛》第14辑，中国社会科学出版社，2015，第133～139页。

⑤ 按陈建的记载，早在建文元年燕王朱棣发动靖难之役时，便已去除建文年号，只称其年。近代学者认为，这即为建文年号革除之肇端。详见吴缉华《明代建文帝在传统皇位上的问题》，载氏著《明代制度史论丛》下册，作者自行出版，1971，第349～364页。

所至”。[①] 首先，《通纪》中所叙述的太祖对惠帝的印象似乎并不好。

……初，懿文太子生太孙，顶颅颇偏。太祖抚之曰：“半边月儿。”知其不克终。及读书，甚聪颖。一夕，懿文与之侍侧。太祖命咏新月，懿文诗曰：“昨夜严陵失钓钩，何人移上碧云头。虽然未得团圆相，也有清光遍九州。”太孙诗曰：“谁将玉指甲，掐作天上痕；影落江湖里，蛟龙不敢吞。”太祖览之，不悦。盖“未得团圆”“影落江湖”，皆非吉兆也。及立为皇太孙，诸王以叔父之尊，多不逊服。[②]

陈建笔下，无论由长相还是诗文观之，太祖似乎早就不太看好这位孙儿的。有恐孙儿实力不足未能抵御边境少数民族的侵扰，太祖生前就常命令诸藩王训将练兵，“当使边尘不动，贻汝（惠帝）以安也”[③]。按陈氏的看法，太祖的做法因此成为“诸王得提兵专制”之缘由，故认定“高庙自以为安边长策，而不知已兆文皇受命之基矣，岂非天哉！”[④] 我们甚至还可以从《通纪》中生动的对话探出惠帝与时为燕王的成祖日后迥然的命运：

先是，帝皇考既谥懿文，帝讳又曰允炆。及皇子生，复命名文奎。识者曰：“此臣下儒生之常称耳，不类天子气象。”及改建文年号，燕王闻之，讶曰：“胡乃重复至是，使臣民遍呼，年与讳同，无乃不祥乎！小子且见其败也。”初，太祖定《祖训》于诸王位下各立二十字，以联子孙名。燕王位下则曰：高、瞻、祁、见、祐，厚、载、翊、常、由。识者曰：“高瞻，仰法天也；厚载，俯察地也。天高地厚，气象甚大，似天子矣。”燕王闻之，甚喜，且谓：“己名载在图谶，必有天下。”望气者复言：“燕地有天子气。”靖难之图由此

① 明代官书最早所记之“靖难之变”内容，详见王崇武《奉天靖难记注》，上海商务印书馆，1948。有关《奉天靖难记》“极尽歪曲之能事”的分析，则可参吴德义《政局变迁与历史叙事：明代建文史编撰研究》，中国社会科学出版社，2013，第 29 ~ 33 页。

② （明）陈建：《皇明通纪》，钱茂伟点校，上册，《皇明历朝资治通纪》卷 1，中华书局，2008，戊寅洪武三十一年，第 307 页。

③ （明）陈建：《皇明通纪》，钱茂伟点校，上册，《皇明历朝资治通纪》卷 1，戊寅洪武三十一年，第 308 页。

④ （明）陈建：《皇明通纪》，钱茂伟点校，上册，《皇明历朝资治通纪》卷 1，戊寅洪武三十一年，第 308 页。

而起。[①]

“靖难之役”此时尚未正式开展，《通纪》却已流露出燕王注定胜利，惠帝必然落败的前兆。就更深层意义言之，作者实为接下来“成祖夺位”的论述做好“此乃大势所趋，无可避免”的事先铺垫。另一方面，书中一开始即对惠帝用人处事等各方面的治国措施颇有微词。且看原本担任地方低阶官职，在建文年间升为翰林院修撰，曾上《资治八策》的王叔英（1402 年卒）在与方孝孺（1357～1402）讨论古代模式在现今的应用时的描述：

> （洪武三十一年）召汉中府学教授方孝孺为翰林院侍讲，直文渊阁。同郡王叔英时为汉阳知县，遗孝孺书曰：“凡人有天下之才者固难，能自用其才者尤难。如子房之于高祖，能用其才者也；贾谊之于文帝，未能自用其才者也。子房之于高祖，察其可行而后言，言之未尝不中，故高祖得以用之。贾谊之于文帝，不察其未能而易言之，且又言之太过，故大臣绛、灌之属得以短之，于是文帝不能获用其言。方今明良相逢，千载一时。但天下之事，固有行于古而亦可行于今者，如夏时、周冕之类是也；亦有行于古而难行于今者，如井田、封建之类是也。可行者行之，则人之从之也易；难行者行之，则人之从之也难。从之易则民乐其利，从之难则民受其患。此君子之用世，所贵乎得时措之宜也。”[②]

王氏这则著名的规劝在《明史》中亦有载之，只是文句稍有不同耳。[③]王叔英认为某些古制固然可以在今天实施，但有些（如井田制）则是不合时宜的之余，更重要的是援引历史上两位名臣的故事暗示方孝孺何以他们的下场会如此不同。诚如陈建按语所说：“后此方孝孺以《周官》辅建文君变更旧制，似亦未得时措之宜。叔英此书，岂预知其然而有以为之规

① （明）陈建：《皇明通纪》，钱茂伟点校，上册，《皇明历朝资治通纪》卷 1，己卯洪武三十二年（建文元年），第 316 页。

② （明）陈建：《皇明通纪》，钱茂伟点校，上册，《皇明历朝资治通纪》卷 1，戊寅洪武三十一年，第 309～310 页。

③ 详见（清）张廷玉等《明史》卷 143《王叔英传》，中华书局，1974，第 4053～4054 页。

与?”[①] 方氏终究未能接受劝告，甚至在内战爆发的第二年里还花心思在“考周制”以“更易门名”以及改官名等事上。[②] 陈建因而对此发出更严厉直接的批评：

> 自古人君继体守成，莫大于法祖，故《诗》《书》所称，不曰“绳其祖武”，则曰“鉴于先王成宪”，曰“毋作聪明乱旧章”，圣谟洋洋也。夷考建文数年间，官制旧章变更殆尽，只此已大不是矣。《祖训序》曰：“凡我子孙，钦承朕命，无作聪明，乱我已成之法，一字不可改易，非但不负朕垂法之意，而天地祖宗亦将孚佑于无穷矣。”建文亲承祖训，陵土未干，奈何悉取而纷更之？将何以致神明之孚佑？是故，乱其纪纲，乃底灭亡。建文只此一事，足以致亡矣。且改易门名、官名，岂应天变之急务？岂济时艰之良谟？无益成败之算而只自速戾招尤，徒使靖难之师得以为辞耳。方正学一代称贤，不能救其君之失，反从而称《周礼》以附会之。愚故著论，以附会于《春秋》责备贤者之义。[③]

作者将建文政权覆亡的关键原因归咎于君臣的变更祖制，明显违背了“法祖”的思想原则。故建文三年（1401）燕师几乎兵临南京城下的危亡之秋，而建文帝却还在忙着“更定六科给事中品级及更定仓官黜陟之制”时，笔行至此的陈建只能发出“彻底绝望”的感叹：

> 是时，南师屡熸，靖难之兵日逼，国势危如累卵矣，而犹以改更制度为事，扬扬若无事时。昔人“燕雀处堂”之喻，其建文君臣之谓乎![④]

实则，建文帝即位初期与靖难战事之初其身边并不乏如四川岳池教谕程济（生卒年不详）、御史尹昌隆（1417 年卒）等有识之士，他们确实曾

---

① （明）陈建：《皇明通纪》，钱茂伟点校，上册，《皇明历朝资治通纪》卷 1，戊寅洪武三十一年，第 310 页。

② （明）陈建：《皇明通纪》，钱茂伟点校，上册，《皇明历朝资治通纪》卷 2，庚辰洪武三十三年（建文二年），第 346 ~ 347 页。

③ （明）陈建：《皇明通纪》，钱茂伟点校，上册，《皇明历朝资治通纪》卷 2，庚辰洪武三十三年（建文二年），第 347 页。

④ （明）陈建：《皇明通纪》，钱茂伟点校，上册，《皇明历朝资治通纪》卷 2，辛巳洪武三十四年（建文三年），第 363 页。

提供惠帝有关“燕王将反”“奸臣专政”等警告，然皆落得入狱或贬官的下场。[①] 过后，监察御史韩郁[②]（生卒年不详）上书曰：

> 臣闻人主亲其亲，然后不独亲其亲。兹陛下讲之有素，行之方笃，而佐之无人，以致激变也。盖尝即彼诸王既废而言之，以言其亲则太祖之遗体也，以言其贵则孝康之手足也，以言其尊则陛下之叔父也。彼虽可废，而太祖之遗体不可残也，亲之手足不可缺也，叔父之恩不可亏也，且使二帝在天之灵有子有孙。身为天子而使厥子厥弟遭残戮，是则其心为何如哉？臣每慕念至此，未尝不为之流涕也。此皆残酷竖儒，持一己之偏见，废天下之大公。或者病藩封之太重，谋贬削之权衡，疑之太过，虑之太深，所以流而至于此也。方周王不轨之际，进言则曰：“六国反叛，汉帝未尝不削也。”执法则曰：“三叔流言，周公未尝不诛也。”遂使周王父子流离，播迁有甚于周公之诛管、蔡者矣。夫唇亡齿害，人人自危，理之常也。矧周王既窜，湘王自焚，代王被废，而齐臣又告王反矣。为计者必曰“兵不举则祸必加”，是则朝廷激变之也。及燕之举兵，厥今两月，前后调兵者不下五十余万，而乃一夫无获，谓之国有谋臣可乎？将不效谋，士不效力，徒使中原无辜赤子困于道路，迫于转输，命不聊生，日甚一日。九重之虑无已，出入帷幄、预国大事者，方且洋洋自得，若无事人。由此观之，彼其劝陛下必削藩国者，果何心哉？谚曰“亲者割之而不断，疏者续之而不坚”，殊有理也。陛下诚不察此，臣愚以为不待十年，必有噬脐之悔矣。伏愿少垂洞鉴，兴灭继绝，释齐王之囚，封湘王之墓，还周王于京师，迎楚、蜀为周公。俾其各命世子持书劝燕，以罢干戈之举，以厚亲亲之恩。如是，天下不胜幸甚。[③]

当时战事刚起，韩氏冀望以强调“亲亲之恩”，通过皇室内部的协调化解这场危机的建议，算是代表了一部分看不透燕军星星之火足以燎原的

① （明）陈建：《皇明通纪》，钱茂伟点校，上册，《皇明历朝资治通纪》卷1，戊寅洪武三十一年、己卯洪武三十二年（建文元年），第312、318页。

② 按：对比史料，《通纪》或误写成“康郁”，实为“韩郁”。关于韩氏事迹可见郑晓《建文逊国臣记》，台湾商务印书馆，1973，卷5。

③ （明）陈建：《皇明通纪》，钱茂伟点校，上册，《皇明历朝资治通纪》卷1，己卯洪武三十二年（建文元年），第328～329页。

实力之朝臣的立场。此外，参军断事高巍[①]（1402 年卒）所谓的“分化策略”亦尚属于内部解决的另一方案：

> 昔汉高帝提三尺剑，灭无道秦，大封同姓，分王天下之半。虽曰远虑，然卒遗文、景以不治之痼疾。贾谊所谓“股大于腰，指几于股者”也。赖文帝宽厚含容之，尚不免斗粟尺布之谣。景帝宽厚既已弗类，又辅以晁错之深刻，径削诸侯，遂挑六国之祸。非命将得人，民心辅汉，则社稷危矣。我太祖皇帝之起兴，与汉高同而神武过之。封建诸王，星列棋布，比诸古制，虽分封过当，然揣圣意，凡以护中国而屏四夷也。今各府多骄逸不法，违犯朝制，不削则亏纪纲，削之则伤亲亲之恩，有难处者。贾谊曰：“欲天下治安，莫若众建诸侯而少其力。力少则易使，国小则无邪心。令海内之势，如身之使臂，臂之使指，莫不率从。”真裁制诸侯之良策也。其在于今，盍亦师其意！勿行晁错削夺之策而效主父偃推恩之令，命秦、晋、燕、蜀四府子弟分王于楚、湘、齐、兖，楚、湘、齐、兖子弟分王于秦、晋、燕、蜀，其余比类皆然，则藩王之权不削而自弱矣。[②]

先不论这类办法在当时的形势下是否真的能够阻止燕军的进攻，但在陈建看来惠帝无论如何应该接受建议并尝试之以避免酿成过后的悲剧。其论曰：

> 康（韩）郁此疏，推祖考之心以感建文，斥谋臣之误以警建文，极为恳恻深切，而建文不悟，谓非天耶！[③]
>
> 康（韩）郁、高巍之策，当时使行其一，则靖难之兵无自起矣。奈之何天不祚建文而欲我成祖奄有九有，故虽有忠谋至计而不见庸也，悲夫！[④]

其他如御史尹昌隆、户部侍郎郭任（1402 年卒）及工部侍郎卓敬等

---

① （明）高巍事迹，可参郑晓《建文逊国臣记》卷 5。

② （明）陈建：《皇明通纪》，钱茂伟点校，上册，《皇明历朝资治通纪》卷 1，己卯洪武三十二年（建文元年），第 329～330 页。

③ （明）陈建：《皇明通纪》，钱茂伟点校，上册，《皇明历朝资治通纪》卷 1，己卯洪武三十二年（建文元年），第 329 页。

④ （明）陈建：《皇明通纪》，钱茂伟点校，上册，《皇明历朝资治通纪》卷 1，己卯洪武三十二年（建文元年），第 330 页。

“惠帝让位”“先擒燕王”与“将燕王徙封南昌”等，陈建认为“皆忠谋良策”的建议，“建文一不能用，谓非天耶!”[①] 战事未开始前，不听徐辉祖（1368～1407）之言，坚持将燕王子放还，致使成祖毫无顾忌遂举兵南下[②]；后面对败军之将如李景隆（1424 年卒）者时，惠帝不从臣子的劝谏惩其罪，更凸显其“仁柔无断”[③]。所愿意采纳的是陈建笔下那些妄想“以仇雠而能间父子至亲”之谋[④]；信赖的无非是如齐泰（1402 年卒）、黄子澄（1350～1402）等在城破前夕“皆弃我去”之流。[⑤]

反观“靖难之役”的发动者成祖，早在《启运录》中就被描述成为具“真命天子”气质之藩王：

> 时鄞人袁珙精相术，姚广孝荐至燕邸。文皇使人召之至，使者与饮于酒肆。文皇服卫士服，偕卫士九人同入肆沽。使者因谓珙：“试看此十人。”珙趋拜文皇前曰：“殿下何如此轻行?”文皇曰：“胡说，我等十人，皆后护卫长官也。”珙不答。文皇还宫，命召入详扣之，珙稽首曰：“殿下异日太平天子也。龙形凤姿，天广地阔，额如圆璧，伏犀贯顶，日丽中天，五岳附地。重瞳龙髯，五事分明，二肘若玉印状。龙行虎步，声如撞钟，足底龟文，有双黑痣。俟年交四十，髯过于脐，即登宝位。”[⑥]

居今观之，面相术之伎俩虽不足信，但却反映了时人所相信的一面及作者对夺天下前的燕王之已有好感。成祖真正的才能尤其体现在他识人待人方面。先说那位传说中送给成祖一顶白帽子的道衍和尚（姚广孝，1335～1418)。《通纪》作者认为“靖难兵起，皆广孝之谋也”，故“姚广孝之遇

① （明）陈建：《皇明通纪》，钱茂伟点校，上册，《皇明历朝资治通纪》卷 3，壬午洪武三十五年（建文四年），第 384～386。

② （明）陈建：《皇明通纪》，钱茂伟点校，上册，《皇明历朝资治通纪》卷 1，己卯洪武三十二年（建文元年），第 318～319 页。

③ （明）陈建：《皇明通纪》，钱茂伟点校，上册，《皇明历朝资治通纪》卷 2，庚辰洪武三十三年（建文二年），第 346 页。

④ （明）陈建：《皇明通纪》，钱茂伟点校，上册，《皇明历朝资治通纪》卷 2，辛巳洪武三十四年（建文三年），第 360～361 页。

⑤ （明）陈建：《皇明通纪》，钱茂伟点校，上册，《皇明历朝资治通纪》卷 3，壬午洪武三十五年（建文四年），第 376 页。

⑥ （明）陈建：《皇明通纪》，钱茂伟点校，上册，《皇明启运录》卷 8，丁丑洪武三十年，“袁珙识真王”条，第 296 页。

文皇，犹刘基之遇太祖，皆佐命天界，非偶然也”①。成祖对道衍十分之信任，拜其为军师，无论谋划起兵抑或择日出师②都会征询并尊重其意见；甚至于不与之计较小节，“道衍时或误‘尔’‘汝’王前，王弗之责也”③。此外，成祖在征战期间还善于团结鼓励将士们。文曰：

> （建文元年）十一月庚午，靖难兵及李景隆战于北平，景隆败走，还德州。时景隆日夜戒严，士卒植戟立雪中，苦不得休息，冻死及堕指者甚众。燕王谍知之，谓诸将曰：“违犯天时，自毙其众，吾不劳而胜矣。”景隆遣都督陈晖领哨骑渡白河，燕王帅精骑薛禄等逆击之，晖败，仅以身免。悉精锐攻一营，尽歼之，莫有救者。连破七营，遂逼景隆营。张玉等列阵而进至城下，城中亦出兵，内外夹击。景隆不能支，宵遁。翌日，九垒犹固守，北兵次第破其四垒。诸军始闻景隆走，委弃兵粮，晨夜南奔，景隆遂还德州。燕诸将稽首贺王曰：“前臣等请破景隆，然后攻大宁，而殿下不从。睿算神谋，制胜料敌，无一不酬，何其神也！”王曰：“此适中耳。向卿等所言，皆万全之策，我所未用者，度有可乘之机耳。此不可为常法，但后有商略，无难于言。”④

成祖胜而不骄，且不独占战功，又能令下属心服口服，陈建谓之“自谦而美众谋，此文皇鼓舞豪杰，屈群策之雄略也，可为万世法”⑤。而《通纪》在评断何以燕兵在面对数量占绝对优势的朝廷大军的情况下依然可以势如破竹时，如是道：

> 兵务精不务多，兵在将用之善否，不在众。是故，善用之文皇以八百勇士而兴，不善用之景隆以六十万众而败。建文之屡败而遂亡，

① （明）陈建：《皇明通纪》，钱茂伟点校，上册，《皇明启运录》卷7，壬戌洪武十五年，“异僧识真主”条，第237页。

② （明）陈建：《皇明通纪》，钱茂伟点校，上册，《皇明启运录》卷7，壬戌洪武十五年，第237～238页。

③ （明）陈建：《皇明通纪》，钱茂伟点校，上册，《皇明历朝资治通纪》卷1，戊寅洪武三十一年，第314页。

④ （明）陈建：《皇明通纪》，钱茂伟点校，上册，《皇明历朝资治通纪》卷1，己卯洪武三十二年（建文元年），第334～335页。

⑤ （明）陈建：《皇明通纪》，钱茂伟点校，上册，《皇明历朝资治通纪》卷1，己卯洪武三十二年（建文元年），第335页。

非他，咎在兵务多而将不任也。文皇之论用兵，可为万世鉴矣！[①]

（建文二年）李景隆再以数十万众大败，南军至此，事势不可为矣。建文之亡也，非他，由黄子澄之荐景隆误之也。景隆真一赵括，文皇方幸其来，而子澄乃中敌人之所幸。乌在其为谋国，子澄之误亦天也。天将有所成，则必有所误。子澄之误，天将以成我文皇之大业也。天之所造，虽智者失其谋，勇者失其力，而况子澄、景隆之流乎？是故，建文之不终，文皇之靖难，皆天，非人之所能为也。[②]

陈建在此更想强调的是，最终胜利的决定性因素仍然在于靖难起兵乃犹如汤武革命般"应乎天而顺乎人"之举。[③] 此类的诠释从以下的事例中尤能体会：

……先是，（建文）帝诏诸将戒约军士"无使朕他日有杀叔父之名"。燕王知之，故每战挺身独出，虽短兵接战，莫敢加刃。上骑射尤精，追者每为所杀。至是，兵败北，王犹以一骑殿后，追者数百人，不敢近适……按：是役也，使非天命有定，不亦殆哉！故曰：王者不死。自汉高祖以来已然，于我成祖观之，尤验。[④]

前此白沟、夹河与今此藁城三大战，靖难兵皆有风助之异。先败而后胜，天意所在，不见而章。自此，而南北成败之形成。呜呼！昔汉高以大风而脱睢水之围，我成祖以大风而成屡胜之功。自古帝王之得天下，何往而非得天以为之本！[⑤]

按《革除遗事》：是战也，（平）安操长枪驰马追燕王，几及之。会马蹶，乃弗克前。安叹曰："真命天子也。"先是，王夜梦与安战，将败，一男子丰貌美髯，乘白马持大刀自西北来，声言救驾，即砍安马，应声而倒。王得脱难，问其姓名，对曰："臣莘县城隍神也。"既

① （明）陈建：《皇明通纪》，钱茂伟点校，上册，《皇明历朝资治通纪》卷 2，庚辰洪武三十三年（建文二年），第 342 页。

② （明）陈建：《皇明通纪》，钱茂伟点校，上册，《皇明历朝资治通纪》卷 2，庚辰洪武三十三年（建文二年），第 344 页。

③ （明）陈建：《皇明通纪》，钱茂伟点校，上册，《皇明历朝资治通纪》卷 2，庚辰洪武三十三年（建文二年），第 345 页。

④ （明）陈建：《皇明通纪》，钱茂伟点校，上册，《皇明历朝资治通纪》卷 2，庚辰洪武三十三年（建文二年），第 350 页。

⑤ （明）陈建：《皇明通纪》，钱茂伟点校，上册，《皇明历朝资治通纪》卷 2，庚辰洪武三十三年（建文二年），第 356 页。

觉，王喜。及与安战，始末一如梦焉。我成祖天命在躬，百神呵护，此理宜有。[①]

凭借“神力”的庇佑，自使成祖与燕军处处得以化险为夷，取得节节的胜利；加上身边多为能人猛将，“不独猛将如林，而内臣智勇兼人者，亦往往有之”[②]；故较之惠帝君臣，即使战事尚未结束，高低成败之定局已足以窥斑见豹。《通纪》曾对当时双方的较量做出一剀切的分析，论曰：

两敌相持，贵进忌退。朱能劝进，而（徐）辉祖召还，南北成败之机，决于此矣。谋臣自古系安危，齐（泰）、黄（子澄）、方（孝孺）、练（子宁）诸臣徒尔戆忠，而治兵非朱能匹也，何往而不败哉？[③]

最后，整个“靖难之役”中最为后世史家所诟病的，实为建文四年（1402）六月十三日在李景隆、谷王橞（1379～1428）开门献城，燕军兵不血刃直入金川门后，成祖对那些不愿屈服受降的建文朝大臣所展开的血腥杀戮。《通纪》对此除了记载一些受难者及其家属所遭受的迫害情景外[④]，亦有感于诸如建文朝兵部尚书铁铉（1366～1402）、礼部尚书陈迪（1402 年卒）及刑部尚书暴昭（1402 年卒）宁死不屈之壮烈，称之为“真铁汉”[⑤]。面对如刘基儿子刘璟（1350～1402）至死不受官者，陈建怀想过去，亦承认“承顺则富贵刻期，拂忤则诛死立至，而一时之臣往往甘死如饴，富贵若浼。我国初天下人心风俗，自商顽民后，仅再见之”[⑥]。然而，作者并非对每一位建文遗臣皆持同样的看法，比方说对方孝孺的“诛十族”，陈氏就认为“方正学之忠至矣，然独恨其不死于金川不守之初、宫

① （明）陈建：《皇明通纪》，钱茂伟点校，上册，《皇明历朝资治通纪》卷 3，壬午洪武三十五年（建文四年），第 367 页。

② 详见（明）陈建《皇明通纪》，钱茂伟点校，上册，《皇明历朝资治通纪》卷 3，壬午洪武三十五年（建文四年），第 374～375 页。

③ （明）陈建：《皇明通纪》，钱茂伟点校，上册，《皇明历朝资治通纪》卷 3，壬午洪武三十五年（建文四年），第 370 页。

④ 《通纪》曰：“此纪特举其章章较著者耳，他固不能一一录也”。陈建著《皇明通纪》，钱茂伟点校，上册，《皇明历朝资治通纪》卷 3，壬午洪武三十五年（建文四年），第 387 页。

⑤ （明）陈建：《皇明通纪》，钱茂伟点校，上册，《皇明历朝资治通纪》卷 3，壬午洪武三十五年（建文四年），第 386 页。

⑥ （明）陈建：《皇明通纪》，钱茂伟点校，上册，《皇明历朝资治通纪》卷 3，壬午洪武三十五年（建文四年），第 394 页。

中自焚之际，与周是修辈为伍，斯忠成而不累其族也。考阅至此，令人有余悲焉。尝概即建文诸臣论之，周氏之死，从容就义者也；方氏之死，殆昔人所谓屈原之忠，忠而过者也”[①]。而对整起事件的原委，《通纪》的总结如下：

> 靖难数年之战争以及奸党族亲之诛，殆宇宙一大祸变也！虽由人事，实亦天运。刘诚意录所谓“杀运犹未除者”，于此征矣。呜呼！读“一箇忠成九族殃”，与昔人所谓“一将功成万骨枯”之语，不能不令人于邑于靖难之际！[②]

此论断似在批判成祖迫害政敌的惨无人道[③]，然细而究之，则会发现作者虽也在叙事中揭露靖难中成祖迫害建文诸臣的残暴行为，但却从未针对其发兵“篡逆”之举加以道德上的鞭挞。对于成祖最终的成功夺位，更大程度上实为“应天顺人”之“天意”及其英才所致，故无法违拒其汹汹来势。反之，惠帝正因其柔弱无能、施政用人不当而断送了皇位。由此可见，陈建对“靖难之变”的取材与论述，几乎完全站在成祖的立场说话，对建文的继统、施政以及战役的策略多持负面的评价，这一点与今天学者所指出的正德、嘉靖年间史学有别于先前受理学和官方钳制之状，此阶段随着学术思想开始突破朱学藩篱、阳明心学兴起，加上政治禁忌的解禁，以及商品经济的繁盛、出版业的发达，蓬勃的私修当代史开始趋向追求著史的客观性之整体概况[④]，似大相径庭。

二 《通纪》论明初“篡逆”史事的时代因素与史观

余英时曾指出“史学和时代是有一种很明确的动态的关系”[⑤]。因此我

---

① （明）陈建：《皇明通纪》，钱茂伟点校，上册，《皇明历朝资治通纪》卷3，壬午洪武三十五年（建文四年），第384页。

② （明）陈建：《皇明通纪》，钱茂伟点校，上册，《皇明历朝资治通纪》卷3，壬午洪武三十五年（建文四年），第389页。

③ 颜广文：《古代广东史地考论》，中山大学出版社，2007，第121页。

④ 详参廖瑞铭《明代野史的发展与特色》，（台湾）花木兰文化出版社，2009，第31、33页；杨艳秋《明代史学探研》，人民出版社，2005，第55～88页；吴德义《政局变迁与历史叙事：明代建文史编撰研究》，第83～87页。

⑤ 余英时：《史学、史家与时代》，载氏著《历史与思想》，联经出版事业公司，2006，第263页。

们有必要结合陈建所处的时代环境，方可有机会突破局限于文本的“概况性现象分析”框架，更有效地“重构”史家下笔时的实际考虑。事实上，《通纪》在永乐二十二年（1424）皇帝驾崩后的叙事中就附注了嘉靖年间朝廷将永乐帝庙号由原本的“太宗”改为“成祖”一事。[①] 这除了可以说明陈建对当代的此番政治举动有所关注之外，尚反映作者在“靖难问题”书写立场的考量上确将“当朝圣上”世宗（嘉靖帝，1522～1566年在位）的态度涵摄其中。

“靖难之变”改变了明代帝系的传承，致使成祖在后世心中的地位大幅度提升，以至于和明太祖并列，与以外藩身份继承大统的世宗之立场与举措密不可分。尽管弘治、正德，乃至嘉靖初期为靖难历史书写的转折点，由此提及建文朝与靖难史事的私修史籍逐渐增多[②]；但官方立场如过度开放对建文殉臣及建文一朝历史地位的正面评价，则将有损甚至于颠覆“太宗文皇帝”“神功盛德”的历史形象。《明世宗实录》中明确记载的嘉靖十四年（1535）朝廷上一场围绕着奏请褒扬建文殉臣的争议尤能体现事隔百年后“靖难之变”在嘉靖朝依然属于“禁忌”之况与皇帝所持的政治立场：

> 礼部尚书夏言等言：“所称革除，实指我太宗文皇帝靖难时，中间所列死事诸臣，固有一时自尽其心以明臣节于建文君者，若齐泰、黄子澄辈，则是当时误国有罪之人，太宗文皇帝名其如君侧之恶，声其罪而诛之者也，具载《实录》，昭然可考。非赖我太宗应天顺人，内靖外攘，则我高皇帝万世帝王之业当未知何所底定，此我太宗神功圣德所以宜为百世不迁之宗也。今所奏，是徒闻野语流传之讹，而不知国史直书之可信。况表励之典，在太宗时或可，在今日则不可。（杨）僎实新进儒生，不识忌讳，所据奏内事理实难准议。”上责僎不谙事体，轻率进言，姑宥之。[③]

所谓“徒闻野语流传之讹，而不知国史直书之可信”即反映出当时民

① （明）陈建：《皇明通纪》，钱茂伟点校，上册，《皇明历朝资治通纪》卷9，甲辰永乐二十二年，第512页。

② Peter Ditmanson, “Venerating the Martyrs of the 1402 Usurpation: History and Memory in the Mid and Late Ming Dynasty,” *T' oung Pao* 93. 1 (2007), p. 136.

③ （明）张居正等奉敕撰《明世宗实录》卷177，台北“中研院”历史语言研究所校印，1984，嘉靖十四年七月乙酉条，第3825～3826页。

间稗史逸闻与受官方承认的历史书写之反差所在。同样的事情，世宗的敏感反应还清晰体现在以下的另一条史料中：

今皇帝因召对礼官，问曰："昨给事中言建文诸臣事云何?"夏言对曰："诸臣误君乱国，先朝诛殛，岂宜褒录?"今皇帝色变，曰："言官得无诮朕?"言对曰："言官本书生，初入仕，闻人言建文诸臣死事甚烈，以故辄为陈说耳。"今皇帝色霁。明日上议，亦不罪（杨）僎。①

表彰建文死难诸臣的提议之所以挑动了世宗内心深处的敏感神经，乃因为它轻易让皇帝联想到曾由自己主导的那场其影响力足以将地方社会与国朝政局结合在一起的"大礼议"，认为言官们在嘲讽他当年强硬对付直谏官员的行径。而身为一位"以天下为己任"的中下层士人，即使自身际遇从未有机会使其成为过政治舞台上的主导者，但陈建对于国家层面上的政治动态始终是极为关注的。当年在好友黄佐（1490～1566）的鼓励下，陈建原则上是将《通纪》续写至正德朝而已，但在末卷中却选择评述一些嘉靖朝的时政，个中就包括了浩浩汹汹的"大礼议"。其文曰：

诏称孝宗皇帝为皇考，上慈寿皇太后尊号曰圣母昭圣慈寿皇太后。又奉圣母懿旨，上本生父母曰兴献帝、兴国太后。时大学士杨廷和及礼部尚书毛澄执议，以为人后者为之子，不得顾私亲，以今上比汉哀帝及宋英宗故事也。既而，南京兵部尚书侍郎席书与南京刑部主事张璁、桂萼，及养病吏部员外郎方献夫、兵部主事霍韬等抗议谓："今上以圣祖兄终弟及之训入继大统，与汉哀帝、宋英宗为人后者事体不同，尊号宜具实以称，庶为得体。"争论数年，殆成聚讼，后竟再下诏改正，称孝宗皇帝曰皇伯考，昭圣慈寿皇太后曰皇伯母，上兴献帝尊号曰皇考恭穆献皇帝，兴国太后曰圣母章圣皇太后，各正厥名焉。

愚谓：定此大礼，似不消多言，只遵圣经一语决之矣。子路问于孔子曰："卫君待子为政，子将奚先?"曰："必也正名乎!"夫卫出公不父其父，而祢其祖名，实紊矣。名不正，则言不顺，事不成，故孔子不得不以正名为先。今武宗无嗣，圣天子以献皇帝之子，遵皇祖兄终弟及之训，入继大统，其伦叙名称固已素定。所谓天亲不可以人

① （明）郑晓：《建文逊国臣记》卷1。

为，岂得假为人后者为之子之说及宋司马光辈濮园之议以溷之哉！善呼！方公献夫之言曰：“臣非敢谓宋人濮王之议不是，今日之事不同也。宋仁宗无子，今我孝宗有武宗为之子，其不同一也；宋仁宗尝育英宗于宫中，立为皇子，今皇上未尝育于孝宗也，其不同二也；宋濮王有众子，今献皇帝子止皇上一人，其不同三也。此三不同，昭若白黑，乌得牵合而强附哉？”愚谓：就执民间承继之说，与夫为人后者为之子之说，以例今日，亦背戾不通。盖民庶继嗣，必其无子而后继之，必其众子而后出为人继。今孝宗已有子武宗矣，乃复强为之继。武宗未尝有子也，乃不思所以继之。献皇子止圣天子一人，乃欲夺之，使他继，是一举而三背礼，三不通矣，又乌得牵合而强附哉？夫由前则三不同，由后则三不通，此事似若至明至明，而当时举朝昧之者，何也？由有数说焉：一谓，孝宗十八年之深仁厚泽，不可使之无嗣也，而不思无嗣者武宗，非孝宗也。二谓，不可忘昭圣迎立之恩，不可不事之为母也，而不思迎立公也，母以报之私矣。三避迎合之嫌，而希犯颜敢谏之风，而慕面折廷争之忠也，而不思《易》道随时变易，礼时为大顺，次之不可适莫，而意必执一而胶柱也。四由近世士大夫习见于汉、宋储君立后之事，胶蔽于为人后者为之子之说，而不知我朝自有制度。我皇祖之训，主于父没子继，兄终弟及，与汉、宋诸君立侄故事大不相侔也。五欲人君抑私情，尊大宗。自谓秉义执礼也，而不知父子天性不可解，孝子莫大乎尊亲。今群臣未及貤封父母，则盻盻然，皇皇然，而乃欲主末世不同之故事，以沮遏圣明尊亲之孝，是何待己与望君异？待己之亲与待君之亲异也？岂所谓推己之恕？岂所谓移孝之忠乎？是数者，皆惑于似是，而不知其实非，遂至于举朝聚讼而不可解也。是故，必继统不继嗣，始为名正言顺，父父子子，兄兄弟弟，亲亲尊尊，各得其当而无嫌。一正名而天下定矣，多言聚讼奚为？愚之为此言也，若发于嘉靖之初，似涉献谀。今著于此《纪》，实昭国是，后世必有能谅吾言者。①

字里行间不仅扼要地介绍了事件的基本情况，作者在评议中还特别强调朝臣方献夫（1485～1544）所列出的“大礼议”与北宋时期的“濮议”

① （明）陈建：《皇明通纪》，钱茂伟点校，下册，《皇明历朝资治通纪》卷34，辛巳正德十六年，第1178～1181页。

之间的“三不同”，再结合本身包含从民间视角出发的观点在内的“三不通”，作为其立论的基础。此外，陈建更将“当时举朝昧之者”反对世宗的原因一一胪列之，足可见其对该事件的关注与了解。然即使陈氏刻意强调此事件已时过境迁，读者不该再认为他有“涉献谀”之动机，则终究难掩其维护世宗立场的“欲盖弥彰之嫌”。历史上“大礼议”的发展过程，乃经过长时间的君臣对立的“继嗣”与“继统”之辩，再到震惊朝野的“左顺门哭谏事件”后，最终世宗于嘉靖十七年九月追尊其生父兴献王（1476~1519）为“睿宗皇帝”并入太庙，位居武宗（正德帝，1506~1521年在位）之上，与太祖、太宗同位合祭，每年秋祭大飨上帝于皇极殿时，以睿宗配享。世宗冀通过使兴献王称皇、称帝、称宗入庙以实现追求皇位合法性的真正用意与成祖当年迁除懿文神主、排斥建文称宗入庙以重构太庙帝系，为自己将来可以直接与太祖昭穆相对之目标实为如出一辙。①而今人前沿研究成果亦显示，上所提及的嘉靖十七年将太宗改谥称成祖之举，正是世宗在“大礼议”君臣僵持的过程中为消减群臣利用太宗名分对抗其为生父兴献王称宗时所施加的压力之让步结果。② 世宗的这番行为，即使在“大礼议”之后仍深远地影响了接下来的明代礼制。明帝统自此由原来的太祖→太宗→仁宗→宣宗→英宗→宪宗→孝宗→武宗一改成为太祖→成祖→仁宗→宣宗→英宗→宪宗→孝宗→睿宗→武宗。

另外，我们还可将目光移至陈建对前朝其他类似篡逆性质的事件之立场。先看《通纪》宣德元年（1426）“汉王高煦之叛”的评论：

> 杨（荣）、夏（元吉）二公此举，鉴建文之失也。当时事起仓促，人心汹汹，而高煦素号勇悍善战，诸将所畏。苟宣庙稍涉犹豫，不即决亲征而命将，天下事未可知。九有生民，将复不胜其荼毒矣。幸而奋策决机，风驰电击，所谓迅雷不及掩耳，遂使群凶瓦解，曾不崇朝，克清大憝，永安宗社，兹非斯世斯民之大幸与！③

显然地，除了赞扬宣德朝大臣的才干外，更重要的是肯定宣宗（宣德

---

① 关于嘉靖时期宗庙祭礼改制的分析，详见赵克生《明朝嘉靖时期国家祭礼改制》，社会科学文献出版社，2006，第21~81页。

② 详见胡吉勋《明嘉靖中天地分祀、明堂配享争议关系之考察》，载氏著《“大礼议”与明廷人事变局》，社会科学文献出版社，2007，第636~641页。

③ （明）陈建：《皇明通纪》，钱茂伟点校，上册，《皇明历朝资治通纪》卷10，丙午宣德元年，第544~545页。

帝，1426~1435年在位）的当机立断，为天下免去了一场生灵涂炭。再看景泰元年（1450）“土木堡之变”后景帝（1450~1456年在位）登极守御之议：

> 景帝当多难之余而能任贤选将，南征北距，转危为安，易乱为治，其功可谓不细。惟不欲奉迎英庙，只此一事大不是……是故，英庙之复归，天也，非人谋之所及也。虽然，亦会逢其适也，值我国家气运之盛，而胡虏之无大志也。使遇五胡刘、石、阿骨打、奇渥温辈争中国为帝图，岂如此但已乎？于此见我朝福祚之隆，超出前代万万。无疆之休，端兆于此。①

在此，作者只是肯定景帝暂时代理国政之功，但依然认为事后应还位于英宗（1436~1449、1457~1464年在位），而非持续占据皇位。直至天顺元年（1457）“南宫复辟”时，和上述立场一样，陈建强调“英皇光复宝位，实天与人归之会”②。是故，由高煦和英宗的事件看来，《通纪》基本上是站在“最终的胜利一方”所呈现出的事功之观点上说话的。

然继此以降，倘若我们将研究视角转至陈建所处的正德年间，却发现作者虽直斥同属宗藩“篡逆”事件的宁王朱宸濠（1479~1521）之叛乱为“不义之举”，但同时流露出对其失败的怜悯之意：

> 宸濠之败，天促之也。使濠乘初起之锐，顺流之势，南康、九江之破竹，人心震动，远近无备，兵不留行，直捣建业，天下事未可知。乃迟留自懈，复顿兵坚城之下，自丧其锐，以促其亡。夫岂人谋不臧，实天夺其鉴，褫其魄，以为不义之戒也！③

而对于武宗16年在位期间的统治，陈建更是直言不讳地提出强烈的不满与尖锐的批评：

> 臣建尝究观于正德之际，而知天意之祚我皇明于永永也。正德

① （明）陈建：《皇明通纪》，钱茂伟点校，下册，《皇明历朝资治通纪》卷15，庚午景泰元年，第706页。

② （明）陈建：《皇明通纪》，钱茂伟点校，下册，《皇明历朝资治通纪》卷17，丁丑天顺元年，第746页。

③ （明）陈建：《皇明通纪》，钱茂伟点校，下册，《皇明历朝资治通纪》卷33，己卯正德十四年，第1162页。

> 间，濒危者有数事焉。逆瑾滔天，八党乱政，无异于汉五侯十常侍、唐元和甘露之党也。流贼之扰，遍及乎两畿、山东、河南、川蜀、江西之境，无异于汉黄巾、唐黄巢、元红巾之乱也。寘鐇、宸濠之变，无异于汉七国、晋八王之祸也。召边兵入京师，无异于汉何进召董卓之衅也。武皇之嬖幸盈朝，政在臣下；巡游燕乐，荒弃万几，无异于秦、隋、汉、唐之际也。於乎！前代有一于此，未或不亡。正德朝丛是数者，而国家安如磐石，岂非天意恢我嘉靖之图，以巩固皇明于不拔乎，昭然矣，昭然矣！[①]

过去学者可能囿于对《通纪》版本的质疑，又或仅强调陈建为迎合当朝皇帝心意的偏私，以至于未再从另一角度检视陈氏对待“大礼议”的立场。[②] 然明乎此，就会发现《通纪》对“篡逆”人物的评议不见得如批评者所言“乃以一人闻见，荧惑众听、臧否时贤”[③] 般简单，而是与其所处的具体历史环境息息相关。本文在分析《通纪》中有关“靖难之变”的叙事后，再列出同书所记载的另外几件与宗藩篡逆有关的事件，乃欲尝试从中发掘出陈建史著中针对类似性质的事件背后所持的立场。有别于晚明特殊语境下对建文的怀念，身处嘉靖年间的陈建，其史观确实深受当时官方立场所影响。世宗是极为重视成祖事迹的，稳住了皇位后于是将“太宗”庙号改为“成祖”，使其跃升“祖”身份之举即在一定程度上已反映出他有意将其由外藩继位的情况与这位文治武功皆具的先辈相提并论。陈建对“靖难之变”的立场足见得其是通透理解成祖与世宗之间的微妙关系；至于对那些不造成影射世宗所为的前朝人事则“无此顾虑”，故评价标准可较为持平（随意）。

余　论

作为一位远离政治中枢的知识分子，诚如陈建自己在其诗篇中写下的

---

① （明）陈建：《皇明通纪》，钱茂伟点校，下册，《皇明历朝资治通纪》卷 34，辛巳正德十六年，第 1172 页。

② 相关例子，可参胡吉勋《“大礼议”与明廷人事变局》，第 523 ~ 524 页。

③ （明）沈德符：《万历野获编》中册卷 25《著述》，中华书局，2007，“焚《通纪》”条，第 638 页。

“一编资治敢沽名，忧国忧时不尽情”① 之自述，从以上研究可知即便长期身处“江湖之远”，其著史立场依然很大程度上受到当世“庙堂之高”的时政所影响。作者对明初外藩篡逆事件不附加道德方面的批判，而选择以成祖所缔造的功业之角度切入将其解释为“天命所归”，除了有弥漫于嘉靖朝堂与史学界的“法祖”思想的外部大环境因素外②，更重要的是如此的编纂立场既达致陈建“为当世借箸之筹，以挽回祖宗之盛”③ 的著史主旨，同时亦符合其一贯的“遵祖宗之法以正末流之弊，在理势尤甚顺易也”④ 的改革主张。所谓“在理势尤甚顺易”实乃说明强调“法祖”不仅为其经世思想奠基了理论的依据，更为关键的是提供了政治上的“正确性”与“合法性”保障。职是此故，《通纪》中的评述无意特别挑起那些具有与当世官方立场相悖之嫌，却早已时过境迁，且不再直接影响社会稳定的议题之处理方式，似亦可由此理解之。

复可论者，过去学者很早就看出“大礼议”对于嘉靖年间以及明代后期政治的巨大影响⑤，社会史研究学者还告诉了我们该事件为地方民间宗祠的普及提供了契机⑥，甚至最终将皇帝的意志与百姓的情绪结合在一起。⑦ 从以上《通纪》对“大礼议”的叙述中，我们至少可以发现作者提及了两位在国朝层面上“掷地有声”的广东同乡——方献夫与霍韬（1487～1540）。这两位正是在“大礼议”中支持世宗推尊生父的大臣⑧，他们也因为这场争论自此平步青云跻身于权力核心。《通纪》多处引用的参考资料之中便列有霍氏著作《渭厓疏要》和《霍文敏集》，由斯见得陈建对此同乡的尊崇备至。故面对无论是“篡统”的立场抑或对嘉靖“徽猷美政”⑨ 之溢美，陈

---

① （明）陈建：《阅都御史林念堂宗藩奏疏御史陈青田大征檄文咸用余〈通纪〉〈治安策〉感而有作》，收录于中山大学中国古文献研究所编《全粤诗》第 8 册卷 247，岭南美术出版社，2009，第 219 页。

② 详见吴德义《政局变迁与历史叙事：明代建文史编撰研究》，第 83～85 页。

③ （明）陈建：《皇明通纪·序》，钱茂伟点校，上册，第 2 页。

④ （明）陈建撰《治安要议》，黎业明点校，收录于《陈建著作二种》卷 2《赏功议》，上海古籍出版社，2015，第 15 页。

⑤ 傅衣凌主编，杨国桢、陈支平著《明史新编》，人民出版社，1993，第 200 页。

⑥ 常建华：《明代宗族研究》，上海人民出版社，2006，第 3 页。

⑦ David Faure, *Emperor and Ancestor: State and Lineage in South China*, Stanford, California: Stanford University Press, 2007, p. 100.

⑧ 关于“大礼议”中支持世宗的官员情况，见胡吉勋《“大礼议“与明廷人事变局》，第 36～41 页。

⑨ （明）陈建：《皇明通纪》，钱茂伟点校，上册，《〈皇明通纪〉凡例》，第 22 页。

建所持的观点是否因此含有多少“同乡情结”的元素在内？而这些“同乡情结”又如何实际地影响嘉靖朝政治文化生态，则确需要进一步探讨。①

最后，重新回到陈学霖如炬目光地为吾人指出的嘉靖年间“大礼议”与明中叶野史稗乘中有关国初忌讳泯除之间关系的问题，倘若欲深入探究私史具体如何受到影响、“开禁”抑或“固守”的程度（条件）等细节的话，那么，以上对《通纪》中所论述之“靖难之变”，或许正是一个值得再省思的案例。

① 类似的历史情境，Dardess 的研究就曾指出明初江西集团的形成与当时在朝堂上身居高位的江西人对同乡不遗余力的提拔与举荐不无关系。详参 John Dardess, *A Ming Society: T'aiho County, Kiangsi, in the Fourteenth to Seventeenth Centuries*, Berkeley: University of California Press, 1996, pp. 173 - 189。

论清初史家群体与文化秩序

尤学工
（华中师范大学历史文化学院，湖北武汉　430079）

摘　要： 清初史家群体主要有明遗民史家、仕清史家和贰臣史家三大类型。明遗民史家是清初史家群体中人数最多、修史素养最高、史学成果最丰富、史学贡献最大的一个群体，他们的史学焦点在于明史修纂，希望借助修故国之史，以史经世，掌握史权，确立自身在清初文化秩序中的主导权，以华夏文化之“道统”来抗衡异族之“治统”。仕清史家在政治上倾向于与新朝合作，在文化和思想上则倾向于接受新朝的正统地位，将其纳入华夏文化谱系之中，并通过历史书写加以证明，修史成为他们向新朝表忠的重要方式，同时也表达了他们的经世之志。贰臣史家在政治上选择了仕清，却又在情感上疏离于清廷，对明朝念念不忘。他们力图通过修史重寻自我价值，史书成为表达情感、寻求解脱的载体，也成为他们自赎与明志的重要方式。入清以后，仕清史家依托政治优势，逐渐掌握了文化秩序的主导权；遗民史家走向分化，逐步融入新的文化秩序；贰臣史家则被边缘化，在清初史学格局中较早走向消亡。他们最终消融在官方主导的文化秩序之下，回归历史的常态。史家、史学与政治的关系也渐趋稳定，回到自身在文化秩序中的惯常位置，文化和史学上的易代宣告完成。

关键词： 遗民史家　仕清史家　贰臣史家　文化秩序

历史观念是文化秩序和意识形态的重要基础，调整文化秩序离不开历史观念的调整。修史活动从来都不是单纯的学术活动，同时也是一种政治行为和社会行为。新王朝需要通过修史阐释继承大统的正当性与合法性，掌握历史解释权，重塑历史观念和史学观念，以建立和稳固新的文化秩序。史家们往往会借助修史来表达自身的诉求，从而为自己在易代之后的文化秩序中找到安身立命之所。也就是说，修史是易代之际重建文化秩序的重要方式，史权的争夺往往比较激烈。这一点在明清易代之际得到了充分展示。怎样看待和解释明清易代的事实，怎样面对新政权，成为清初史家思考的一个重大问题。于是，围绕这一问题，清初形成了一个修纂和研究“明史”的热潮，也形成了姿态各异的史家群体。① 其中官修《明

① 近年来，史家群体研究作为一个学术课题被明确地提了出来，明清史家群体也受到关注。阚红柳将清初私家修史的史家按照政治立场，分为明王朝的维护者史家群体、清王朝的支持者史家群体和在新旧政权之间动摇的史家群体，分析了三大史家群体的基本构成和地域分布，探讨了他们各自不同的修史动机，梳理了清初私家修史的发展脉络，说明了他们的史学成就和学术地位（阚红柳：《清初私家修史研究——以史家群体为研究对象》，人民出版社，2008）。这种研究方式为史家群体研究提供了一个可以参考的模式。朱玉的《明代史学家群体研究》（延安大学 2012 年硕士学位论文）和赵艳霞的《明代私人史家群体分析》［《山西大同大学学报》（社科版）2008 年第 4 期］对此问题亦有关注。还有大量的研究，虽未明确标示对象是史家群体，但其主题和方式皆与史家群体研究有莫大关系，可以称之为群体视角的个案或专题研究。比如，谢国桢关于晚明史籍的研究（谢国桢：《晚明史籍考》，华东师范大学出版社，2011；《明清之际党社运动考》，中华书局，1982），黄云眉关于《明史》纂修的研究（黄云眉：《明史考证》八册，中华书局 1979 ~ 1986；《明史编纂考略》，原载于《金陵学报》1931 年第 1 卷第 2 期，收入《史学杂稿订存》，齐鲁书社，1980），赵园关于明清之际士大夫的研究（赵园：《明清之际士大夫研究》，北京大学出版社，1999；《制度·言论·心态：〈明清之际士大夫研究〉续编》，北京大学出版社，2006 年），黄爱平关于《四库全书》纂修的研究（黄爱平：《四库全书纂修研究》，中国人民大学出版社，1989），何冠彪关于明清之际人物、著述和思想的研究（何冠彪：《生与死：明季士大夫的抉择》，台北联经出版公司，1997；《明清人物与著述》，台湾商务印书馆，1996），杨念群关于明末清初江南士林精神世界与清朝正统观的研究（杨念群：《何处是江南：清朝正统观的确立和士林精神世界的变异》，生活·读书·新知三联书店，2010），孔定芳关于清初遗民的研究（孔定芳：《清初遗民社会——满汉异质文化整合视野下的历史考察》，湖北人民出版社，2009），姜胜利关于清人明史学的研究（姜胜利：《清人明史学探研》，南开大学出版社，1997），谢贵安关于《明实录》和实录体史学的研究（谢贵安：《明实录研究》，台湾文津出版社，1995；湖北人民出版社，2003；《中国实录体史学研究》，武汉大学出版社，2007；《清实录研究》，上海古籍出版社，2013），王记录关于清代史馆和馆臣的研究（王记录：《清代史馆与清代政治》，人民出版社，2009），司徒琳（Lynn Struve）关于《南疆逸史》和南明史书写的研究（〔美〕司徒琳：《南明史》，李荣庆等译，上海古籍出版社，1992；《传统社会中史学之功用——清代史学史上的南明》，美国密歇根大学 1974 年博士学位论文），艾尔曼（Benjamin A Elman）关于江南学者职业化与学术交流网络的研究（〔美〕艾尔曼：《从理学到朴学：中华帝国晚期思想与社会变化面面观》，赵刚译，江苏人民出版社，1995），陈永明关（转下页注）

史》体现了清朝官方对文化秩序的追求，而大批私修的明史著作则代表了一般史家尤其是明遗民史家所坚守的文化秩序。二者之间的冲突与融合展现了明清易代之后重建文化秩序的艰难历程。

一 清初史家群体的基本构成

清初修明史，官家与私家并进。官方史学虽然兴盛，但由于清初官方没有一个独任修史职能的国家机构，内阁和翰林院虽与官方修史活动有密切关系，但不仅不直接承担修史任务，而且不独自承担史馆的组建。史馆的人员组成既有内阁、翰林院的官员，也有其他政府机关派充的官员。组建后的史馆官员均以各衙门的原衔兼任，薪俸也由原衙署支付，史馆只发给少量补贴。史馆由于没有完备的财权和人事权，也没有对本馆人员的任免、调迁和罢免的权力，这使得清代并没有专职意义上的史官。① 史官群体具有身份的多样性和较强的流动性，除了少数的专职史官，其他大多因事而聚，事毕而散，因而很难清晰划定这一群体的规模和边界。相对而言，由于私修明史的大量出现，造就了一个规模不小的私修史家群体。私修史家群体在明清易代之际走向了分化，形成了明遗民史家、仕清史家和贰臣史家三大类型。

据不完全统计，遗民史家群体约有 153 人，其中有明确生卒年可考者为 83 人。明遗民史家是清初史家群体中人数最多、修史素养最高、史学成果最丰富、史学贡献最大的一个群体，他们的史学焦点在于明史修纂。仕清史家是清初明史修纂的又一主力，约有 87 人，其中有明确生卒年可考者为 70 人。他们在政治上倾向于与新朝合作，在文化和思想上则倾向于接受新朝的正统地位，将其纳入华夏文化谱系之中，并通过历史书写加以证明。贰臣史家约有 19 人，其中有明确生卒年可考者为 15 人。他们在政治上选择了仕清，却又为自己的选择感到深深愧疚，更在情感上疏离于清廷，对明朝念念不忘。在当政者和后人看来，他们臣节有亏，就像《贰臣传》中的人物一样。在清初政局逐渐稳定的

接上页注①于清初历史书写与政治认同的研究（陈永明：《清代前期的政治认同与历史书写》，上海古籍出版社，2011），等等。这些研究涉及史家群体与社会变迁的各个领域与层面，极具参考价值。虽然很多研究是以个案形式出现的，但其探讨问题的方向则是力图超越个体，寻求普遍有效的解释。这对于史家群体研究具有方法论的启示意义。

① 乔治忠：《清朝官方史学研究》，台北文津出版社，1994，第 4～5 页。

过程中，贰臣史家也在尝试寻找自己的安身立命之道，力图在新的时代找到自己的空间。

从时间分布来看，明遗民史家生活的时间范围，大致从明朝万历年间到清朝康熙年间，而其史学活动的时间则主要集中于从崇祯到康熙年间。从遗民史家生年的分布情况看，他们以万历年间生人为主体，这就决定了他们入清时的年龄偏大。这种年龄结构，一方面说明遗民史家无论是生理上还是心理上、精神上都是比较理性、成熟的。他们应当已经接受了比较系统的教育，有了较高层次的文化素养，人生观与价值观已然成形。当他们面对明清易代的情势时，已经可以做出理性选择；另一方面则决定了他们无法抵御自然规律，其生命在入清之后不久就将消亡，加之殉难等主观选择，会造成遗民史家群体的迅速消亡。康熙中期是遗民史家消亡的高峰期，大约占总数之半，至康熙末期几乎彻底消亡。究其因，一方面是由于大多数遗民史家此时年事已高，进入了代谢期；另一方面则是由于经过清初六七十年的励精图治，各种矛盾和问题在相当程度上得到了缓解或解决，社会发展进入了一个上升期，削弱了史家的抗争意识。康熙十八年(1679)，清廷开博学鸿儒科，一部分史家如潘耒、毛奇龄、沈珩、朱彝尊、吴任臣等前去应试，得授编修，入《明史》馆。他们的身份也由遗民史家转变为仕清史家，这是遗民史家群体逐渐走向分化的标志性事件，也是遗民史家群体迅速消亡的一个重要原因。

仕清史家和贰臣史家生活的时间范围大体与遗民史家相同，但也有各自的特点。相较于遗民史家群体的时间分布，仕清史家群体的时间分布有两个不同的特点：一是仕清史家的生年总体推后，入清时年龄结构较遗民史家更为年轻。年龄的差异说明这两个群体社会活动与史学活动的活跃期不同，遗民史家群体的活跃期更早，而仕清史家群体的活跃期紧随其后，二者既有时间上的交集，也呈现出某种程度上的更迭交替。二是出生于顺治、康熙年间的仕清史家占据了一定的比重，约占总数的1/3。这些生于清长于清的史家对清廷采取合作态度，就像遗民史家效忠于明朝一样理所当然。这些史家的年龄相较于遗民史家，已近乎是两代人了。所以，当遗民史家群体日益老化、分化与消亡时，这些仕清史家日益壮大，成长为主导性力量。史权的转移就这样通过史学主体的代际转换而实现了。从整体趋势看，生于明朝的仕清史家至康熙末期已基本消亡，这与遗民史家的生存趋势保持同调。而生于入清之后的仕清史家则将其生命维持到了雍正、乾隆时期，这为他们的史学活动准备了先天条件。到了乾隆时期，经过前期的斗争与整合，加之遗民史家的整体消亡与仕清史家的不懈努力，清廷已经基本掌握历史书写和史学发展的主导权了。贰臣史家的生年基本集中于万历与天启年间，卒年主要集中于康熙年间，与多数遗民史家保持一致。这意味着他们具有同一年龄层次，也就意味着具有共同的社会环境与相似的社会经历，他们之间有着密切的相互关系。事实上，很多贰臣史家确实与不少遗民史家、仕清史家在明亡之前即有频密交往，互为好友，其友情和交往在明亡之后继续得以保持和延续，成为当时一个值得注意的文化现象。这一群体与遗民史家群体的发展趋势基本同步，但消亡更早。这说明，这一群体在当时的史学格局中的地位无法与遗民史家、仕清史家比肩，这种弱势地位恰恰是其游离性的一个体现。

从地域分布来看，三大史家群体存在着“分布广泛，局部集中”的特点。笔者根据史家籍贯做了不完全统计，发现遗民史家群体分布较广，大致覆盖了江苏、浙江、福建、安徽、江西、上海、广东、河北、北京、湖南、四川、山西、湖北、广西、山东15个明清时期的省级行政区，其中江浙地区是遗民史家非常集中的地域。从整体上看，南方地区的遗民史家数量要远远高于北方地方，东部地区的遗民史家数量要远远高于西部，呈现出“分布广泛，局部集中”的格局。遗民史家群体之所以主要集中在南方与东部地区，主要是由于这些地区经济文化发达，这些地区的文人士大夫既有很高的文化素养，又富有修史传统，而其经受的易代冲击至为猛烈。这些都为他们投身于明史修纂准备了条件。其他遗民史家出现较少的地区，并非没有面对明清易代的冲击和清廷的军事文化征服，也并非没有士民的军事或文化抵抗，只是这些地区的文化精英不如江南之多，修史活动不如江南活跃罢了。其实，入清之后很多遗民史家喜欢游历交友，他们的足迹遍布大江南北，在相当程度上打破了地域的限制，也促进了遗民之间的史学交流。

需要注意的是，仕清史家和贰臣史家的地域分布及其特点几乎与遗民史家一致，江浙地区既是遗民史家最为集中的地区，同时也是仕清史家和贰臣史家最为集中的地区。为何会出现这种现象呢？首先，江浙地区发达的经济、繁荣的文化、庞大的文人群体为史学发展和史家群体的形成准备了很好的基础和条件。江浙地区的社会经济在清初很快得以恢复和发展，其地素来为人文渊薮，拥有庞大的文人群体，涌现了不少士林领袖和文化精英。史学作为传之后世的名山事业，受到了很多文人的青睐，史学发达，也造就了规模可观的史家群体。遗民史家、仕清史家与贰臣史家均在此地域形成最为集中的群体规模，充分说明了这一地域的史家群体对明清史学发展的重要意义。其次，史家选择的相对独立性和多元化造就了三大群体并存江浙的现象。江浙地区之所以遗民史家数量众多，主要是由于这一地区既是清廷重点征服之地，也是反抗最为激烈之地。当时许多名士和史家都积极抗清，如顾炎武、黄宗羲、王夫之、陈子龙、归庄、夏允彝和夏完淳父子等均有起兵抗清之举。在武装抗清失败之后，他们选择了文化抵抗，坚守志节，修史明志，成为遗民史家。他们的立身行事在江南士林产生了很大影响，使许多人愿意追随其后，从而形成了庞大的遗民史家群体。但是，浓厚的遗民氛围和抗争意识并未影响到另外一部分士人的仕清选择。他们之所以做出这样的选择，一方面是由于他们在观念上突破了“夷夏之防”和一家一姓的局限，而以经邦济世为追求，他们认为这并不违背圣人的教诲和原则，甚至可以说是与遗民史家的志向追求异曲同工，只不过方式与途径不同罢了；另一方面则是由于科举与功名的诱惑。江浙重科举，文人渴望通过科举入仕来博取功名利禄，既可扬名立世，亦可光耀门楣、荣耀祖宗。这种现实的利益往往超过了空洞理想的诱惑，使人不免顿起功名之心。而此时清廷对江南士人采取了分化瓦解策略，通过举办博学鸿儒、科举等诱之以利，通过文字狱等威之以刑，软硬兼施，迫使江南士人就范，同时也为他们解除了后顾之忧。加之，清初 80 年的休养生息确实取得了成效，与明末的黑暗衰败形成了鲜明对比，使江南士人对清廷的认识产生了转变。在这些因素的共同作用下，部分史家选择仕清也就可以理解了。而这种选择在当时也并未受到士林和舆论的严厉谴责，很多遗民史家与仕清史家、贰臣史家仍然保持着密切的交往，这说明他们对仕清选择是宽容和理解的。这种情况表明了当时史家选择的相对独立性和多元化。

从社会身份来看，三大史家群体既有相似之处，又有异趣之工。

遗民史家群体以明遗民中的士大夫为其主体，主要包括明朝官员或有过在明（包括南明）仕宦经历的史家、明朝有功名但未出仕的史家和布衣史家。其中大部分史家是在明亡之前获得功名或官职，有些史家明亡后殉国或继续在南明政权任职。这些史家的宦海经历，一方面影响着他们的政治和文化立场，另一方面则决定着他们历史书写的视野与方式。我们可以看到，这些官员出身的史家主要记述了他们自身以及师友、同僚、长官的经历与事迹。他们对明季的兴亡成败多有涉及，保存了不少可贵的史实，也提出了不少有价值的看法，体裁则以笔记、杂史为多，是清初明史修纂的重要组成部分。那些在明朝有功名但未出仕的史家，具有比较明确的遗民意识，相当一部分人还参与了各种形式的抗清活动。按照当时的社会舆论，有功名而不任职者其实不必为明朝死节，但这些史家不少出身于官宦世家，或出身于诗书世家。先辈的政治地位和文化取向影响和塑造着他们的政治立场和文化立场，也决定着他们的选择。而这种立场和选择直接反映在他们的史学活动和史学著述之中。对于布衣史家而言，修纂明史是他们自觉承担的文化责任。他们中的有些人出身官宦之家，有些人来自遗民之家，这对他们的修史活动是有直接影响的。其实，不少布衣史家是世代相传的，他们通过历史书写来坚定自己的抗清斗志，其家族后裔也因其事迹与著述的激励而续延其志。同时，遗民后裔的历史书写不仅是在缅怀先祖的抗清义举，也是自己在抗清活动陷入低迷时保持民族大义的立身之道。

仕清史家群体主要由两类史家构成：一是身为明朝官员、未仕诸生或布衣，清时入仕的史家，约占总数的一半以上，是仕清史家群体的主体力量。此类史家中很多人在明朝有功名而未能入仕，入清之后，他们积极参与科举或征辟，入仕为官。所以他们在清朝的身份多为官员，采取与清廷合作的立场和态度。二是出生于清的官员史家。他们出生于清，通过科举入仕，获授史职，参与明史修纂，如王鸿绪修《明史稿》。有些史家则是为官之余，从事明史修纂，如陶元淳修《明史传》。对于此类史家而言，官员的身份是其主要社会身份，史家则是其相对次要的文化身份。这种身份特点影响了他们的修史方式与历史认识的视野。还有一些史家，虽然身为布衣，但其基本思想倾向是认同清廷，因此笔者亦将之归入仕清史家之列。他们大多有入仕之心，但却屡试不第。总的来看，仕清史家主要以入仕来展现其合作态度和立场，其身份也兼具官员与史家。仕清史家几乎皆为能吏，政绩显著，比如赵吉士。其实为政是他们生活的主要内容，著述是其生活的雅趣。仕清史家群体在清初的历史书写中占有重要地位，他们很看重清廷对自己的肯定，而清廷也很重视拉拢他们，他们之间产生了良好的互动。这在尤侗、汤斌、徐氏兄弟等身上均有明显的反应。他们帮助清廷完成了政治正统性的历史论证，并借助政治强权，逐渐改变了遗民史家群体占据主导的史学格局，获取了历史解释的主导权。他们对明朝历史的解释和书写，与清廷的国家意志相互融合，成为官方意识形态的一部分，从而奠定了他们的政治地位和史学地位。

贰臣史家以明朝官员与文士为其基本构成力量。这些史家大多在明朝已入仕为官或有功名在身，甲申时有人附大顺，乙酉后有人降大清。只有少数史家如严绳孙、董含、陈维崧等在明为布衣，但入清则或中进士，或举鸿儒，一变而为大清之官了。游走于不同政权之间，是他们在政治选择上的特点。贰臣史家虽以官员与文士为主，但他们却有着较高的史学素养和文化水平。比如钱谦益自称“老史官”，一直有修史之志，时人亦称其有良史之才，而他也确实为修纂明史做了很多准备。只是绛云楼一把大火，烧掉了他的史料，也烧掉了他的修史雄心。因此，他的明史著述基本是以神道碑、墓志铭、小传、行状等形式出现的，主要集中在他的《有学集》等著述之中。有些史家之入仕有被迫的成分，如吴伟业、侯方域、李因笃等人均是被迫应召，他们根本无心做官。为了逃避政治上的压力，他们往往寄情于诗文唱酬，好友交游，修史作文。这是一种文化上的自我放逐，他们要通过文化创作包括修史活动来寻找自己的生命空间和精神家园，游离于现实的苦痛之外。

二 史家群体的文化秩序诉求

史家的撰述意图与修史态度是史家政治立场与文化立场的直接反映，从中可以看出他们的文化秩序诉求。清初遗民史家、仕清史家和贰臣史家的修史态度既有共通之处，又各有其特点，反映出他们在文化秩序诉求上的差异。

遗民史家怀抱遗民之痛，秉持经世之志，冀图为故国存史、续命。他们希望借助修故国之史，以史经世，掌握史权，确立自身在清初文化秩序中的主导权，以华夏文化之“道统”来抗衡清朝异族之“治统”，从而消解易代给自身带来的痛苦，寻求安身立命之道。

对于遗民史家来说，他们不愿故国的历史湮没于无形，所以他们要“为故国存信史”，以史为故国续命。黄宗羲在《行朝录》自序中，曾激烈批评唐末士子应试者在黄巢逼近潼关之时，“方流连曲巷中以待试期，为诗云：‘与君同访洞中仙，新月如眉拂户前。领取嫦娥攀取桂，便从陵谷一时迁。’中土诗文之士，大抵无心肝如此。”他感慨地说：“岂知海外一二孤臣遗老，心悬落日，血溅鲸波，其魂魄不肯荡为冷风野马者，尚有此等人物乎！”这种情状激起了他的著述之志，“向在海外得交诸君子，颇欲有所论著。旋疑始末未备，以俟他日搜寻零落，为辑其成，荏苒二十年，义熙以后之人，各言其世，而某之所忆亦忘失大半。邓光荐《填海录》不出世，惟太史氏之言是信，此聊尔所谈，其可已夫”①。黄宗羲的“遗民之痛”代表了大多数遗民史家的心声，促使“孤臣遗老”们投入明朝历史的纂修之中。瞿共美说：“人有五福死，往往重考终命，余以为非也。士生乱世，不能马革裹尸，亦当肆诸市朝。余乙酉詹世勋不能死我，丙戌仇人不能死我，戊子、己丑虎狼贼盗不能死我，庚寅、辛卯刀枪剑戟不能死我，是书既成，世有黄祖辈否耶？国可灭，史不可灭，死固甘心矣。”②“国可灭，史不可灭”正是遗民史家的修史宣言，“死固甘心”则是他们修史态度的严正宣示。

身处易代之际遗民史家群体面临着严峻的政治认同、民族认同、文化认同与身份认同的危机，认同危机造成了他们的精神焦虑。为了消除这种焦虑，他们在历史书写中肯定南明政权的合法性和抗清斗争的正当性，并且表彰那些效忠于明朝的忠臣义士，力图确立明朝在历史上的地位，从政治和文化上为故国续命。而遗民史家通过对抗清运动的记忆和南明史的书写，展现了自己的经世之志，同时也体现了他们对自身道德抉择和立身之道的自我认同。于是，这种历史书写方式就成为克服认同危机的一个重要途径。在他们的历史叙述中，“贬斥政敌弄权误国、表彰友侪尽忠职守，并藉此寄托作者本人的遗民志节，争取社会的同情”就成为主调。③尽管遗民史家的数目占整个知识阶层人口的比例并不高，但由于清初统治者视明、清关系为政治禁忌，又多讳言定鼎期间的满、汉矛盾，而相反的，不少遗民史家却积极投入民间修史活动，致力于为前朝存国史，故在成于清代顺治、康熙初年的南明史籍中，持遗民史观的著作无论在数量还是在影响上，都占了支配性的优势。

关于明遗民醉心学术事业的历史现象，中国传统文化“道统”与“治统”分立的理论被认为是理解士大夫学术行为的重要线索。④明清易代的既成事实使文人感到无奈，不仕新朝的已有传统更束缚了他们的人生选择，他们因此无法如承平时代那般坦然地读书，然后出仕，然后经邦济世，建立功勋。“治统”已遥不可及，满怀焦虑的文人痴情地投入学术事业中，旨在通过著述来化解内心的悲伤，借由“道统”完成对现实生活的超越，也因此完成了自我的调适。史学与人生，史家的精神追求与史学被

① （清）黄宗羲：《行朝录自序》，四库禁毁书丛刊本。
② （明）瞿共美：《东明闻见录自序》，四库禁毁书丛刊本。
③ 陈永明：《清代前期的政治认同与历史书写》，上海古籍出版社，2011，第117页。
④ 〔美〕余英时：《士与中国文化》，上海人民出版社，1987。

历代所赋予的政治意义找到了契合点，两者的融合造就了光辉的遗民史学。只是对于遗民史家而言，亡国的苦楚绝非可以通过著述而淡忘，反倒因为修史而更加强化。

从仕清史家群体的构成来看，他们一部分是明臣降清者，一部分本来是遗民，后受招抚而仕清，还有一部分自出生便为清人。这种构成特点决定了仕清史家群体修史态度的复杂性，还使得他们与遗民史家群体有着千丝万缕的联系。他们的政治立场无疑影响到了其修史态度，使修史成为向新朝表忠的重要方式。同时，他们常常兼具官员与史家两种身份，这也使得他们比较注重将史学与自身经历、经世之志相结合，所以仕清史家之中多能吏，这是他们的身份特点决定的。而对史学的癖好与追求，使他们同样以之为名山事业而乐此不疲、孜孜以求。

这种诉求在傅维鳞修《明书》和谷应泰编《明史纪事本末》中得到了比较充分的反映。他们之所以急于为前朝修史，一方面是为了借此表明明朝国祚的终结，另一方面则是为了急于为新朝提供经世之资。就此而言，修纂明史成为他们向新朝表示忠诚的重要途径。傅维鳞在《明书》中体现了以清为正统的态度和立场，这在史事选择、体例安排、史学评论等很多方面都有表现。比如，他特别重视表彰忠节，为此专立《忠节传》，"以愧天下万世之为人臣而不忠节者"①。他称赞为元朝尽忠的陈友定②，褒扬"遗烈足千古"③ 的方孝孺，把曾经仕元的明初大臣列入《杂传》，将协助朱棣发动靖难之役的张玉、谭渊入于《乱贼传》，批评他们"不忠"。傅维鳞如此重视忠节问题，并对很多易代之际历史人物的"忠"或"不忠"进行褒贬，是有其深意的。作为深受儒家传统伦理影响的史家，他宣扬忠孝节义并将之作为历史评判的标准，是完全可以理解的。不过，在易代之际宣扬这种理念，显然是想把这种伦理纲常作为超越易代的基本原则，希望人们在大清的统治下坚守这种原则，对大清尽忠。当时，清廷还在忙于军事征服，虽开设《明史》馆，却无暇顾及修史之事。傅维鳞此时通过《明书》宣扬忠节纲常，正是做了清廷想做而未能做的事情，可谓正中清廷之下怀。所以，尽管《明书》中也有一些为清廷所忌之语，但清廷还是两次将《明书》征召入《明史》馆，作为官修《明史》的参考。谷应泰修纂

① （清）傅维鳞：《明书》卷101《忠节传》序论，四库存目本。

② （清）傅维鳞：《明书》卷169《陈友定传》。

③ （清）傅维鳞：《明书》卷101《忠节传》二《方孝孺传》。

《明史纪事本末》，亦有表忠之意。他说："昔汤臣进规，鉴于有夏，姬朝作讽，戒在殷商。惟我皇清，开天初造，揽胜国之惠逆，察已事之明验，保世滋大，毋亦于斯镜见焉。"他称清廷为"我皇清"，宣称自己的修史目的就是"揽胜国之惠逆，察已事之明验"[①]，显然是要借此为清廷提供治国经验。该书刊行后，谷应泰声名大噪。在书中，谷应泰为表示对清廷的"愚忠"[②]，对明与后金的关系有意避而不谈，或略而不详，对于清军的暴行更无一字提及。而为了体现他"揽胜国之惠逆，察已事之明验"的撰述意图，他设立了三卫、出兵漠北、议复河套、宦官专权、沿海倭乱等专题，总结明朝历史的经验教训，这对于入关之初的清廷来说，具有很高的借鉴价值。

《东林同难录》易名为《表忠录》，则说明了入清之后明遗民后裔修史态度的变化。崇祯末年，那些死于阉祸的东林党人的后裔将先人事迹汇辑成册，共十七家，名之曰《东林同难录》，由桐城左氏刊刻。据鹿善继所作《序略》云："诸孤以为吾侪望恩，原不在荫叙，但祈有以光先世，为先人了人子事耳。至是而圣明所以恤忠，与地下之因忠以尽孝者，罔有弗竟矣，遂各述先人受祸受恩始末，名《同难录》，盖以志其感恩，亦自订后期也。"可以看出，此书显然是要表彰东林党人的节义和事迹，以尽人子之责，于公义于私情两宜之。据缪昌期后人缪思勃的《跋略》所述，入清后此书仅东林后裔家中尚有保存，但零落不堪。他觉得有责任加以整理再版，"此非子孙之责而谁责欤！"他认为此书的价值在于教化，"观此书者，顽可廉，懦可立，于以风示天下，岂不有余也耶？则此书之刻，其可已耶！是他人观之犹有动，又况其一气相感者耶！桐城之刻，亦此志也。"于是，他命自己的儿子缪敬持加以订补，于雍正丁未年刊刻。道光初，同邑叶廷甲因不忍"使消沉而不传于世"，又冠以南都请谥疏刻之。他认为，"是编也，惨死诸君子罔不追赠荫叙，所以表忠也，因易之曰《表忠录》，用以风示天下后世"。虽然他说"此亦诸君子暨范阳鹿公所深慰于九原者也"[③]，但诸君子和鹿公却未必完全同意他改易书名，因为此书原名《东林同难录》，其旨趣固在表彰先贤之忠义，但一个重要的目的乃在"存史"。而易名为《表忠录》，则主在"表忠"，其旨在"教化"，可见入清愈久，

① （清）谷应泰：《明史纪事本末》第1册卷首《自序》，中华书局，1977，第2页。
② （清）谷应泰：《明史纪事本末》第1册卷首《自序》，第2页。
③ 谢国桢：《晚明史籍考》，华东师范大学出版社，2011，第207~208页。

遗民后裔的“忠义观”愈突出“忠义”的教化之功，这和朝廷的主流价值导向是不谋而合的。或许也可以说，这恰是朝廷教化的成果。这也反映出，那些成长于清朝的遗民后裔已经具有不同于黄宗羲等遗民史家的立场，他们远离了明清易代的动荡环境，对易代的创痛只有理性上的认知而缺少了情感上的直接体验。在复明早已无望的情况下，他们是在认同大清的立场上来评价明遗民事迹的。也就是说，他们已在潜意识之中将“忠”的对象视为大清而非朱明王朝了。通过这种调整，他们在清廷主导的文化秩序中找到了自己的位置。

清初的贰臣史家，在明朝灭亡之后，在政治立场上选择了降清，却又难忘故国，承受着舆论与道德的压力，最终他们选择离开政治，寄情于著书立说，通过修史重寻自我价值，以期在文化立场上寻找一个新的安身立命之处。史书成为贰臣史家表达情感、寻求解脱的载体，也成为他们自赎与明志的重要方式。

贰臣史家心怀故国，修史成为他们表达内心真实情感的良好方式，而出于史家的责任感和对故国的愧悔之情，他们也希望保存前朝史事，其“存故国之史以自赎”的情怀常常让人掩卷兴叹。钱谦益无疑是贰臣史家之中最具代表性的一位。他平生以史才自负，也倾心于修史。他对史学有着深刻的认识。他说：“史者，天地之渊府，运数之勾股，君臣之元龟，内外之疆索，道理之窟宅，智谞之伏藏，人才之薮泽，文章之苑圃，以神州函夏为棋局，史其为谱；以兴亡治乱为药病，史其为方。”① 这种以史为谱、以史为方的认识，反映了钱谦益在史学上的大气魄，也是他有着深刻史学意识的内在动因。对于自己的修史经历，他曾说：“谦益往待罪史局三十余年，网罗编摩，罔敢失坠。独于逊国时事，伤心扪泪，紬书染翰，促数搁笔，其故有三。一则曰实录无征也，二则曰传闻异辞也，三则曰伪史杂出也。蕉园蚕室，尽付灰劫，头白汗青，杳如昔梦。唯是文皇帝之心事，与让皇帝之至德，三百年臣子，未有能揄扬万一者。迄今不言，草亡木卒，祖宗功德，泯灭于余一人之手，魂魄私憾，宁有穷乎？”② 他深恐明朝历史泯灭于自己之手，一直把修史视为自身的责任。但是，他修纂明史的资料被烧毁后，修史之志受到打击，终于未能修成一部明朝的历史。对

① （清）钱谦益：《牧斋有学集》卷14《汲古阁毛氏新刻十七史序》，上海古籍出版社，1996。

② （清）钱谦益：《牧斋有学集》卷14《建文年谱序》。

他来说，这始终是一个内心的遗憾。所以，他在为时人的史著撰写序跋时常常借机抒发心中的感叹。比如，他在为赵士喆修纂的《建文年谱》作序时，不禁感叹道："以宿老如谦益，固亦当援据史乘，抗词驳正，读未终卷，泪流臆而涕渍纸，欷歔烦酲，不能解免。""谦益衰残耄熟，不敢复抵掌史事。赵君之弟刺史公，言念旧史，俾为其序。萤乾蠹老，口噤笔秃。伸写其狂瞽之言，识于首简，亦聊以发观者之一慨而已矣。"① 钱谦益的"观者一慨"饱含着非常复杂的情感，恐只有"泪流臆而涕渍纸，欷歔烦酲，不能解免"可以表达了。他与好友漳浦石斋先生经常讨论修史问题，他回忆这段往事时深情地说："往予领史局，漳浦石斋先生过予扬榷，辄移日分夜。就义之日，从容语其友曰：'虞山尚在，国史犹未死也。'劫火之后，归老空门，每思亡友坠言，抱幽冥负人之痛。"而这种"负人之痛"在他看到邹流绮和《启祯野乘》时得到了极大缓解，因为"邹子漳浦之高弟，卒能网罗纂集，以继其师之志"，他对邹流绮的"耻国史之沦坠，慨然引为己任"的史学追求极为赞赏②。这种赞赏其实也是对自我"负人之痛"的一种解脱。我们可以看到，他通过建构与朋辈后学的交游网络，重新找回了熟悉的学术焦点和生活环境，也获得了后学的尊重，满足了他的名誉追求和学术追求。简言之，就是获得了学术和精神上的认同感。这对他是获取心理平衡和满足的重要方式。还有一些贰臣史家，则希望通过保存故国的文化典制以求自赎。比如孙承泽修《山书》，是因为"痛心亡国，追源祸患之由来，援古证今，以昭鉴戒。七十老翁蒙耻余生，目睹兴衰，语多愤慨，其辞愈隐而心愈苦矣"③。他修《山书》补崇祯实录之缺，《畿辅人物志》《益智录》等补明朝人物特别是晚明人物，皆体现了这种自赎的心态。

贰臣史家在现实生活中无力去解释自己的变节行为，于是希望借助修史的形式明志，通过历史书写为个人政治立场的不稳定辩护。徐应芬作《燕都志变》，记述其从京城出逃的经过，"此余出都门时作也。余以湖海浮踪，适遇乾坤大变，目击心怆，所不敢径施者，予夺之文，有不容终没

① （清）钱谦益：《牧斋有学集》卷一四《建文年谱序》。

② （清）钱谦益：《牧斋有学集》卷一四《启祯野乘序》。

③ （清）孙承泽：《山居随笔》，邓实题记，转引自刘仲华《孙承泽生平及其学术思想》，《北京古都风貌与时代气息研讨会文集》，2000。

者，是非之实，因为备述以贻后来，并独表予之艰贞蒙难已也。”① 作者强调“适遇乾坤大变”，试图向世人委婉地解释自己的无奈。他希望自己的所思所感能为后人知晓，或能求得谅解，也在一定程度上让自己的心理得到补偿。高谦原是明朝将领，曾经“陷阵冲锋，上马杀贼，下马安民，亦可谓叨有微功”，无奈政治黑暗，“徒兴李广之嗟，空抱冯唐之叹”，“此身之所以至今日者，亦幸而免尔”，“非敢附于不朽，夫亦使予之后人，知予有此一番戮力，或可免虚生之诮云尔”②。他希望世人知道他在明朝有过一番作为，降清变节只是不得已而为之。熊文举的辩解则更为直白，他在《墨栖》自序中说：“枕戈二载，削牍几数万余言，中间与上台将领士民谭守备储积机宜，亦自凿凿可听，然终近书生之谈虎，归里概取焚之，以明际会偶然，非所好也。戋戋五纪，实西城磨盾偶存，诚不忍此点点泪光，与雁阵狼烟一时俱散，因之简出，用志薪荼。后之谭兵及战守者念之哉，无以余之偶然而易视天下事，且贪天功为己力也。”③ 熊文举作为一介书生，身处战乱，为明已尽全力，可惜未能力挽狂澜，又多次抗拒新朝征召，诚属不易。“际会偶然，非所好也”，是贰臣史家最好的辩解词。

三　回归常态的史家、史学与文化秩序

从对抗走向融合，从排斥走向理解，这是清朝官方与遗民史家群体之间关系的基本走向。为了应对明遗民在历史观念和政治观念上的挑战，清廷采取了很多措施。除了设史局、兴史狱等方式，还有历史观念的调适。比如，对于明遗民大力宣扬的华夷之辨，康熙、雍正、乾隆都曾进行过辩论。他们并不否认“华夏”与“夷狄”的差异，但认为二者的差异在“德”而不在“地”，提出了“惟有德者可为天下君”④，“夫天命何常？常于有德”⑤ 的观点。他们宣扬大清“心融神契，道统、治统、心法、圣学，

① （清）徐应芬：《燕都志变小叙》，载谢国桢《晚明史籍考》，华东师范大学出版社，2011，第352页。

② （明）高谦：《中州战略自序》，载谢国桢《晚明史籍考》，第275页。

③ （清）熊文举：《墨栖自序》，载谢国桢《晚明史籍考》，第301页。

④ 中国社科院历史研究所清史研究室编《大义觉迷录》卷一，《清史资料》第四辑，第3~5页。

⑤ （清）弘历撰《乾隆御批通鉴》，侯德仁译注，中华书局，2008，第179页。

一气相承”[①]，“我朝极帝王之隆，兼积累作述之全，则治统道统之归晓然矣”[②]。这就把清廷打扮成了治统与道统的合一体，从而在文化观念上奠定了清廷的正统性基础。乾隆时期是清初官方历史意识形态与历史书写的最终定型时期，清朝官方通过消融明遗民史家信奉的“朱子学”中的攘夷思想而确立了“大一统”的正统历史书写原则，同时回应了明遗民史家对书写南明政权历史的合理诉求，最终确立“为万世立纲常”的官方历史书写方向。这种历史观念的调适，既有二者的斗争与冲突，也有相互的吸收与融合，显现出逐渐靠拢的趋势。我们可以看到，清朝官方在与遗民史家群体相互斗争与融合的进程中，不断吸收和改造遗民史家的历史观念，并积极在政策上诱导他们顺服清朝。遗民史家群体在清廷儒家文化本位的感召下，逐渐增强了对清朝统治的认同，走向分化，主要形成了三种走向：一是坚守原有的遗民立场，始终不能认同清廷的统治，修史明志；二是不改变遗民身份，但逐渐认同清廷统治，调整修史态度与立场；三是直接出仕，参与官方修史活动，最终与仕清史家群体合流。历史书写的主导权由遗民史家转移到清朝官方，这是遗民史家历史使命的终结；而对于清朝官方来说，不断掌控史学发展方向，发挥史学的政治文化功能，这也是国家的基本职能。二者的换位，其实就是将“无序”的文化秩序重新回归清朝官方控制下的“有序”之中。这是对常态的回归。

如果说遗民史家群体的归宿是回归常态，那么仕清史家群体的任务就是协助清廷重建常态。仕清史家群体在政治上选择了加入新兴的满族政权，但在文化立场上则坚守汉文化的优越地位。他们竭力推动满族汉化，是清初文化秩序建构中不可或缺的重要力量。

仕清史家通过交游、幕宾等形式将其他群体的史家纳入自己的关系网络，邀请他们参与修史，从思想、行为和实践等各个方面对他们施加影响，在一定程度上改变了他们对清廷的态度，促使他们调整自己的政治与文化立场，也在一定程度上影响到了他们的历史书写方式。从这个意义上说，仕清史家在推动史学主体向常态回归方面起到了一定作用。作为史家，他们对史学原则的坚持也是重建史学常态的一种努力。尽管仕清者因自身的政治身份，往往站在清廷一方，在一些原则问题上与明遗民展开斗

① 《大义觉迷录》附《归仁说》，第162页。

② 《大义觉迷录》附《归仁说》，第168页。

争，极力论证清统治的合法性和正统地位。但是，史家的责任感和主体意识又鞭策着他们去冲破政治立场的局限，敢于向朝廷提出异议，发表自己的见解，而不是一味附和官方论调。比如，仕清史家在官修《明史》的修纂过程中，坚持“信史”原则，从史料采择、史法体例、具体列传传目设置等问题上提出了自己的意见，在反复辩难中坚持了自己的原则。而清廷则予以很大程度的妥协与采纳，为修成一部高质量的《明史》奠定了坚实基础。这种对史学原则的尊重与坚持使修史之人感受到了对自我的尊重，有利于调融不同群体的史家，可以使他们在共同的史学原则基础上增强相互的认同感和信任感。

贰臣史家渴望回归常态，这意味着他们可以不用再受现实与道德的双重煎熬，可以回到他们所熟悉的文化环境，让自己的人生重新获得尊重与价值。因为贰臣身份使他们面临着道德与现实的双重困境，而悔过自责的人格心态又使这一群体总是带着一层悲剧色彩。与仕清史家相比，他们没有在清初政治上留下浓墨重彩的一笔，而是暗淡退场；与遗民史家相比，他们大节有亏，是被批判的对象，有口难言。贰臣史家的遭际、情绪、心态体现了清初士人对于明清易代的“不适应”与“适应”，以及在迷茫、徘徊中寻求自我解脱的过程。在清初贰臣史家寻求自我解脱的过程中，史学成为他们的精神乐园，修史成为他们入清之后生活的重心，使得贰臣史家群体无形之中参与了清初文化秩序重建的过程，成为重构文化秩序的众多主体之一。

在史家参与重建清初文化秩序的过程中，遗民史家群体因为赖以立身的政治秩序被清廷彻底破坏，而将斗争视角转向重建文化秩序主导权的争夺，自然成为清初私家修史的主体和代表，与清朝官方力图主导的文化秩序历经了斗争、融合的过程。仕清史家则由于对清政权的依附性，成为清廷支持下与遗民史家相抗衡的力量，又因为仕清史家本质上对汉文化的认同，使得他们成为清王朝与遗民史家相互妥协、融合过程中的“润滑剂”，在他们的影响与推动下，清廷逐渐与遗民史家走向妥协与调和。无论是和清廷相互抗争的遗民史家，还是支持清朝的仕清史家，都有着强烈的文化诉求和较为明确的目标，因此在文化秩序建构的过程中有着清晰的自身定位，历史书写原则明确。而贰臣史家由于自身的尴尬身份，缺乏既定的归属感，在文化秩序重建的过程中摇摆不定，其文化诉求也相对模糊与无力，在清初文化秩序重建的格局中处于较为边缘的地位。当他们想融入遗民所倡导的文化秩序之中时，却因与清王朝的合作而不为所容；当他们想在清王朝主导的文化秩序中寻求一席之地时，却又被自己的故国之思和强大的舆论压力所折磨。最终，仕清史家依托清王朝，掌握文化秩序的主导权；遗民史家随着时间推移和政治环境的变化，经过斗争后逐步融入新的文化秩序；贰臣史家则被边缘化，在清初史学格局中较早走向消亡。或许可以说，他们最终消融在了官方主导的文化秩序之下，回归历史的常态。而从史家和史学的存在形态上来说，易代之际的风云激荡渐趋平和，史家和史学关注的主题、书写的方式都由激烈转向平静，史学与政治的关系也渐趋稳定，史家与史学皆回到了自身在文化秩序中的惯常位置。当他们找到这个位置时，说明他们已经消解了明清易代所带给他们的冲击与焦虑，文化和史学上的易代终于完成了。

《四库全书总目》与官修儒林传关系考述

周庆许
（北京师范大学历史学院，北京　100875）

摘　要： 设馆修史、编书是清代统治者的重要文化政策，也是对儒家士人群体进行控制的重要手段。《明史·儒林传》一改《宋史》“道学”“儒林”之分，反对朱陆门户之争，“一切总归‘儒林’”。《四库全书总目》作为清代学术的国家标准，既反对朱陆之争，也强调汉宋兼顾，但已经表现出一定的汉学强势。阮元《儒林传稿》作为第一部官修清代儒林传，即以《总目》为最重要的标准，并成为《总目》影响《清史稿·儒林传》的中介。

关键词： 目录学　史馆修史　清史儒林　汉宋之争

《四库全书总目》作为一种官方主导的古典目录学集成之作，既是一次规模空前的学术总结，也成为清代学术的国家标准。诚如余嘉锡所论：“自《别录》以来，才有此书，非过论也。故衣被天下，沾溉靡穷，嘉、道以后，通儒辈出，莫不资其津逮，奉作指南，功既巨矣，用亦弘矣。”①这种对后世的规范与影响不仅体现在目录与学术等方面，还体现在官私修史，尤其官修儒林传上。

目前，四库学研究已经取得巨大成果，学界对《四库全书总目》的研究也已相当充分，但基本集中在编纂、目录与学术三个方面。《四库全书总目》对清代与民国的官私修史，特别是清代国史、方志之儒林传，以及

① 余嘉锡：《四库提要辨证·序录》，中华书局，1980，第49页。他还说：“乾、嘉诸儒于《四库总目》不敢置一词，间有不满，微文讥刺而已。道、咸以来，信之者奉为三尺法，毁之者又颇过当”（第48页）。

各种私修清儒传记的编纂，起到了规范作用，但相关研究却付诸阙如。本文拟明确《四库全书总目》与官修儒林传的关系，主要探讨前者如何规范官方清代儒林传的修纂，抛砖引玉。

一 《明史·儒林传》与《四库全书总目》

设馆修史、编书是清代统治者的重要文化政策，也是对儒家士人群体进行控制的重要手段。在设馆修史方面，明史馆与国史馆是重中之重，而明朝与“国朝”儒林传又是其重要组成部分。在书籍的汇编与刊刻方面，有康熙《古今图书集成》与乾隆《皇清文颖》等，这些也包含了对“国朝”“皇清”儒林人物及其著述的初步筛选与确定。

（一）《明史·儒林传》

清修明史，从顺治二年（1645）到乾隆四年（1739），旷日持久。其中在明代儒林传关于“道学”“儒林”之分的纂修问题上，争论激烈，影响深远。该争论起于总裁徐乾学、监修徐元文兄弟《修史条议》的“理学四款”，一度影响了明史的纂修进程，“此时以‘道学’一传龃龉未定，遂置诸传于不问”①。

徐氏兄弟秉承朝廷意志，突出程朱，淡化陆王，“宜如《宋史》例，以程朱一派另立‘理学传’”，“凡载‘理学传’中者，岂必皆胜‘儒林’。《宋史》程朱门人亦多有不如象山者，特学术源流宜归一是。学程朱者为切实平正，不至流弊耳”②。此议一出，就在史馆内外引发争论，并以反对者居多，不仅有宗主或者同情王学者，如黄宗羲、朱彝尊、毛奇龄、汤斌、尤侗等，也有宗主程朱者，如张烈、陆陇其、姜宸英等，此外还有顾炎武③。其中以黄宗羲的观点最为著名。

---

① （清）毛奇龄：《奉史馆总裁劄子》，《西河集》卷11，载景印文渊阁《四库全书》第1320册，台湾商务印书馆，1986，第82页。

② （清）徐乾学：《修史条议》，《憺园文集》卷14，《续修四库全书》第1412册，上海古籍出版社，2002，第491、492页。

③ 吴海兰：《试析清初〈明史·理学传〉的争论》，《南开学报》2011年第4期，第90~96页。另可参阅王记录《论钱大昕的宋学观》，《河南师范大学学报》2007年第1期；段润秀《〈明史·王守仁传〉编纂考论》，《史学集刊》2007年3期；雷平《朱陆之辨在清初的延续——由〈明史〉“道学传”引发的争议》，《湖北大学学报》2011年2期；罗炳良《传统史学理论的终结与嬗变：章学诚史学的理论价值》，泰山出版社，2005，第323页。

黄宗羲通过《移史馆论不宜立理学传书》，反对《明史》设立“道学传”，对徐氏《修史条议》的“理学四款”逐条批驳：第一，论述以程朱一派为划分标准的不当，反对将王守仁、刘宗周归入“名卿列传”；第二，辨析明儒源流门户与学术异同，捍卫浙东学派。最后着重于史法，“十七史以来，止有‘儒林’”，明确指出：“‘道学’一门所当去也，一切总归‘儒林’，则学术之异同皆可无论，以待后之学者择而取之。”①

从现存万斯同、王鸿绪、张廷玉三种版本《明史》看，确实“一切总归‘儒林’”，纠正门户之争，最终取消了“道学传”。乾隆四年（1739）钦定《明史》，“正史”也最终突破了单纯的史部目录范畴，而成为皇权控制修史的一种重要方式。“《四库全书总目》曰：‘正史之名……共为二十有四。……盖正史体尊，义与经配，非悬诸令典，莫敢私增。’这样便以钦定的形式对正史进行了认定，标志着钦定正史的最终确立。”②《四库全书总目》“正史体尊，义与经配”八字则为清儒考史提供了一项重大原则，《明史·儒林传》也就成了《四库全书总目》相关提要内容的重要价值参照和史料来源。

（二）《四库全书总目》

清代乾隆征集图书始于三十七年（1772），三十八年（1773）五月初一内阁奉上谕“特诏词臣，详为勘核，厘其应刊、应抄、应存者，系以提要，辑成总目，依经史子集部分类众，命为《四库全书》”③，而“国朝儒林撰述”④ 是其中重要组成部分。

本年八月十八日，内阁奉上谕：“见其考订分排，具有条理，而撰述提要，粲然可观，则成于纪昀、陆锡熊之手。”⑤ 陆锡熊早殁，纪昀后来说：“余于癸巳（乾隆三十八年）受诏校秘书，殚十年之力，始勒为《总目》二百卷，进呈乙览。以圣人之志，藉经以存，儒者之学，研经为本，故经部尤纤毫不敢苟。凡《易》之象数、义理，《书》之今文、古文，

① （清）黄宗羲：《移史馆论不宜立理学传书》，《黄宗羲全集》第19册，浙江古籍出版社，2012，第191~194页。

② 周勇军：《乾隆朝钦定正史述论》，《历史文献研究》第38辑，华东师范大学出版社，2017，第210页。

③ 翁连溪编《清内府刻书档案史料汇编》，广陵书社，2007，第167页。

④ （清）安徽巡抚裴宗锡征书奏折中之称谓，载《清内府刻书档案史料汇编》，第166、177页。

⑤ 翁连溪编《清内府刻书档案史料汇编》，第177页。

《春秋》之主传、废传，《礼》之王、郑异同，皆别白而定一尊，以诸杂说为之辅。”①

1.《四库全书总目·经部总叙》

《四库全书总目·经部总叙》的宗旨是：“消融门户之见，而各取所长，则私心祛而公理出，公理出而经义明矣。盖经者非他，即天下之公理而已。”② 第一，反对朱陆之争。如《四库全书总目·东莞学案》提要曰：“案明以来，朱、陆之徒互相诟厉，名则托于卫道，实则主于寻雠。建之书以善骂为长，既非儒者气象。鼎又从而报复之。盖门户之争，非一朝一夕之故矣。”③ 这与明史馆最终取消“道学”“儒林”之分，一脉相承。

第二，在经部分类上，《四库全书总目·经部总叙》强调“参稽众说，务取持平”。然而长期以来，学界多据该叙“要其归宿，则不过汉学、宋学两家，互为胜负。夫汉学具有根柢，讲学者以浅陋轻之，不足服汉儒也；宋学具有精微，读书者以空疏薄之，亦不足服宋儒也”④ 一语，论证四库馆扬汉抑宋的学术立场。

从《经部总叙》文本语境与语义上看，该叙在总结从汉代到清初“垂两千年”的儒家学术“六变”及其利弊，尤其出现汉宋门户纷争之后，以“要其归宿，则不过汉学、宋学两家，互为胜负”一语，对“六变”进行整体性概述，并非强调汉宋之争，而是基于官方和实学立场的汉宋兼顾与平衡。当然，四库馆臣的主体已经是宗汉学者，不可避免地会出现汉学强势，但这只是蓄势待发，尚未显化。

纪昀后来还在《诗序补义序》重申《四库全书总目·经部·诗类》小叙的主张。《四库全书总目·经部·诗类》小叙曰：“《诗》有四家，毛氏独传，唐以前无异论，宋以后则众说争矣。然攻汉学者意不尽在于经义，务胜汉儒而已。伸汉学者意亦不尽在于经义，愤宋儒之诋汉儒而已。各挟

① （清）纪昀：《诗序补义序》，《纪晓岚文集》第1册，河北教育出版社，1995，第156页。纪昀与《四库全书总目》的关系，可参阅司马朝军《纪昀与〈四库全书总目〉》（《图书馆杂志》2007年第2期），该文针对周积明视之为纪昀的私家著述观点，而从原始材料出发，提出了商榷意见，认为这是集体作品，并分析了纪昀在《四库全书总目》编纂中的六个方面作用。后来，周积明在《读〈四库提要叙讲疏〉劄记七则》（《书目季刊》第四十五卷第二期，2011年9月）中援引张舜徽的意见——将此与“司马光编述《资治通鉴》”类比，认为“此实通豁之说”（第94页）。

② 《钦定四库全书总目》，《四库全书》第1册，第54页。

③ 《钦定四库全书总目》，《四库全书》第3册，第147页。

④ 《钦定四库全书总目》，《四库全书》第1册，第53～54页。

一不相下之心，而又济以不平之气，激而过当，亦其势然欤！……今参稽众说，务协其平。苟不至程大昌之妄改旧文，王柏之横删圣籍者，论有可采，并录存之以消融数百年之门户。至于鸟兽草木之名，训诂声音之学，皆事须考证，非可空谈。今所采辑，则尊汉学者居多焉。”[①]

该小叙对宋儒“攻汉学者”和“宋以后”“伸汉学者”关于《诗》的门户之争，都进行了批评，认为“各挟一不相下之心，而又济以不平之气，激而过当，亦其势然欤!”这个“势”就是前述自汉代至清初学术“六变”的整体趋势。为此，“参稽众说，务协其平”，“消融数百年之门户”，这与《经部总叙》的主观宗旨一致。当然，不管是“攻”，还是“伸”，此处语法上又皆以“汉学”为宾语，并在《诗》之“鸟兽草木之名，训诂声音之学”上强调“事须考证”“尊汉学者居多”，从而客观上呈现出汉学的强势，这同样也是一种“其势然欤”。

在各处提要的具体表述上，亦复如此。例如《四库全书总目·周易口诀义》（唐·史徵撰，永乐大典本，六卷）提要云：“今阅年数百，旧籍佚亡，则遗文绪论，无一非吉光片羽矣。近时惠栋作《九经古义》，余萧客葺《古经解钩沈》，于唐以前诸儒旧说，单辞只义，搜采至详。而此书所载，均未之及，信为难得之秘本。”[②] 这种主观意图和客观趋势，需要加以区分，不可混为一谈。[③] 这种主观与客观的差异，也深刻地影响了此后官修儒林传的纂修。

2. 官修儒林传

《明史·儒林传》取消“道学”与“儒林”之分，力图消弭门户之争，这一指导思想此后得以延续。例如嵇璜、刘墉等乾隆三十二年

---

① 《钦定四库全书总目》，《四库全书》第1册，第320～321页。

② 《钦定四库全书总目》，《四库全书》第1册，第61页。

③ 例如，夏长朴《“〈书〉以道政事”》（《历史文献研究》第37辑，华东师范大学出版社，2016，第170页）认为“四库馆臣在《四库全书总目·经部总叙》中建构了汉学与宋学双峰对峙的观点，二者互争长短，成为汉代以下经学流变的主要核心……不仅影响有清一代，流风所及，民国以来的经学史著述，也莫不深受影响”。陈晓华《论四库馆内外与主流学风的立异》（《历史文献研究》第38辑，华东师范大学出版社，2017，第354页）则以《四库全书总目·经部·诗类》小叙之“今所采辑，则尊汉学者居多焉”一语，代指四库馆臣的编纂宗旨。可见，截至新近，主流研究成果对此之论述，尚未完全摆脱经由江藩式扩大化了的汉宋对立的清代学术史叙述格局。为此，可参阅周积明《〈四库全书总目〉与乾嘉时期汉宋兼采思潮》，台湾宜兰“第一届清史学术研讨会”会议论文，2003年10月；《乾嘉时期的汉宋之“不争”与“相争”：以〈四库全书总目〉为观察中心》，《清史研究》2004年第4期。

(1767) 奉敕始撰、纪昀等校订的《钦定续通志》就“参考异同，折衷沿革，定为二例。一曰异名者归一……如《元史·儒学传》析入‘儒林’‘文苑’，《宋史·道学传》并入‘儒林’”①。

《四库全书总目》对此也予以明确辨析。第一，针对朱陆之争，《四库全书总目·儒家类》小叙曰：“迨托克托等修《宋史》，以‘道学’‘儒林’分为两传。而当时所谓道学者，又自分二派，笔舌交攻。自时厥后，天下惟朱、陆是争，门户别而朋党起，恩雠报复，蔓延者垂数百年……圣门设教之意，其果若是乎？”② 第二，针对汉宋之分，《儒林宗派》提要曰：“自《伊洛渊源录》出，《宋史》遂以‘道学’‘儒林’分为二传。非惟文章之士，记诵之才，不得列之于儒。即自汉以来传先圣之遗经者，亦几几乎不得列于儒。讲学者递相标榜，务自尊大。明以来谈道统者，扬己凌人，互相排轧，卒酿门户之祸，流毒无穷。”③ 这与上述《四库全书总目·经部总叙》的主旨是一致的。

对于“国朝”儒林，在乾隆三十七年（1772）征收图书之初，乾隆帝便说：“又如历代名人，洎本朝士林宿望，向有诗文专集；及近时沉潜经史，原本风雅，如顾栋高、陈祖范、任启运、沈德潜辈，亦各著成编。”④ 清代国史馆儒林传纂修之倡，就出自四库编修的过程之中，乾隆三十九年（1774）九月十五日内阁奉上谕：“京堂科道中之或有封章建白，实裨国计民生者，转置而弗录，宁非阙典？且如儒林亦史传之所必及，果真经明学粹，虽韦布之士不遗。又岂可拘于品位，使如近日顾栋高辈，终于淹没无闻耶？”⑤ 顾栋高、陈祖范、任启运三人此后皆入官修儒林传。此外，乾隆帝还在五十二年（1787）丁未科殿试策问：“儒林、道学、文苑，纷歧具品，可类指欤？”⑥

综上，纪昀“殚十年之力”而成的《四库全书总目》共收有清1558位“著录”之人，以逝世于乾隆四十三年（1778）的宗汉学者余萧客为最晚，这可视为对明末清初以来，近150年的一次学术总结。它一方面继承了《明史·儒林传》消弭门户之争的指导思想，另一方面经过乾隆帝钦

① 《钦定四库全书总目》，《四库全书》第2册，第126页。

② 《钦定四库全书总目》，《四库全书》第3册，第2页。

③ 《钦定四库全书总目》，《四库全书》第2册，第299页。

④ 《清实录》（二〇），《高宗纯皇帝实录》（一二），中华书局，1986，第5页。

⑤ 翁连溪编《清内府刻书档案史料汇编》，第198页。

⑥ 《清实录》（二五），《高宗纯皇帝实录》（一七），第134页。

定，以及《皇朝通志·艺文略·经部》与《皇朝文献通考·经籍考》的沿袭，成为清代学术的国家标准，是阮元《儒林传稿》到《清史稿·儒林传》等官修儒林传最重要的规范与来源。

二 《四库全书总目》与《儒林传稿》

嘉庆五年（1800），“上复命补修列圣本纪，及天文、地理诸志乘，儒林、烈女等传附之……其续录者，以十年为则，陆续修之，以为万祀计也”①。阮元也已开始思考“国朝”儒林传纂修问题，例如针对《宋史》道学与儒林二分、《元史》儒学与文苑合传，他于嘉庆四年（1799）乙未会试策问曰：“儒林、文苑、道学应分应合欤？”② 此外，他在嘉庆七年（1802）著录《皇清碑版录》，未果；后又撰《四库未收书提要》，亦涉及部分清儒著述。

阮元主纂的《儒林传稿》成于嘉庆十七年（1812），是清代国史馆的第一部官修儒林传，《四库全书总目》对其起到的规范作用主要体现在序言、谱系、史源三个方面。此外，该书也有对《四库全书总目》错误的修正与沿袭。

（一）阮元《儒林传稿》序

阮元此序将西周至明代的儒家学术发展及儒林传纂修历程分为三个阶段。首先区分了“周公制礼”的“师”与“儒”，认为“师以德行教民，儒以六艺教民，分合异同，周初已然矣”。数百年后，鲁国孔子“兼备师、儒”，再经诸子及秦汉的流衍与分合，“司马、班、范皆以‘儒林’立传，叙述经师家法，授受秩然”。其次是魏晋至隋唐的学术流衍，但未述及相应的正史“儒林”，原因大概是此乃儒学衰落期——“魏晋儒风，盖已衰矣”，而且“儒者鲜以专家古学相授受焉”。复次是宋元明之学术，认为“《宋史》以‘道学’‘儒林’分为二传，不知此即《周礼》师、儒之异，后人创分而阎合周道也”。他对这一过程的结论是“两汉名教得儒经之功，

① （清）昭梿：《啸亭续录》卷1，载《近代中国史料丛刊》第63册，文海出版社，1967，第939页。

② （清）阮元：《揅经室集》，中华书局，2006，第575页。

宋明讲学得师道之益，皆于周孔之道得其分合，未可偏讥而互诮也”[①]。可见，阮元把“《宋史》以‘道学’‘儒林’分为二传”的做法视为“《周礼》师、儒之异”流衍的一种，并在随后的《凡例》中对此予以批评，赞成“国朝修《明史》，混而一之，总名‘儒林’”[②]。

阮元此序接着说，“我朝列圣道德纯备，包涵前古。崇宋学之性道，而以汉儒经义实之”，“我皇上继列圣而昌明之，可谓兼古昔所不能兼者矣”；“我朝诸儒好古敏求，各造其域，不立门户，不相党伐，束身践行，阇然自修”[③]，并分析了宋学与汉学的优劣。这呼应了上述“皆于周孔之道得其分和”，并与《四库全书总目·经部总叙》的宗旨，取得一致。为此，他“未敢区分门径，惟期记述学行”，“理学各家，与经学并重，一并同列”[④]。《儒林传稿》汉宋合传，但是汉学人物明显多于宋学人物，这与《四库全书总目》之主观意图和客观趋势，是一致的。

（二）谱系来源

《儒林传稿》共有主传44篇，从第36篇朱筠传到第43篇张惠言传为《四库全书》同时代的人物，第44篇为孔、颜后裔传，皆未入《四库全书总目》著述名录。从首篇顾栋高传到第35篇江永传，除严衍、臧琳、全祖望外，共有32人见于《四库全书总目》著述名录，占据主传的73%。需要指出的是，顾栋高为首传的主要原因即上述乾隆三十九年九月十五日上谕之“使近日如顾栋高辈，终于淹没无闻耶”。

在这前32位主传人物的相应附传中，分别有13人不见于、42人见于《四库全书总目》著述名录，即该书共有74人出自《四库全书总日》——详见下节。《儒林传稿》44篇传文总共包括110人，出自《四库全书总目》者则占此67%。所以，《四库全书总目》是《儒林传稿》最重要的价值标准和谱系来源。

（三）史料来源

清代国史“馆中修史，例必有据，‘儒林’无案据，故百余年来人不

① （清）阮元：《儒林传稿》，载《续修四库全书》第537册，上海古籍出版社，2002，第617页。

② （清）阮元：《儒林传稿》，第618页。

③ （清）阮元：《儒林传稿》，第617页。

④ （清）阮元：《儒林传稿》，第618页。

能措手，家大人谓‘群书即案据也’”[①]。此即阮元《儒林传稿·凡例》所云：“凡各儒传语，皆采之载籍，接续成文，双注各句之下，以记来历，不敢杜撰一字。”[②] 阮福称之为“裁缀集句之式”，今称双行夹注，或者史料来源。例如裁缀文献最丰富的阎若璩及附传，“双注各句”[③] 如下。

四库全书提要、杭世骏道古堂文集 已未词科录、钱大昕潜研堂文集、魏叔子集、已未词科录 魏叔子集 又刘松苓雪坡词话、道古堂文集、潜研堂集顾栋高万卷楼杂记、已未词科录、万卷楼杂记 潜研堂文集、**四库提要**、潜研堂集、**提要** 尚书正义下、道古堂文集、潜研堂文集、道古堂文集、潜研堂文集、阮葵生茶余客话、潜研堂文集、**提要、提要** 潜研堂文集、孔庙从祀未议、外纪 阮学浩奏折、吴玉搢山阳志遗、阮学浩奏折、**提要、提要**、山阳志遗、道古堂文集、赵执信所撰墓志铭、山阳志遗、茶余客话、王士正居易录、道古堂文集、李光地榕城全集、圣制诗文集 又道古堂文集 又潜研堂文集 山西通志、王士祯撰传 已未词科录、刘信嘉周龙官状传、**四库提要**。

上述《儒林传稿》前32位主传及相应附传，皆依此“集句之式”，共使用160种文献。再以上述阎若璩及附传的38“句”为例，有的一“句”出自多种文献，例如第五句有《已未词科录》《魏叔子集》《雪坡词话》。每种文献出现一次，即为一次引用，例如《四库全书总目》[④] 为8次。如此统计，《儒林传稿》前32位主传及相应附传总共引用642次，而仅《四库全书总目》就有176次，约占27.4%。《儒林传稿》正文各传约有35700字，出于《四库全书总目》的传文约有8988字，占25.1%，与文献引用频率基本吻合。所以，《四库全书总目》是《儒林传稿》最重要的史料来源。相应传记的《四库全书总目》引文，数量不一，且主要集中在以下三个方面。

第一，叙述事迹。例如籍贯与科举，陈祖范《四库全书总目·经咫》提要曰：“字亦韩，亦字见复，常熟人，雍正癸卯会试中式举人。”[⑤]《儒林传稿》改曰：“常熟人，字亦韩，雍正元年举人”[⑥]，以合史笔。再如纪事，

---

① （清）阮福按语，载（清）阮元《揅经室集》，第38页。

② （清）阮元：《儒林传稿》，第618页。

③ （清）阮元：《儒林传稿》，第637~640页。

④ 当然，阮元所谓“四库全书提要”“四库提要”“提要”与“四库＊＊提要”“＊＊提要”，是据何种《四库全书总目》，当为浙江本。本文依据的是文渊阁所藏武英殿刻本《钦定四库全书总目》，这也是最早的刻本。此后，又有浙江本，以及据此刊刻的扬州小字本、湖州沈氏刊本、同治七年广东本等。

⑤ 《钦定四库全书总目》，《四库全书》第1册，第683页。

⑥ （清）阮元：《儒林传稿》，第622页。

李颙传中的康熙西巡接见、并“赐书‘操志高洁’”之事，即出自《四库全书总目·四书反身录》提要。

第二，胪列著述，评述学术，此类比重最大，且占绝对多数。《四库全书总目·尚书质疑》提要曰：“所著《春秋大事表》，最为精密。其注《诗》，亦有可观。惟此一编，较他书为次乘……大抵多据理臆断，不甚考证本末……大抵栋高穷经之功，《春秋》为最，而《书》则用力差少。”①《儒林传稿》顾栋高传的相应评述即源于此处。此外，还有一传某处全文摘录《总目》的提要内容，如胡渭传对《易图明辨》的叙述，就全文摘录《四库全书总目·易图明辨》的相应内容，近八百字。

第三，全传取用。《儒林传稿》吴鼎、黄宗炎、王夫之、陈大章、刘梦鹏、彭任、胡彦昇、余萧客、吴玉搢、陆邦烈、桑调元、潘天成、颜元、李塨、钱澄之、方中通、盛世佐、朱鹤龄、陈启源、任启运、李光坡、李锺伦诸传，几乎全部取自《四库全书总目》。例如吴鼎传，“金匮人，字尊彝。乾隆九年举人，以荐举经学，补授司业。擢翰林院侍讲学士，降补侍讲。所撰有《易例举要》二卷，《十家易象集说》九十卷。裒宋俞琰、元龙仁夫、明来知德等十家易说，以继李鼎祚、董楷之后。其《东莞学案》，则专攻陈建《学蔀通辨》作也。”② 该传主要取自《四库全书总目》中《易例举要》《十家易象集说》《东莞学案》提要的相关内容。

《四库全书总目·易例举要》提要曰：“鼎字尊彝，号易堂，金匮人。乾隆辛未荐举经学，授国子监司业，官至翰林院侍讲学士，后降补侍讲。”③《四库全书总目·十家易象集说》提要曰：“是编采宋俞琰、元龙仁夫、吴澄、胡一桂、明来知德、钱一本、唐鹤徵、高攀龙、郝敬、何楷十家之说。其论辨去取，别为《附录》十卷。盖以汉唐旧说略备于李鼎祚《周易集解》，宋儒新义略备于董楷《周易会通》，惟元明诸解则未有专汇一书者，因裒此十家以继二书之后。”④《四库全书总目·东莞学案》提要曰：“是书大旨以陈建《学蔀通辨》全为阿附阁臣，排陆以陷王，甚至取象山语录，割裂凑合而诬之以禅。因条列其说，一一诘难。”⑤ 本文限于篇幅，其他各传，不再罗列。

① 《钦定四库全书总目》，《四库全书》第1册，第316～317页。
② （清）阮元：《儒林传稿》，第622页。
③ 《钦定四库全书总目》，《四库全书》第1册，第245页。
④ 《钦定四库全书总目》，《四库全书》第1册，第245页。
⑤ 《钦定四库全书总目》，《四库全书》第3册，第146页。

（四）错误的修正与沿袭

《儒林传稿》既对《四库全书总目》相关引文的错误进行了修正，也有对相应错误的沿袭。第一，修正错误。例如，《儒林传稿》李颙传曰："四十二年，圣祖仁皇帝西巡"，该处双行夹注曰："按是年癸未，《四库提要》作'四十三年'，误。"[①]《儒林传稿》王夫之传为"衡阳人"，该处双行夹注曰："《四库提要》误刊以为'汉阳人'，今改正。"[②]

第二，沿袭错误，试举三例。

（1）浙江本《四库全书总目·大儒粹语》提要曰："国朝顾栋高撰。栋高字季任，又字未馀，吴江人。是书摘录周子、二程子等二十七家讲学之语，汇为一编。诸儒门径各殊，栋高合而一之。大旨援新安以合金溪，为调停之说者也。"[③]《儒林传稿》改曰："所学合宋元明诸儒门径而一之，援新安以合金溪，为调停之说，著《大儒粹语》。"[④]《大儒粹语》著者当为顾栋南，而非顾栋高。[⑤]

但是，武英殿本《钦定四库全书总目》已曰"顾栋南""栋南""摘录周子、二程子等二十八家"[⑥]，此乃浙本校正殿本而致误者：阮元在乾隆六十年（1795）调任浙江学政，而这一年恰值武英殿本《钦定四库全书总目》，刻成颁发。由浙江地方政府主持、据文澜阁所藏武英殿刻本《钦定四库全书总目》而成的浙江本《四库全书总目》，又恰是最早的地方刻本，广为流传。嘉庆四年到十四年（1799～1809），他任职浙江巡抚期间以征集的四库未收书170多种进呈，并仿《四库全书总目》体例，撰成《四库未收书提要》，这也可以视为对《四库全书》第一次续补。嘉庆十六年（1811），他补授内阁学士兼礼部侍郎，后主纂"百余年来人不能措手"的国史儒林传。所以，身为浙江学政与巡抚的阮元与浙江本关系密切，《儒

① （清）阮元：《儒林传稿》，第624页。
② （清）阮元：《儒林传稿》，第627页。
③ （清）永瑢等：《四库全书总目》上册，中华书局，1981，第825页。此乃影印浙江本《四库全书总目》。司马朝军《〈四库全书总目〉殿本与浙本之比较》（《四川图书馆学报》，2002年第6期）从三个方面考察了《总目》殿本与浙本之间的总体差异，并用完全归纳法证明：殿本优于浙本。
④ （清）阮元：《儒林传稿》，第622页。
⑤ 冯方：《〈大儒粹语〉作者顾栋南非顾栋高考》，《古籍整理研究学刊》2014年3期，第79～80页。
⑥ 《钦定四库全书总目》，《四库全书》第3册，第130页。

林传稿》所据《四库全书总目》当是浙江本。

(2)《儒林传稿》孙奇逢附传耿介曰："所著有《中州道学编》《性理要旨》《孝经易知》《理学正宗》，大旨以朱子为宗。"[①] 此处除"《孝经易知》"外，皆出自《四库全书总目》。

其中的"《性理要旨》"，《四库全书总目》则作"《理学要旨》"；"《理学正宗》，大旨以朱子为宗"则出自《四库全书总目·理学正宗》提要，但乃"国朝窦克勤编"[②]，而非耿介。

(3)《儒林传稿》李颙传之"康熙十八年，荐举博学鸿词"[③]，来自《四库全书总目·四书反身录》之"康熙己未荐举博学鸿词"[④]，皆误，当为"戊午"，即康熙十七年（1678）。

三 《四库全书总目》与《清史稿·儒林传》

《儒林传稿》修成后，阮元即任漕运总督。后来，清代国史馆删去阮序，汉宋分立，将传文略加调整与增删，纂成二卷定本《国史儒林传》，并成为光绪一次、二次续修的基础。

1914年，民国北京政府纂修清史，儒林传的初次纂修者是缪荃孙。他曾是清代国史馆光绪一次续修最重要的覆辑者，而此次纂修最主要的依据即历次清代国史馆儒林传。缪荃孙的初纂稿经柯劭忞稍加增删，予以纂定后，即为《清史稿·儒林传》，是最为完整的官修清代儒林传。[⑤] 所以，《四库全书总目》通过《儒林传稿》对《清史稿·儒林传》产生了影响，而且也体现在宗旨、谱系、史源三个方面。需要指出的是，《清史稿·儒林传》"儒林一"是宋学人物，"儒林二、三"是汉学人物传，"儒林四"为衍圣公传。

(一)《清史稿·儒林传》序

此序并非缪荃孙初纂稿原序，而是柯劭忞在1927年纂定时所加。第

① （清）阮元：《儒林传稿》，第624页。
② 《钦定四库全书总目》，《四库全书》第3册，第136～137页。
③ （清）阮元：《儒林传稿》，第624页。
④ 《钦定四库全书总目》，《四库全书》第1册，第766页。
⑤ 以上百余年的纂修过程，可参阅戚学民《阮元〈儒林传稿〉研究》，生活·读书·新知三联书店，2011；马延祎《〈清国史·儒林传〉与清代学术史的构建》，湖南人民出版社，2016。

一，照搬阮序从西周至明代的儒家学术发展及儒林传纂修历程的三个阶段；第二，删除“国朝”“我朝”“我皇上”“近时”“自顺治至嘉庆之初”“孔氏传”“大臣传”等语，改为“清兴”“御纂诸经，兼收历代之说”“诸儒”“今为”等；第三，增加“凌廷堪、胡培翚之于《仪礼》，孙诒让之于《周礼》，陈奂之于《毛诗》”[①]。

阮元《儒林传稿》与此后各种官修儒林传的最大不同就是，《儒林传稿》延续《四库全书总目》的宗旨，汉宋合传，而其后各种官修儒林传则汉宋分传。柯劭忞则未加鉴别，依旧照搬阮元“未敢区分门径，惟期记述学行”，造成《清史稿·儒林传》序义与传文不合。

（二）谱系来源

《儒林传稿》出于《四库全书总目》的74人中，陈大章、刘梦鹏、彭任、张沼、吴任臣、万斯同、潘天成、梅文鼎、梅文鼐、王锡阐、薛凤祚、钱澄之、方中通、徐文靖14人不见于《清史稿·儒林传》，而后者又增加11人，即《清史稿·儒林传》出于《四库全书总目》共有71人：

孙奇逢、王夫之、刁包、黄宗羲、黄宗炎、毛奇龄、胡渭、李塨、惠士奇、任启运、王心敬、惠栋、程廷祚、张尔岐、应抝谦、冉觐祖、童能灵、吴鼎、阎若璩、朱鹤龄、顾栋高、沈彤、阎循观、陈启源、惠周惕、李光坡、李锺伦、江永、高愈、万斯大、蔡德晋、盛世佐、汪绂、顾炎武、马骕、陈厚耀、王源、陈祖范、余萧客、陆邦烈、李容、桑调元、胡彦昇、吴玉搢、曹本荣、王懋竑、张夏、彭定求、耿介、范镐鼎、张贞生、李来章、万经、张鹏翼、陆世仪、陈瑚、颜元、朱泽沄、黄百家、窦克勤、刘源渌、劳史、祝洤、庄亨阳、王馀佑、汤之锜、李因笃、邵廷采、刘以贵、谢文洊、张履祥。

《清史稿·儒林传》儒林一、二、三共有284人，出于《四库全书总目》者占25%。可见，《四库全书总目》对《清史稿·儒林传》的影响，依然重大。

《四库全书总目》的清儒著述集中在清初到乾隆中期，此时宋学由盛转衰、汉学渐趋强盛。《四库全书总目》上述71人中，50人入《清史稿·儒林一》宋学人物传，21人进入《清史稿·儒林二、三》汉学人物传，仅占30%。但是，从作为儒家著述主体的《四库全书总目·经部》看，上述71

① 柯劭忞：《清史稿·儒林传》，中华书局，1977，第13098～13100页。

人共有44人入《清史稿·儒林传》，汉学人物则有19位，占43%，而且在不少著述门类内部彼此势均，汉学人物甚至超过理学人物。其中小学类作为汉学的根基，除“小学类字书”尚无清儒外，则全部是汉学人物。这与《四库全书总目·经部·诗类》小叙之“鸟兽草木之名，训诂声音之学”强调“事须考证”“尊汉学者居多”一致，反映出理学与汉学此衰彼盛之势。

（三）史料来源

前述《儒林传稿》出于《四库全书总目》的8988字，约有2817字不见于《清史稿·儒林传》。这2817字包括《儒林传稿》“陈大章、刘梦鹏等14人”传文的相应1496字，以及在《清史稿·儒林传》中几乎被全部删去了的王夫之、颜元、曹本荣、朱鹤龄、刘源渌五传的相应512字。也就说，《清史稿·儒林传》除王夫之等五传外，沿袭了前述《儒林传稿》出于《四库全书总目》的5659字。

这些传文发生了以下三种变化，第一，为语序的调整，例如刁包传将学术与纪事区分开来，从而更加清晰。第二，为文辞的转换，例如“前明万历后”改为“明季”、“国朝”改为“清初”，李光坡传的“不及汉学之博奥，亦不如宋学之支蔓”[①]改为“不蹈支离，亦不侈奥博”[②]。第三，进一步修正错误。

（四）错误的沿袭与修正

第一，沿袭《儒林传稿》相应错误。如顾栋高传之“《大儒粹语》”、孙奇逢附传耿介之“《理学正宗》”、李颙传之“康熙十八年，荐举博学鸿词”。

第二，进一步修正《儒林传稿》相应错误。如耿介为“顺治九年”[③]进士，而非“顺治八年”[④]；惠士奇“引诸子百家之文”[⑤]，而非“引诸史

① （清）阮元：《儒林传稿》，第662页。

② 柯劭忞：《清史稿·儒林传》，第13138页。

③ 柯劭忞：《清史稿·儒林传》，第13102页。可参朱保炯、谢沛霖《明清进士题名碑录索引》，上海古籍出版社，1980，第2636页。

④ （清）阮元：《儒林传稿》，第624页。此亦当属浙本《四库全书总目》校正殿本而致误之处，可参《钦定四库全书总目》，《四库全书》第2册，第387页。

⑤ 柯劭忞：《清史稿·儒林传》，第13180页。

百家之文"[1]；毛奇龄著有"《春秋毛氏传》"[2]，而非"《春秋左氏传》"[3]。

第三，修正《儒林传稿》相应引文，反而致误。如在李颙附传王心敬，《清史稿·儒林传》删减了《儒林传稿》"自壬戌即传容学"[4]，从而使下文"谨严不逮其师"[5]指代失确；黄宗羲附传黄宗炎之"至为道家藏匿二千年始出"[6]，语义不通，而《儒林传稿》原为"转为道家藏匿二千年，至抟始出"[7]，"抟"即陈抟；毛奇龄"援据古今"[8]，《儒林传稿》原为"援据古本"[9]；李塨"多与宋儒不合"[10]，而《儒林传稿》原为"多与宋儒相反，负气求胜，辞气不和"[11]，删减失当。

结　论

《四库全书总目》作为清代学术的国家标准，对官修清代儒林传的纂修产生了深远影响。首先，阮元在担任浙江学政与巡抚期间，第一次续补了《四库全书》，并与浙江本《四库全书总目》关系密切。他主纂的《儒林传稿》便以《四库全书总目》为最重要标准，汉宋合传，构成了此后官修清代儒林传的基础。

其次，经过定本《国史儒林传》、光绪一次、二次续修后，官修清代儒林传则确立了汉宋分传的格局，《清史稿·儒林传》予以延续。《四库全书总目》对《清史稿·儒林传》的影响，实际上即以《儒林传稿》为中介。在上述过程中，从清代的纪昀、阮元、缪荃孙、陈伯陶[12]，到民国缪荃孙的再次初纂、柯劭忞的纂定，宗汉学者主导了官方清代儒林传的纂修。

① （清）阮元：《儒林传稿》，第 636 页。

② 柯劭忞：《清史稿·儒林传》，第 13175 页。

③ （清）阮元：《儒林传稿》，第 640 页。

④ （清）阮元：《儒林传稿》，第 625 页。

⑤ 柯劭忞：《清史稿·儒林传》，第 13110 页。

⑥ 柯劭忞：《清史稿·儒林传》，第 13106 页。

⑦ （清）阮元：《儒林传稿》，第 627 页。

⑧ 柯劭忞：《清史稿·儒林传》，第 13175 页。

⑨ （清）阮元：《儒林传稿》，第 641 页。

⑩ 柯劭忞：《清史稿·儒林传》，第 13134 页。

⑪ （清）阮元：《儒林传稿》，第 648 页。

⑫ （清）陈伯陶为清代国史馆光绪二次续修儒林传的主纂，此次续修的直接文本即（清）缪荃孙在光绪一次续修的覆辑本。

中国近现代史学研究

章太炎《尚书》研究旨趣探析*

余　康

（信阳师范学院旅游学院，信阳　464000）

摘　要： 章太炎把《尚书》当作残缺史料看待，在《尚书》研究上做出巨大的贡献。针对《尚书》里疑难字、词，他做出数百条训诂，并疏通其文义；从语言、体例、文章结构等方面，他对《尚书》诸篇的大义，做出详细、深刻的阐释；在解说《尚书》各篇史事时，他主张用后世的历史事件来对其做具体的论述，并探寻它们之间的内在关联。其疏通与考订《尚书》记录史料，深入阐述其所蕴含的史义，找出史事显现出的规律。这种《尚书》研究旨趣不仅推动了对《尚书》的进一步校订与考释，而且加深了经史关系的认识，对中国史学的现代转型具有重要意义。

关键词： 章太炎　《尚书》　训诂　史义　史事

《尚书》是最早的儒家经典文献之一，经学家不断为其作传、故、注、疏、训、说等，并留有一系列治《尚书》的著述。章太炎作为杰出的经学家，提出《尚书》"不过片段之史料"①，扫除前人附加给《尚书》的种种神秘光环，把它当残缺史料来看待，在《尚书》研究上开辟了新的路径。

学界已有学人评述章太炎《尚书》研究的成就。诸祖耿说："太炎先生耽玩《尚书》，老而弥笃。自言已通百之八九十，胜于清儒。"② 刘起釪

---

* 信阳师范学院高层次人才科研启动基金项目。

① 章太炎：《尚书略说》，载章念驰编订《章太炎演讲集》，上海人民出版社，2011，第448页。

② 章太炎：前言，载诸祖耿编《太炎先生尚书说》，中华书局，2013，第1页。

指出章氏“发挥其文字训诂之所长，与甲骨文、金文诸家有异曲同工之胜，比起旧注疏家于文字之浅尝辄止者，远为精到”[①]。杨任之说：“(章太炎）著有《古文尚书拾遗定本》，其所尊者，为马融、郑玄古文各篇，从《尧典》到《立政》各篇中提出问题，运用训诂之长，有的地方所见深刻。”[②] 汤炳正提出章氏晚年“讲授《尚书》时，没有教学笔记，展卷发挥，新义迭出，零金碎玉，俯拾而是”[③]。张昭军认为章氏治《尚书》“发挥文字训诂之所长，加上注意参照新发现的石经，不乏新的学术创获”[④]。姜义华说：“章炳麟对《古文尚书》文字校勘、经义考释，在许多方面都超出了清代学者，订正了他们不少错误，推动了学术界对于今古文《尚书》的研究。”[⑤] 以往学界多集中于肯定章氏《尚书》研究的训诂成绩，但这不过是他治《尚书》旨趣的一个方面。有鉴于此，笔者在爬梳前人成果基础上，尝试全面地探析章氏研治《尚书》之旨趣，以就正于方家。

一　“通训诂”

章太炎早年治经，继承了乾嘉朴学[⑥]的传统，重视文字的考释和字、词的训诂。他早年拜俞樾为师，学习治经。汤志钧说：“俞樾是从顾炎武、戴震、王念孙、王引之等一脉相承下来的著名朴学家。”[⑦] 他跟从俞樾从事朴学研究，并在当时留有大量治经、史、子等的读书札记，后人将其整理成书，主要有《膏兰室札记》《诂经札记》等。沈延国说：“《（膏兰室）札记》卷一，有二百三十一条；卷二，有一百五十五条；卷三，有八十八条，都四百七十四条，皆考释驳论之作。”[⑧] 沈先生通过整理章氏《膏兰室札记》，提出其主要是考释先秦典籍的字、词、句等。汤志钧点校章氏在

① 刘起釪：《尚书学史》，中华书局，1989，第447页。
② 杨任之：《尚书今译今注》序，中国广播电视出版社，1993，第22页。
③ 汤炳正：《忆太炎先生》，载陈平原、杜玲玲编《追忆章太炎》，中国广播电视出版社，2000，第464页。
④ 张昭军：《儒学近代之境——章太炎儒学思想研究》，社会科学文献出版社，2002，第149页。
⑤ 姜义华：《章炳麟评传》，南京大学出版社，2002，第598~599页。
⑥ 朴学也可称为考据学、汉学等。
⑦ 汤志钧：《读经札记校点后记》，载《章太炎全集》（一），上海人民出版社，1982，第355页。
⑧ 沈延国：《膏兰室札记校点后记》，载《章太炎全集》（一），第303~304页。

诂经精舍写的《诂经札记》后，指出章氏《诂经札记》“是对《易》《书》《诗》《礼》《春秋》《论语》《孟子》《尔雅》诸书文字经义的诠释，他宗汉学”①。章氏自言：“余始治经，独求通训故、知典礼而已，及从俞先生游，转益精审。”② 他自己说治经追求“通训诂”和“知典礼”，其《尚书》研究亦是如此。

章太炎治《尚书》的首要目标就是能够知训诂。他说：“训诂之道，虽有今古之异，然造语行文，无甚差违，古人决不至故作不可解之语，故今日治《书》，当先求通文理。”③ 他指出治《尚书》要先“通文理”，此处所说“通文理”就是能够知训诂的意思。

1932 年，章太炎写成《古文尚书拾遗》两卷。他说：“以己意比考，通其故言，以旧书雅记征其事状，复成《古文尚书拾遗》两卷。”④ 他与黄侃的书信里也说：“治《尚书》颇有所得，述太史旧义及自所发明者，略得六十余事。”⑤ 该书主要是对《尚书》里六十多处字、词作出训诂。

在 1935 年的一次演讲中，章太炎说：“昔讲《尚书》，向无善本，注疏亦未当，宋人说解更谬，清江氏王氏孙氏亦未尽善，训诂不明，更何能究其大义乎？王氏《述闻》百条，孙氏《骈枝》七十条，余《拾遗》百条，三家合，《尚书》勉强文义可通。”⑥ 他称赞清代经师王引之及孙诒让解《尚书》的成就，但认为要读懂《尚书》，需要增加他治《尚书》的一百多条。且他还说：“《康诰》《酒诰》，可通者十之七八，犹有二三不能通。”⑦《康诰》和《酒诰》仍有一小部分难以解释。

在 1936 年给吴承仕的书信里，章太炎说：“仆近复理董《尚书》，一岁以来，所得又百余条。故《古文尚书拾遗》两卷，将来或再扩张成四五卷。”⑧ 但他在此年去世，没有亲眼见到扩充的《古文尚书拾遗定本》出版。他的弟子和再传弟子们根据其遗愿在《制言》第 25 期刊出《古文尚书拾遗定本》。

---

① 汤志钧：《读经札记校点后记》，载《章太炎全集》（一），第 356 页。

② 章太炎：《太炎先生自订年谱》，载陈祖武主编《晚清名儒年谱》第十七册，北京图书馆出版社，2006，第 594 ~ 595 页。

③ 章太炎：《国学十讲》，载章念驰编订《章太炎演讲集》，第 269 页。

④ 章太炎：《古文尚书拾遗》，载《章氏丛书》下，世界书局，1982，第 1014 页。

⑤ 章太炎：《与黄侃》，载马勇编《章太炎书信集》，河北人民出版社，2003，第 213 页。

⑥ 章太炎：《尚书略说》，载章念驰编订《章太炎演讲集》，第 456 页。

⑦ 章太炎讲《酒诰》，载诸祖耿整理《太炎先生尚书说》，第 137 页。

⑧ 章太炎：《与吴承仕》，载马勇编《章太炎书信集》，第 375 页。

在《古文尚书拾遗定本》中，他通过广征博引和对比分析，对《尚书》的《尧典》《舜典》《皋陶谟》《益稷》《禹贡》《甘誓》《汤誓》《盘庚》《高宗肜日》《西伯戡黎》《微子》《牧誓》《洪范》《金縢》《大诰》《康诰》《酒诰》《梓材》《洛诰》《多士》《无逸》《君奭》《多方》《立政》《顾命》《康王之诰》《吕刑》《文侯之命》《费誓》《秦誓》等篇的疑难字、词，做出了数百条训诂。

《尧典》云："帝曰：吁，嚚，讼可乎。"① 章太炎说："太史公作'尧曰吁顽凶不用'，今本作'帝曰吁讼可乎'，马本讼作庸。以《三体石经》字例推之，古文庸作䧹，马所据者，孔安国以今文字读之者也。史公言顽凶者，段氏谓'《尔雅》《说文》皆曰：讻，讼也，疑本作讻，误作凶'。案史公时尚无作讼之本，讻非可取以训䧹者，段说未谛。疑孔氏本以嚚断句，释为顽凶，以'庸可乎'断句，犹言用之可乎，故史公作不用。后师读䧹为讼，义自胜前，顾不可并为一谈也。"② 他根据司马迁《史记》及马融本《尚书》对此的记载，再用新出《三体石经》的字例来佐证，提出"讼"作"庸"，即古"䧹"字，修正了段玉裁主张该字为"凶"的观点。

章太炎通过传世文献和新出土史料来考订《尚书》疑难字、词，并做出新的解释，类似这样的例子，在其《古文尚书拾遗定本》里还有不少。故他在解《尚书》时，提出首先要疏通《尚书》里的疑难字、词，朱希祖指出章氏"治史以搜集材料、考订事实为基础"③。

人们主要利用前人留下的史料来认识历史，而史料在流传的过程中往往会有衍文、脱文、讹文和倒文等。但史料是史家研究历史的基本依据，因此对史料的考订是史家利用史料的前提。白寿彝说："'五四'以后，在史料考订上的成绩，继承了乾嘉考据学的传统，而又大大发展了这个传统，是远非乾嘉考据学所能比的。"④ 章太炎的《尚书》训诂辨析就超出了乾嘉考据学的范围。

---

① 《尧典》，载郑玄等注《十三经古注》一，中华书局，2014，第 82 页。

② 章太炎讲《尧典》，载诸祖耿整理《太炎先生尚书说》，第 56 页。

③ 朱希祖：《章太炎先生之史学》，载周文玖编《朱希祖文存》，上海古籍出版社，2006，第 347～348 页。

④ 白寿彝：《谈谈近代中国的史学》，《史学史研究》1983 年第 3 期。

二 “言大义”

章太炎既主张明晰《尚书》的训诂，也积极阐述其大义。他说：“文理不通，而欲高谈微言大义，去之益远。”[①] 他认为在疏通《尚书》训诂之后，要探讨其蕴含的大义。王小红认为：“章太炎在其《尚书》研究论著中，不但对《尚书》的文字加以详细考证，还运用诸经互证、经史互证、经子互证的方法，阐述了《尚书》的微言大义。”[②] 章念驰说章氏“论述《尚书》的有《太史公古文尚书说》《古文尚书拾遗》《古文尚书大义》《古文尚书讲》等”[③]。笔者没有搜集到章氏的《古文尚书大义》，然诸祖耿整理的《太炎先生尚书说》中保存有章氏讲《尚书》部分篇章的大义。笔者就以此作为文献主体，来探讨章氏论述《尚书》的大义。

《尧典》亦称《帝典》。章太炎说：“夫三科五家，文质各异。然商、周誓诰，语多磔格；《帝典》荡荡，乃反易知。繇彼直录其语，而此乃裁成有韵之史者也。盖古者文字未兴，口耳之传，渐则忘失，缀以韵文，斯便唫咏，而易记忆。意者苍、沮以前，亦直有史诗而已。下及勋、华，简篇已具，故《帝典》虽言多有韵，而文句参差，恣其修短，与诗殊流矣。其体废于史官，其业存于蒙瞽。”[④]《尚书》主要有典、谟、誓、诰、命、训等体例，其诸体例用语也不同，《尧典》属于典体。章氏认为《尧典》的文句长短变化没有一定规律，提出其为带韵的史诗，并指出该体例为后世史家废弃。他是从史文和史体的角度来论述《尧典》的。

今本《皋陶谟》是合《孔传古文尚书》的《皋陶谟》和《益稷》而成。章太炎说：“《皋陶谟》一篇，论政治之原理，颇是。先知人，后用人，然后乃得无为而治也。”[⑤] 他认为《皋陶谟》主要是探讨治国的原理，提出其蕴含的核心政治思想为统治者要做到知人、用人。

章太炎指出《盘庚上》“通篇辞气激昂，皆对黎庶詈，在位者之言”[⑥]。他认为《盘庚上》的“辞气激昂”，提出其多是执政者责备人民的

① 章太炎：《尚书略说》，载章念驰编订《章太炎演讲集》，第456页。

② 王小红：《论章太炎的〈尚书〉研究》，《儒藏论坛》2014年第10辑。

③ 章念驰：《论章太炎先生的学术成就》，《史林》1990年第1期。

④ 章太炎：《正名杂义》，载《章太炎全集》（三），上海人民出版社，1984，第507页。

⑤ 章太炎讲《皋陶谟》，载诸祖耿整理《太炎先生尚书说》，第77页。

⑥ 章太炎讲《盘庚上》，载诸祖耿整理《太炎先生尚书说》，第90页。

话。他评论《盘庚中》，说："时船只已备，临当开发，故为是言。"[①] 他以为《盘庚中》是盘庚在迁都的工作已经准备好后，鼓动众人跟随他一起出发时所做的演讲。

《高宗肜日》记载商王在祭祀先祖时，有一只野鸡飞到鼎耳上。后代经师对此有不同的认识。章太炎说："此篇意劝修德，无以灾异为意也。"[②] 他认为《高宗肜日》的主旨不是讲灾异，而是劝说商王勤修政德。

对于《洪范》的作意，章太炎说："箕子说此一篇，既无归宿，又无断语。《史记》云：'武王问箕子商之所以亡，箕子不忍，故问以天道。'知为寻常闲话，故无结语矣。"[③] 他根据司马迁《史记》的记载，主张《洪范》一篇主要记载武王和箕子闲聊的内容。

不少经学家根据《金縢》记载，认为周公没有摄政。但章太炎说："君没，百官总已以听冢宰，古之常道，周公行之，管蔡不能间，成王亦不遽疑也。"[④] 他主张周公摄政的观点。当时学人简朝亮在《尚书集注述疏》里主张周公没有摄政[⑤]。章氏说："论周公摄政之事，云摄政非摄位。此为以时制隐度先民，乃与古、今文一切乖异，窃以为未可也。"[⑥] 他不赞同简氏主张周公没有摄政的观点。

《论衡·感类篇》曰："《金縢》曰：'秋大熟，未获，天大雷雨以风，禾尽偃，大木斯拔，邦人大恐。'当此之时，周公死。儒者说之，以为成王狐疑于周公。欲以天子礼葬公，公，人臣也；欲以人臣礼葬公，公有王功。狐疑于葬周公之间，天大雷雨，动怒亦变，以彰圣功。古文家以武王崩，周公居摄，管、蔡流言，王意狐疑周公，周公奔楚，故天雷雨以悟成王。夫一雷一雨之变，或以为葬疑，或以为信谗，二家未可审。且订葬疑之说。"[⑦] 章太炎提出《金縢》篇"前记周公请代，后记释疑，首尾相应，故谓秋大熟为周公殁后事"[⑧]。他赞同经古文学家和王充等主张《金縢》篇记载"秋大熟"为周公死后的事。

---

① 章太炎讲《盘庚中》，载诸祖耿整理《太炎先生尚书说》，第 93 页。

② 章太炎讲《高宗肜日》，载诸祖耿整理《太炎先生尚书说》，第 97 页。

③ 章太炎讲《洪范》，载诸祖耿整理《太炎先生尚书说》，第 112 页。

④ 章太炎讲《金縢》，载诸祖耿整理《太炎先生尚书说》，第 112 页。

⑤ 参见简朝亮《尚书集注述疏》卷 5，载《续修四库全书》（52 册），上海古籍出版社，2002。

⑥ 章太炎：《与简竹居》，载马勇编《章太炎书信集》，第 255 页。

⑦ （东汉）王充：《感类篇》，载《论衡》卷 18，四部丛刊本。

⑧ 章太炎讲《金縢》，载诸祖耿整理《太炎先生尚书说》，第 118 页。

《康诰》记载有不少法律条文，章太炎据此提出《康诰》“乃封国之诰命，时康叔为司寇，故多法律之语”①。他根据康叔的官职，来论述《康诰》的语言。

对《梓材》的内容分析之后，章太炎说：“《梓材》前后语不相干，最难解。句句可讲，而前后不相衔接，无从明其大义。”② 他又说：“《梓材》前半敕康叔，后半训王，首尾不属，无从究知。”③ 其提出《梓材》前部分和后部分不能够衔接，认为明其大义很难。

对于《召诰》的主旨，章太炎说：“此篇言虽多而要言不多，一言以蔽之，不过商周之民须和与王其疾敬德两语而已。”④ 他指出《召诰》篇的核心思想是商民和周民要和睦相处及周王要勤修德业。

《洛诰序》记载“召公既相宅，周公往营成周，使来告卜，作《洛诰》”⑤。章太炎则说：“《洛诰》一篇，记周公归政于成王也。”⑥ 他不赞同《洛诰序》的观点，提出《洛诰》主要记载周公归政给成王。

《多士序》记载“成周既成，迁殷顽民，周公以王命诰，作《多士》”⑦。他补充《多士序》对《多士》作意的解释，说：“洛邑郛郭甚广，故须画地授之也。言此者，示不以威力强制。”⑧

章太炎说：“《无逸》何为而作，今不可知。《周书》惟《无逸》易读，盖其他为当面口说，人之记录，或脱或讹，故不易读。《序》既称周公作《无逸》，则如后之奏疏矣。”⑨ 他赞同《无逸序》主张周公作《无逸》的观点，指出《无逸》类似后代的奏疏。

章太炎说《君奭》“前皆劝词，结语乃命令词，故史公以为周公摄政时作”⑩。他通过分析《君奭》的结构和用语，赞同司马迁《史记》主张《君奭》篇为周公摄政时所做的观点。

《立政》《顾命》等一般认为其是儒家经典文献之一，但记载有尚武的

---

① 章太炎讲《康诰》，载诸祖耿整理《太炎先生尚书说》，第 131 页。
② 章太炎讲《梓材》，载诸祖耿整理《太炎先生尚书说》，第 139 页。
③ 章太炎讲《梓材》，载诸祖耿整理《太炎先生尚书说》，第 139 页。
④ 章太炎讲《召诰》，载诸祖耿整理《太炎先生尚书说》，第 143 页。
⑤ （清）皮锡瑞：《书序》，《今文尚书考证》，中华书局，2015，第 524 页。
⑥ 章太炎讲《洛诰》，载诸祖耿整理《太炎先生尚书说》，第 145 页。
⑦ （清）皮锡瑞：《书序》，《今文尚书考证》，第 524 页。
⑧ 章太炎讲《多士》，载诸祖耿整理《太炎先生尚书说》，第 157 页。
⑨ 章太炎讲《无逸》，载诸祖耿整理《太炎先生尚书说》，第 162 页。
⑩ 章太炎讲《无逸》，载诸祖耿整理《太炎先生尚书说》，第 169 页。

内容，而儒家崇尚和平、反对战争，故章太炎说："周初尚武功，《立政》周公规成王，方行海表，语与此'张皇六师'意同。儒家不重武功，与此异。可知古人之道，非儒一家所能尽也。"① 他指出《立政》《顾命》等反映的尚武内容要超出儒家所倡导的范围。

对于《康王之诰》，章太炎说："古人即位之礼，春秋时又不同。《左传》《公羊》亦然。所谓'正棺两楹之间然后即位'者，大敛后即即位也。然《春秋经》必至明年方称即位，汉以来均正棺两楹之间然后即位，故帝崩皇太子即即位也。康王在宾阶，不在阼阶，是否即位不可知。然与《春秋》正棺两楹之间然后即位犹不同。世变愈亟，则不得如古人之舒缓也。"② 他根据古人即位之礼来探讨康王是否即位，但他对康王是否即位持谨慎态度。

对《吕刑》的内容深入分析之后，章太炎说："此篇汉人以为善。篇中有哀矜之意，故有罚锾估工之语。"③ 他认为《吕刑》蕴含有哀矜的意味。

章太炎说："仲尼录《书》，终《秦誓》。关中之固，沃野千里，其民好战斗，是以知其代周。"④ 他主张孔子编撰《尚书》，提出秦地肥沃、秦人好战，得出秦会消灭周朝。他还说："此篇《公羊》、《穀梁》谓秦穆公悔过作，是也。"⑤ 他赞同《公羊传》《穀梁传》主张此篇为秦穆公悔过所做的观点。

章太炎根据《尧典》的内容，论述典体的语言特征；他在《皋陶谟》《高宗肜日》《召诰》《吕刑》等篇里，探究其蕴含的治国理政思想；他通过分析《君奭》的结构和用语及《梓材》前部分和后部分的关系，阐述其旨意。他从语言、体例、文章结构等角度，多方位地论述《尚书》诸篇的史义。

疏通和考订史料，能够获得显现于文字表面记载的历史信息，但文字记载之内，也隐藏着丰富的历史信息；文字记载之外，更是存在着大量的历史信息。陈寅恪认为"吾人今日可依据之材料，仅为当时所遗存最小之一部，欲藉此残余断片，以窥测其全部结构，必须备艺术家欣赏古代绘画

① 章太炎讲《立政》，载诸祖耿整理《太炎先生尚书说》，第188页。
② 章太炎讲《康王之诰》，载诸祖耿整理《太炎先生尚书说》，第189页。
③ 章太炎讲《吕刑》，载诸祖耿整理《太炎先生尚书说》，第198页。
④ 章太炎：《原教》，载《章太炎全集》（三），第526页。
⑤ 章太炎讲《书序》，载诸祖耿整理《太炎先生尚书说》，第48页。

雕刻之眼光及精神，然后古人立说之用意与对象，始可以真了解"[1]。章太炎在研究《尚书》时，就深明此理，他不仅通过考释《尚书》里的疑难字词，来读通其文句，还深入探析《尚书》诸篇的大义。

三 明史事

章太炎主张治《尚书》既要"通训诂""言大义"，也要明史事。他研究《尚书》要明史事的思想萌芽较早。1909 年，他在与简朝亮的书信里说："《尚书》《春秋》，左右史所记录，学者治之，宜与《史记》《汉书》等视，稽其典礼，明其行事，令后生得以讨类知原，无忘国故，斯其要也！"[2] 他把《尚书》当作史书来看待，提出要考辨《尚书》记载的典章制度、历史事件等，以为如此可以达到"讨类知原，无忘国故"的目的。1911 年，他在与吴承仕的书信里提到"朴学稽之于古，而玄理验之于心。事虽繁赜，必寻其原，然后有会归也"[3]。他指出朴学和玄学各自的优点，主张考镜学术的源流，探究历史的本源，寻求事物的融会贯通。

章太炎主张以历史的眼光来看待儒家经典，做到治经与治史的会通。他在 1917 年的演说中说："古文是历史，今文是议论。古文家治经，于当时典章制度很明白的确；今文家治理，往往不合古时的典章制度。《周礼》《春秋》《左传》都是古文学，《诗》和《书》则有古文有今文。但是今文家所说往往与古文情形不对，古文家将经当历史看，能够以治史的法子来治经，就没有纷乱的弊病，经就可治了。"[4] 他分辨经今、古文之别，称赞古文家用历史的眼光来治经，并提出用治史的方法来治经。

因此，在江苏教育会演讲里，章太炎明确提出治经与明史事相融合。他说："经是古代的历史，也可以说是断代史。我们治史，当然要先看通史，再治断代的史，才有效果；若专治断代史，效果是很微细的。治经，不先治通史，治经不和通史融通，其弊与专治断代史等，如何能得利益？前人正犯此病。所以我主张比类求原，以求经史的融会，以谋经学的进

① 陈寅恪：《陈寅恪史学论文选集》，上海古籍出版社，1992，第 507 页。

② 章太炎：《与简竹居》，载马勇编《章太炎书信集》，第 258 页。

③ 章太炎：《与吴承仕》，载马勇编《章太炎书信集》，第 295 页。

④ 章太炎：《在四川演说之九——研究中国文学的途径》，载章念驰编订《章太炎演讲集》，第 188 页。

步。”[1] 他把儒家经典看作反映断代史的书籍，谋求治经和治中国通史的会通。他对此还有具体的解释，说：“前人治经，若宋、明的讲大体，未免流于臆测妄断；若清代的订训诂，又仅求一字的妥当，一句的讲明，一制的考明，‘擘绩补苴’，不甚得大体。我们生在清后，那经典上的疑难，已由前人剖析明白，可让我们融会贯通再讲大体。”[2] 他指出宋、明理学家虽然治经讲大体，但是解经多是臆测、武断，还指出清代考据学家解经做出不少成绩，但治经却不见大体。故他综合前人治经的方法，倡导治经与明史事的融会贯通。

章太炎对如何做到治经与明史事的融合也有详细的论述。他说：“所以治经：对于‘制度’，下则求诸《六典》《会要》诸书，上以归之于《周礼》《仪礼》；对于地理，下则考诸史及地舆志，上以归之于《禹贡》及《周礼职方志》；即风俗道德，亦从后代记载上求源于经典。总之，把经看作古代的历史，用以参考后世种种的变迁，于其中看明古今变迁的中心。那么，经学家所最忌的武断、琐屑二病，都可免除了。”[3] 他主张把儒家经典看成历史文献，并提出用后世的历史变化来探究它，主要从“制度”“地理”“风俗道德”三个方面，来说明治经要明史事。他在研究《尚书》时也是如此，认为这样可以更好的理解《尚书》的经文，并有细致的论述。

《尚书·尧典》记载：“纳于大麓。”[4]《后汉书》刘昭引《新论》曰：“昔尧试于大麓者，领录天子事，如今尚书官矣。”[5]《论衡·正说篇》曰：“四门穆穆，入于大麓，烈风雷雨不迷。言大麓，三公之位也。居一公之位，大总录二公之事。”[6] 章太炎说：“其说虽异古文以为‘山足’，要之言相位者，必有所从受，及拟以录尚书事则诬也。下寻汉世，光禄掌宫殿门户，勋者，阍也。光禄，正言则衡鹿。大鹿在山，其名与禁苑同，掌之者为人主腹心。及汉，为天子守门者犹称光禄，是其遗迹著者耳。”[7] 章太炎不赞同《新论》和《正说篇》对《尧典》“大麓”的阐释，他通过对汉

① 章太炎：《国学十讲》，载章念驰编订《章太炎演讲集》，第269页。
② 章太炎：《国学十讲》，载章念驰编订《章太炎演讲集》，第269页。
③ 章太炎：《国学十讲》，载章念驰编订《章太炎演讲集》，第269～270页。
④ 《尧典》，载（东汉）郑玄等注《十三经古注》一，第83页。
⑤ （南朝宋）范晔：《百官一》，载《后汉书》（十二），中华书局，1965，第3558页。
⑥ （东汉）王充：《正说篇》，载《论衡》卷28，四部丛刊本。
⑦ 章太炎：《官统下》，载《章太炎全集》（三），第553页。

代光禄职官的深入分析，指出“大麓”和汉代光禄类似。

《益稷》记载皋陶“又歌曰：‘元首丛脞哉，股肱惰哉，万事堕哉’”①。章太炎说：“皋陶近于道家，不尽为法家，故不主张元首丛脞。若秦始皇之衡石程书，则丛脞矣。”② 他通过分析《益稷》此句，认为皋陶不施行元首连坐的刑罚，并用秦始皇实行过连坐之法来做具体的解释。

《微子》《牧誓》等记述商纣王荒淫无道，章太炎认为商纣王“恐与高洋相似，乃个人之暴虐，非如秦始皇之专制也。按明武宗亦此类”③。他把商纣王与后来历史上的高洋和明武宗朱厚照看作同类统治者。

在与黄侃的书信里，章太炎具体指出治《尚书》要知地理。他说：

> 盖汤谷为日出之地，其曰郁夷者，以《诗》“周道倭迟”，《汉地理志》引作“周道郁夷”，证之，则郁夷正即倭夷，乃与汤谷相应。倭人已见《汉地理志》，或古今声音微异，在尧时只称郁夷，犹熏鬻、猃狁、匈奴，随时异音，其实一也。柳谷，即《汉晋春秋》《搜神记》所称张掖氏池县大柳谷有苍石成文者，二者皆实有其地，非悬作虚名以笼罩之也（今文家虽作柳谷，却未知其地，故训谷为聚，盖伏生时河西四郡未入汉也），于后读《五帝德篇》称颛顼北至幽陵，南至交趾，西济流沙，东至蟠木（即榑木），正与《尧典》四宅相应，盖当时中国领土如此。所惜孔氏书故不传，东汉古文家又不甚考稽地望耳。④

章太炎通过研读司马迁《史记》引述《尚书》，主张司马迁见过孔壁本古文《尚书》。对《史记》引述《尚书》“郁夷”“柳谷”等，他指出司马迁依据孔壁本古文《尚书》的记载来解释经文。他把“郁夷”“柳谷”放在中国历史疆域变迁中来考察，提出柳谷就是张掖氏池县大柳谷，并批评汉代经学家对“柳谷”的解释，他还对《史记》引书《尧典》四宅提出新的解释。

章太炎说：“古所谓《书》以道政事者，直举其事，虽元恶大憝所作，不能没也。例如《夏书·五子之歌》，序谓：‘太康失邦，昆弟五人，须于

---

① 《西伯戡黎》，载（东汉）郑玄等注《十三经古注》一，第92页。

② 章太炎讲《西伯戡黎》，载诸祖耿整理《太炎先生尚书说》，第77页。

③ 章太炎讲《西伯戡黎》，载诸祖耿整理《太炎先生尚书说》，第101页。

④ 章太炎：《与黄侃》，载马勇编《章太炎书信集》，第212页。

洛汭，作《五子》之歌。’……太康为失国之君，五子为致乱之臣，道太康以畋游者，即此五人，史臣书之，直如《晋书》之纪惠帝与八王耳。又《胤征》，序谓：‘羲和缅淫，废时乱日，胤往征之，作《胤征》。’……羲和为掌日之官，故后世有后羿射日之说。此事与曹操之灭袁绍、吕布，司马昭之灭诸葛诞无异。《尚书》录之，一如《后汉书》《三国志》之记曹氏、司马氏之事矣。”[①] 他提出《五子之歌序》记载太康失国事为当时史家直书，并把此与《晋书》记载晋惠帝误国和八王之乱看作同类的历史事件。《胤征序》记载羲和淫乱，后羿命令大臣胤去攻打羲和，但章氏却认为后羿派胤攻打羲和与曹操去灭袁绍、吕布及司马昭去灭诸葛诞类似，指出后羿、曹操和司马昭等都是为了巩固自己的统治才去发动战争。

“伊尹去亳适夏，既丑有夏，复归于亳，入自北门，乃遇女鸠、女方，作《女鸠》《女方》（《汝鸠汝方》）。”[②] 章太炎说：“《序》云：‘丑有夏’者，亦伊尹本情，非先迷后觉之谓。伏生《大传》及《韩诗外传》、《新序》，皆载伊尹谏桀事，正使有是，亦以察桀之情，藉决成败，固非与龙逢同心也。然则伊尹圣相乃为间谍者，亦犹张良于楚，马援于隗嚣，温峤于王敦尔。”[③]《汝鸠汝方序》记载商汤派伊尹去夏朝打探消息，但伊尹作为古代的圣相，其当间谍章氏也有合理的推测。张良是汉高祖的谋士，马援是汉光武帝的谋士，温峤是晋明帝的谋士，他们都曾深入敌后去获取情报，章氏以他们的英勇事迹来解说“伊尹圣相乃为间谍”的合理性。

《西伯戡黎》记载商纣王曰：“呜呼，我生不有命在天。”[④] 章太炎说：“纣至此无言可解，乃作此无可奈何之辞，亦犹王莽之‘天生德于予，汉兵其如予何’，洪秀全之‘朕受天父天兄之命，为四海主，那怕曾妖’也。”[⑤] 王莽说此话时，其政权受到以刘秀为首的起义军严重威胁；洪秀全说此话时，正遭到曾国藩派兵的围攻，章氏以他们的历史事件来探析商纣王说此话时无可奈何的心境。

历史的主体是人，而人事活动是历史研究的核心内容。在《五子之歌序》里，章太炎把太康失国与八王之乱联系在一起，主张最高统治者和臣子都有责任；在《胤征序》里，他认为胤攻打羲和、曹操消灭袁绍、吕布

① 章太炎：《论读经有利而无弊》，载章念驰编订《章太炎演讲集》，第408~409页。

② （清）皮锡瑞：《书序》，《今文尚书考证》卷30，第494页。

③ 章太炎：《古文尚书拾遗定本》，《制言半月刊》1936年第25期。

④ 《西伯戡黎》，载（东汉）郑玄等注《十三经古注》一，第110页。

⑤ 章太炎讲《西伯戡黎》，载诸祖耿整理《太炎先生尚书说》，第98~99页。

及司马昭平定诸葛诞事件类似，指出后羿、曹操和司马昭等都是为了消除割据、巩固自己的统治而发动的战争；在《益稷》篇里，他辨析皋陶与秦始皇施行连坐刑罚的差异，提出皋陶主张道家治国策略；在《西伯戡黎》篇里，他把商纣王灭国时的独白与王莽、洪秀全失败的言语归为一类，探究了他们的内心想法；在《微子》等篇里，他把商纣王与北齐高洋、明朝朱厚照当作同类暴君；在《汝鸠汝方序》里，他把圣相伊尹与张良、马援、温峤当作同类人，探析他们获取对方情报的合理性。

职官和历史地理是历史研究的重要内容，章太炎对此也有论述。他把《尧典》“大麓”与汉代光禄职官作比较，认为其和汉代光禄官职相近。其从中国历代疆域变迁上，考辨《尧典》“郁夷”“柳谷”的具体位置。

历史研究不仅需要读通史料和明晰其隐藏的史义，还要探寻史料与史料之间的联系，发现史事呈现的某种规律。李大钊说：“史学由个个事实的确定，进而求其综合。”① 综合史实就是方便找到史事的联系。章太炎在探究《尚书·尧典》《五子之歌》《汝鸠汝方序》《尧典》《益稷》《西伯戡黎》《微子》《牧誓》等史事时，主张把其中的历史事件放在历史长河中论述，并用后世的历史事件来对其作具体的阐释，剖析各个史事间的内在关联。这是他对历史的总体把握和深刻认识。

结　语

清末民初，一些学人探讨《尚书》具有浓厚的今文经学色彩，庄存与、庄述祖、刘逢禄、宋翔风、魏源、龚自珍、陈乔枞、皮锡瑞、廖平、康有为等今文经学家，剖析《尚书》与社会变迁相结合；也有部分学人运用新文献来探讨《尚书》，孙诒让、王国维、郭沫若、于省吾、杨树达等以深厚的古文字学功底，利用新出土文献，留下不少的《尚书》研究成果。在此学术背景下，章太炎把《尚书》当作史书来看待。故他的《尚书》研究很能反映史学探索的特点。瞿林东就认为章氏“在中国史学从传统走向近代的行程中扮演了重要的角色”②。

周予同指出中国当时的史学界“大致可分为两大派：一可称为‘史料派’，注意于史料的搜集与整理；一可称为‘史观派’，根据旧的或新的史

① 李守常：《史学要论》，河北教育出版社，2000，第14页。

② 瞿林东：《继承传统与走向近代：章太炎史学思想的时代意义》，《学术研究》2003年第4期。

料，对于中国史的全部或某一部门加以考证，编纂与解释”[①]。“史料派”注重搜集与整理史料，而“史观派”工作重心是阐释史料。因此，冯友兰提出“就整个的史学说，一个历史的完成，必须经过审查史料及融会贯通两阶段”[②]。但章太炎的《尚书》研究成果作为他晚年思考成熟的史学著述，其论述旨趣明显不同于当时学界的识见，开辟了新的史学解析路径。

章太炎考订《尚书》里的字、词，剖析《尚书》部分篇章所反映的史义，并探讨《尚书》记载史事的类例。这使得章氏《尚书》研究具有三层史学意义：考订史料中的疑难字、词，来疏通其文句；整体地审视与解读史料，深入阐述其所蕴含的史义；探寻史料之间的联系，找出史事显现出的规律。故他的这种认识不仅有助于推动对《尚书》的进一步校订与考释，也对中国史学的现代转型，具有典范意义。

① 周予同：《治经与治史》，载朱维铮编《经学史论著选集》，上海人民出版社，1996，第625页。

② 冯友兰：《冯序》，载罗根泽编《古史辨》（六），上海古籍出版社，1982，第2页。

非破无以立：钱玄同“六经与孔子无关”说考论*

李长银

（河北大学历史文化学院，河北保定　071002）

摘　要： 钱玄同的“六经与孔子无关”说可以说是在中国近代学术史上一个无法绕开的革命性论说。此说是钱玄同在《答顾颉刚先生书》中正式提出来的，但其形成却经历一个过程。至于钱玄同之所以能够建立出这一“惑经”之说，一方面在于其“兼通今古文而又对今古文都不满意”，另一方面则在于其对“辨伪”之学的重视。此说一经问世，立即引起学界的广泛关注，并“殊为学者所重视”。直到当下，关于“孔子与六经”的关系问题仍然作为一桩悬案困扰着学术界，但钱玄同提出的这一学说不失为探讨这一重大历史问题的一个代表性论说。

关键词： 钱玄同　“六经与孔子无关”说　中国近代学术史

在中国近代学术史上，1923 年是一个具有特殊意义的历史年份。在这一年，顾颉刚在《读书杂志》第 9 期发表了《与钱玄同先生论古史书》，并在该文的“按语”部分提出了一个“疑古”之论——“古史层累说”。这里想说的是，与“古史层累说”密切相关，钱玄同在这一年的《答顾颉刚先生书》一文中则提出了一个“惑经”之说——“六经与孔子无关”。

* 国家社科基金重大项目“多卷本《20 世纪中国史学通史》”（17ZDA196）；河北大学中西部提升综合实力专项资金。

此说一经问世，借用周予同的话说，“殊为学者所重视”①，是为“古史辨运动”乃至中国近代学术史上的一个重要学说。不过，关于这一论说，过往学界并无专门深入的考察。② 因此，本文不揣鄙陋，拟从学术史的角度对此说的提出、建立及影响进行一番较为详尽的探讨。

一 “六经与孔子无关”说的形成脉络

大凡一个革命性学说的形成，都会经历一个过程。进言之，只有对这一学说的形成过程有一个基本的考察，才能对这一学说有一个“近真的”认识。是故，关于“孔子与六经无关”说的探讨，首要的工作就是考察这一学说的形成过程。

在一定意义上，“六经与孔子无关”说的形成过程，就是“古史辨运动”的发生和兴起的一个缩影。按之《古史辨》第一册所收的“疑古”三君（胡适、钱玄同、顾颉刚）的论学信札，“古史辨运动”的发生最迟可以追溯到胡适于1920年11月写给顾颉刚的《询姚继恒著述书》。此后，二人发起了编辑《辨伪丛刊》的工作。不过，就在这一工作开展之后不久，顾颉刚便产生了一个“疑问”——“我们的辨伪，还是专在‘伪书’上呢，还是并及于‘伪事’呢？”③ 为了解答这一“疑问”，顾颉刚于1921年1月21日专门求教于钱玄同。同年1月27日，钱玄同在回信中说：“我以为二者宜兼及之；而且辨‘伪事’比辨‘伪书’尤为重要。”④ 受这一意见影响，顾颉刚于是决定将《辨伪丛刊》分作两类：“一是辨伪事，一是辨伪书。”⑤ 要之，从“古史辨运动”的发生角度来看，钱玄同的上述观点可以说起到了一定的作用。

此后，“疑古”三君开始分头进行编辑的工作。其中值得一提的是，

---

① 周予同：《“六经”与孔子的关系问题》，收入朱维铮编校《周予同经学史论》，上海人民出版社，2010，第552页。

② 从现有研究成果来看，仅有数篇文章在探讨相关课题时涉及这一学说。其中较有代表性的专文有刘贵福《论钱玄同的疑古思想》，《史学理论研究》2001年第3期；陈壁生《今文经学的变异与“古史辨”的兴起》，《中原文化研究》2014年第3期。

③ 顾颉刚：《论〈辨伪丛刊〉分编分集书》，收入《古史辨》第1册，海南出版社，1995，第31页。

④ 钱玄同：《论近人辨伪见解书》，收入《古史辨》第1册，第33页。

⑤ 顾颉刚：《自述整理中国历史意见书》，收入《古史辨》第1册，第45页。

钱玄同亲自动手从杭世骏的《续礼记集说》中辑出了姚继恒的《礼记通论》。[①] 或受此“集说”的启发，胡适又想出了一种编辑《辨伪丛刊》的新体例，即“以伪书为纲而以各家的辨伪议论为目”[②]。关于这一新体例，首先得到了顾颉刚的支持[③]，并开始从事“诸子”部分“集说”的工作。不仅如此。顾颉刚还将此法告诉了钱玄同。1921 年 9 月 19 日，《钱玄同日记》载：“顾颉刚君对我说，他已将前人对于诸子辨伪之说抄成一书，以子书为纲。”[④] 对于顾颉刚的这一做法，钱玄同认为“很好”。这才有了钱玄同于 1921 年 11 月 5 日写给顾颉刚的《论编纂经部辨伪文字书》。在这封书信中，钱玄同说：“我想关于‘辞径’部分辨伪之文，也应该用‘集说’的办法，虽文章太多，然可以节要编录。”此外，钱玄同还强调说：“我以为‘经’之辨伪与‘子’有同等之重要——或且过之。”由此来看，钱玄同的这一观点，目的十分明确，就是要推翻“六经之说”。[⑤] 对于这一点，顾颉刚有着十分清楚的认识。比如，其在回信中就表示：“此书集成后，便可进一步推翻‘孔子删述六经’这句话了。”[⑥] 可谓一语道破天机。

从现有资料来看，顾颉刚初步公开提出“六经与孔子无关”说的时间最迟在 1922 年初。这一年的 4 月，钱玄同应刘廷芳之约，在《生命月刊》第 2 卷第 8 期发表了《我对于耶教的意见》一文。在此文中，钱玄同共谈了六点对于基督教的意见。与本文相关的是，其在第六点中有言：“我对于《旧约》，认他是古代的历史和文艺，与基督没有多大关系，正如中国的《六经》，也是古代的历史和文艺，与孔丘没有多大关系一样。”[⑦] 不过，由于论题的限制，钱玄同在此处并没有对这一论点展开详细的论证。

至于具体的论证，可在之后的《钱玄同日记》中找到一些材料。1922 年 12 月 24 日，《钱玄同日记》载：

---

① 1921 年 6 月 6 日，《钱玄同日记》载：“晚点阅杭世骏《续礼记集说》……我买这部书来，原是要在此书中辑出一部姚继恒底《礼记通论》来……这是我和适之两人的主张”（杨天石主编《钱玄同日记》上册，北京大学出版社，2014，第 376 页）。

② 胡适：《论〈辨伪丛刊〉体例书》，收入《古史辨》第 1 册，第 49 页。

③ 参见顾颉刚《答书》，收入《古史辨》第 1 册，第 51 页。

④ 杨天石主编《钱玄同日记》上册，第 379 页。

⑤ 钱玄同：《论编纂经部辨伪文字书》，收入《古史辨》第 1 册，第 53 页。

⑥ 顾颉刚：《论孔子删述六经说及战国著作伪书书》，收入《古史辨》第 1 册，第 55 页。

⑦ 钱玄同：《我对于耶教的意见》，收入《钱玄同文集》第 2 卷，中国人民大学出版社，1999，第 42 页。

> 我近年总想推翻“六经之说”，将这五部书分入各类如左：《易》（以彖辞为主）——孔丘哲学。《书》——历史。《诗》——文学。《礼》——历史（?）。《春秋》——历史。

之后，钱玄同又分别论述了这五部书的内容。第一，“《易》——卦、卦辞、爻辞。不知何人作，实为占卜之用，和弈棋经、牙牌数等一样，没有什么道理”。第二，“《书》——不编年之断烂朝报，与孔丘无关”。第三，“《诗》——最古的一部诗的总集，孔丘曾见之，或者他曾经收罗而编订，也未可知，但他所见只有此三百余篇，删诗之说决不足信”。第四，“《礼》——所谓《仪礼》是也，此书固非周公所作，也不是什么孔丘托古改制的改作，实是周秦之间或汉人所杂抄”。第五，“《春秋》——此指一万八千之经而言，编年之断烂朝报也，与孔丘决不相干”[①]。在一定意义上，钱玄同的“六经与孔子无关”说至此已基本定型。

1923 年 2 月 9 日，对如何推翻“六经之说”已有所见的钱玄同给顾颉刚写了一封信。在这封信中，钱玄同先是希望顾颉刚将关于《诗》说的文字“分些”给《国学季刊》；之后则再次强调了之前的“推倒‘群经’比疑辨‘诸子’尤为重要”的观点，并认为不把“六经”和“孔丘”分家，则“孔教”总不容易打倒的。[②] 在收到钱玄同的这封来信之后，顾颉刚立即在“精神上得到一种兴奋”，于是“就抽出一个星期日的整天工夫，写了一通复书，除讲《诗经》的工作之外，又把一年所积的古史见解写出了一个大概”[③]。此外，顾颉刚还表示，之后“想做的是《孔子与六经的关系》和《老子及道家》”。1923 年 5 月 6 日，由于一直没有等到钱玄同的回复，顾颉刚便将这封信中关于“古史见解”的部分发在了《读书杂志》的第 9 期——这就是著名的《与钱玄同先生论古史书》。

此文发表之后不久，钱玄同立即撰写了《答顾颉刚先生书》，发表在《读书杂志》的第 10 期上。关于这一《答书》，主要分为两个部分。第一，对顾颉刚关于“古史的意见”——“古史层累说”进行了高度的评价；第二，提出了自家的“惑经”之论——“六经与孔子无关”。详言之，钱玄同首先指出：第一，“孔丘无删述或制作‘六经’之事”。第二，“《诗》《书》《礼》《易》《春秋》本是各不相干的五部书”。第三，“把各不相干

① 参见杨天石主编《钱玄同日记》上册，第 487 ~ 488 页。

② 钱玄同：《论〈诗〉说及群经辨伪书》，收入《古史辨》第 1 册，第 70 页。

③ 顾颉刚：《古史辨》第 1 册《自序》，第 30 页。

的五部书配成一部而名为‘六经’的缘故……因为附会《论语》有‘子所雅言：《诗》、《书》执礼’和‘兴于诗，立于礼，成于乐’……孟轲有‘孔子作春秋’之说”。第四，“六经的配成当在战国之末”。第五，“自六经之名成立，于是《荀子》《商君书》《礼记》《春秋繁露》《史记》《汉书》《白虎通》等书，每一道及，总是六者并举，而且还要瞎扯了什么‘五常’、‘五行’等等话头来比附了！”①

之后，钱玄同又对六经的性质进行了具体的分析。分别言之，第一，“《诗》是一部最古的总集”。第二，“《书》似乎是三代时候底‘文件类编’或‘档案汇存’”。第三，“《仪礼》是战国时代胡乱抄成的伪书”。第四，“原始的易卦是生殖器崇拜时代底东西”。第五，《春秋》是“断烂朝报”和“流水账簿”。最后，钱玄同强调说：上述“翻案的议论”，只是要研究所谓“六经”的“原始面目”，只是要研究“六经”与孔子有无关系而已。②

这里有必要指出的是，与前引《钱玄同日记》中的记载相较，此文的论述并无实质性的突破，但《日记》仅为自己的心得，外界无从知晓。是故，直到 1923 年 6 月 10 日，钱玄同在《读书杂志》第 10 期发表《答顾颉刚先生书》之后，“六经与孔子无关”说这才广为外界所知，并迅速在学术界蔓延开来。

二　“六经与孔子无关”说的建立

关于“孔子与六经”的关系，是中国经学史上的一个重大问题，但一直以来，并无一定之论。比如，周予同在《群经概论》一书的“导论”中指出：“儒教的经典，以孔子为中心，这是很显然的事实；但孔子与六经的关系究竟密切到怎样的程度，换言之，即六经是否全部或一部分为孔子所制作或删述，则自来经学家的意见殊不一致。”③ 不过，这“殊不一致”之中有一个“一致”之处，便是历代经学家无不认为“六经与孔子有关”。但是，到了钱玄同，则对这一“一致”之处置之不顾，并提出了一个“非常异义可怪之论”——“六经与孔子无关”。

当然，此说是否真确暂且不论，下面有必要回答这样一个问题，即钱

① 钱玄同：《答顾颉刚先生书》，收入《古史辨》第 1 册，第 81 ~ 83 页。

② 钱玄同：《答顾颉刚先生书》，收入《古史辨》第 1 册，第 85 ~ 87 页。

③ 周予同：《群经概论》，收入朱维铮编校《周予同经学史论》，第 142 页。

玄同是如何建立这一“六经与孔子无关”说的呢？在一定意义上，钱玄同之所以能够建立这一“惑经”之论，首先有赖于其对经今古文学的认识。

为了说明问题，这里有必要交代一下钱玄同的成学经历。关于这一经历，钱玄同在《〈左氏春秋考证〉书后》中说：“记得一九〇一年……那年十五岁，《春秋三传》都早已读过了，觉得同是一条经文而《三传》的记事和说义可以绝不相同，乃至完全相反，实在有些古怪，因此常常翻《皇朝五经汇解》中关于《春秋》的一部分，要看清代学者对于《三传》的考证和批评。在此书中见到引刘氏的《左氏春秋考证》……从此……就不信任《左传》了。一九〇八年，从吾师章太炎先生受音韵训诂之学，见到太炎师的《春秋左传读叙录》之稿，专对刘书攻击，心窃怀疑，再取刘书细读，终不敢苟同太炎师之说。”① 此外，钱玄同在《论今古文经学及〈辨伪丛书〉书》中则说：“自一九一一读了康、崔二氏之书，乃始宗今文。……自从一九一七以来，思想改变，打破‘家法’观念，觉得‘今文家言’十九都不足信，但古文之为刘歆伪作，则至今仍依康、崔之说……总觉得他们关于这一点的考证是极精当的。……现在以为古文是假造的，今文是口说流行，失其真的，两者都难凭信，不过比较起来，还是今文较可信些。”② 总之，钱玄同经历了一个从古文学家“章太炎受音韵训诂之学”到“宗今文”，再从打破“家法”到认为“两者都难凭信”的成学过程。

正是由于这一复杂的成学经历，钱玄同在相关的问题上往往有着独特的认识。“孔子与六经的关系”就是一个显著的例证。承前所述，最迟在1922年12月24日，钱玄同的“六经与孔子无关”说便已基本成型。这里可以略为补充的是，这一认识即与其对今古文学的认识有关。《钱玄同日记》是日载：

> 汉代的今文家、古文家和清代的简直差得很远。汉代的只会造假书，今文家的董仲舒造《春秋》，归之孔丘；古文家的刘歆造《周礼》，归之周公。于是把历史完全捣乱，这是遮瞒青天的云雾。清代的是拨云雾而见青天的古文家的章炳麟，痛驳微言大义之说，不信孔子有作经之事实，这是拨开汉代古文家的云雾。今文家的康有为，发明古史不足信之说，不信周公有制礼之事实，这是拨开汉代古文家的

---

① 钱玄同：《〈左氏春秋考证〉书后》，收入《古史辨》第5册，第2~3页。

② 钱玄同：《论今古文经学及〈辨伪丛书〉书》，收入《古史辨》第1册，第41页。

云雾。所以有汉代的今文家、古文家而古史之真相蒙，所以有清代的今文家、古文家而古史之真相露。清代的也有乌烟瘴气之处，此则中汉代之毒的原故。就是章君，能拨孔子作经的云雾，而仍躲在周公制礼的云雾之下。康君能拨周公制礼的云雾，而仍躲在孔子作经的云雾之下。此其蔽也！我们现在应该取他们拨云雾之点，而弃他们躲在云雾下之点，则古史真相才能渐渐明白的披露了。①

之后，钱玄同则对六经的性质进行了论述。如此来看，钱玄同之所以敢于推翻“六经”之说，主要是其曾出入经古文两家，从而认清了他们的本来面目。

不过，上述观点仅见诸钱玄同自家的《日记》，外界无从知晓。直到1923年6月10日，钱玄同在《读书杂志》第10期发表了《答顾颉刚先生书》。其中有言：“在十二年前看了康有为底《伪经考》和崔觯甫师底《史记探源》，知道所谓‘古文经’是刘歆这班人伪造的。后来看了康有为底《孔子改制考》，知道经中所记的事实，十有八九是儒家底‘托古’，没有信史的价值。……知道‘六经’固非姬旦底政典，亦非孔丘底‘托古’的著作，‘六经’底大部分固无信史底价值，亦无哲理和政论底价值。”②换言之，“孔丘无删述或制作‘六经’之事”。将这一论述与前引《日记》中的记载相对照，二者如出一辙。

于今来看，钱玄同的上述议论有一定的合理之处，但不无一定的问题。关于这一点，最有发言权的莫过于顾颉刚。这还得从《秦汉的方士与儒生》一书讲起。在该书的《序》中，顾颉刚回忆说：“他（指钱玄同——引者注）日本留学时是章氏的学生，回国以后又是崔氏的学生。他兼通今古文而又对今古文都不满意。他不止一次地对我说：‘……我们今天，该用古文家的话来批评今文家，又该用今文家的话来批评古文家，把他们的假面目一齐撕破，方好显露出他们的真相。’……”③ 对于这一议论，顾颉刚评价说：“这从现在看来也不免偏，偏在都要撕破，容易坠入虚无主义。”但是，“在那时，当许多经学家在今、古文问题上长期斗争之后……这是一个极锐利、极彻底的批评，是一个击碎玉连环的解决方法”。

---

① 杨天石主编《钱玄同日记》上册，第487页。

② 钱玄同：《答顾颉刚先生书》，收入《古史辨》第1册，第82页。

③ 顾颉刚：《秦汉的方士与儒生·序》，收入《顾颉刚古史论文集》第2卷，中华书局，2011，第467页。

进言之，以此一方法，便可以“对这个二千余年来学术史上的一件大公案作最后的判断了”。要之，钱玄同的上述议论不免偏颇之处，但在当时则是一个“极锐利”的批评，“撕破”了今古文学家的“假面目”。“六经与孔子无关”说之建立，就是一个显著的例证。

除对今古文学的认识之外，钱玄同之所以能够建立“六经与孔子无关”说，还得之于“辨伪的工夫”。

关于“辨伪”之学，钱玄同十分重视。支持这一论断的文献不计其数，兹仅举《古史辨》所收的信札及论文为例。1921 年 3 月 23 日，钱玄同在写给顾颉刚的信中说：“我并且以为不但历史，一切‘国故’……总以辨伪为第一步。前代学者如司马迁、如王充、如刘知幾、如顾炎武、如崔述诸人都有辨伪的眼光，所以都有特到的见识。可是前代学者的辨伪，都是自己做开山祖，所以致力甚劬而所获甚少。咱们现在，席前人之业，更用新眼光来辨伪，便可事半功倍。”① 1923 年 6 月 10 日，钱玄同在《答顾颉刚先生书》中说：“我们要看中国书，无论是否研究国学，是否研究国史，这辨伪的工夫是决不能省的。”② 同年 8 月 5 日，顾颉刚在《研究国学应该首先知道的事》中说：“中国的伪书伪物很多，研究国学的第一步便是辨伪。”③ 1932 年，钱玄同在《重论今古文学问题》中说：“凡治历史科学，第一步必要的工作是‘审查史料的真伪’，简称可曰‘辨伪’。”④ 总之，在钱玄同看来，大凡要研究“国故”，“辨伪”是“第一步必要的工作”。

因此，对于“孔子与六经”的关系问题，钱玄同便首先进行了“辨伪”的工作。这一“辨伪”的工作主要分为两个部分，一是“专据《论语》”一书探讨“孔子与六经”的关系，二是分析“六经”的性质。

关于第一部分，钱玄同首先指出：“我们要考孔丘底学说和事迹……只有《论语》比较的最可信据。”⑤ 之后则将《论语》中与“六经”有关的

---

① 钱玄同：《论今古文经学及〈辨伪丛书〉书》，收入《古史辨》第 1 册，第 41 页。

② 钱玄同：《答顾颉刚先生书》，收入《古史辨》第 1 册，第 88 页。

③ 钱玄同：《研究国学应该首先知道的事》，收入《古史辨》第 1 册，第 107 页。

④ 钱玄同：《重论今古文学问题》，收入《古史辨》第 5 册，第 17 页。

⑤ 关于这一点，钱玄同的认识有一个转变的过程。1921 年 3 月 23 日，钱玄同在写给顾颉刚的信中说：“咱们若欲知孔学之真相，仅可于《论语》《孟子》《荀子》《史记》诸书求之而已”（钱玄同：《论今古文经学及〈辨伪丛书〉书》，收入《古史辨》第 1 册，第 41 页）。不过，最迟到 1923 年 5 月 25 日，钱玄同便改变了上述看法，认为“《论语》的最可信据”。

话予以分别记出。其中关于《诗》的有十八则，关于《书》的有四则，关于《乐》的有六则，关于《易》的有三则，总说的有三则。至于“关于礼的话，《论语》中虽然很多，但大都是论礼意的，和《仪礼》全不相干”。“关于《春秋》的话，简直一句也没有。”之后则指出，关于《诗》的十八则，其中有一则“或不可信”，一则“远在孔丘之后”，至于其他十六则，“找不出一点删诗的材料来”。与之相近，“关于《书》的四则，也找不出一点删《书》的材料来”。此外，由于《乐》无经，“关于《乐》的六则似乎不必去讨论”。至于“关于《易》的虽有三则，但这三则不特不足以证明孔丘曾经赞《易》，而且反足以证明孔丘与《易》无关”。至于总说的三则，其中一则“可疑”，另外两则与后世所谓“删《诗》《书》，定《礼》《乐》”无关。最后，钱玄同得出结论，即六经与孔丘无关。①

至于第二部分，前已有所论述，但这里仍须略作补充。第一，关于《诗》，钱玄同认为，“是一部最古的总集”。其中“小部分是西周底诗，大部分是东周（孔丘以前）底诗”。至于“什么人辑集的，当然无可征了”。此外，至于“辑集的时代……在孔丘以前”。第二，关于《书》，钱玄同认为，“似乎是‘三代’时候底‘文件类编’或‘档案汇存’”，应该视之为历史。“无论今文家说是廿八篇，古文家说是一百篇，都不足信。”其中“现在的二十八篇中，有历史底价值的恐怕没有几篇。如《尧典》《皋陶谟》《禹贡》《甘誓》等篇，一定是晚周人伪造的”。此外，“还有一层，《尚书》即无伪篇，也只是粉饰作伪的官样文章，采作史料，必须慎之又慎”。第三，关于《礼》，钱玄同认为，“《仪礼》是战国时代胡乱抄成的伪书……《周礼》是刘歆伪造的”。第四，关于《乐》，钱玄同认为，“《乐》本无经，而古文家造出……其意殆欲以此冒充《乐经》”。第五，关于《易》，钱玄同认为，“原始的易卦，是生殖器崇拜时代的东西；‘乾’‘坤’二卦即是两性生殖器底记号”。初演为八，再演为六十四，大家将之“来做卜筮之用”，于是有人做上《卦辞》《爻辞》，这正和现在底“谶诗”一般。第六，关于《春秋》，钱玄同认为，此为“断烂朝报”，或者是“流水账簿”②。要之，通过这对“六经”性质的论断，“六经与孔子无关”说再次得到了论证。

总之，钱玄同之所以能够建立出“六经与孔子无关”——这一“非常

① 钱玄同：《答顾颉刚先生书》，收入《古史辨》第1册，第83～85页。

② 钱玄同：《答顾颉刚先生书》，收入《古史辨》第1册，第85～86页。

异义可怪之论”，一方面在于其“兼通今古文而又对今古文都不满意”，另一方面则在于其对“辨伪”之学的重视。

三　“六经与孔子无关”说的影响

一个“革命性”的创说被提出来之后，若无后之学者的支持、发挥与修正，就不能取代传统学说，而成为一种新范式。是故，在略知“六经与孔子无关”说的形成过程与建立之后，下面有必要对此说的影响进行一番较为详尽的论述。

有论者指出：“研究中国古代学术思想史，必须解决‘六经’与孔子的关系问题。”① 钱玄同的“六经与孔子无关”说解决的正是这一重大问题。是故，此说提出来之后，“殊为学界所重视”。

首先对这一学说表示支持的是顾颉刚。承前所述，钱玄同的这一“惑经”之说公开发表在《读书杂志》的第10期上，是对顾颉刚的《与钱玄同先生论古史书》的答复。本来，顾颉刚曾拟定在“答刘掞藜君书”之后便答钱玄同②，但由于此后辩论双方展开了你来我往的论争，故这一拟定中的“再答”一直未能写定。不过，按之其他文献，顾颉刚对于钱玄同的这一“六经与孔子无关”说可说是十分赞成的。比如，顾颉刚在《古史辨》第1册《自序》中说：“他（指钱玄同——引者注）赞同我的对于古史的见解，更把六经的真相和孔子与《六经》的关系说了很多从来未有的实话。”③ 这一“很多从来未有的实话”，可说是对“六经与孔子无关”说的一个正面肯定。

不仅如此。顾颉刚此后还在不同的场合宣传这一“惑经”之论。比如，1928年下半年，时在中山大学任教的顾颉刚开有“孔子研究”一门课。为了这门课，顾颉刚编有《孔子研究讲义》。这份讲义主要分为甲、乙、丙、丁四种，其中丁种为“经书著作问题”。与本文尤为相关的是，“丁种之二”即为“《论语》中与六经有关的话”，录自钱玄同的《答顾颉刚先生书》，并加有“案语”。其言曰：

> 我们要明白孔子和《六经》的关系，应当注意的第一部书是《论

① 周予同：《“六经”与孔子的关系》，收入朱维铮编校《周予同经学史论》，第551页。

② 顾颉刚：《致钱玄同》，收入《顾颉刚书信集》第1卷，第549页。

③ 顾颉刚：《古史辨》第1册《自序》，第30页。

语》，因为这部书是孔子言行的最早记载。但是不幸得很，《孟子》和《史记》所谓孔子删《诗》《书》，作《春秋》，赞《易》的话，里边全没有提起。从《论语》上看，孔子同《六经》的关系，只是劝人学《诗》，学礼，雅言《诗》、《书》、执礼，正乐，学《易》数事。……却没有他创作《六经》的事实。……所以《六经》和孔子的关系究竟如何？这个问题，真是难说得很。①

在一定程度上，这一“案语”可以说对钱玄同的“六经与孔子无关”说解释得十分到位。要之，对于钱玄同的“六经与孔子无关”说，顾颉刚的态度是肯定的，并不遗余力地加以宣传。

与顾颉刚相近，周予同在当时同样接受了钱玄同的“六经与孔子无关”说。1926年10月，周予同在《一般》杂志发表了一篇题为《僵尸的出祟——异哉所谓学校读经问题》的文章。在此文中，周予同先是指出，关于“经和孔子的关系”，“已经有四派完全不同的学说”，其中第四派是新古史学派，以钱玄同为代表。之后，则转述了钱玄同在《答顾颉刚先生书》一文中关于这一问题的观点，并认为“他所搜集的材料与考据的方法是和汉学家一样的丰富与缜密”。② 其对于“六经与孔子无关”说的支持，由此略见一斑。

除顾颉刚、周予同外，对“六经与孔子无关”说表示赞成的还有钱穆。1926年下半年，时在无锡省立第三师范学校任教的钱穆开有“国学概论”一课，并自编讲义。这份讲义的第一章即为“孔子与六经”。在这一章中，钱穆首先指出：“中国学术具最大权威者凡二：一曰孔子，一曰《六经》。孔子者，中国学术史上人格最高之标准，而《六经》则中国学术史上著述最高之标准也。自孔子以来二千四百年，学者言孔子必及《六经》，治《六经》者亦必及孔子。”因此，“六经之内容，及孔子与《六经》之关系，终不可不一先论也”。之后，钱穆则对“六经之内容及孔子与《六经》之关系”一一进行了系统的论述。要之，钱穆认为：“孔子以前未尝有《六经》，孔子亦未尝造《六经》。”是故，“言孔子者，固不必

① 顾颉刚：《孔子研究讲义》，收入《顾颉刚古史论文集》第4卷，第49~50页。

② 周予同：《僵尸的出祟——异哉所谓学校读经问题》，收入《古史辨》第2册，第193~197页。

专于后世之所谓《六经》也”[①]。

在一定程度上，钱穆之所以有上述的认识，是受到了钱玄同的“六经与孔子无关”说的影响。关于这一点，可以从《国学概论》第十章“最近期之学术思想”中得到证实。其言曰：“若胡适之、顾颉刚、钱玄同诸家，虽建立未遑，而破弃陈说，驳击旧传，确有见地。”比如，“钱玄同《答顾颉刚先生书》论《六经》与孔子无涉，谓《六经》之配成，当在战国之末。虽同为论证未全之说，要其对经史上同为探本穷源之工作，同有可以注意之价值也”[②]。如此来看，钱穆对于“孔子与六经”的认识，来源于钱玄同的“六经与孔子无关”——这一“未全之说”，并对此说进行了系统的论证。

当然，对于钱玄同的“六经与孔子无关”说，并不是当时所有的学者都无异议。大约在1926年10月，归国途中的傅斯年给顾颉刚写了一封长信。其中就谈到了“孔子与《六经》”的问题。傅斯年首先认为，钱玄同的“六经与孔子无关”说“精而了然”，“去了许多云雾”。之后则发表了自家的看法。第一，“假如《周易》是孔子所订，则此传说之出自孔门，决不会如此之迟，亦不会如此之矛盾纷乱”。第二，“以《墨子》证《诗》三百篇，则知《诗》三百至少是当年鲁国的公有教育品，或者更普及”。第三，“现在的今文面目，与其谓是孔子所删，毋宁谓是伏生所删”。第四，关于《礼》《乐》，“觉玄同先生所论甚是”。第五，关于《春秋》，则不以钱玄同的观点为然，认为“《春秋》一部书不容一笔抹杀，而《春秋》与孔子的各类关系不能一言断其为无”。[③] 如此一来，傅斯年对钱玄同的“六经与孔子无关”说提出了修正，即除《春秋》之外，其他“五经”与孔子无关。

不过，上述修正意见仅见诸私函，外界一般无从知晓。直到1928年1月，顾颉刚才将傅斯年的这一长信刊发在《中山大学语言历史学研究所周刊》上。对于傅斯年的修正意见，钱玄同认为“很对”。[④] 因此，钱玄同在

---

① 钱穆：《国学概论》，收入《钱宾四先生全集》第1册，联经出版事业公司，1998，第2～23页，

② 钱穆：《国学概论》，收入《钱宾四先生全集》第1册，第372～374页。

③ 傅斯年：《与顾颉刚论古史书》，收入《傅斯年全集》第1卷，湖南教育出版社，2003，第453～458页

④ 1929年1月3日，《钱玄同日记》载：“配得几本《中山大学语言历史学研究所周刊》第十三、十四期。中有傅孟真《与顾颉刚论古史书》，其中对于我将《春秋》一笔抹杀为非，言《公羊传》中一部分确是孔子思想，我觉得很对。我本不坚持《春秋》为断烂朝报之说，我尝谓《春秋》非微言大义之书，即系断烂朝报，决不能像古文家那样解决耳”（杨天石主编《钱玄同日记》中册，第730页）。

之后的文章便放弃了之前关于《春秋》的看法。比如，钱玄同先是在《〈左氏春秋考证〉书后》一文中指出，“《春秋》一定是一部‘托古改制’的书”。[①] 之后，则在《重论今古文学问题》一文中强调说：“其实《五经》之中，惟《春秋》为孔子所作；其他四经，有成于孔子以前的，有成于孔子以后的；内中如《尚书》，大部分的《周书》及《商书》之《盘庚》当成于孔子以前；而《虞夏书》及《周书》之《洪范》等当出于孔子以后：皆非孔子所作也。”[②]《重论今古文学问题》写于 1931 年。至此，钱玄同将之前的“六经与孔子无关说”，修订为“五经与孔子无关”。

总之，钱玄同的“六经与孔子无关”说提出之后，确实“殊为学者所重视”。如上所述，这一“惑经”之论既受到了顾颉刚和周予同的认可，又引发了钱穆的进一步论证，甚至还得到了傅斯年的修正。当然，直到当下，关于“孔子与六经”的关系问题仍然作为一桩悬案困扰着学术界，但钱玄同提出的这一“六经与孔子无关”说，可谓是一个不同于过往学界的新论点。

---

① 钱玄同：《〈左氏春秋考证〉书后》，收入《古史辨》第 5 册，第 10 页。

② 钱玄同：《重论今古文经学问题》，收入《古史辨》第 5 册，第 34 页。

试论中国早期马克思主义者的中西文化观

周励恒

（南开大学历史学院，天津　300350）

摘　要：以陈独秀、李大钊、杨明斋、瞿秋白为代表的中国早期马克思主义者既有深厚的旧学功底，又接受了马克思主义的唯物史观。在五四运动期间的中西文化论争中，他们对儒家文化进行了批判，认为传统的儒家文化不适合现代政治。他们对东西文化的比较，是对盲目的东方文化优越论的针砭。但他们也不像西化派那样不加别择地拥抱西方文化，而是认为中国的出路在于通过反帝反封建的革命斗争，建设社会主义的新制度和新文化。

关键词：早期中国马克思主义者　西方文化　东方文化　比较

五四新文化运动时期，是一系列新思想在中国迸发的一个时期，五四新文化运动也是新式知识分子以世界文化视角对中国文化进行重新评估、探索未来发展方向的一次伟大尝试。这一时期发生的东西文化大论争备受瞩目。这次论争参与人数多，持续时间长，大概可分为三个阶段。第一阶段是从 1915 年《新青年》创刊到 1919 年五四运动爆发，主要论争东西文化的异同和优劣；五四运动后进入第二阶段，主要论争东西方文化能否调和的问题；第三阶段的争论主要因梁启超发表《欧游心影录》、梁漱溟发表《东西文化及其哲学》引起，这一阶段由于唯物史观等新思想的传入，论争被推进到了一个新的高度。在东西方文化论战中，中国早期马克思主义者①运用刚刚掌握的唯物史观作为工具参与论战，对东西文化提出了新颖的见解，在当时的文化界产生了重要影响，为马克思主义在中国的进一步传播奠定了基础。本文以陈独秀、李大钊、杨明斋、瞿秋白为研究对象，尝试在过去相关研究的基础上②，揭示中国早期马克思主义者的中西文化观。

一 早期马克思主义者对儒家文化的态度

辛亥革命时期，资产阶级文化对传统文化有一定的冲击，但是远未能撼动其根基。民国初年中国政治的动荡使得一部分知识分子认为当时时局混乱、人心险恶的现象是儒家文化衰微造成的，于是以康有为为首的一部分文化保守主义者主张定孔教为“国教”，康氏及其弟子还创办了孔教会，发行杂志，企图使社会形成读经的风气。

康有为认为儒家文化是中国的立国之本，是中华民族存续的基础。他一直坚信中国的文化道路应立足传统的儒家文化，在不威胁儒家信仰的情况下，再吸收西方的政治制度和物质文明。康有为早在万木草堂时期就有将儒学按照基督教的组织形式改造为“儒教”，令国人信奉，从而达到保存国粹的想法。进入民国后，他提出要将衍圣公尊为“立宪虚君”，认为“孔氏为汉族之国粹荣华，尤汉族所宜尊奉矣，舍孔氏亦无他人矣，主民族革命者，应亦同心而无词矣”③。为了使孔教成为共和国的国教，康有为撰文提出应该进行祭祀活动，“今政改共和，国无君主，自无王者所自出，

① 本文的“早期马克思主义者”，指的是中国最先接受马克思主义的知识分子群体。陈独秀、李大钊虽然是在俄国十月革命后才转向的马克思主义，但他们的中西文化观与此前并没有本质的变化，反而多掌握了马克思主义这一分析文化问题的工具，因此本文将他们接受马克思主义之前的观点也纳入讨论。

② 与本文相关的研究成果主要有高力克《启蒙主义的超越——五四后期陈独秀文化观的流变》，《浙江大学学报》1992 年第 1 期；欧阳哲生《陈独秀对新文化运动的思想贡献》，《史学月刊》2009 年第 5 期；卢毅《中国早期马克思主义者与五四时期的东西文化论战》，《党史研究与教学》2009 年第 2 期；魏晓东《五四运动前陈独秀的中西文化观》，《中共党史研究》2014 年第 6 期；张同乐、张建军《李大钊、陈独秀中西文化观比较研究》，载《纪念李大钊诞辰 120 周年学术论文选集》，云南教育出版社，2011；刘黎红《评杨明斋对“五四”文化保守主义思潮的批判》，《广东社会科学》2002 年第 4 期；等等。

③ 康有为：《救亡论》，汤志钧编《康有为政论集》（下），中华书局，1981，第 676 页。

然而天终不可不祭也，祭之，则神不可无配也”①。而在祭祀中配享上帝的，自然应该是孔子，因为孔子是“人道之教主”，是中国人“去野蛮之质而文之”②的圣人。

积极推进立孔教为国教的另一主力是康有为的弟子陈焕章。他特别注意学习使用西方教会的体制来使儒家宗教化，使儒家思想成为一种普遍信仰。此外，他还出版了《孔教论》，为立教进行理论上的铺垫，证明孔教可以成为一种宗教，以及建立孔教的诸多积极意义。针对社会上一些对孔教的非议，他也进行了反驳，认为孔教与国家政权不会产生冲突，也不会妨害科学进步。对于建立孔教的措施，他也有诸多具体设计。③

康有为师徒的创教活动一时间在社会上引起了很大反响，愈演愈烈的尊孔活动引起了新式知识分子的警觉和强烈反应。在他们看来，孔子学说与现代民主共和政治格格不入，若要建立现代的共和政体，孔子学说就不应该再支配中国人的大脑。在五四新文化运动初期，陈独秀与李大钊就开始撰文批评孔教。1924 年，杨明斋在其著作《评中西文化观》中也对儒家文化进行了批判和反思。

早期马克思主义者认为儒家文化在伦理道德方面不适合现代的社会，是民主共和的障碍。儒学经过历史的演变形成了深入人心的、吃人的礼教。礼教束缚了中国人的思想，限制了自由，使中国人丧失了独立的人格。同时，正因为儒家文化的支配地位，中国的政治变革进展迟缓，无法实现真正的民主共和。因此，打倒孔教的神圣地位，建立适合于现代社会的新式伦理是政治进步的必由之路。

陈独秀在《吾人最后之觉悟》一文中指出，西洋文明输入中国几十年，从学术到政治皆不得要领的最根本原因在于伦理没有革命，“盖伦理问题不解决，则政治学术，皆枝叶问题”④。所谓伦理的问题，实际上就是指打破儒家伦理观所带来的枷锁。儒家伦理对中国人影响最大的是“三纲”体系。三纲的概念则源自于儒学的核心——“礼”的思想，即明确“尊卑”“上下”“长幼”等关系，“尊卑贵贱之所由分，即三纲之说之所

①② 康有为：《以孔教为国教配天议》，《康有为政论集》（下），第 848 页。

③ 相关研究可参考干春松《康有为、陈焕章与孔教会》，《兰州大学学报》2008 年第 2 期。

④ 陈独秀：《吾人最后之觉悟》，任建树主编，李银德副主编《陈独秀著作选编》第 1 卷，上海人民出版社，2008，第 248 页。下文所引《陈独秀著作选编》均为此版本，不再另行注明。

由起也”。[①] 陈独秀认为社会伦理思想必然会影响政治思想[②]，“儒者三纲之说，为吾伦理政治之大原”[③]，中国欲解决政治问题，非先改造社会伦理思想不可。三纲实际上是一种阶级制度，“所谓名教，所谓礼教，皆以拥护此别尊卑明贵贱之制度者也”[④]。他认为这种制度是“失灵之偶像，过去之化石”，是封建时代宗法社会的产物。其中“温良恭俭让”等美德均为“世界实践道德家所同遵”，“未可自矜特异，独标一宗者也”[⑤]，没有什么值得标榜的。而其强调尊卑贵贱的内容则与现代文明格格不入。他说如果现在中国仍处在闭关状态之下，“而无西洋独立平等之人权说以相较”的话，“必无人能议孔教之非”，但是现在的中国仿照西方的模式建立了共和国，正在努力施行宪政，“惟明明以共和国民自居，以输入西洋文明自励者，亦于与共和政体西洋文明绝对相反之别尊卑明贵贱之孔教，不欲吐弃”[⑥]，显得不伦不类。因为代议政体、民选议院严格来讲都是“孔教”所不允许的，如果宪法定孔教为国教，那么民国宪法草案中“不与孔子之道相抵触者，盖几希矣”[⑦]。他还指出三纲体系“始于夫妇，终于君臣，共贯同条，不可偏废”[⑧]，现在建立共和已经摧毁了“君臣”这根本的一纲，则其余二纲也应瓦解冰消，没有继续存在的理由。况且孔子之道本来就是为维护封建君主制度服务的，“孔子之道，以伦理政治忠孝一贯，为其大本，其他则枝叶也。故国必尊君，如家之有父”[⑨]。两千年前的政治伦理只适用于君主时代，倘若强行让孔子的思想支配当下，则“将为文明进化之大阻力也”[⑩]。

陈独秀虽然反对孔子学说，但并不是为反而反，而是辩证地看待它。对于其思想在古代的作用，陈独秀也予以肯定，他表示“我们反对孔教，并不是反对孔子个人，也不是说他在古代社会无价值。不过因他不能支配

① 陈独秀：《宪法与孔教》，《陈独秀著作选编》第1卷，第251页。

② “伦理思想，影响于政治，各国皆然，吾华尤甚”，见陈独秀《吾人最后之觉悟》，《陈独秀著作选编》第1卷，第204页。

③ 陈独秀：《吾人最后之觉悟》，《陈独秀著作选编》第1卷，第204页。

④ 陈独秀：《宪法与孔教》，《陈独秀著作选编》第1卷，第251页。

⑤ 陈独秀：《宪法与孔教》，《陈独秀著作选编》第1卷，第251页。

⑥ 陈独秀：《宪法与孔教》，《陈独秀著作选编》第1卷，第251页。

⑦ 陈独秀：《宪法与孔教》，《陈独秀著作选编》第1卷，第251页。

⑧ 陈独秀：《宪法与孔教》，《陈独秀著作选编》第1卷，第251页。

⑨ 陈独秀：《复辟与尊孔》，《陈独秀著作选编》第1卷，第373页。

⑩ 陈独秀：《复辟与尊孔》，《陈独秀著作选编》第1卷，第373页。

现代人心，适合现代潮流，还有一班人硬要拿他出来压迫现代人心，抵抗现代潮流，成了我们社会进化的最大障碍”①。孔子的贡献，在于“祖述儒家，组织有系统之伦理学说”，其学说在宗法社会与封建时代“诚属名产”，“已成完全之系统”，因此不能仅仅改良枝节，“故不得不起而根本排斥之”②。陈独秀晚年对于孔子学说在特定历史环境下的积极意义也予以很高的评价，认为孔子“非宗教迷信的态度”是其第一价值。孔子建立的“礼教”虽然在今天“一钱不值”，但是却是当时经济发展的产物，“由经济的兼并，开始了政治的兼并，为封建制度掘下了坟墓，为统一政权开辟了道路”③。

李大钊对孔子思想的批判则更加犀利，认为孔子之道与现代法律精神、共和政体背道而驰，性质决然相反。针对宪法草案中“国民教育以孔子之道为修身大本”一条，他高呼：“孔子者，数千年前之残骸枯骨也。宪法者，现代国民之血气精神也。以数千年前之残骸枯骨，入于现代国民之血气精神所结晶之宪法，则其宪法将为陈腐死人之宪法，非我辈生人之宪法也，荒陵古墓中之宪法，非光天化日中之宪法也；护持偶象权威之宪法，非保障生民利益之宪法也。”④ 他指出宪法“一文一字均有极确之意义，极强之效力”，而孔子之道则“含混无界”。宪法是具有很强逻辑性以及强制力的文献，如将意义含混不清的孔教掺入，则无法让人遵守。⑤

杨明斋的论著虽发表较晚，但对儒家文化也有很多独到见解。杨明斋(1882～1938)，山东平度人，原名好德，是中共建党时期的马克思主义理论家之一，清末因家境困难远赴俄国谋生，在海参崴一带做工。十月革命前他受布尔什维克党的影响，积极参与俄国革命，并加入了俄共，后被选派进入东方劳动者共产主义大学进修。1920 年他随共产国际代表魏金斯基来华筹建中国共产党，任翻译。后留在中国与陈独秀等成立了共产党上海发起组，又与俞秀松成立上海社会主义青年团，中共成立后转为中共党员。他在中共“一大”后主要从事理论宣传工作，故对中国文化以及当时

① 陈独秀：《宪法与孔教》，《陈独秀著作选编》第 2 卷，第 93 页。
② 陈独秀：《再答俞颂华》，《陈独秀著作选编》第 1 卷，第 344 页。
③ 陈独秀：《孔子与中国》，《陈独秀著作选编》第 5 卷，第 166 页。
④ 李大钊：《孔子与宪法》，《李大钊文集》上册，人民出版社，1984，第 258 页。
⑤ 李大钊认为没人说得清什么是孔子之道：“何者为孔子之道？何者非孔子之道？必如何始为以孔子之道为修身之大本？必如何则否？此质之主张规定此条之议宪诸君，亦将瞠目而莫知所应。”见李大钊《孔子与宪法》，《李大钊文集》上册，第 259 页。

正在进行的东西文化论争高度关注。1924 年，他出版了《评中西文化观》一书，对梁漱溟《东西文化及其哲学》、梁启超《先秦政治思想史》、章士钊《农国辨》展开批评，并阐述了自己的文化观。

杨明斋通过对中国历史的考察和对社会心理的总结，认为“中国自秦以后采用了儒家的文化，便是偏于讲人情及自修的文化”①。两千年儒家文化影响的结果，就是中国人养成了一种特有的人际关系，即“讲情分”“不好过”“下不去”“看面子”等；总括起来说是要人凡事“留情”，注重人情的生活。② 讲人情，意味着中国人在处理人际关系时不会只讲道理，而且还要讲情面，无论是公开的或是秘密的交往，肯定先讲情分与情感，因此法制不能够普及。从乡村治理到政府，再到各种团体，都是讲情分的。杨明斋将这些情分分为如下几类：士界之情分、官界之情分、家族之情分、亲姻之情分、朋友之情分、同族同村同乡同省甚而至于同姓的情分、对于死族之情分、一般纪念之情分③，等等。

杨明斋认为儒家的政治思想排斥变革，因此中国的政治革新总会遇到儒家思想的阻挠。他说：“我国历史上的政治自儒家‘治天下’以来，并没有真正政治革命那么一回事。”④ 中国历次改朝换代，“无论是贵族篡弑，外族侵入，强盗头目的盗器，可是定霸以后其政治大权仍是操于儒家之手”。儒家知识分子认同的伦理是“君臣父子”之类的“五伦”，因此对以下犯上的革命非但不参加，“倒反极力的破坏，不但破坏这种革命，并且反对一切政治经济风俗法律等之改革”⑤。又因为儒家“法先王”的政治信条，若是改革违反了君臣之义，那就是大逆不道，会受到群起围攻。所以历史上像韩愈、王安石那样的改革家，其革新程度大抵不会逾越“五伦”。最后他指出中国政治革命的悲剧就在于“二千年来全国的教育又是在儒家手中，所以儒家不参加政治的改革。若是西洋文化不进来，再有二千年仍旧是如古无疑。因为受教育的人不想去革改社会，那不受教育的生脑筋如何能创出新法子来革改社会！而儒家偶然也有革改的创造者出，像王安石辈，也搁不住群儒攻之”⑥。

---

① 杨明斋：《评中西文化观》，黄山书社，2008，第 189 页。
② 杨明斋：《评中西文化观》，第 193 页。
③ 杨明斋：《评中西文化观》，第 194 ~ 196 页。
④ 杨明斋：《评中西文化观》，第 109 页。
⑤ 杨明斋：《评中西文化观》，第 109 页。
⑥ 杨明斋：《评中西文化观》，第 109 页。

陈独秀、杨明斋还认为儒家文化是阻碍科学发展、造成社会落后的原因之一。陈独秀指出儒家思想会使人甘于被压迫，使人能力萎缩，从而导致政治的混乱。在《答常乃悳》中他写道："王者仁政为他动的被治的政制，导吾人于奴隶地位，于能力萎缩之途，由治而乱者也。"[①] 他还认为无论何种学派，只要被定为一尊，就会阻碍思想文化自由的发展，孔子之道如不攻破，则"吾国之政治、法律、社会道德，俱无由出黑暗而入光明"[②]。

杨明斋还揭示出儒家的教育观只会教给人以无用的东西，养成人的奔走奉迎与无耻，败坏人的品质。他说儒家的教育"一不讲经济，二羞于与农工商为伍，除去作官贪赃卖法外，简直的绝了生活之道的路"，于是天下的士子都以谋取功名、做官发财为人生目的。而官场上的虚荣和权力之争也使得人们"奔走钻营的手段与无耻卑鄙的心理愈演愈浓厚"[③]，最后社会风气就变得只讲名利了。

二　对东西文化之比较

在五四新文化运动初期，为了提倡民主自由、改造国民的思想，陈独秀与李大钊将以中国文化为代表的东方文化与西方文化进行了比较。在他们眼中，近代西方文化是自由独立的，是民主和科学的[④]，东方文化则"未能脱古代文明之窠臼"[⑤]。东方民族的民族性比西方民族差，文明程度落后，东方文化不值得夸耀。

陈独秀在一系列文章中，从民族性格、民族心理、社会政治、伦理风俗等方面比较了东西方文化，提出了如下几点论断。

第一，"西洋民族以战争为本位，东洋民族以安息为本位"[⑥]。中国人所信奉的儒教、道教、佛教都视争斗、战争为不祥，而西洋民族则恰恰相反，一部欧洲史，"无一字非鲜血所书"，"西洋民族性，恶侮辱，宁斗死；

① 陈独秀：《答常乃悳》，《陈独秀著作选编》第1卷，第274页。

② 陈独秀：《答吴又陵》，《陈独秀著作选编》第1卷，第282页。

③ 杨明斋：《评中西文化观》，第216页。

④ 陈独秀说西方文明"最足以变古之道，而使人心社会划然一新者，厥有三事：一曰人权说，一曰生物进化论，一曰社会主义"，见氏著《法兰西人与近世文明》，《陈独秀著作选编》第1卷，第164页。

⑤ 陈独秀：《法兰西人与近世文明》，《陈独秀著作选编》第1卷，第164页。

⑥ 陈独秀：《东西民族根本思想之差异》，《陈独秀著作选编》第1卷，第193页。

东洋民族性，恶斗死，宁忍辱”[①]。

第二，“西洋民族以个人为本位，东洋民族以家族为本位”。在他看来，西洋民族重视个人利益，“自古讫今，彻头彻尾，个人主义之民族也”，“举一切伦理，道德，政治，法律，社会之所向往，国家之祈求，拥护个人之自由权利与幸福而已”[②]。西方国家的个人自由及人权由宪法保护，任何人不得剥夺。而东洋民族自游牧社会到宗法社会，再到封建政治，都是“以家族为本位，而个人无权利”。国家的组织也像家族一样“尊元首，重阶级，故教忠”，政治体制表现为君主专制，并且养成人民重视忠孝的“宗法社会封建时代之道德”。他还指出了家族本位的宗法制度所造成的恶果有“损坏个人独立自尊之人格”；“窒碍个人意思之自由”；“剥夺个人法律上平等之权利”；“养成依赖性，戕贼个人之生产力”[③]。他的这些论断虽然不无偏激之处，但主旨在于鼓吹人权，抨击专制。

第三，“西洋民族以法治为本位，以实利为本位；东洋民族以感情为本位。以虚文为本位”[④]。陈独秀认为西洋民族的法治精神已经深入骨髓，“不独国政为然，社会家庭，无不如是”，家庭成员之间“亲子昆季夫妇，同为受治于法之一人，权利义务之间，自不得以感情之故，而有所损益”，因此西方人“绝无血统家族之观念”，相较而言东洋民族则重家族，轻个人。

第四，中国人不关心政治，没有国家、公共的观念。因为中国专制的历史太长，人民不知道“国家何物，政治何事”，认为“干预政治，非分内之事；国政变迁，悉委诸政府及党人之手；自身取中立态度，若观对岸之火，不知国家为人民公产，人类为政治动物”[⑤]。而欧美国民对于国内政治则“多知之”，这也是西方国家国民素质高的一个表现。

第五，中国的伦理思想为“儒者三纲之说”，是一种落后的阶级制度，而“近世西洋之道德政治，乃以自由平等独立之说为大原，与阶级制度极端相反”[⑥]。他指出中国若想实行共和政治，则必须废除旧的伦理道德。

第六，现代西洋的教育制度，是“自动的而非他动的，乃启发的而非

① 陈独秀：《东西民族根本思想之差异》，《陈独秀著作选编》第1卷，第193页。
② 陈独秀：《东西民族根本思想之差异》，《陈独秀著作选编》第1卷，第194页。
③ 陈独秀：《东西民族根本思想之差异》，《陈独秀著作选编》第1卷，第194页。
④ 陈独秀：《东西民族根本思想之差异》，《陈独秀著作选编》第1卷，第195页。
⑤ 陈独秀：《吾人最后之觉悟》，《陈独秀著作选编》第1卷，第202页。
⑥ 陈独秀：《吾人最后之觉悟》，《陈独秀著作选编》第1卷，第202页。

灌输的，乃实用的而非虚文的，乃社会的而非私人的，乃直视的而非幻想的，乃世俗的而非神圣的，乃全身的而非单独脑部的，乃推理的而非记忆的，乃科学的而非历史的"[①]。而中国当时虽然已经模仿西方教育制度很多年，但"成效毫无"，原因是"学校处数固属过少，不能普及，就是已成的学校，所教的无非是中国腐旧的经史文学，就是死读几本外国文和理科教科书，也是去近代西洋教育真相真精神尚远。此等教育，有不如无。因为教的人和受教的人，都不懂得教育是什么，不过把学校毕业当做出身地步"[②]。因此，陈独秀认为中国教育若想发达，必须学到西洋教育的真相和精神。

第七，西洋民族在作风气质、生活习惯上也优于东方民族，"欧俗以横厉无前为上德，亚洲以闲逸恬淡为美风"[③]。西方民族勤奋惜时，而中国惰民则"不解时间上之经济为何事"[④]。

李大钊也对东西方文明的精神特点进行了总结，认为"东洋文明主静，西洋文明主动"，并对西方文明大加赞赏。[⑤] 他从历史唯物主义的角度出发来比较东西方文化差异的原因，提出东方民族"因自然之富，物产之丰，故其生计以农业为主，其民族为定住的"，而西方民族因资源缺乏，"不能不转徙移动，故其生计以工商为主，其民族为移住的"[⑥]。因为经济模式的不同，东西方民族的家族模式也有所区别，东方民族家族繁衍，"行家族主义"，西方民族因为移住各处，故家族简单，"行个人主义"。因此便形成了东方民族重男轻女、西方民族尊重女性的伦理道德。

李大钊将东方文明的缺陷总结为如下几点："（一）厌世的人生观，不适于宇宙进化之理法；（二）惰性太重；（三）不尊重个性之权威与势力，（四）阶级的精神视个人仅为一较大单位中不完全之部分，部分之生存价

① 陈独秀：《答胡子承》，《新青年》3卷8号，1919年5月1日。

② 陈独秀：《近代西洋教育——在天津南开学校的讲演》，《陈独秀著作选编》第1卷，第107页。

③ 陈独秀：《敬告青年》，《陈独秀著作选编》第1卷，第160页。

④ 陈独秀：《我之爱国主义》，《陈独秀著作选编》第1卷，第232页。

⑤ "一为自然的，一为人为的；一为安息的，一为战争的；一为消极的，一为积极的；一为依赖的，一为独立的；一为苟安的，一为突进的；一为因袭的，一为创造的；一为保守的，一为进步的；一为直觉的，一为理智的；一为空想的，一为体验的；一为艺术的，一为科学的：一为精神的，一为物质的；一为灵的，一为肉的；一为向天的，一为立地的；一为自然支配人间的，一为人间征服自然的。"见李大钊《东西文明根本之异点》，《李大钊文集》上册，第557页。

⑥ 李大钊：《东西文明根本之异点》，《李大钊文集》上册，第558页。

值全为单位所吞没，（五）对于妇人之轻侮；（六）同情心之缺乏；（七）神权之偏重；（八）专制主义之盛行。”① 虽然东方文明缺陷重重，但李大钊还是认为不应全部否认其意义，“平情论之，东西文明，互有长短，不宜妄为轩轾于其间”，东方文明虽然处于衰败之势，但“彼西洋之动的文明，物质的生活，虽就其自身之重累而言，不无趋予自杀之倾向”②。这体现出李大钊东西文化观辩证的一面。

杨明斋对中西文化的评论也集中于伦理方面。他认为西洋的文化是“偏于论理及干涉人的文化，不像中国文化那样注重名分，以尊卑上下贵贱等差之义为实行五伦的人情生活”③。形成这些特点有三点原因：地理与经济的关系、种族的先后兴起之遇合，基督教的教义及其组织。

此外，他还认为中国文化因为“以经济除外、人情代法、无治主义三者为治的根本”，所以无法产生欧洲那样的法律。欧洲法律秩序之所以产生，是因为各国的政治“在演进中产生了经济宗教教育权之霸者与不平者不断的竞争”④，是通过斗争得来的，因而人权与自由权才能得到保障。中国历史上没有经历过教育、宗教、政治、经济的四大革命，自然没有人权和自由权。

五四新文化运动后期，在某些西方学者为反思第一次世界大战灾难，对东方文化说了几句赞美之言的情况下，中国个别的文化保守主义者颇沾沾自喜，宣扬西方文明衰落了，要用东方文明拯救西方。对这种盲目颂扬东方文化的态度，马克思主义者，保持了清醒的头脑，他们发表一系列中西文化比较的文章，指出西方文化的先进之处。第一次世界大战爆发后，感慨于大战对生命财产空前巨大的破坏，西方知识界弥漫着一股“西方文化衰落”的气氛，对西方文化未来的发展失去了信心。与此同时，“东方文化救世论”在欧洲兴起，试图用东方文化来拯救陷入危机的西方文化。来自欧洲的“东方文化救世论”对中国的一些知识分子来讲是一种巨大刺激，使他们对中国文化瞬间有了自信。在这种思潮的影响下，一些原本主张学习西方的学者的思想产生了转向，他们回过头来反思这几十年一直号称先进的西方文化，并质疑其是否还值得继续学习。其中以杜亚泉、梁启超、梁漱溟、张君劢、章士钊为代表的东方文化派对西方文化的批判最为

① 李大钊：《东西文明根本之异点》，《李大钊文集》上册，第560页。
② 李大钊：《东西文明根本之异点》，《李大钊文集》上册，第560页。
③ 杨明斋：《评中西文化观》，第260页。
④ 杨明斋：《评中西文化观》，第108页。

激烈。《东方杂志》的主编杜亚泉表示“近年以来，吾国人羡慕西洋文明无所不至，自军国大事以至日用细微，无不效法西洋，而于自国固有之文明，几不复置意。然自欧战发生以来，西洋诸国日以其科学发明之利器，戕杀其同类，悲惨剧烈之状态，不但为吾国历史之所无，亦且为世界从来所未有。吾人对于向所羡慕之西洋文明，已不胜其怀疑之意见”①。在《迷乱之现代人心》一文中，他认为西方思想历史上变化不断，从希腊思想、希伯来思想演进为科学思想的过程中，不断被其他思想破坏，缺乏延续性，所以本身就“自陷于混乱矛盾”，他们的思想“断片不能得其贯串”，因此西洋人“于物质上虽获成功得致富强之效，而其精神上之烦闷殊甚”②。梁启超在《欧游心影录》中也详细地记述了欧洲人对东方文化的渴求，并鼓励青年向欧洲出口中国的儒家文化③。梁漱溟也在《东西文化及其哲学》中指出应该将西方人引到孔子这条路上来。张君劢在第一次世界大战结束后留在德国师从倭伊铿学习哲学，回国后也转向了文化保守主义，开始批判西方的物质文明，提倡中国的精神文明。章士钊在一战后也开始由西化转向保守，提倡新旧文化调和。

而中国早期马克思主义者们此时则提出应该学习社会主义，并以唯物史观为武器对东方文化派学者的观点提出了尖锐的批评。他们认为西方文化并没有像东方文化派认为的那样真正衰落了，东方文化虽然在某些方面有可取之处，但总的来说，与西方文明相差甚远。中国急需学习其民主和科学的精神。

陈独秀奉劝青年不要盲目乐观，看到西方学者感叹“西方文化危机”就飘飘然，认为“科学无用了”“西洋人倾向东方文化了”。实际上西洋倾向东方文化的只不过是“几位别致的古董先生怀着好奇心”而已，所持西方文化衰落说也许是“有些圆通的人拿这话来应酬东方的土政客”④，是当不得真的。他对东方文化派鼓吹的东方精神文明优越论极不赞同，他认为中国“四万万人中，至少总有二万万人不能由正当手段得着衣、食、住的

① 杜亚泉：《静的文明与动的文明》，《东方杂志》第13卷第10号，1916年10月。

② 伧父：《迷乱之现代人心》，《东方杂志》第15卷第4号，1918年4月。

③ 梁启超在《欧游心影录》的最后写道：“我们可爱的青年啊，立正，开步走！大海对岸那边有好几万万人，愁着物质文明破产，哀哀欲绝的喊救命，等着你来超拔他哩。”见《饮冰室合集·专集之二十三》，中华书局，1989。

④ 陈独秀：《新文化运动是什么?》，《陈独秀著作选编》第2卷，第218页。

物质生活资料”，“至少总有三万万人不认识我们这倒运的象形字”①，在这些方面，中国远比西方落后，是没有资格来高谈阔论精神生活以及东方文化的。那些主张东方文化优越的人，实际上是“自闭于幽谷”，这种议论也是“亡国灭种的议论”②。对于《东方杂志》所刊发的宣扬儒家思想先进、贬低西方思想文化的文章，陈独秀先后撰写了《质问〈东方杂志〉记者——〈东方杂志〉与复辟问题》以及《再质问〈东方杂志〉记者》进行反驳。指出其一面赞同“西洋学说之输入”，与顽固守旧派划清界限，一面又认为输入西洋“一二断片”似的文明“直与猩红热梅毒等之输入无异”③ 说法的虚伪。

杨明斋对东方文化派的批评则更具讽刺意味。他认为梁启超访问欧洲“正值人家才战争了五六年，战得人困马乏、心焦紊乱、物质养育缺乏时，遇见了几个受时局反感到恹世悲观者谈了几句东西文化的结果与将来，人家没好气的说自己的文化如何流弊不好”，然后他就把自己熟悉的孔子学说介绍给他们，“人家当然是极力的奉承了”④。因此他也就“不细察人家的文化是怎样会流弊，对于其流弊有无补救的方法，其补救之法是否合乎人道。此法于我们于世界于将来之关系如何，便决定回国发挥自己的文化，以期输入人家”⑤。他进一步指出实际上西方文明解决“欧战残杀以及决定劳资争斗的方法，人家早就有了”，“这方法就是社会主义”，而且“要打破那种资本帝国军阀，也非采用社会主义不可”，“因为资本国家爱国军阀等类的主义都是因经济而起的，所以也非从经济上去解决他不可”⑥。

三 建设社会主义新文化的设想

五四运动初期，陈独秀、李大钊等后来成为马克思主义者的反传统知识分子主要致力于批判中国传统文化，推崇民主科学的西方文化。“五四”以后他们则将注意力更多地转向了如何建设新文化。李大钊认为宇宙进化

① 陈独秀：《精神生活 东方文化》，《陈独秀著作选编》第 3 卷，第 198 页。
② 陈独秀：《精神生活东方文化》，《陈独秀著作选编》第 3 卷，第 198 页。
③ 陈独秀：《再质问〈东方文化〉记者》，《陈独秀著作选编》第 2 卷，第 39 页。
④ 杨明斋：《评中西文化观》，第 114 页。
⑤ 杨明斋：《评中西文化观》，第 114 页。
⑥ 杨明斋：《评中西文化观》，第 114 页。

全靠两种精神，一个是新的，一个是旧的，“但这两种精神活动的方向，必须是代谢的，不是固定的；是合体的，不是分立的，才能于进化有益”。因此他号召年轻人要于“政治、社会、文学、思想种种方面开辟一条新径路，创造一种新生活”①。

早期马克思主义者不但对中国传统文化不满，对西方资本主义文明的弊端也有所认识，认为改造中国文化不能全盘照搬西方。陈独秀就提出：“我们不但对旧文化不满足，对于新文化也要不满足才好；不但对于东方文化不满足，对于西方文化也要不满足才好；不满足才有创造的余地。”②正是这种对东西方文化的不满足，使得早期马克思主义者们希望为中国文化的未来开辟出一条新路。

针对中国资本主义还不发达的现状，陈独秀提出中国不能走西方发达国家压迫劳动阶级的老路③，即不能再仿效资本主义制度创建新文化，而应当从社会主义上找出路。同时，李大钊也发表了一系列文章阐述社会主义与中国社会的关系④。他指出受资本主义压迫的是无产阶级和弱小民族，凡是“像中国这样的被压迫的民族国家的全体人民，都应该很深刻地觉悟他们自己的责任……建设一个人民的政府，抵抗国际的资本主义，这也算是世界革命的一部分工作”⑤。他对社会主义做了很美好的设想，认为“社会主义是使生产品为有计划的增值，为极公平的分配，要整理生产的方法。这样一来，能够使我们人人都能安享幸福，过那一种很好的精神和物质的生活”⑥。

瞿秋白对建设社会主义新文化也进行了许多思考。他认为中国的社会思想到了“五四”时代，“已是一大变动的时候”，有识之士纷纷对旧的思想学术制度进行攻击。但是“等到代表‘旧’的势力宣告无战争力的时期，‘新’派思想之中，因潜伏的矛盾点——历史上学术思想的渊源，地

① 李大钊：《新的！旧的!》，《新青年》第4卷第5号，1918年5月15日。

② 陈独秀：《新文化运动是什么?》，《陈独秀著作选编》第2卷，第221页。

③ 他曾指出：“幸而我们中国此时才创造教育、工业。在资本制度还为发达的时候，正好用社会主义来发展教育及工业。在资本制度还未发达的时候，正好用社会主义来发展教育及工业，免得走欧、美、日本的错路。”见陈独秀《关于社会主义的讨论》，《陈独秀著作选》第1卷，上海人民出版社，1993，第207页。

④ 有《社会主义与社会运动》《社会主义下之实业》《中国的社会主义与世界的资本主义》《由平民政治到工人政治》《社会主义下的经济组织》等。

⑤ 李大钊：《十月革命与中国人民》，《李大钊文集》下册，第577页。

⑥ 李大钊：《社会主义释疑》，《李大钊文集》下册，第670页。

理上文化交流之法则——渐渐发现出来，于是思潮的去向就不像当初那样简单了"①。对于未来的文化发展走向，瞿秋白认为抄欧洲工业革命的老文章，提倡"振兴实业利用外资"是"中了美国资本家新式侵略政策的骗"。在学术上，中国虽然和欧美文化相接20余年，但是直到如今才有人认识到将科学引进古老的中国。然而"欧美大战后思想破产而向东方呼吁，重新引动了中国人的傲慢心"，中国思想界由是"紊乱摇晃不定"②，因此他要"担一份中国再生时代思考发展的责任"③。

针对新文化运动时期的中国现状，瞿秋白认为东西方文化相调和的做法不可取。因为"现时两种文化，代表过去时代的，都有危害的病状：一病资产阶级的市侩主义，一病'东方式'的死寂"④，"中国的文化，宗法社会，已经为帝国主义所攻破；封建制度，已经成帝国主义的武器……我们也绝不歌颂西方文化，因为文化本无东西之别"⑤。他指出建设新文化的文明问题就"已经不单在书本子上讨论，而且有无产阶级的社会主义运动来求解决了"。因为帝国主义的发展已经沟通了全世界的经济脉络，把"东方西方两文化熔铸为一"，所以文化变革就是全世界的事情。而这种新的革命文化，就是"杀帝国主义的刽子手"⑥。他还指出资产阶级为其所依附的经济制度所限，不能再前进，因此"不得不教人'克己'"⑦，讲唯心主义。世界人民要以科学作为武器颠覆旧社会，破除宗法社会、封建制度的遗迹，方能得真正文化的发展。

在探索创建社会主义新文化的过程中，早期马克思主义者们主动运用了唯物史观来分析文化与经济基础的关系。陈独秀曾表示"只有可观的物质原因可以变动社会，可以解释历史，可以支配人生观，这便是'唯物的历史观'"⑧。李大钊也认为"经济组织没有改变，精神的改造很难成功"⑨，"凡一时代，经济上若发生了变动，思想上也必然发生变动"⑩，

① 瞿秋白：《赤都心史》，东方出版社，2015，第30页。
② 瞿秋白：《赤都心史》，第31~32页。
③ 瞿秋白：《赤都心史》，第32页。
④ 瞿秋白：《赤都心史》，第226页。
⑤ 瞿秋白：《东方文化与世界革命》，《瞿秋白选集》，人民出版社，1985，第17页。
⑥ 瞿秋白：《东方文化与世界革命》，《瞿秋白选集》，第19页。
⑦ 瞿秋白：《东方文化与世界革命》，《瞿秋白选集》，第20页。
⑧ 陈独秀：《〈科学与人生观〉序》，上海：亚东图书馆，1923。
⑨ 李大钊：《"少年中国"的"少年运动"》，《李大钊文集》下册，第43页。
⑩ 李大钊：《由经济上解释中国近代思想变动的原因》，《李大钊文集》下册，第177页。

“新思想是应经济的新状态、社会的新要求发生的，不是几个青年凭空造出来的”①。瞿秋白也指出“精神文明是物质文明的副产”②。因此在讨论文化问题时他总是从经济角度入手。他说“人类的文化艺术，是他几千百年社会心灵精采的凝结累积，有实际内力做他的基础”，而这社会心灵的精采，就是“经济生活”③。

综上所述，以陈独秀、李大钊、杨明斋、瞿秋白为代表的中国早期马克思主义者既有深厚的旧学功底，又接受了马克思主义的唯物史观，因而对于中西文化有着独特而深刻的认识。他们既不像西化派那样不加别择地拥抱西方文化，也不像东方文化派那样厚中薄西。在他们看来，传统的儒家文化不能带领中国走向民主自由和富强的新境界；西方文化的科学民主固然值得学习，但全盘西化也必然会将资本主义制度的糟粕引入中国。中国的出路在于通过反帝反封建的革命斗争，建设社会主义的新制度和新文化。尽管由于他们接受马克思主义不久，其思想还不成熟，理论水平有待提高，有些见解不乏偏激、片面，甚至幼稚，但是他们用唯物史观来分析中国文化的尝试以及对社会主义文化的畅想却为人们思考中国文化的未来提供了一个新的思路。

① 李大钊：《由经济上解释中国近代思想变动的原因》，《李大钊文集》下册，第184页。

② 瞿秋白：《现代文明的问题与社会主义》，陈崧编《五四前后东西文化问题论战文选》（增订本），中国社会科学出版社，1989，第605页。

③ 瞿秋白：《赤都心史》，第124页。

中国马克思主义史学与传统经学*

李玉莉
（河南师范大学历史文化学院，河南新乡　453007）

摘　要： 中国马克思主义史学的产生揭开了中国史学发展的新篇章。经学为传统学术文化之渊薮，与中国马克思主义史学发生着复杂的联系。老一辈马克思主义史家经学功底扎实，传统教育沉淀的经学知识为其历史研究提供了有利条件。马克思主义史家在唯物史观指导下重新审视传统经学，将其与古代历史研究结合起来，经学的史料价值进一步彰显。作为新的史学流派，马克思主义史学对待经学之态度有特殊的时代意义。经学与马克思主义史学哲学思想的内在融合也是诸多联系中的重要内容。

关键词： 经学　马克思主义史学　经学观

马克思主义史学是继整理国故思潮而起的中国史学进一步发展的反映，1930 年郭沫若《中国古代社会研究》的出版是其诞生的标志。中国马克思主义史学的产生揭开了中国史学发展的新篇章。其出现有特定的社会背景。民国初年，虽然民主思想有所发展，但封建思想并没有铲除，张勋复辟、袁世凯称帝的逆流接连不断，思想界尊孔的倾向重新高涨。此时，陈独秀、李大钊、胡适等先进知识分子，举起民主和科学的大旗，发动了新文化运动。“在对传统的批判基础上，新文化运动的最大贡献之一就是马克思主义的唯物史观引入了中国。”① 五四运动以后，马克思主义得到了

---

* 河南师范大学青年科学基金项目“中国史学近代转型的经学因素研究”（项目号：2015QK44）阶段性成果。

① 许凌云等：《儒学与中国史学》，山东大学出版社，1992，第 424 页。

进一步传播和发展。以李大钊、郭沫若、范文澜等为代表的马克思主义者，在唯物史观的指导下，把中国史学带进了科学的殿堂。

除了社会和思想背景之外，中国马克思主义史学的产生还有学术自身发展的内在逻辑。“五四”时期，经学退出历史舞台，然而中国在意识形态领域非但没有显得空寂，反而出现热烈竞争的局面。西方各种思想传入中国，包括实验主义、无政府主义、社会主义、文化保守主义，等等，马克思主义也是其中之一。马克思主义之所以影响最大，是因为：第一，马克思主义是科学的思想体系，代表了人类近代社会科学发展的最新成果；第二，它是解决中国社会现实问题的理论指针，比较适合中国社会的实际；第三，马克思主义与中国的民族文化有相通之处，中国人先天具有接受这一理论形态的文化基因。如刘大年所说，“马克思主义与中国传统文化中古典的朴素的唯物辩证法的思想是可以沟通的”，“马克思主义哲学中互相联系的两个部分，一是唯物论，二是辩证法。中国传统哲学、首先是经学里面，就流传着这两者的科学要素。汉代人关于‘实事求是’的思想和《易传》上的朴素辩证法，很能说明问题”。因此，“马克思主义与中国传统文化相结合，是中国文化的自我更新，是中国文化现阶段的重要发展”①。马克思主义史学与中国传统文化有密不可分的联系，经学作为传统文化的重要内容，自然与中国马克思主义史学有所关联。这种关联既体现在它对马克思主义史学的产生和发展的影响方面，也表现在马克思主义史学对经学的研究中。

一　马克思主义史家的经学背景

近代中国史学转型期的马克思主义史学家，从 20 世纪 20～40 年代，形成了一支浩浩荡荡的队伍。著名者有李大钊、郭沫若、吕振羽、范文澜、翦伯赞、侯外庐、杜国庠、赵纪彬、何干之、尹达等。此外，一些共产党的领导人或理论家也用马克思主义观点撰著了中国现当代史或革命史著作。他们是吴玉章、蔡和森、瞿秋白、邓中夏、李达、澎湃、恽代英、张闻天、李维汉等，虽然他们的著作大都是为配合当时的革命形势而作的，但也属于学术著作。所以，他们也应在马克思主义史学史上占有一定的位置。

在马克思主义史学家中，李大钊可谓是先驱。他最早在中国全面系统

① 刘大年：《评近代经学》，《明清论丛》（第一辑），紫禁城出版社，1999，第 46 页。

地介绍马克思主义。1919 年，李大钊发表《我的马克思主义观》，介绍马克思主义的基本原理。1924 年 5 月，李大钊的《史学要论》问世，第一次根据唯物史观论述了什么是历史、什么是历史学、历史学的系统、史学在科学中的位置、史学与其相关学问的关系、现代史学的研究及于人生态度的影响等史学的基本问题，为中国马克思主义史学的产生奠定了基础。李大钊 1889 年出生于河北乐亭农村，1895 年入私塾接受启蒙教育，先后从当地名师单子鳌、赵辉斗学习。中学毕业后，李大钊考入天津“北洋法政专门学堂”；1914 年入日本早稻田大学政治系本科学习。李大钊 1918 年进入北京大学，出任北大图书馆主任。1920 年 7 月他被北大评议会特别会议聘为教授。李大钊是整理国故时期学术界宣传马克思主义、倡导用唯物史观研究历史、开创历史学新纪元的异军突起之史家。尽管李氏当时在北大以演讲史学理论、史学思想史为主，但从他发表的为数不多的关于古史研究的论文中，依然可以看出他在古代文献乃至文字学方面的深厚功力。这与他早年熟读四书五经有很大关系，与他在日本读书期间及回国后与甲寅派学者如章士钊等人的交往亦有关系。

郭沫若在大学时读的是医科，但最终从事的则是文学创作和历史研究。这与他少年时代打下的深厚的文史基础是分不开的。郭沫若 1892 年出生于四川乐山，自幼熟读四书五经，并且曾用很大工夫研读《史记》《资治通鉴》等史学名著，对于《诗》《书》《易》等儒家经典也很熟悉，所以即使在他侨居日本、书籍资料极难搜求的情况下，也能依靠以往坚实的经史基础进行古史研究。郭沫若读小学、中学时，受两位老师影响很大，一位是帅平均，一位是黄经华。他们都是四川井研人今文学大师廖平的弟子。廖平著述丰富，《今古学考》《辟刘篇》《知圣篇》是其代表作。他曾对宋学、汉学产生兴趣，后受今文经学家王闿运的影响，转治今文经学。廖平发展了尊今抑古的思想，把阐释经书的真谛作为自己的使命。虽说其经学观点多变，后期思想怪诞，但在经学史上功不可没，廖平“在中国经学术上，既具有相当地位，而在晚清思想史上，亦握有严重转捩之革命力量”，“廖先生崛起，著成《今古学考》《古学考》《知圣篇》《四益经话》等书，遂将三千年来之孔子，及数千年之经学，与经学所产生之思想言论，根本改造，发前人所未发……此一切一切皆形成空前之结论，又皆导源于廖先生经学革命之功”①。帅平均非常钦服廖平，讲经学时常常有所称

① 侯堮：《廖季平先生评传》，天津《大公报》1932 年 8 月 1 日《文学副刊》。

引，在当时的郭沫若看来，廖平“就好像是一位教祖”[①]，教祖的影响自然是深远而博大的。

郭沫若对帅平均的读经讲经课很感兴趣，也从中深获教益。入乐山县高等小学前，郭沫若在私塾中习读经书，通过帅平均接触了更系统的经学知识，开始“知道经学中有今文派、古文派的辨别”[②]。郭沫若原来在家塾中读梅赜的《古文尚书》，帅平均传授的今文经学家法让他耳目一新，小学时代的郭沫若已经萌生了对今文经学的浓厚兴趣。1907 年秋，郭沫若进入嘉定府中学堂，经学教员是黄经华。黄经华是郭沫若的同乡，对郭沫若格外照顾。在黄经华的鼓励和支持下，郭沫若对今文经学的兴趣得到了进一步培养和发展。黄经华教授《春秋》，他继承了廖平三传一家的学说，并有所发挥，“他很有把孔子宗教化的倾向，他说唐虞三代都是假的，‘六艺’都是孔子的创作，就是所谓托古改制”，“他这种见解在当时是很新鲜的”[③]。接受了马克思主义的郭沫若，对今文经学的这些观点自然采取分析和批判的态度。但今文经学的学风和某些观点还是对他的治学产生了影响。

学术界一般把郭沫若、吕振羽、范文澜、翦伯赞、侯外庐称作马克思主义史学“五大家”。[④] 这五大家中，最有经学背景的是范文澜。范文澜于北京大学求学时师从黄侃、陈汉章、刘师培，学习经学、音韵、训诂之学。黄侃、陈汉章、刘师培均属古文经学的重要学者，范文澜服膺这三位先生深厚的学问和严谨扎实的考证功夫，深受他们治学的影响，特别是由黄侃讲授的《文心雕龙》，对他影响更大。北京大学期间师从古文经学大家，为范文澜打下了坚实的经学功底。另外，章门学风对范文澜的影响也很深。即使以后接受了马克思主义，早年的师承影响依然在范文澜的为人和治学方面有所反映。[⑤]

侯外庐是五大家中唯一在大学中选择历史学为自己专业的学者。[⑥] 他幼时接受的也是传统教育，侯外庐回忆说，他“实足十三岁读完四书五

---

① 郭沫若：《郭沫若选集》（第 3 卷），人民文学出版社，1997，第 56 页。

② 郭沫若：《郭沫若选集》（第 3 卷），人民文学出版社，1997，第 67 页。

③ 郭沫若：《郭沫若选集》（第 3 卷），人民文学出版社，1997，第 96 页。

④ 见中国社会科学院历史研究所史学史研究室编《新史学五大家》，社会科学文献出版社，1996。

⑤ 周文玖：《范文澜的经学与史学》，《史学史研究》2014 年第 4 期。

⑥ 侯外庐 1923 年考取了北京师范大学和北京法政大学，在两校同时就读。在师范大学学习历史，在法政大学学习法律。

经，把‘子曰’‘诗云’之类背得滚瓜烂熟，实际上理解的成分微乎其微，百分之九十以上的内容，都有待日后反刍消化”。但这种教育也为他日后的学术研究奠定了较扎实的国学基础。“我和许多同一时代学人，之所以能驾轻就熟研究先秦各门学术，都因为早年所受的教育，强制性地要求我们掌握了大量的先秦资料。”[①] 侯外庐受过梁启超的影响，然受章太炎影响更大。对章太炎，他在后来的思想史研究中，曾作过很高的评价：他“在近代中国学术史上，是自成宗派的巨人”，“运用古今中外的学术，糅合而成一家言的哲学体系，在近世他是第一个博学深思的人”[②]，“他对于极大极微的宇宙、人生、社会问题，表现出自我横冲的独行孤见，在中国思想史上这样有人格性的创造，实在数不上几人”[③]。侯外庐的学术，追求“一家之言”。如白寿彝说的：“‘自得’二字，对于理解外庐治学精神很重要。”[④] 他对章太炎的独行孤见及富有原创性的贡献的称赞，正说明他受到太炎学风的影响。

吕振羽、翦伯赞都是湖南人。大学期间，吕振羽学的是工科，翦伯赞学的则是商科。20 世纪 20 年代北伐战争之后，他们均不约而同地走向历史研究之路，而且很快取得惊人的成绩。这除了他们接受了马克思主义的理论和方法，还与他们的勤奋、聪明以及青少年时代受到的传统教育有关。吕振羽小学、中学得到良师教导，如吕金翅、萧承舆等名师，不仅在儒家经典、古典诗词方面给他打下了深厚的基础，在思想品德、理想志向方面也对他启迪很大。翦伯赞 5 岁入私塾，习读《诗经》《左传》《中庸》等经史典籍，特别是“《左传》一书对他甚具吸引力，一时天天当小说阅读，许多段落还能背诵”。[⑤] 翦伯赞文笔优美，被赞“有史迁之风”，与其自幼打下的良好的经史功底是分不开的。从吕振羽、翦伯赞的受学背景，看不出他们的经学统系。从他们的学术著作如吕振羽的《史前期中国社会研究》《殷周时代的中国社会》《中国政治思想史》[⑥]，翦伯赞的《中国史

① 侯外庐：《韧的追求》，生活・读书・新知三联书店，1985，第 6 页。

② 侯外庐：《近代中国思想学术史》，生活书店，1947，第 860 ~ 861 页。

③ 侯外庐：《近代中国思想学术史》，第 865 页。

④ 白寿彝：《悼念侯外庐同志》，《白寿彝史学论集》上，北京师范大学出版社，1994，第 409 页。

⑤ 王学典：《翦伯赞学术思想评传》，北京图书馆出版社，2000，第 5 页。

⑥ 吕振羽在《中国政治思想史》初版序言中曾提到吴承仕：“当我写本书的时候，承许多学术界先进朋友给了我不少指示和帮助，尤其是吴检斋先生给我的帮助最多。”吴承仕逝世后，吕振羽发表《悼吴检斋先生》。

纲》（第一卷“史前史、殷周史”）看，他们对《周礼》《左传》无所顾虑的使用，至少说明他们没有受到今文家派的太多影响。

由此可见，生活在中国史学转型期的马克思主义史家，同新历史考据学派的史学家一样，也受到经学的熏陶，与中国古老的经学同样有着不解之缘。

二 马克思主义史学的经学观

马克思主义对待经学应采取怎样的原则，在史学研究中如何对待经学，有哪些理论认识，这些都是属于马克思主义史学的经学观问题。总结马克思主义史家关于经学的论述及在历史研究中对经学资料的运用，可以将马克思主义史学的经学观概括如下。

（1）破除经学迷信，揭开蒙在经学上的神秘面纱。作为马克思主义史学理论的奠基者，李大钊从历史认识论上破除了对孔子的神化，认为要把孔子作为一个历史人物来看待。他说：“前人为孔子作传，必说孔子生时有若何奇异祥瑞的征兆，把西狩获麟一类的神话说得天花灿烂；我们若现今为孔子作传，必要注重产生他这思想的社会背景，而把那些荒诞不经的神话一概删除。”① 他还论述了儒家经典在史学史上的地位，认为《诗经》代表了早期史学的一个阶段，《春秋》也是史书。他说：“诗与史的关系是很密切的。要考察希腊古代的历史，必须读荷马的《史诗》，因他的诗中包蕴很多的史料。孟子说：‘王者之迹熄而诗亡，诗亡然后《春秋》作’。《春秋》是史，他说诗亡而后《春秋》作，也可见史与诗间大有关系。即如《诗经》一书，虽是古诗，却也有许多许多的史料在内。”李大钊虽然没有明确提出“六经皆史”的看法，但他的观点却明显表明，儒家的经书都是可以作为史料研究历史的，破除了对各种经典的迷信。

郭沫若对《周易》的研究，具有同样的意义。他说，《周易》就像“一座神秘的殿堂”，“因为它自己是一些神秘的砖块——八卦——所砌成，同时又加以后人的三圣四圣的几尊偶像的塑造，于是这座殿堂一直到二十世纪的现代都还发着神秘的幽光。神秘作为神秘而盲目地赞仰或规避都是所以神秘其神秘。神秘最怕太阳，神秘最怕觌面。把金字塔打开，你可以

① 李守常：《史学要论》，河北教育出版社，2000，第9页。

看见那里只是一些泰古时代的木乃伊的尸骸”[①]。他用历史唯物主义来审视这座殿堂，笼罩《周易》的神秘浓雾荡然无存，它的本来面目便会呈现。他运用《周易》的卦辞和爻辞，揭示《周易》时代的社会生活，包括物质生产层面的如渔猎、牧畜、商旅、耕种、工艺，社会结构如家族关系、政治组织、行政事项、阶级，精神生产层面的如宗教、艺术、思想等。这样，郭沫若从《周易》中看到了远古现实生活的生动图景。《周易》这部神秘的占筮之书，在辩证唯物论的光照下，现出了它的社会存在之原形。

（2）六经都是历史资料。不只是《易经》《诗经》《尚书》等经学典籍都有古代社会生活和精神文化的反映，蕴含着大量的古史资料。范文澜认为《尚书》《春秋》《三礼》是史；《易经》是卜筮书，《诗经》是歌诗集，都包含着丰富的历史材料。对这流传至今的五经绝不应该顶礼膜拜，而应该把它们作为古代的文献资料。[②] 侯外庐同样把古代经史子集诸类书籍作为历史研究的丰富资料和重要依据，在引用这些文献佐证的基础上进行科学的解剖。他认为章学诚的“六经皆史”论“大胆地把中国封建社会所崇拜的六经教条，从神圣的宝座拉下来，依据历史的观点，作为古代的典章制度的源流演进来处理，并把它们规定为‘时会使然’的趋向。”[③] 这是对“六经皆史”说在突破六经神圣性方面的极高评价。在此基础上，他认为六经是研究中国古代思想、社会的重要史料。但既然是史料，那就要进行考辨，决不能不加甄别地随意采用，而是要经过慎重辨析。如关于西周思想史，《诗经》《尚书》中虽然都有反映，但“周书中仅有十五六篇是可靠的资料，诗经中的材料须考证年代，不能漫无次第地引用”[④]。

（3）经学是封建社会意识形态的集中体现，具有维护封建社会秩序的属性，应剔除其封建性的糟粕。李大钊从社会经济基础分析经学产生的根源，以及经学能够在封建社会长久存在的原因。他指出，“中国的大家族制度，就是中国的农业经济组织，就是中国二千年来社会的基础构造”，是经学得以在封建社会存在和发展的根本，“一切政治、法度、伦理、道德、学术、思想、风俗、习惯，都建筑在大家族制度上作他的表层构造”[⑤]。正因为如此，儒学宣扬的纲常名教、道德伦理必然是为统治阶级服

---

① 郭沫若：《中国古代社会研究（外二种）》，河北教育出版社，2000，第32页。

② 周文玖：《范文澜的经学与史学》，《史学史研究》2014年第4期。

③ 侯外庐：《中国早期启蒙思想史》，人民出版社，1956，第509页。

④ 侯外庐、赵纪彬、杜国庠：《中国思想通史》（第一卷），人民出版社，1957，第26页。

⑤ 李大钊：《李大钊选集》，人民出版社，1959，第296页。

务的，“看那二千年来支配中国人精神的孔门伦理，所谓纲常，所谓名教，所谓道德，所谓礼义，哪一样不是损卑下以奉尊长？哪一样不是牺牲被治者的个性以事治者？哪一样不是本着大家族制下子弟对于亲长的精神？”① 而“孔子的学说所以能支配中国人心有二千余年的原故，不是他的学说本身具有绝大的权威，永久不变的真理，配作中国人的‘万世师表’，因他是适应中国二千余年来未曾变动的农业经济组织反映出来的产物，因他是中国大家族制度上的表层构造，因为经济上有他的基础”②。范文澜也说：“经是封建统治阶级在思想方面压迫人民的重要工具。统治阶级要巩固自己的政权，必须一套‘天经地义，万古不刊’的‘永恒真理’来证明自己地位的不可动摇。统治阶级指着一大堆书籍对人民说：‘这都是从古以来，圣贤人说的话，我们能不信么？谁敢非圣无法，谁就该死！’不论统治阶级怎样尊圣尊经，经到底还是压迫人民的工具。”③ 统治阶级千方百计地崇圣尊经，是为了利用经学来束缚和控制人们的思想，更好地维护封建社会秩序。经书在封建社会里具有绝对的权威，两千年来在思想上一直居于不可动摇的统治地位，其根本原因就在于此。

（4）经学是历史的产物，有其产生、发展、消亡的过程。马克思主义史学家以历史唯物主义的眼光来审视经学，认为经学产生于特定的时代；经学和其他一切事物一样，有其产生、发展和衰亡的过程。范文澜说：“经是封建社会的产物：原始封建社会产生原始的经，封建社会发展，经也跟着发展，封建社会衰落，经也跟着衰落，封建社会灭亡，经也跟着灭亡。”④ 李大钊对孔子的贡献和地位是尊重的，但认为孔子也不是万能的，其学说就能适应千秋万代；假如他生在后世，也会改变自己原来的学说：“孔子于其生存时代之社会，确足为其社会之中枢，确足为其时代之圣哲，其说亦确足以代表其社会其时代之道德。使孔子而生于今日，或更创一新学说以适应今之社会，亦未可知。而自然的势力之演进，断非吾人推崇孔子之诚心所能抗，使今日返而为孔子之时代之社会也。而孔子又一死而不可使之复生于今日，以应乎今日之社会而变易其说也。则孔子之于今日之吾人，非残骸枯骨而何也？”⑤ 也就是说，经学是历史的产物，有其产生的

---

① 李大钊：《李大钊选集》，第 296 页。

② 李大钊：《李大钊选集》，第 297 页。

③ 范文澜：《范文澜集》，中国社会科学出版社，2001，第 259 页。

④ 范文澜：《范文澜集》，第 260 页。

⑤ 李大钊：《李大钊文集》（上），人民出版社，1984，第 263～264 页。

历史条件。随着时代的变化，它自身也有变化。但它只能产生、存在于封建社会。封建社会瓦解，经就失去了赖以存在的社会基础。

(5) 对于经学中民族文化之精华，应善于吸收。虽说经学是为维护封建地主阶级统治服务，其中不乏封建社会伦理纲常思想，但是经学又是古史研究的丰富资料，蕴含着中华民族灿烂的传统文化。对于这一点，马克思主义史学家深有认识。李大钊反对尊孔读经，抨击复古逆流，认为“孔子为历代帝王专制之护符”①，但不是不择良莠，一概斥之，对于其中的精粹，则予以继承和借鉴，“孔子之道有几分合于此真理者，我则取之；否者，斥之”②，“真能学孔孟者，真能遵孔孟之言者，但学其有我，遵其自重之精神，以行己立身、问学从政而已足”③，他强调“余之掊击孔子，非掊击孔子本身，乃掊击孔子为历代君主所雕塑之偶像的权威也，非掊击孔子，乃掊击专制政治之灵魂也”④。范文澜认为，经学里面含有民主性革命性的东西，尤其是讲做人道理的格言，如“满招损，谦受益”“己所不欲，勿施于人”之类，都可采纳。孟子所形容的大丈夫“富贵不能淫，贫贱不能移，威武不能屈”之浩然正气，也能为现代社会所弘扬。⑤

(6) 把经学放在唯物史观的天平上衡量，力避经学研究的家派观念。五四运动以后，经学衰落，但经学的影响并未消失。曾受业于经学大师的马克思主义史家，不管所接受的经学思想和义理倾向于古文经还是今文经，在经学传承上受经学家派余绪影响深或是浅，他们都力图摆脱经学家派观念的束缚，对今古文经学家的成就进行客观的评价。范文澜师出古文经学家，深得古文经学大师治学之法。《中国通史简编》中关于经学的一段总结表明了范文澜对今文经学的批评：清末今文学复兴，其中 派是龚自珍、魏源、康有为、梁启超等为代表的议政派，他们有感于日益严重的社会危机和民族危机，援经议政，“借《公羊》以发挥改制变法思想”⑥；另一派是以邵懿辰、戴望、王闿运、皮锡瑞、廖平等为代表的“讲究今文师法，斤斤与古文学派争孔子真传”的经师派，他们的今文经学研究限制在学术的范围内，很少涉及政治，对社会现实的回应也较少。范文澜认为

① 李大钊：《李大钊文集》（上），第264页。
② 李大钊：《李大钊文集》（上），第262页。
③ 李大钊：《李大钊文集》（上），第161页。
④ 李大钊：《李大钊文集》（上），第264页。
⑤ 范文澜：《范文澜集》，第294页。
⑥ 中国历史研究会：《中国通史简编》，新华书店华东总分店，1950，第1064页。

这样的经学研究，“学问既不及古文学派的精切，识见又仅限在《公羊》《王制》小范围内，在学术史上不能占什么地位”①。范文澜把今文经学与古文经学比较，指出了今文经学所存在的局限性。然而这样的评价并非范文澜以古文家派的眼光鄙薄或否定今文经学的成就，而是运用马克思主义对古文经学和今文经学进行辩证分析之后得出的结论。范文澜在肯定古文经学成就的基础上，也批评了古文经学相对于今文经学来说在思想性方面的欠缺。范文澜学出古文经，但他对于古文经学在近代民主革命中表现出来的退落和保守毫不隐晦，对于今文经学的成就则能够予以肯定。他指出今文学经师皮锡瑞所做的“《经学历史》是一部比较好的书。他有点偏于今文学，但他对各家的评价基本上是公允的”②。范文澜是站在马克思主义的立场上来发论的，已超然于经学家派之外。诚如刘大年评价的：“范文澜著《群经概论》、周予同著《经今古文学》等，他们是在介绍评价经学，不是参加今、古文争论。”③ 不论是古文经还是今文经，在甄别材料时，关键的是经书记载史事真确与否。这是对待所有史料的根本标准。

由此可见，马克思主义史家摆脱了经学家派的狭隘性，在考察经学时，不掺杂家派观念，而是以唯物史观为指导，敢于怀疑古圣先贤、经书典籍，在经学研究和古史研究方面开拓出一片新的天地。

三　马克思主义史学的经学研究及成就

马克思主义史学的经学研究，一方面体现在古史研究中，再一方面表现在专门的著述中。郭沫若的《中国古代社会》研究，在古史研究上具有划时代的意义。其中第一篇是“《周易》时代的社会生活”，第二篇是“《诗》《书》时代的社会变革与其思想上之反映”，主要是通过解析《周易》《诗经》《尚书》三部经书来探讨殷周时代的社会和思想。这两篇不仅对古史研究来说，是重要推进，它们在经学史研究上也堪称有价值之作。1935 年，郭沫若又写作了《周易之制作时代》，对《周易》经传的作者及其时代，“算给予了一个通盘的检定”。他在《青铜时代》中，所做的《秦楚之际的儒者》；在《十批判书》中，所做的《孔墨的批判》《儒家八

① 中国历史研究会：《中国通史简编》，第 1065 页。

② 中国社会科学院近代史所：《范文澜历史论文选集》，中国社会科学出版社，1979，第 336 页。

③ 刘大年：《评近代经学》，《明清论丛》（第一辑），第 42 页。

派的批判》等，都与经学研究有密切的关系。郭沫若在经学研究方面的贡献是多方面的，首先是其研究视角和方法独特，具有创新意义；其次是通过他的研究，古老经籍的思想精华得以呈现。根据《诗经》《尚书》的记载，郭沫若看到了古代社会的变革和当时的经济形态、精神生活，他提到“周室有那样发达的农业，所以它终竟把殷室吞灭了，而且完成了一个新的社会。那所完成了新的社会是甚么呢？我们在《书经》《诗经》里面不可以看见它使用着多量的奴隶来大兴土木，开辟土地，供徭役征战吗？”[①]“周代姬姓的这一个氏族大约是发明农业最早的民族。我们看它以农神的‘后稷’做自己的祖先便可以知道。它自己也有一个独特的传说系统，从《诗经》上可以看出。”[②] 经学典籍中看似神秘的记载反映了生动形象的古代社会生活，郭沫若以其中包含的丰富史料为依据，勾勒出古代社会的图景，探究社会变革的规律，“在经学研究方面，郭沫若是以《周易》《诗经》《尚书》研究中国古代社会史的开创者”[③]。

侯外庐根据经史资料分析中国古代思想的起源和发展，他在对诸多经史典籍的记载进行辨疑和批判的基础上，开创了用辩证唯物论研究中国思想史的新路径。侯外庐后来回忆自己的学术道路时，总结道：“如果说《中国古代思想学说史》是试图用马克思主义的观点、方法清理古代重大变革时期——春秋战国思想发展的路径，那么，《中国近世思想学说史》，则是试图用马克思主义的观点方法，草创研究另一个重大变革时期——明清之际思想发展途径的一种研究方式。在40年代初，我这种研究思想史的方式本身，就已经决定这两部书是拓荒性质的作品。通过对中国历史上两个重要变革时期思想发展路径的清理和力图有所发现，通过对一系列疑难问题的涉足和做出自己的回答，我研究中国思想通史的基业终于得以奠定。”[④] 侯外庐的思想史研究，包含了大量的经学研究，其学术价值，值得珍视。

郭沫若、侯外庐对经学的研究，都注重对经书文献的真伪和时代性进行考辨，反映了马克思主义史学的科学态度。郭沫若在《中国古代社会研究》中，对《周易》的成书、《尚书》的一些篇章进行了考辨。他根据经文的爻辞所反映的史事来推断《周易》的做成时代，并对传说中《周易》

---

① 郭沫若：《中国古代社会研究（外二种）》，河北教育出版社，2000，第24页。

② 郭沫若：《中国古代社会研究（外二种）》，第21页。

③ 许道勋、徐洪兴：《中国经学史》，上海人民出版社，2006，第421页。

④ 侯外庐：《韧的追求》，第119页。

的作者伏羲、神农、夏禹、周文王等一一辨析，指出“后人要使儒教增加神秘性，要使儒教的典籍增加神秘性，要使典籍中已经够神秘的《易经》更增加神秘性，所以不能不更抬些偶像来装饰”①。关于《今文尚书》的篇章，郭沫若从各篇的文风文体的变化，以及所反映的天人一致、折中主义、大一统等典型的儒教思想观念，指出其中有儒家的伪托，“上自唐虞，下至秦穆，这儿所含盖的时期非常辽远。但据最近考古学的成绩特别是殷虚书契的研究，不仅在殷以前的古物已经渺无可考，连殷代末年的文字都还在构成途中，所以我们可以断定《虞书》和《夏书》的四篇完全不可靠。再分别的细说时，《尧典》《皋陶谟》《禹贡》三篇为后世儒家伪托。其他一篇《甘誓》，或许是《商书》羼入的”②。对儒家经典的辨疑是马克思主义史家经学研究的丰富成果，也是其古史研究的重要组成部分，侯外庐运用《诗经》《尚书》等研究中国古代思想史，同样重视对经书记载真伪的考察，他强调“辨伪这一门知识是研究古史的先决条件，如果忽视它，就要使我们枪法凌乱，前后矛盾”③。侯外庐对古代典籍中包含的史料采用审慎，要明确其创作的时代，例如他说“把《诗经·周颂》和大、小雅相比，《周颂》的创作最可能是生昭、穆两王的时代，大小雅各篇却是在不同年代创作的。《周颂》近古，除了追思‘后稷’远祖而外，各篇所说的都是文、武立基，成、康光大，传说很少。《周书》也只尊崇文、武，如说‘丕显文、武’”④。

马克思主义史家中对经学进行专门研究的是范文澜。他 1933 年出版《群经概论》，这是一部学力深厚的经学论著，全书共十三章。第一章为“经名数及正义”，第二章以下分别论述《易》、《尚书》、《诗》、《周礼》、《乐》、《仪礼》、《礼记》、《春秋》及三传、《论语》、《孝经》、《尔雅》、《孟子》。虽名曰“概论”，但其实并不是概括的评论，而是对这些经典的性质、内容、篇目、存佚、真伪以及相关的问题，分别进行深入而具体的评述。该书遵循述而不作的宗旨，以汉学家注释经书的体例，旁征博引，条分缕析。通过大量摘引前人精粹之论，将前人的研究成果及存在的问题清晰展现出来，使人一目了然。该书以其翔实丰赡而历久不衰，一直受到

① 郭沫若：《中国古代社会研究（外二种）》，第 35 页。
② 郭沫若：《中国古代社会研究（外二种）》，第 88 页。
③ 侯外庐、赵纪彬、杜国庠：《中国思想通史》（第一卷），第 26 页。
④ 中国社会科学院历史研究所中国思想史研究室编《侯外庐史学论文选集》（上），人民出版社，1987，第 126 页。

学术界的好评。《中国经学史的演变》是范文澜1940年在延安新哲学年会所讲的经学史提纲，曾发布于《中国文化》第二卷第二、三期，包括“绪言”“汉学系”“宋学系”“新汉学系”“总结”等几部分。这篇经学史提纲虽然简略，但却勾画出中国经学产生、发展、演变的脉络，揭示了经学发展的阶段性和规律性，是第一部用马克思主义观点对经学史所做的系统整理。由于它产生于革命战争年代，当时正值大地主大资产阶级复古思潮猖獗的时期，所以该提纲侧重于从批判的角度对经学史进行总结，带有一定的时代性。范文澜对经学的研究，受到毛泽东的重视和高度评价。①

马克思主义史学对经学的研究，取得了可喜的成绩，特别是在研究旨趣和研究方法方面，都具有开启新时代的意义。然毋庸讳言，这些研究还是初步的，详尽的、自觉的具有严整学术性质的经学论著还比较少见，多数是利用经学资料研究古代社会史和思想史的内容。但即使这样，这些成果也是十分可贵的。它表明马克思主义史学自诞生之日起，就意识到将马克思主义与中国民族文化融合的问题，体现了中国马克思主义史学的民族特色。

四　经学对马克思主义史学的影响

经学是纯粹中国的古老的东西，而马克思主义则是地道的西洋近代文化，两者本无学术上的链接。然而，一旦中国学者引进这个西洋近代的先进的思想体系研究历史，建立一种新型历史学，经学与马克思主义史学就发生了联系。中国的马克思主义史学，有古老经学的印迹和影响。

首先，经学为中国马克思主义史学的民族化，提供了内在的文化根据。作为近代西方资本主义文明的产物，马克思主义代表了人类文明的新成果，中国历史学之所以能够将它引进，一是它适合了中国社会的需要，二是它与中国本土的社会文化根基有相通的思想因素。而中国本土的社会文化根基，则深植于经学之中。马克思主义史学家在引进马克思主义时，非常重视探求马克思主义与中国传统文化的联系。如1925年，郭沫若写了一篇文章《马克斯进文庙》。作者以浪漫主义的笔法描绘了马克思进文庙会见孔子，两人一见如故，大谈起共产主义和大同思想来。虽然用的是虚

① 周文玖：《范文澜的经学与史学》，《史学史研究》2014年第4期。

构的手法，却生动地揭示了马克思主义社会思想与中国传统思想中的理想社会之联系。郭沫若、范文澜在自己的学术著作中，都非常注重发掘中国传统文化中蕴含的辩证唯物的思想成分，并给予高度的评价。郭沫若的《中国古代社会研究》，用《周易》《诗经》《尚书》等资料，所要完成的使命，就是写满世界文化史关于中国方面记载的白页，作者声称，该书的性质就是“恩格斯的《家庭、私有制和国家的起源》的续篇”。“我们把中国实际的社会清算出来，把中国的文化，中国的思想，加以严密的批判，让你们看看中国的国情，中国的传统，究竟是否两样！”[①] 可见，认清中国历史发展的过程和规律，还必须运用中国古老的经书文本材料和中国自身的语言文字。建设中国马克思主义史学，从思维到资料，再到表述形式，都不可能与传统文化脱节。中国马克思主义史学，实际上就是马克思主义与中国传统的经史之学交互作用、相互对话的结晶。

其次，经学家派的学术个性对马克思主义史学家的治学风格产生了影响。第一代马克思主义史学家都致力于以唯物史观为指导研究历史。但是，不同的经学背景对他们的学术个性也有相当大的影响。郭沫若早年受今文家派的影响，这使他对古史辨派赞赏有加。他在古史研究和思想史研究中，强调史料的真伪和时代性，并为此花费大量的笔墨和精力。在学术观点上，不惜以今日之我与昨日之我战，出现多次变化，在他身上可看到廖平和梁启超的影子。范文澜深受古文家法的影响，在地缘和学术师承上，与章学诚、章太炎关系密切。故此，其学术风格乃至为人个性，都不免受其影响。如他的《中国通史简编》有几个特点：一、资料极其丰富；二、训诂依照故传，解说严谨；三、文字锻炼纯熟，有着中国古代卓越史家“文史兼通”之特点。[②] 在训诂上，相信汉儒，不采取后人的研究。这些都明显带有古文家的治学特点。从地缘上说，范文澜与章学诚是同乡；从师承上说，他又是章太炎的再传弟子。所以浙东史学的“夷夏之防”、“反满”观念对范文澜影响很深。刘大年评价说：“浙东学派的历史观点对范老的影响，明显地反映在《中国近代史》等作品上。《中国近代史》没有着重叙述社会各阶级相互关系演变的过程、关键，一个主要原因，是把批判、揭露满族统治者摆到了首要的地位上。”[③] 他写《汉奸刽子手曾国藩

① 郭沫若：《中国古代社会研究·自序》，河北教育出版社，2000，第2页。
② 周文玖：《范文澜的经学与史学》，《史学史研究》2014年第4期。
③ 《刘大年集》，中国社会科学出版社，2000，第265页。

的一生》，也是从这个方面对曾国藩进行鞭笞的。经学家派对马克思主义史学的影响，在其他马克思主义史学家那里，也有情况不同的体现。

除此以外，经学训诂的旨趣和义例，经学的经世致用价值观等，对马克思主义史学的实事求是治学精神、积极参与改造中国社会的实践性，都具有非常重要的影响。

杨宽与马克思主义史学

贾鹏涛

（大连大学人文学部历史学院，辽宁大连　116622）

摘　要：1949 年之前，杨宽认为社会史派的最大弊病是教条主义，也不看好唯物史观能在建设古史方面起作用。之后，结合上海博物馆工作，认真学习马克思主义理论。在短暂学习适应后，积极的用马克思主义理论观点指导和从事古史研究和讨论。他运用马克思主义史学所取得的研究成果是20 世纪中国马克思主义史学的重要组成部分。

关键词：杨宽　古史研究　马克思主义史学

杨宽（1914～2005），江苏青浦人，著名的历史学家。1949 年前已接触唯物史观，但并未接受。之后，在新形势要求下，在领导上海博物馆的工作中，经过两年多的马克思主义理论学习，杨宽尝试运用马克思主义理论，指导和从事关于古史的研究与讨论。自此，杨宽的学术研究深深打下了马克思主义史学的烙印。

一　1949 年前杨宽对马克思主义史学的态度

众所周知，20 世纪 20～30 年代，学术界发生了三次大辩论，分别是：井田制度的有无、古史传说的真伪、中国古代的社会性质，相对应的史学流派是“王国维为首的释古派”“以马克思主义为指导思想的社会史派”。杨宽出生也晚，并没有直接参与这些讨论，但却通过阅读这些辩论文章获得启示："兼采并纳，截长去短，从而充实和提高自己的研究能力。"①

正因置身于讨论之外，杨宽能更为理性看待三个学派论战的利弊。社会史派以马克思主义为指导，目的是为了社会主义革命的需要。对于社会史论战的文章，杨宽读后"感到收获不大"。"由于他们依据的社会历史发展的公式不同，得出的结论也各不相同，而且采用的史料既不充分，还有不少错误，论证的方法也很多牵强附会，经不起科学的考验。有不少文章只是为了参加热闹的论战而写，实际上没有对社会经济史的发展过程作过深入的钻研，因而没有什么学术价值而言。"对社会史派的代表人物郭沫若，杨宽批评到："我不赞成他的论证方法，也不同意他所做的结论，认为他的论证方法有不少'附会'的地方，还是不免找寻一些不可靠的史料加以比附，把唯物史观的公式往上套。这部书考定原始社会到奴隶制的转变在殷周之际，奴隶制到封建制的交替在西周东周之交。他考定原始社会到奴隶制的转变在殷周之际的论证之一，就是《史记·殷本纪》所说夏殷二代天子原来称'帝'，到周武王时一律贬称为'王'，他因此说：'这可见古人把第一次社会革命的时期也看在殷周之际的时候的'。其实，夏殷二代自古无称帝之说，贬号之说出于汉人增饰，后来我在《中国上古史导论》中曾批评他这点很是附会。"又说："社会史派的学者最大的弊病，就是教条主义，死死地把社会史发展公式往古代资料上套，甚至不免曲解资料。郭沫若是很讲究引用资料的，也还存在这个弊病。他把殷周社会比附希腊、罗马的古典奴隶制，因而把甲骨文中的'众'解释为生产奴隶，把西周金文中'庶人''庶民'解释为下等奴隶，都不免牵强附会。"② 社会史派在图腾制度上也犯了公式主义的毛病，杨宽指出："近年来我国那些公式主义的'史学家'（?），为了要把我国的社会史套上他们预定的公式起见，就不惜歪曲史实，作种种穿凿附会的说法。又为了证实我国古代原始社会起见，更随便把我国的神话传说解释为图腾（其实他们对图腾制根本没有弄明白）。因此我国神话传说中只要有些和动植物名称相关的，就一律把他们拉进图腾制里去。甚至有些神话传说中的人物，和动植物名称绝无关系的，也要强派他为图腾制。'尧'这个人物，（或神物）本来和动植物名称丝毫无关的，可是那公式主义者，因为'尧'又号'陶唐氏'，就断定这是崇拜器物的图腾部族了，全世界的图腾部族本来只崇拜某种动

① 杨宽：《历史激流：杨宽自传》，（台北）大块文化出版股份有限公司，2005，第100页。

② 杨宽：《历史激流：杨宽自传》，第99、95、107～108页。

植物（尤其动物居多），而我国古代的图腾部族，竟然崇拜起陶器来，这是我国公式主义者的大发现吧！”①

虽然杨宽认为社会史派最大的弊病是教条主义，用材料套社会发展公式，但依然认为有它的积极意义，这场论战“主要的影响是带动了今后中国社会经济史方面的研究工作，造成了今后历史学界重视社会经济史研究的风气，纠正了过去史学工作者偏重政治史和文化史的偏向，开始把社会经济史看作政治文化史的基础而加以重视”②。如日本学界加藤繁发表的《中国古代田制研究》《中国经济史概说》等经济史方面的成果，中国学界则出现了专门发表经济史研究成果的《食货半月刊》。在肯定了社会史观论战的积极影响外，杨宽也肯定了郭沫若在系统整理和考释甲骨文和周代金文上的贡献，其《卜辞通纂》《两周金文辞大系图录考释》两书是首次对甲骨文与金文作了有系统的研究。众所周知，杨宽是古史辨派后期的主要生力军，在古史辨派前期的论著中，他们很少引用唯物史观派的见解，派别森严由此可见。而杨宽则不拘派别之见，在文中大量引用郭沫若的见解，且给予很高的评价，这里仅举两例：① 顾颉刚认为原来各民族都有其祖先传说及奉祀不同的神灵，到了战国时代，许多小国被几个大国吞并，于是有人把各国祖先和神灵的横的系统改成了纵的系统。杨宽不同意这种看法，他认为古史传说的系统，是由于殷人－东夷和周人－西戎两大神话系统分化重组成的。因此，杨赞同郭沫若《中国古代社会研究》和《卜辞通纂》这两部书引用卜辞与古文献作对比，认为舜即是帝喾、高祖夋的观点。③ ② 语言的讹传有因古今字体变迁而撰写错误，导致后来学者望文生训，穿凿附会的。殷周铜器铭文既多人名，而《大学》所引汤之盘铭曰“苟日新，又日新”实属例外。郭沫若在《汤盘孔鼎之扬榷》中据商勾刀铭怀疑汤之盘铭本作“兄日辛，祖日辛，父日辛”。之所以会出现误读，是因为铭之上端有损，故误“兄”为“苟”，误“且”为“日”，误“父”为“又”。求之解释不出来，于是就附会其意，读“辛”为“新”，故称为今日之“苟日辛，日日新，又日新”。“父”字缺上，与“又”形近，“且”字缺上，与“日”形近。“兄”之误“苟”，亦因为形近。杨认为这是“巨眼卓识”！因古铭文人名残缺，一变而成为有哲理的句子。④

① 杨宽：《中国图腾文化的探讨》，《正言报·史地》1941年6月20日，第24号第4版。
② 杨宽：《历史激流：杨宽自传》，第108页。
③ 杨宽：《历史激流：杨宽自传》，第123页。
④ 杨宽：《中国上古史导论》，上海人民出版社，2016，第31页。

在杨宽一生的学术研究中，1949 年前学术转向明显有两次，1926 年起步于墨子研究，1933 年慢慢转向于上古史研究，1939 年又转向战国史研究，后所作《战国史》也成为其代表作①，可见，这次转向对于杨宽来说是非常重要的。那么引起他转向战国史研究的原因是什么呢？杨宽晚年回忆时指出："通过对这场论战（社会史论战——笔者注）的全面考察，使我认识到钻研社会经济发展史的重要性，确是解决历史演变过程的关键所在，但是想以个人的力量来解决几千年中国社会经济发展史的关键问题，是不可能的，只有各自挑选其中的关键问题，分别进行踏实的、深入的探索，彼此分工合作，齐头并进，才有可能逐步解决一系列的关键问题。通过这场论战，使我感到吕思勉《白话本国史》上所说春秋战国之际社会有大变迁，是三代以前和秦汉以后的一大界限，是不错的，确是个必须首先解决的关键问题，我今后应该选择这一个问题进行踏实的、深入的探索。"② 社会史论战使得杨宽认识到社会经济发展史的重要，但要想以一己之力研究几千年中国社会经济发展史是不可能的，只有学者各自选择一个重要的领域深入探索，才可能逐一解中国社会经济发展史的一系列关键问题。吕思勉的《白话本国史》言春秋战国之际是三代和秦汉一大界限，基于此，杨宽就选择战国史这一领域进行研究。可见，社会史论战对于杨宽的这次转向影响之大。

总之，1949 年前，杨宽对于以马克思主义理论为指导的社会史观派的态度总体否定，也并不看好唯物史观在古史建设中的作用。在与郑师许合著的《中国古史建设初论》一文中曾明言："以社会学来解释古史传说，我们认为尚非其时。现在古史传说的演变和分化，尚未明辨，孰为初起，孰为后起润色推演之说，还没有确切的整理研究，当然还谈不到什么定论。在这样神话怪说和许多润色的话错综的古史传说，要用社会学把原始时代的社会来解释它弥缝它，非但徒劳无功，还妨碍了传说的整理工作。尧舜禹之二女是多妻制呢还是群婚制？尧舜禅让，是选举制还是群酋推长制呢？拿了唯物史观，去一件一件假设它，虽然许多说话，新颖可喜，它的成功不会大，在新古史的建设上，不是十分中用的。"③ 但也毋庸讳言，

---

① 参见拙作《扬名〈导论〉著誉〈战国〉——评杨宽著作集》，《光明日报》2016 年 12 月 15 日，第 10 版。

② 杨宽：《历史激流：杨宽自传》，第 99 页。

③ 郑师许、杨宽：《中国古史建设初论》，上海《大美晚报·历史周刊》1936 年 9 月 14 日，第 3 版。

杨宽的古史研究中吸收了社会史观派的许多观点，能转向战国史研究也受到了社会史论战的很大影响。

二 1949年后学习马克思主义阶段（1949~1951）

中华人民共和国成立后，全国确立了马克思主义的权威地位。为了给新政权提供有力的理论论证，新意识形态建构的一个重要行动就是在全国范围内大规模学习和宣传马克思主义。在新形势要求下，杨宽亦需积极广泛的学习马克思主义。时任上海博物馆馆长的杨宽，将学习与工作结合起来。

上海解放前，杨宽任上海市立博物馆馆长。1949年5月22日，上海市军事管制委员会通知：进入市区解放军部队、各机关团体在接收工作中发现古迹图书，必须移交、报告军管会高教处。[①] 5月27日，上海解放。6月4日，杨宽致函上海市军事管制委员会、文化教育管理委员会、市政教育处，报告市立博物馆沿革及最近情况，编造文物清册、图书清册、款项收支清册、财产清册、卷宗目录、员工名册各一份，请求派员接收。[②] 6月22日，文管会派市政教育处胡就明正式接管博物馆。接管会议上，杨宽先致欢迎词，接着由胡就明宣读接管命令，宣布接管方针，要求全体员工照常供职。并强调今后的工作应有新作风，如发动和引导劳动大众前来参观，编辑“中国人民文化史小丛书”等。[③] 所谓新作风，也就是宣传和学习马克思主义，这在杨宽8月25日致上海市军事管制委员会的信中说的很明确：“本馆研究部计划编著通俗读物，定名为‘中国人民文化史小丛书’，其目的在求普及正确的历史知识，增加民族自信心，提高大众文化水准，使大众认识历史的辩证法的发展，破除迷信，指斥封建统治阶级的一切腐朽的东西，表扬古代优秀的人民文化，并号召大众积极推展人民政府的明确政策。”[④] 后按照指示，博物馆陈列品按照社会发展规律重新排

---

① 《上海文物博物馆志》编纂委员会编《上海文物博物馆志》，上海社会科学院出版社，1997，第13页。

② 上海市档案馆：《关于上海市立博物馆、体育馆、图书馆、民教馆等工作业务范围及组织系统、员工编制的训令》，档案号：B105-1-64-1。

③ 《文汇报》1949年6月24日，第3版。

④ 上海市档案馆：《关于上海市立博物馆、体育馆、图书馆、民教馆等工作业务范围及组织系统、员工编制的训令》，档案号：B105-1-64-1。

列，各室总说明书需重写。[①] 撰写完毕，杨宽还将（1）奴隶制时代——西周和春秋（2）战国秦汉——奴隶制？封建制？（3）封建社会——两晋南北朝送请上海市人民政府教育局鉴核，审查。[②] 同时，博物馆应上海科技工作者协会的邀请，合作编绘“从猿到人”幻灯片一套作为陈列室挂图。[③]

1950 年，杨宽撰写的《劳动怎样创造了人》发表在《科学大众》（中学版）第 7 期，学习味道十足。开篇写道：“大家学习社会发展史，很重视‘从猿到人’的一段。北京曾举办一个展览会，收获很大，现在听说正根据这个展览会的内容在摄成一种幻灯片。最近上海市历史博物馆和上海科技幻灯工作会也已绘制了一套‘从猿到人’的图片，拍摄了幻灯片，华东文化部更在大规模的筹备举办‘从猿到人’展览会。这都说明了群众对于这具有重大教育意义的课题的重视。”开场白后，杨宽认为人和动物的区别有四点：① 人能制造工具，不断地利用工具，征服自然，改造自然；而动物只能以自身适应自然。② 人类有着手和脚，脚能直立行走，手能制造工具，利用工具作各式各样的工作，从事劳动生产，成为“工具的工具”；而动物只能利用特殊器官，作一种特殊的工作。③ 人类能够说话，把经验和思想充分地传达给同伴，同时，还可以完好地教育后一代，而动物是不能够的。④ 人类能思想，有意识、抽象力和推断力，创造出种种社会文化，而动物是不能够的。在这四点人类特性中，人和动物最根本的区别就在于制造工具。人类区别于动物的种种特性是如何来的呢？人类是从猿猴进化而来，猿猴怎样会变成人，怎样具有人类的特性呢？“我们可以肯定的说，完全是由于集体劳动。”集体的劳动产生了手势，创造了语言。复杂的劳动，需要用脑去指挥，复杂的手势和语言，需要脑子去指挥接受，因此，脑子越来越发达。于是，猿猴慢慢具备了人类的特性。因此，“恩格斯所说的‘劳动创造了人’，是千真万确的”。“人和猿虽然有种种区别，基本上的区别只有一点，就是猿还是动物，人已超脱了动物界的限制，而引起这个区别的，还是劳动。”[④] 总之，这篇文章，杨宽在回答一个问题，劳动怎样创造了人。

---

① 上海市档案馆：《上海市立历史博物馆关于送奴隶制的开始时代总说明书的报告及上海市教育局的指令》，档案号：B105－1－214－17。

② 上海市档案馆：《市立历史博物馆工作总结报告和组织概况》，档案号：B105－1－214。

③ 上海市档案馆：《上海市立历史博物馆关于人猿等模型的报告及上海市教育局指令》，档案号：B105－1－214－3。

④ 杨宽：《劳动怎样创造了人？》，《科学大众》（中学版）1950 年第 7 期。

1950年11月19日下午2~5时，杨宽参加中国新史学研究会上海分筹会举办的抗美援朝问题座谈会。[①] 据《顾颉刚日记》可知，参加会议的还有周谷城、周予同、吕诚之、金子敦、王蘧常、杨宽正、黄颖先、陈乃乾、潘硌基、陈旭麓、蒋天枢、胡厚宣、谭季龙、朱澂、姚绍华、伍蠡甫等人。[②] 这些都是上海有名望的史学工作者，显然，这是一次宣传学习会议。会后，杨宽撰写的《美帝向来是个狡猾阴险毒辣的侵略者》发表在12月13日《文汇报》上，文章首言："美帝国主义的侵略我们，不是今天才开始的，它向来是个狡猾阴险毒辣的侵略者，一直是我们中国人民的死敌。"然后细数历史上美帝如何侵略中国的："它有时利用其他帝国主义做它侵略的先锋，让它可以援例并进一步掠夺得许多权利；有时乘火打劫，用着威胁恐吓的手段来取得成果；有时侧重于经济侵略和文化侵略，想使我们一部分人民得到歪曲的印象，以便达到它进一步的侵略企图；有时和其他帝国主义合作，穷凶极恶，做尽了残酷的能事；有时采取'孤立政策'，表现出'与众不同'的样子，用欺骗的方式来进行侵略；有时伪装中国的'朋友'，以便登堂入室，盗取中国人民的命脉；有时又勾结了军阀买办走狗，阴谋实现它宰割中国和奴役中国人民的勾当。"最后得出："我们对美帝有着说不尽的血海深仇。到今天，我们人民得到解放了，美帝侵略的面目也更狰狞了，杜鲁门、麦克阿瑟、艾奇逊、杜勒斯等战争贩子也更嚣张了，发动了侵略朝鲜的战争，侵占了我国台湾，还不断用飞机轰炸我东北，更在武装日本侵略势力，走的完全是当年日本强盗侵略我们的老路，我们能置之不理么?"[③] 阅读这些文字，就能感觉到浓厚的时代性和时论性，这种语言风格在1949年前杨宽的文章中是不曾有也绝不会出现的。

1951年1月20日至4月8日，华东军政委员会文化部文物处、上海市历史博物馆和南京市各文教机关在上海跑马总会举办太平天国起义一百周年展览。内容包括把太平天国重要领袖图像放大，复制了各种太平军的旗子和服装，复印了重要文献，还把历次重要事件画成大幅图片，其中重要的事件则制作蜡像呈现出来，使得太平天国十四年历史从开创一直到失

① 《新史学研究会沪分会昨座谈抗美宣传问题》，《文汇报》1950年11月20日，第4版。

② 顾颉刚：《顾颉刚日记》卷6，中华书局，2011，第694页。

③ 杨宽：《美帝向来是个狡猾阴险毒辣的侵略者》，《文汇报》1950年12月13日，第3版；后收入中国教育工会上海市委员会编《从各方面看美帝》，上海棠棣出版社，1951，第24~29页。

败，具象地罗列在观众面前。其中关于太平天国的部分文献是向顾廷龙借阅的，1950 年 11 月 7 日，顾廷龙日记记："杨宽、方诗铭来借太平天国文献。"[①] 这次展览影响甚大，据杨宽回忆："（展览）轰动了整个上海，每天观众人山人海，拥挤不堪，原定展出一个月，后来再延长了一个月，观众还是十分踊跃。后来这个展览会转移到南京、苏州等地继续演出，仍然受到民众热烈欢迎。"[②] 顾颉刚两次去看展览，其中一次还是冒雨前去。《顾颉刚日记》"一九五一年一月廿六号星期五"（阴历一九五〇年十二月十九）："到跑马厅，看太平天国起义百年纪念展览，晤杨宽、洪廷彦、张子祁、蒋大沂、周谷城、胡厚宣、方诗铭、承名世等。""一九五一年三月廿七号星期二"（阴历一九五一年二月二十）："与静秋冒大雨，到跑马厅看太平天国百年纪念展览会，晤宽正、大沂、天格、子旂。"[③]

1959 年，杨宽填写了一份《教职员概况表》，在工作表现一栏中写道："从博物馆业务逐渐面向群众，逐渐掌握群众和劳动观点，阶级观点和历史观点，具体展开群众工作，编制'从猿到人''百年血债''太平天国'等幻灯片，主持太平天国起义百年纪念展览会，并逐步改造陈列室。"在学习态度一栏中写道："学习方面，理论学习比较深入，学习社会发展史，曾把学习所得写成《劳动怎样创造了人》一文，发表于《科学大众》杂志。展开了抗美援朝学习，曾写《美帝向来是个阴险毒辣的侵略者》发表于《文汇报》，收入教育工作者工会所编《从各方面看美帝》一书。"[④] 因此，我们可以说，1949～1951 年，结合博物馆的工作，杨宽认真学习了马克思主义，并自认"理论学习比较深入"。

三　接受并运用马克思主义理论阶段（1952～1980）

进入新社会，经过两年多的学习，杨宽已度过了学习马克思主义理论阶段，也接受了马克思主义。众所周知，学习只是第一步，应用、实践并指导工作才是新社会对这些从旧社会过来工作者的最终目的。因此，作为一名史学工作者，杨宽须运用马克思主义理论指导研究。1950 年 3 月 4 日，杨宽在致陈梦家信中言："弟近来工作极忙，除了博物馆业务外，仍

① 沈津编《顾廷龙年谱》，上海古籍出版社，2004，第 465 页。

② 杨宽：《历史激流：杨宽自传》，第 192 页。

③ 顾颉刚：《顾颉刚日记》卷 7，第 11、36 页。

④ 复旦大学档案馆：教职工概况表。

兼光华教课，又搞工会工作，极少写作时间。”[①] 工作忙固然是当时的实情，但笔者揣测，进入新社会，又处于学习阶段，不敢随便下笔恐怕也是原因之一。而到了1951年下半年，情况则完全不同，杨宽运用马克思主义理论指导历史研究的文章慢慢多了起来。这些文章的主要特点是以马克思主义理论为指导，把唯物史观与史学研究结合起来，积极参与古史分期讨论，用阶级斗争解释历史，信守人民群众是历史的创造者，从而使其研究呈现新的特点，现将杨宽对马克思主义史学的接受与运用情况总结如下。

（一）接受五种社会形态并参与古史分期的讨论

新中国成立后，中国史学界普遍接受了五种社会形态说，但关于如何分期，学界则众说纷纭，有“战国封建说”“西周封建说”“秦汉封建说”“魏晋封建说”“秦统一封建说”“西汉封建说”。经过研究论证，杨宽50年代采用“西周封建说”，60年代后改用“战国封建说”。

1952年，杨宽在《文史哲》第1期上发表《战国时代社会性质的讨论》。此文通过排比材料得出，第一，战国时代的官奴虽和奴隶制时期的奴隶一样来自俘虏和罪犯，但他们被强制的工作只是土木工事和舂米、造酒、管车、养马等，并不从事主要生产；第二，虽有官僚和商人有奴隶，奴隶也可以买卖，但用来从事主要农业生产的很少。因此，杨宽认为战国绝不是奴隶社会。那么，战国是什么性质的社会呢？杨宽认为战国同秦汉相同，是地主制封建社会。它有两个特点，其一，战国时代有耕种国家土地的“自耕农”，有耕种一般新兴地主的佃农，也有没有田耕而为人帮佣的雇农，这时基本对抗的阶级是地主与农民。其二，由于政府大地主的横征暴敛，“自耕农”无法维持生活，更由于工商业的发达，货币经济的发展，高利贷的出现，土地的可以买卖，土地有逐渐集中到新兴的官僚、地主和商人手中的局势，许多农民或者流亡，或者下降为佃农雇农，或者把自己卖为奴隶。既然战国是地主制封建社会，那么它是如何形成的呢？1954年，《论春秋战国间阶级斗争对于历史的推动作用》一文作了解答。春秋战国间，由于生产力、商品经济的发展，使得封建的剥削形态由劳役地租向实物地租转变，使得封建领主经济转向封建地主经济。随着社会经济制度的转变，上层政治建筑也在慢慢发生变革，封建统治的政权也由封

① 此函原件复印件由方继孝先生提供，特此致谢。

建格局国家向专制主义政权转变。[①] 如此，杨宽关于社会史的分期观点基本表述出来了，虽未言名，但也可看出他已选择了范文澜的西周领主封建说，1955 年版《战国史》中就采用了西周封建说的古史分期。

杨宽可能对西周封建说的古史分期并不那么自信，写作初版《战国史》的采用只是权宜之计。因此，1956 年，杨宽开始从西周的生产力和生产技术入手，分别撰写《论西周时代的农业生产》[②] 和《关于西周农业生产工具和生产技术的讨论》[③]，这两篇文章仔细考察了西周农业生产和生产技术的真实情况，但并没有判定西周为何种性质的社会。1959 年，杨宽撰写《试论中国古代的井田制度和村社组织》，文章认为春秋时代以前确实存在着整齐划分田地而有一定亩积的井田制度，并且确实存在平均分配“百亩”份地的制度。而对于井田制度上的村社，杨宽认为中国村社和古代东方各国的村社组织一样，有长老作为他们的领导，负责组织和监督劳动生产及其他公务，在成员之间有着相互协作的关系。等进入阶级社会（奴隶），村社隶属于国君和贵族，长老成为国君和贵族的隶属，虽长老表面上仍具村社代表的身份，但实际上已代表贵族来统治和剥削成员，成为贵族派在乡里中直接监督者和统治者。也就是说，变质的村社组织依旧保留在进入阶级社会后且持续很长时间。杨宽进而明确指出“在商和西周奴隶制国家形态下，这些村社成为奴隶制国家的基层组织，村社的长老已成为国王和贵族的属吏，村社成员和奴隶同样受到剥削。到春秋战国间，由于社会经济的发展，村社的份地开始买卖，井田制度瓦解，村社组织进一步分化”[④]。在这里，我们可看到，杨宽已经认为殷周为奴隶社会，春秋战国后，随着井田制度的瓦解，村社组织进一步发生分化。如果杨宽在此文中对于西周的社会性质的态度还属于半遮半掩，那么 1960 年的《论中国古史分期问题讨论中的三种不同主张》明确指出西周的社会性质，此文除了运用马克思主义理论方法研究外，还借用了人类学、民族学的理论方法和成果，即杨宽自言“若干兄弟民族解放前和改革前所保存的原始公社制、奴隶制和农奴制，给予我们研究社会发展史很多具体的启示，将大有帮助我们历史科学研究的发展，也将大有助于中国古史问题的讨

---

① 杨宽：《论春秋战国间阶级斗争对于历史的推动作用》，《文史哲》1954 年第 8 期。

② 杨宽：《论西周时代的农业生产》，《学术月刊》1957 年第 2 期。

③ 杨宽：《关于西周农业生产工具和生产技术的讨论》，《历史研究》1957 年第 10 期。

④ 杨宽：《试论中国古代的井田制度和村社组织》，《学术月刊》1959 年第 6 期。

论和解决”[①]。当时关于西周社会性质的问题，大体有三种不同的主张，第一，西周封建领主论，第二，西周“古代东方型”奴隶制论，第三，西周典型奴隶制论。三种主张都有合理性的理论，但都有值得质疑的地方。第一种主张忽略了奴隶制生产关系也有被奴役的变质的“村社”存在；第二种主张过分强调奴隶“村社”农民方面，忽略了生产奴隶的重要性；第三种主张认为生产者只有奴隶，完全否认“村社”农民的存在，否认“井田制度”是“村社”的土地制度。经过这番考察后，杨宽得出，“西周时代的社会性质该肯定为奴隶制”。奴隶主贵族及其国家奴役着大批生产奴隶，奴隶的来源主要是对夷戎部落的掠夺战争。由于社会发展的极端不平衡，有较多地区原始“村社”残余形式被保存下来，被奴隶主及其国家利用、改变为奴役和剥削单位，使“村社”农民实质上奴隶化，和生产奴隶受到相同的奴役和压迫。1960 年，《论西周时代的奴隶制生产关系》则根据史料进一步提出论据，阐释前文的观点。[②] 至此，杨宽的西周是奴隶制社会性质的看法已全然裸露出来。虽杨宽在晚年最终抛弃了教条的古史分期观，但在 20 世纪 80 年代之前，他还是非常认真地参与了古史分期讨论的。

（二）采用阶级观点分析历史

阶级斗争理论是整个马克思主义理论体系的核心，因此，用阶级理论解释中国历史就是史学工作者的应有之义。

1954 年，《论春秋战国间阶级斗争对于历史的推动作用》是杨宽采用阶级观点分析战国史的第一篇文章。春秋以前，封建制的剥削形态是劳役地租。到春秋后期，由于生产力的发展，商品经济的发展，封建领主加重对农民的剥削，农民对积蓄和扩大自己经营的要求就与领主对农民的剩余劳动最高限度剥削发生矛盾，因此，广大农民与领主阶级的矛盾日益激烈。在封建领主的残酷剥削下，农民冲入领主贵族的禁地，聚集于山林，一方面从事山林的开发，另一方面占据险要和封建领主对抗。因此，正是由于农民阶级的不断斗争，封建剥削形态才由劳役地租转变为实物地租。同时，由于生产力的发展，商品经济的发展，土地可以自由买卖，社会上出现了一批新兴地主。春秋战国间，封建领主阶级内部兼并斗争日益激

① 杨宽：《论中国古史分期问题讨论中的三种不同主张》，《文汇报》1960 年 8 月 9 日，第 2 版。

② 杨宽：《论西周时代的奴隶制生产关系——中国古史分期问题探讨之一》，《学术月刊》1960 年第 9 期。

烈，除了国与国之间的兼并战争，中原各国内部卿大夫的兼并战争也很厉害。因此，这个阶段“有旧领主和新兴地主的矛盾，有领主、地主和新兴大工商业者之间的矛盾，有广大农民和领主、地主、大工商业者之间的矛盾。由于封建领主阶级的腐朽堕落，残酷凶暴，在这时期最基本的矛盾是广大农民和领主阶级之间的矛盾，因而广大农民对于领主阶级之间的斗争是非常激化的”。当新兴地主阶级在经济上占据优势后，就自然而然会要求解除封建领主经济制度上的束缚。战国时代的法家是新兴地主中的突出代表，他们的思想反映的就是新兴地主的要求，他们通过政治改革来解除制度上的束缚。这些政治改革导致了战国由封建割据向集权国家过渡，“兼并战争是由于封建集团的阶级自私的利益而产生的”，封建国际在建立集权国际基础上得以巩固。因此，可以说，从劳役地租转变为实物地租，从封建领主经济转变为地主经济，从封建割据的国家转变集权封建的国家，“全部转变的历史是由阶级斗争贯串着的，阶级斗争便是这时期历史转变的主要动力”。[①] 1955 年版《战国史》第五章“战国时代各国集权的地主政权的形成”中第二节阶级斗争是战国时代各国集权的地主政权形成过程中的动力用的就是此文的观点。

1972 年，郭沫若《中国古代史的分期问题》一文认为由奴隶制转变为封建制，有两种方式：一种是革命形式，以齐、晋为代表，“私门”把“公室”吞并了，使奴隶制转变为封建制；一种是变革形式，以秦为代表，由于商鞅自上而下的变法，“才扬弃了奴隶制而转入封建制”。[②] 对郭沫若的秦国由封建制变为奴隶制是通过自上而下变革实现的观点，杨宽撰写《“自上而下变革”说的商榷——关于中国古代史分期问题的讨论》提出商榷。秦国从奴隶制转变为封建制，虽比关东六国晚，但所经历的过程基本上是一样的。秦国在公元前 408 年实行“初租禾”和鲁国公元前 594 年“初税亩”一样，标志着新的封建生产关系已经产生，地主阶级被合法承认。“初租禾”实行后 24 年，公元前 385 年，秦国发生内乱，出本魏国的秦公子连急忙跑到楚国边界，想趁机夺权。由于派到边境的秦国军队倒戈，公子连在夺权斗争中取得胜利。秦献公代表地主阶级夺权后，就开始进行整治改革。命令废止奴隶主惯用的杀人殉葬制度，制定了五家为一“伍”、十家为一“什”的户籍编制法，叫作“为户籍相伍”。后来秦献公

① 杨宽：《论春秋战国间阶级斗争对于历史的推动作用》，《文史哲》1954 年第 8 期。

② 郭沫若：《中国古代史的分期问题》，《红旗》1972 年第 7 期。

任用商鞅变法，就是在秦献公夺得政权、进行封建整治改革基础上进行的，由此可见，秦国由封建制转变为封建制并不是自上而下的变革来实现的，而是通过自下而上的革命来实现的。[①] 此文虽具有明显的时代气息，但用阶级斗争来解释历史则没有改变。

1980 年版《战国史》，杨宽的古史分期选择战国封建说，书中依旧用阶级观点解释历史，第四章春秋战国间社会制度的变革第二节的标题是广大奴隶和平民的反抗斗争。整个春秋时代，处于奴隶制向封建制转变过程中，阶级斗争很激烈。奴隶主的剥削非常残酷，广大奴隶和平民反抗奴隶主贵族的斗争有四种形式，第一，逃亡；第二，暴动；第三，“民溃”；第四，“为寇盗”。春秋后期，广大奴隶和平民反抗奴隶主的主要形式，就是聚齐起来，开展武装斗争。而随着封建制生产关系在奴隶社会母胎内逐渐成长并成熟，新兴地主阶级力量日益壮大，广大奴隶和平民反抗奴隶主贵族的斗争日益高涨，奴隶制经济基础日益瓦解，新兴地主阶级的代表就从奴隶主阶级中分化出来。在这个转变过程中，依旧阶级斗争推动的。[②]

（三）信守人民群众是历史的创造者

马列主义一贯认为，人民群众是历史的主人，是社会历史发展的决定力量。毛泽东将其概况为：“人民，只有人民，才是创造世界历史的动力。”[③] 新中国成立后，史学界普遍接受了这一命题。杨宽不仅用这观点来解释历史，而且另辟蹊径，考证和宣传了我国古代人民在冶铁技术上取得了重大成就。

1951 年，经过初步学习后，杨宽撰写的第一篇用马克思主义理论指导的论文是《一六四五年嘉定人民的抗清斗争》，此文通过揭示清朝篡改嘉定人民抗清斗争的史实，最后得出：“过去中国的史籍多出于封建统治阶级之手，是为了帮助封建统治阶级的统治农民而写的，因此把历史劳动人民创造历史事实歪曲为王侯将相创造历史。”[④] 这里已经包含了历史唯物主义观点“人民群众是历史的创造者”。《战国史》是杨宽的代表作，前后共出版过三版。第三版杨宽已完全抛弃了教条的古史分期观，但依然用“人

---

① 杨宽：《“自上而下变革”说的商榷——关于中国古代史分期问题的讨论》，《文汇报》1972 年 8 月 9 日第 3 版。

② 杨宽：《战国史》（增定本），上海人民出版社，1980，第 134 ~ 140 页。

③ 毛泽东：《毛泽东选集》第 3 卷，人民出版社，1991，第 1031 页。

④ 杨宽：《一六四五年嘉定人民的抗清斗争》，《历史教学》1951 年第 8 期。

民群众是历史的创造者”解释历史。如关于秦之所以能通过兼并战争统一中国，在初版中，杨宽认为其原因有三：一、农民起义摧毁或削弱了某些国家腐朽统治力量，便利了秦的统一；二、封建战争的胜负中人民群众起着决定性作用，便于政治较好的秦完成统一；三、由于农民和大小工商业者以及新兴地主阶级要求统一，便于政治上较进步的秦完成统一。[①] 在修订版中，秦统一中国的原因有四，除了语词上有稍微变化，如“农民和大小工商业者以及新兴地主阶级”换成了“人民群众”外，基本延续了初版中的三个原因。新增加的一个原因是：社会经济的发展，需要建成一个统一的国家。[②] 而在增定本中，除了删除“封建”“阶级斗争”等词语外，杨宽认为秦完成统一的原因依旧是四个，即人民群众起着决定作用、秦的兼并政策符合人民愿望、社会经济发展需要、人民群众迫切要求统一。比较前后三版可知，这仍然使用了马克思唯物史观的主要论点：“人民群众是人类历史的创造者。”[③]

除了使用“人民群众是人类历史的创造者”解释历史外，杨宽还把这个观点和中国历史结合起来，通过对冶铁术的研究，展示中国人民取得的伟大成就。如在 1956 年 10 月，《中国古代冶铁技术的发明和发展》[④] 出版，杨宽在序中指出编写此书的目的是：“在于阐明两千多年来中国人民在冶铁技术上的辉煌成就。用具体的历史事实，证明中国人民两千多年来在冶铁技术发明经常走在世界文化的前列，使我们可以从这里具体的看到中国人民向来具有优秀智慧、勤劳品质和伟大创造能力。”[⑤] 书中总结出几点，① 中国是世界上最早发明冶铸生铁技术的国家，远在春秋时代，中国人民已经创造了规模较大的冶铁鼓风炉，发明了冶铸生铁技术，这项发明比欧洲早 1700 年。② 战国时代，已能炼制非常坚韧而锋利的钢铁，用来制造宝刀。③ 西汉时代，由于生铁炒炼熟铁技术有了提高，许多手工业工

---

① 杨宽：《战国史》，第 173～182 页。

② 杨宽：《战国史》（修订本），第 373～384 页。

③ 杨宽：《战国史》（增定本），第 434～444 页。

④ 杨宽研究冶铁史的第一篇文章是发表在《新建设》1954 年第 6 期上的《战国时代的冶铁手工业》，又据杨宽回忆之所以研究冶铁史，是为了答复参观博物馆群众所提“炼铁炼钢需要较高的温度和一定的技术，我国古代劳动人民是怎样杰出地创造这种技术的？是掌握了怎样出色的技术来炼成宝刀宝剑的？”的疑问。大炼钢铁运动始于 1958 年 8 月，而杨宽研究冶铁史早于 1954 年开始，因此，学者批评此书是配合时局跟风之作，并不确切。杨宽的回忆可见杨宽《历史激流：杨宽自传》，第 250 页。

⑤ 杨宽：《中国古代冶铁技术的发明和发展》，上海人民出版社，1957，序第 1 页。

具和兵器已多用熟铁锻制。同时还创造了“百炼钢”的冶炼法，使炼钢技术有了进一步发展。④ 东汉初期，南阳地区已创造出水力鼓风机械，发明了水力鼓风炉，这比欧洲早 1200 年。⑤ 南北朝时期，水力鼓风炉结构和设备有了进一步提高，冶铁燃料开始用石炭，这比欧洲早 1000 年。⑥ 南北朝时期，“灌钢”冶炼法得以发明，在近代坩埚制炼法以前，是世界炼钢技术史上一种突出发明创造。⑦ 北宋时代，鼓风器由皮囊改为简单的木风箱，这比欧洲早五六百年。⑧ 明代，鼓风器已由简单的木风箱改作用活塞和活门装置的木风箱，这比欧洲早一百多年。[①] 通过展示我国古代劳动人民取得的伟大成就，以此说明劳动人民创造了历史，是历史的主人。

总之，无论是 1949 年之前，还是之后，对于史观派的教条主义，杨宽始终是了然于胸的。即使对材料已极其熟悉的杨宽来说，如何尽可能圆融马克思主义理论和史料之间的缝隙也成了要面对的难题。如束世澂曾在批评杨宽的古史分期理论时说：“杨同志一方面承认村社所有制的存在，一方面又否定属于古代东方型，不免自相矛盾。”[②] 这种两难处境也表现在 1955 年版《战国史》采用何种古史分期上，台湾学者李冕世对此同情理解感受的最为贴切，他说：“杨宽踟蹰于马列主义对历史看法固定的格局中，无法超脱，最后他不得不认为战国期是‘由封建的领主转变为地主制’的时期，避免用‘奴隶制转为封建制’或‘不发展的奴隶转为发展的奴隶制’的说法，其心情之矛盾与痛苦已流露出来。”[③] 虽说杨宽的研究受到了教条理论的种种束缚，但是仍然从马克思主义史学中获得很多益处，如转向战国史研究、学术上的兼容并包[④]、冶铁术上取得的巨大成绩[⑤]等。杨宽不是马克思主义史学理论家，而是马克思主义史学理论的实践者，如何对

---

① 杨宽：《中国古代冶铁技术的发明和发展》，第 106 ~ 107 页。

② 束世澂：《有关古史分期的一些理论问题——与杨宽同志商榷》，《学术月刊》1960 年第 9 期。

③ 李冕世：《有关中国上古史的一些专书简介》，《成功大学历史学系历史学报》1987 年第 13 号。

④ 参见拙作《杨宽与古史辨》，《历史教学问题》2016 年第 6 期。

⑤ 杨宽不断深入研究冶铁术，在《中国古代冶铁技术的发明和发展》和《中国土法冶铁炼钢技术发展简史》基础上，1982 年出版了《中国古代冶铁技术发展史》。此书上编讨论中国古代冶铁技术的起源及封建社会冶铁技术的发展轨迹，下编阐述中国古代冶铁技术对社会生产力发展以及社会变革所起的作用，以此说明中国古代能够比欧洲早一千年出现封建社会的原因。后此书获得上海市哲学社会科学院科学优秀成果奖（1979 ~ 1985）、1986 年著作奖、“首届全国科技史优秀图书荣誉奖”。

待这些被学界关注较少的理论实践家呢？诚如有学者指出，“要全面地分析、评价20世纪尤其是20世纪后半叶中国马克思主义史学所取得的成就以及它在中国史学史、学术史上的地位，对张先生（张舜徽——笔者注）等一大批运用马克思主义史学理论的学者们的学术成果进行研究和总结，无疑是很有必要的”[1]。

① 周国林、邱亚：《张舜徽先生与马克思主义史学》，《史学史研究》2016年第2期。

南高学派与中国史学史研究*

吴忠良

（浙江工商大学马克思主义学院，浙江杭州　310018）

摘　要： 中国史学史作为20世纪上半叶产生和形成的一门学科，离不开诸多学者的添砖加瓦，其中就包括南高学派诸人的努力。由于梁启超和柳诒徵的影响，南高学派在20世纪20年代就开始关注和研究中国史学史，主要表现在对中国史学史进行分期、论述史家和史学流派，以及写作中国史学史等方面。他们的学术探索推进了中国史学史学科的发展，在中国史学学术史上具有重要地位。

关键词： 南高学派　梁启超　柳诒徵　中国史学史

史学史是20世纪上半叶我国历史学领域出现的一门新兴分支学科，它的形成和发展，在相当程度上反映了现代史学日趋自觉和自律的特点。关于初创时期的学科发展，学界已有不少成果予以检讨和反思①，但南高学派②对史学史学科的贡献尚乏系统探讨。本文即欲在时贤研究基础上，从

---

* 国家社科基金青年项目“南高学派研究”（项目编号：12CZS001）、国家社科基金重大项目“多卷本《20世纪中国史学通史》”（项目编号：17DA196）阶段性成果。

① 相关著述可参周文玖《中国史学史学科的产生和发展》（北京师范大学出版社，2002）、胡逢祥《历史学的自省：从经验到理性的转折——略评20世纪上半叶我国的史学史研究》（《华东师范大学学报》2004年第1期）、瞿林东《中国史学史研究八十年》（上）（《淮阴师范学院学报》2007年第2期）、张越《中国史学史学科的发展路径与研究趋向》（《学术月刊》2007年第11期）、王应宪《20世纪上半叶中国史学史学科建设再探讨》（《华东师范大学学报》2012年第5期）等。

② 关于南高学派，可参见拙文《南高学派与学衡派的学术关联》，《史学理论与史学史学刊》2012年卷。

知识来源、史学史分期、史家和史学流派与中国史学史著述等方面加以探讨，以期能有益于对史学史学科早期发展进程的认识。

一　知识来源

国内最早以“中国史学史”为题的讲义很可能是陈功甫的《中国史学史》。1920 年夏，陈功甫北京大学毕业后任教广东高等师范学校，因授课需要，自编讲义《中国史学史》，该讲义以时代为序，以史籍与史体为纲，分十章概述唐虞三代至清代史学，由广州大马站博文印刷场承印。因是讲义，无刊印年月，但广东高师于 1924 年改组为国立广东大学，陈功甫在此校任教另编讲义《中国史学述略》，是故我们可以认为陈功甫的《中国史学史》讲义编写刊印于 1921 ~ 1923 年间，因为没有公开出版，他也未曾有相关文章发表，所以此后的关于中国史学史的论著多未提及陈功甫及其讲义就不难理解了。[①] 虽然胡适在 1924 年就公开提出“中国史学史”这一名词，但未见具体叙述。[②] 最早明确地把中国史学史作为一门专史提出来的是梁启超。在 1926 年 10 月至次年 5 月给清华学校学生所讲的《中国历史研究法补编》中，梁启超率先将“史学史”视为文化专史中“学术思想史”的一个分支。与它并列的还有道术史（哲学史）、自然科学史、社会科学史。在讲“史学史的做法”时，他一开始就做了说明：“史学，若严格的分类，应是社会科学的一种。但在中国，史的发达，比其他学问更利害，有如附庸蔚为大国，很有独立做史的资格。”就是最简单的中国史学史，也需要一二十万字才能说明个大概，所以很可以独立著作了。关于史学史的研究内容，梁启超说：“中国史学史，最少应对于下列各部分特别注意，一、史官，二、史家，三，史学的成立与发展，四，最近史学的趋势。”[③] 梁氏关于史学史研究内容的阐述深刻影响了此后的史学史著述。

同在 1926 年，柳诒徵也曾为商务印书馆函授社国文科编写过一本讲

① 关于陈功甫生平，可参见陈先满的博文《不该遗忘的史学名家——陈功甫》，http://blog.sina.com.cn/s/blog_e65700ec0101ijp0.html

② 1924 年，胡适发表《古史讨论的读后感》一文，认为：古史讨论“这一件事可算是中国学术界的一件极可喜的事，他在中国史学史上的重要一定不亚于丁在君先生们发起的科学与人生观的讨论在中国思想史上的重要”。见顾颉刚编著《古史辨》第 1 册，上海古籍出版社，1982，第 189 页。

③ 梁启超：《中国历史研究法》，上海古籍出版社，1998，第 295 页。

义，名为《史学概论》，内分七章，分别是“史学之范围”“古史”“正史”“近世史”“编年纪事分类之史”“地理”“史学书”。柳诒徵虽未提出“史学史”的概念和写法等，但对中国史学的范围、史书编纂体裁、传统史观、史部目录学、史学理论和史学评论等均有所论述，其中史部目录学相关内容着墨甚多，内容基本上是关于中国史学史的。而1926年的柳诒徵早就因为“易长风潮”离开了东南大学，其实他在南高——东大任教时期，曾开设“史学问题”课程，并编有讲义《史学研究法》，共七章：历史之种类、史学之定义、史学之材料、史学之补助学科、史料之整理、史事之考证及批评、历史哲学，所讲之“史学问题”皆与史学史学科息息相关。①

值得注意的是，梁启超和柳诒徵曾共事于东南大学，同为郑鹤声、陈训慈等南高学子的导师。梁启超在1922年秋任教东南大学，被聘为史地研究会指导员，参与会内学术演讲，曾作“历史统计学”“先秦政治思想史”等学术讲座。此时他的名著《中国历史研究法》已经正式出版，其中“过去之中国史学界”一章，对史官制度、各种旧史体裁的缘起、演变和优劣做了较为详细的评判；其《要籍解题及其读法——史记》、《要籍解题及其读法——左传、国语》和《中国近三百年学术史》等都刊登在《史地学报》上，且梁氏“常于暇时邀集学生，悠然叙谈”②，是以中国史学史相关的内容为南高学人与闻当不成疑问，且南高学人多有私淑梁启超者，如缪凤林和张其昀在梁启超逝世后都曾撰文纪念。柳诒徵则是当时史地研究会导师中与学生互动最频繁的导师，除会内互动外，更多通过上课来培养学生的史学素养与能力。他上课以正史为参考书，平时也要求学生以阅读正史为主，且经常会从正史中抽一些题目来训练学生。学生基本上能把四书五经和《纲鉴易知录》等书读完后，“又把二十四史、九通、《资治通鉴》、《史通》、《文史通义》等书约略翻阅一过”，从而打下较为厚实的史部目录学基础。③ 这些无不说明南高学人较早关注中国史学史的研究实在是渊源有自，而且他们的研究深受梁启超和柳诒徵的影响。

---

① 柳诒徵的《史学研究法》已收入李孝迁编校《史学研究法未刊讲义四种》，上海古籍出版社，2015。

② 张其昀：《悼梁任公先生》，《史学杂志》1929年第1卷第5期。

③ 郑鹤声：《郑鹤声自述》，载高增德、丁东编《世界学人自述》第2卷，北京十月文艺出版社，2000，第6页。

二 中国史学史的分期

梁启超在阐述“史学史的做法”时，并未明确史学史的分期问题，而南高学派中明确史学史分期的是郑鹤声和缪凤林。1924 年 9 ~ 12 月，郑鹤声在《学衡》33 ~ 36 期上连载了《汉隋间之史学》一文，曾转载于《史地学报》3 卷 7、8 期。该文共分十章，计为“导言”“史官之作用”“史家与史著上”“史家与史著中”“史家与史著下”“史著之体例”“五大史家之史学”“史界之现象”“三大史案之经过”“结述”。在《导言》中，郑鹤声将中国史学发展历程分为黎明时代（三代）、昌盛时代（汉隋）、中衰时代（唐明）和蜕分时代（清代）四个时期，认为我国“真正之史学皆自秦汉以后萌芽”，由司马迁开启，所以他先述汉隋间之史学。[①] 1925 年东南大学毕业后，郑鹤声任教云南高等师范学校，编有《中国史学史》讲义四册。据郑鹤声回忆，1928 年，上海商务印书馆将它作为郑氏史学丛书的一种出版。该书目次为：“一、总叙，二、上古三代之史学（胚胎时期中国史学第一集），三、汉隋间之史学（昌盛时期中国史学第二集），四、唐、明间之史学（衰落时期中国史学第三集），五、清代之史学（蜕分时期中国史学第四集），六、现代之史学（作新时期中国史学第五集）。”[②] 与先前在《汉隋间之史学》中的分期相较，增加了现代史学时期，按照其朝代断限，当为民国时期，也即梁启超在《中国历史研究法补编》中倡导的“最近史学之趋势”时期。

缪凤林对中国史学史的分期与郑鹤声大体一致，只是他将中国史学史分成四期：秦以前为初兴时代；汉隋间为极盛时代；唐明间为中兴时代；由清迄民国为复兴时代，即郑鹤声区隔的第四期和第五期在缪凤林那里是合为一期。至于每期的内容，“特详于重要作者及著作”。除了史学分期外，缪凤林也特别注意到了西洋史学对中国史学的影响，“至欧西史学，则特辟过去之西洋史学史一章。略志梗概”。[③]

郑鹤声和缪凤林关于中国史学史分期的见解无疑是一种宝贵的探索，尤其是郑鹤声所论更早，可惜由于传媒影响等因素，二人主张的分期并未

---

① 郑鹤声：《汉隋间之史学》，《学衡》第 33 期，1924 年。

② 郑鹤声：《郑鹤声自述》，《世界学人自述》第 2 卷，第 21 页。

③ 缪凤林：《中央大学历史系课程规例说明草案要删》，《史学杂志》1929 年第 1 卷第 1 期。

得到学界足够重视[①]，但郑鹤声和缪凤林作为青年学子，能在学界并未对史学史分期问题有所探讨之时，就提出中国史学史的分期问题，并进行了可贵探索，在当时而言是非常难能可贵的。

三 对重要史家、史学流派的研究

对史学史上重要史家的研究主要通过史家年谱和史家传记等形式来进行。① 史家年谱。年谱是中国传记中的一种独创形式，“到明、清两代简直‘附庸蔚为大国’”[②]。柳诒徵认为，身处乱世，国势衰微，编撰名人年谱可以起“挽波流而隆国族”之效[③]，是故南高学派多有编撰年谱之举。柳诒徵撰有《卢抱经先生年谱》，王焕镳编撰了《明遗民万履安先生年谱》，陈训慈积数十年研究四明万氏之功写成《万斯同年谱》，郑鹤声更是“把中国的史学大家，一一撰作年谱，详加介绍”，出版的有《司马迁年谱》《班固年谱》《袁枢年谱》《杜佑年谱》，《荀悦年谱》和《刘知幾年谱》，毁于上海“一·二八”之役。② 史家传记与史家史学。史家传记如柳诒徵的《柯劭忞传》《张慰西先生别传》，缪凤林的《司马迁·杜佑》，王焕镳的《张君荫麟传》。史家史学有柳诒徵的《顾氏学述》、郑鹤声的《司马迁之史学》、张其昀的《刘知幾与章实斋之史学》、束世澂的《范晔与后汉书》等。

于前述之外，南高学派对民国史学大家如王国维、梁启超也多有关注。关于王国维，陈训慈有《广仓学窘出版关于国史之书目》对其甲骨研究推崇备至，柳诒徵在《国史要义》中也对王国维多有致意。在王国维投湖自尽后，南高学派主办的《史学与地学》第三期插图有“王国维先生遗像”，登载了王国维遗著《元朝秘史之主因亦儿坚考》和赵万里编撰的《王静安先生著作目录》，以示纪念。

梁启超作为东南大学史地研究会导师，与柳诒徵等人多有交集。柳诒徵虽然不赞同梁启超的一些论断，如视二十四史为帝王之史等，在柳诒徵

---

① 金毓黻在史学史分期问题上与郑鹤声等人较为接近，金氏将中国史学史分为五期，上古迄汉初，为创造期；两汉之世，为成立期；魏晋南北朝至唐初，为发展期；唐至清末为蜕变期，民国以来为革新期。见氏著《中国史学史》，商务印书馆，1999，第427～428页。

② 梁启超：《中国历史研究法》，第210页。

③ 柳曾符、柳定生编《柳诒徵劬堂题跋》，台北华正书局，1996，第121页。

看来，“在善读史者读之，任何朝之帝王史，皆吾民之史也”[①]，但他也非常认可梁氏在新史学方面的贡献，“通贯新旧能以科学方法剖国故者，当推梁氏《历史研究法》”[②]。而在梁氏病逝后，缪凤林与张其昀都有文纪念。缪凤林认为梁启超一生可以分为四期：1898 年以前为第一期，1898～1911 年为第二期，1912～1918 年游欧前为第三期，1920 年游欧归至病逝为第四期。梁氏“始则服膺康有为之说而鼓吹变法，至戊戌去国而专力于宣传，壬子返国而从事于政治，及欧游倦归，则寄托于讲学。论其贡献，第一、二期之宣传较浅薄，而影响最大；第三期之从政最失败，而帝制一役厥功最伟；第四期之讲学较宏博，而收效最微”。“然其对中国史学之贡献，如《中国史叙论》《新史学》则树立国史之新观念。”“近年以来，梁氏屡欲裁敛其学问欲，专精于三百年学术史及文化史，吾人方谓以氏之魄力，及其数十年来所积之资格，其造福于史学界将无量。”惜其年未 60 而逝，“以一代新史学巨子，不得志于时，委其心于书策，而犹不获尽其才，良足悲矣。”[③] 其后张其昀又有《悼梁任公先生》一文，于梁启超以充分之同情了解。认为“凡欲成为伟大之史家，必须兼具文学之情操，科学之知识，哲学之思想。而一般史家，大都得此失彼，若兼具三长，真旷世而一遇，难能而可贵者……梁先生以卓绝一世之大才，膺此一席，必能胜任而愉快，固为众望之所归矣。……梁先生晚年息影津门，优游林下，尝有志于中国通史之草创，使寿之以年，当不让司马温公专美于前。……今先生往矣，先生所欲结撰之中国通史，不得不有待于后起者之努力矣”[④]。缪凤林和张其昀都戮力于中国通史之撰述，与他们对梁启超事业之同情了解当不无关系。十余年后张其昀再论梁启超，以为梁氏“为创造历史之人物，其德性功业与言论，并已深镌于国史”[⑤]。

于王国维和梁启超之外，南高学派也曾论及章太炎、沈曾植[⑥]、孙诒

① 柳诒徵：《史学概论》，柳曾符、柳定生编《柳诒徵史学论文集》，上海古籍出版社，1991，第 106 页。

② 柳诒徵：《史学概论》，《柳诒徵史学论文集》，第 116 页。

③ 缪凤林：《悼梁卓如先生（1873～1929）》，《史学杂志》1929 年第 1 卷第 1 期。

④ 张其昀：《悼梁任公先生》，《史学杂志》1929 年第 1 卷第 5 期。

⑤ 张其昀：《梁任公别录》，《思想与时代》1941 年第 4 期。

⑥ 南高学派认为，“嘉兴沈子培增植，为中国近代学术界之通人。其所治学方面之多，造诣之深，近世罕有其比。其尤邃者为史学，著作极多。因先生不自矜惜，传世者甚鲜。”见《沈子培先生著书目》，《史学杂志》1929 年第 1 卷第 2 期。

让和冯承钧[①]等。如陈训慈论章太炎："先生一生治学，以谨严称。其推本则精研小学音韵之学，所发抒则极论经世实用之务；初视之似相背驰，实则正相反而相成。"[②] 由张其昀和王焕镳、夏承焘等人主编的《浙江学报》曾刊行"瑞安孙仲容先生百岁纪念专号"，张其昀撰文纪念，以为孙诒让"融合儒墨的创见，以中和的德性为根本，济之以力行精神与科学方法，这种新学风果能深入于民间，深信对于当前建国大业，必将有重大的贡献"[③]。

至于史学流派的研究，柳诒徵尝论乾嘉学派的史学研究。在柳诒徵看来，世人以为乾嘉诸老以汉儒之家法专治经学是一大误解，"乾嘉诸儒所独到者，实非经学，而为考史之学"。"考史之学，不独赵翼《廿二史劄记》、王鸣盛《十七史商榷》或章学诚《文史通义》之类，为有益于史学也，诸儒治经，实皆考史，或辑一代之学说，或明一师之家法，于经义亦未有大发明，特区分畛域，可以使学者知此经师之学若此耳。"[④] 乾嘉诸老治史存在的问题是"过于尊圣贤，疏于察凡庶，敢于从古昔，怯于赴时势"，在柳诒徵看来，今人治学恰与之相反，"今之人则过于察凡庶，怯于从古者"，正确的治学大道"必双方剂之"。[⑤]

缪凤林曾应某大学史学会之邀，讲演《研究中国古史之派别及得失》，后易名为《古史研究之过去与现在》。缪凤林认为，研究古史的新旧学者互不相涉，从而"言古史者愈多，古史益乱而不可理"。他综括古今关于古史的论著，区为十派，以旧者四派为上篇，新者六派为下篇。[⑥] 旧者四派：一为疏通知远派，其旨为"疏通知远而不诬"，司马迁《史记》、班固《汉书》、杜佑《通典》、司马光《资治通鉴》、柳诒徵《中国文化史》等属之；二为博古派，其特征为"不以六艺为衷据，而较《史记》尤博尤古"，如谯周《古史考》、韦昭《洞记》、马骕《绎史》、林春溥《开辟传疑》、陈汉章《上古史》等属之；三为杂糅派，"惟杂采成书，其迷信载籍逾于博古派，而博雅不足，无别择，无义法"者属之，如胡宏《皇王大

① 向达：《悼冯承钧先生》，《文讯》1946 年第 6 卷第 4、6 期。

② 陈训慈：《悼章太炎先生》，《图书展望》1936 年第 1 卷第 9 期。

③ 张其昀：《孙诒让之政治思想》，《浙江学报》1947 年第 1 卷第 1 期。

④ 柳诒徵：《中国文化史》，东方出版中心，1996，第 747 页。

⑤ 柳诒徵：《与青年论读史》，《柳诒徵史学论文集》，第 559 页。

⑥ 惜其下篇之文我们无从得见。缪凤林该文下篇在《史学杂志》第 1 卷第 6 期的"本志第二卷第一期要目预告"中有，但在《史学杂志》第 2 卷第 1 期中，出现的缪凤林的文章为《洪范五行传出伏生辨》，此后数期也未见。

纪》、李楷《尚史》和王桐龄《中国史》等；四为儒家正统派，“其谓古史当屏百家之异说，据儒家之记载”，如欧阳修《帝王世次图序》、吕祖谦《大事记》、崔述《考信录》等。[①] 我们将该文视为南高学派在民国史学上最早做出学派划分的一种尝试，就时间而言远早于为人所熟知的冯友兰、钱穆和周予同等人。

陈训慈似是近代历史上第一个以“浙东史学”为名来研究浙东学派的学者。他在1925年就有《浙东之史学》一文刊于宁波《四明日报》之新年增刊，惜其文不彰。1930年，陈训慈在中央大学《史学》创刊号上发表《浙东史学管窥》一文，其后又在《史学杂志》发表《清代浙东之史学》。从1922年和张其昀合作的《浙东学术管窥》到后来之《清代浙东之史学》，由“学术”而变为“史学”及范围最终限定为清代，体现了陈训慈对于浙东史学认识的变化和深入过程[②]。《清代浙东之史学》发表于《史学杂志》2卷5、6合期上，全文共分为十节：（一）浙东史学之渊源；（二）清代浙东史学之统系；（三）黄梨洲开创清代浙东史学；（四）万季野与明史；（五）万氏考礼之学；（六）全谢山文献之学；（七）章实斋之史学与方志学；（八）邵二云之史学；（九）定海黄氏父子对古史之贡献；（十）浙东史学之特色。关于浙东史学渊源，何炳松在《浙东学派溯源》中以为源于程颐，而陈训慈认为此说过于武断，程颐只是来源之一，“若仅就清代史学而论，则当以梨洲为开山祖也”[③]。该文通过对黄宗羲、万斯同、全祖望、邵晋涵、章学诚和黄式三、黄以周父子等人史学的论述，比较系统地梳理了浙东史学的学术谱系，并归纳出浙东史学流派的治学精神为博约、躬行、经世致用、民族思想、不立门户与大公。文中所论黄宗羲、万斯同、全祖望和邵晋涵等人的史学被不少学者称为“确论”，金毓黻在撰写《中国史学史》第九章“清代史家之成就”时所论“黄、万、全、邵四氏间取材于陈训慈《清代浙东之史学》一文”[④]。有论者认为该文“虽承二章、梁、周的基本观点，然而逻辑之严密，取材之丰富，论述之详

---

① 缪凤林：《古史研究之过去与现在》，《史学杂志》1929年第1卷第6期。

② 有关浙东学术、浙东史学等概念嬗变，可参见钱茂伟《论浙学、浙东学术、浙东史学、浙东学派的概念嬗变》，《浙江社会科学》2008年第11期。

③ 陈训慈：《清代浙东之史学》，浙江图书馆编《陈训慈百年诞辰纪念文集》，北京图书馆出版社，2006，第45～48页。

④ 金毓黻：《中国史学史》，第366页。

尽，远远超过前人，故言之有理，持之有据，令人心服”[①]。

四 著述

南高学派中多人有编撰《中国史学史》的理想与实际行动，如柳诒徵、郑鹤声等人。蔡尚思于1940年出版的《中国历史新研究法》一书书末附录有《中国历史用书选要》，于“史学史”一类列有柳诒徵《读史法》《作史法》两书，下注言“柳氏谓：‘合并此两书，即等于《中国史学史》，决于两年内完成’”。[②] 蔡尚思曾长期在柳诒徵主持的江苏省立国学图书馆住馆读书，柳诒徵与之多有接谈，“两年内完成”之语当为二人交谈时之话语，可惜我们并未得见柳著《中国史学史》。另如郑鹤声在东南大学求学时期已经有撰写《中国史学史》之创想与行动。正如其所言：“我在大学求学时代，即有志于中国史学史的撰述。我的毕业论文《汉隋间之史学》，就是一种初步的尝试。”[③] 1925年东南大学毕业后，郑鹤声任教云南高等师范学校，编有《中国史学史》讲义四册。据其说，他于云南高师主讲的4册《中国史学史》讲义，曾在1928年由上海商务印书馆印行，但事实上很可能是成书而未刊行。其发表在1930年3月出版的《史学杂志》2卷1期上的《古史官考略》，尚言“本篇为《中国史学史》之一章，全书另刊”。此时发表的文章很可能是他《中国史学史》讲义的部分内容，郑鹤声斯时任教中央大学史学系，承担《中国史学史》课程，其要点：研究中国史学界之沿革，俾学者明了国史之体系及其盛衰得失迁变之故，其内容注意点：一、史家与史著之概况；二、各种史体之源流；三、重要史学家之学说与其贡献；四、重要史著之体制与其价值；五、最近中国之史学。[④] 就此内容而言，也并未能超出梁启超框架之范围。十余年后，金毓黻在《中国史学史》导言中说：“何炳松、郑鹤声二氏皆有是作，何氏治史参用西法，卓然有声，其所著必甚可观，惜亦未见。郑氏之作，尚未成书，仅见其间数章，无从窥其全豹。”[⑤] 虽然柳诒徵、郑鹤声的《中国史学史》没有付梓行世，但柳氏的《国史要义》却在金毓黻等人的《中国

---

① 钱茂伟：《浙东史学研究述评》，海洋出版社，2009，第32页。

② 蔡尚思：《中国历史新研究法》，上海书店，1989，第144页。

③ 郑鹤声：《郑鹤声自述》，《世界学人自述》第2卷，第20页。

④ 国立中央大学文学院编《国立中央大学一览第二种：文学院概况》，1930年，第67页。

⑤ 金毓黻：《中国史学史》，第1页。

史学史》之后刊行，体现了南高学派在史学理论问题上的一种探索。

南高学派中人，如柳诒徵、陈训慈、张其昀和刘掞藜等人对史学理论问题多有探讨，体现了他们对中国传统史学理论的继承发扬和对西方史学理论的汲取。

“五四”时期，虽然众多学人致力于引进西方史学，但也有学者建议中西并重，不能忽略本民族史学遗产之价值。梁启超说：“我辈虽当一面尽量吸收外来之新文化，一面仍万不可妄自菲薄，蔑弃其遗产。”① 陈寅恪说：“窃疑中国自今日以后，即使能忠实输入北美或东欧之思想，其结局当亦等于玄奘唯识之学，在吾国思想史上，既不能居最高之地位，且亦终归于歇绝者。其真能于思想上自成系统，有所创获者，必须一方面吸收输入外来之学说，一方面不忘本民族之地位。”② 而南高学派中陈训慈对西方史学理论之绍介，张其昀和刘掞藜等人对中国传统史学理论之阐发，及至柳诒徵对传统史学理论总结之《国史要义》，无不是为了构建具有鲜明中国特色的新史学理论体系，而非简单搬运，以彼代此。

虽然柳诒徵并未留洋，但他对西方史学理论并不隔膜，在其讲义《史学研究法》《中国文化史》《国史要义》中也多有涉及。在他和一些留美学者如徐则陵和吴宓等人影响下，南高学子对西洋史学理论也很是关注。如陈训慈的《史学观念变迁及其趋势》《美国史学协会年会记》《历史之社会的价值》《历史之价值》《文化北进说》《美人研究中国史之倡导》《史学书五种》《近世欧洲政治社会史》《中国之史学运动与地学运动》《史之过去与将来》《史学蠡测》，缪凤林的《历史之意义与研究》《历史与哲学》，王庸的《欧史举要》《社会学与史学之关系》《大战开始后七年间西洋之中国史研究》，张其昀的《美国人之东方史观》《方志之价值》《旅美见闻录》《罗素之西方文化论》，向达的《近四十年来美国之史学》《明清之际中国美术所受西洋之影响》《史学史》③（又名《史学》、《社会

① 梁启超：《清代学术概论》，《饮冰室合集·专集之三十四》，中华书局，1989，第78页。

② 陈寅恪：《冯友兰中国哲学史下册审查报告》，《陈寅恪集·金明馆丛稿二编》，生活·读书·新知三联书店，2001，第252页。

③ 向达的译作有助于西方史学史学科在中国的逐渐确立，而他在西方史学史学科方面的学术水准受到了何炳松的重视。何炳松和郭斌佳翻译的《西洋史学史》问世之时，何炳松特意提及向达：“译文清样曾承友人向觉明君校读一过。向君精于中外史学，译者曾请其代为作一导言，将中西史学发展之陈迹作一比较之研究，以便读者。不幸向君因母丧回籍，终未能命笔也。”见〔美〕绍特维尔《西洋史学史》，何炳松、郭斌佳译，商务印书馆，1929，“译者序”。

科学史纲·史学》）等，无不力求全面观照欧美各国史学的发展脉络，了解西方史学研究的现状和采用的研究视角、方法等。其中陈训慈的《史学蠡测》对此讨论尤为详备，该文为长篇论文，共分为12节，另有附录2，计为字原、定义、综合史观与新史学、史之范围、史与人类之关系、史料之审别、史法之应用、史学是否一种科学、史学与其他学科、中国史学一瞥、西洋史学一瞥、余言、西洋论史学之书籍要目、中国论史学著述论文要目等。陈训慈之所以撰写该文，主要是鉴于当时国内论史旨、史法，考史学沿革得失之详密巨作，求之而不可得。他说：

> 学子有求，每苦阙如。循是以空谈整理国史，私恐其志大而道拙也。吾辈于西人专书，既不克遍致尽读；前哲论史佳旨散见群籍者，尤未能穷蒐广通。顾心之所向，颇复杂涉；则又泛泛脑际，未获谛要。尝以斯意叩之同好，莫不具此同感。因知学校中但以历史备一科者，殆益稀闻于是。既昧其旨，徒诵其事，则怠者骇怪而遽致厌弃，勤者亦苦读未明其义；欲史学不为学子所诟病，又安可得。兹以浅知薄闻，稍加整理，于现今史学之要端，以及吾国与欧美史学之演进，作一最简略之叙述，名曰蠡测，以识疏浅。非敢自矜寸见，好为表宣；实以积疑求质，用发其惑。且意欲有求，而所知乃若是贫薄；则国之通人，必且怜后进之无似，感斯学之待昌；因而宏绎前闻，广致西说，以为吾后生诏矣。区区此文，固不敢怀以砖引玉之望；即粗揭凡要，亦惧未足供一般问史者之涉览。但求国内宏达，丕发佳著；则馨香祷祝，固吾辈所同望。①

这段话非常清楚地显示出：为避免莘莘学子诟病史学，为他们整理国史提供指引是促使陈训慈撰写该文的最主要动因，而在这个动因的背后，当时讨论史法、史旨、史学沿革得失之史学理论与史学史的著述很少②，

---

① 陈训慈：《史学蠡测》，《史地学报》1924年第3卷第1、2合期。

② 以史学史著述为例，有研究者指出，尽管“‘中国史学史’在20年代被提出以后，即引起史学界的重视，但在30年代，中国史学史专著并未出现”。到了20世纪40年代，中国史学史学科方才得到较大发展。“40年代发表有关中国史学史的论文达220多篇，从先秦史学到民国时期的史学，均有研究文章问世。40年代初，先后出版了魏应麒、王玉璋、金毓黻的《中国史学史》。此外，还有几部著作，虽未标明‘中国史学史’，但从其内容来看，也属于中国史学史的范畴，中国史学史的教学在这一时期有了更大范围的开展。”见周文玖《中国史学史学科的产生和发展》“内容提要”，第2页。

难为学子问学津梁；因此他才“以浅知薄闻，稍加整理，于现今史学之要端，以及吾国与欧美史学之演进，作一最简略之叙述”，对探究现代中国史学理论与史学史学科发展历程，提供了可贵的借鉴。

虽然南高学子对西方史学理论多有译介，但他们反复强调，输入西学的目的在使之与本土学术融合，进而推进其发展，而不是将传统轻易地抛弃。张其昀指出，“国人之治史者亦当思窥涉西史之真相，奋发砥砺，高瞻远瞩，而常以振衣千仞岗，濯足万里流之气概勉自策也”。但如“不暇详校学术真际何若，殊域遗籍，方谋尽量输入，先民旧典，则欲一语掩尽；虽云大道之行，天下为公，学术亦不容有种族之见主客之分；然吐弃世界文化之半部于不顾，微特无学者广大之精神，尚安得谓能尽人类文化相互贡献之责任乎”①。王庸也说：“吾国人之读欧史也，非徒周知希腊罗马之文化，记诵英法德美之功绩，以为作文谈论之助，当师其探讨编著之法，遂引以研究国故，整理国史，斯为要也。”“借他山之石以攻我之璞则可，得他人之玉而遗我之璞则不可也。买椟还珠，智者弗为。”② 注重的都是在吸纳西学新知的基础上，昌明国粹。本着这一心愿，南高学人普遍十分重视对传统史学理论与方法的梳理、研究和价值发掘，个中翘楚是刘掞藜、张其昀和缪凤林等人，用力最深者当属柳诒徵。

当时南北学界，无不对章学诚和刘知幾两位传统史学理论大家产生了兴趣。胡适作《章实斋先生年谱》，姚名达增补之，并撰《章实斋之史学》，梁启超在《中国历史研究法》和《补编》中对刘知幾、章学诚多有着墨，何炳松对刘知幾和章学诚的专文研究，等等。刘掞藜和张其昀二人对刘知幾和章学诚也很是推崇③，“本刘章二子所言，旁及他书，插以己意”，撰成《刘知幾与章实斋之史学》《史法通论——我国史法整理》，希望能补前人之未逮。其中《刘知幾与章实斋之史学》分“导言、典籍之搜罗、校雠与考证、论记载之真确、史之义例、史之述作、结论上、结论下”九部分。《史法通论》除《弁言》外，共分“史学、史识、史体、通史、史限、详略、史才、史文、史德、自注、史论、史称、阙访、史表、史图、纪元、叙源、句读”十八章。二文皆结合现代史学理念，对史家四

① 《美国人之东方史观》，张其昀译，《史地学报》1921 年第 1 卷第 1 期。

② 王庸：《欧史举要》，《史地学报》1921 年第 1 卷第 1 期。

③ 关于章学诚，刘掞藜和张其昀有着与柳诒徵不一样的论断。柳诒徵认为“章氏《文史通义》泛论文章，不专言史，较之《史通》未堪方驾”。见氏著《史学概论》，《柳诒徵史学论文集》，第 116 页。

长、史书体例等传统史法进行了认真总结。缪凤林则在《中国通史纲要·前论》及《中国通史要略·总说》中，对史学源起及其性质、各种史观得失、史料搜集与考订、编纂方法及史学的社会功能等都有所探讨。

虽然刘、张、缪诸人对传统史学多有弘扬，但尚显粗疏，真正在现代史学理论领域为中国传统史学理论赢得一席之地的是柳诒徵的《国史要义》。

《国史要义》[①] 原名《中国史学要义》。在柳诒徵提交的部聘教授《教学及研究报告》中，他说自己1943年重点比较研究中国与世界史学的异同，编纂《中国史学要义》一书，“顷已纂成史原、史权、史德、史识、史义、史统六篇，一方面摘要口授，一方面将稿件付本校文史哲季刊印布”[②]。后又撰成史联、史例、史术、史化四篇，共得十篇，于1948年由中华书局出版。各篇所述，按我国传统史学中的相关理论与方法分门别类，加以连贯疏通。为民国时期最后一部传统史学理论著作，也是影响最大的一部。

该书最大特色有三：

第一，“礼”为中国数千年全史之核心。中国历史之核心为何？柳诒徵以为“礼者，吾国数千年全史之核心也”。“为国以礼，为史以礼。”关于“礼”与国家和史学的关系方面的阐述，书中俯拾即是。因为在柳诒徵看来，“伯夷所典，五史所掌：本以施于有政，范畴当时。久之社会变迁，人事舛牾。史官所持之礼，仅能为事外之论评，不能如周官之逆辨考赞矣”。然“赖此一脉之传，维系世教，元凶巨慝有所畏，正人君子有所宗。虽社会多晦盲否塞之时，而史书自有其正大光明之域”。故“吾国以礼为核心之史，则凡英雄宗教物质社会依时代之演变者，一切皆有以御之，而归之于人之理性，非苟然为史已也”。由此，他提出：“史家全书之根本皆系于礼”的观点。何以言此？因为“本纪、世家何以分？分于礼也。封爵、交聘何以表？表以礼也。列传之述外戚、宦官、佞幸、酷吏、奸臣、

① 关于《国史要义》研究成果可参见张文建《传统史学的反思·柳诒徵和国史要义》（《学术月刊》1985年第4期）；瞿林东的《探索建设史学理论的道路——谈谈史学要论和国史要义的启示》（《安大史学》第一辑，2004年）；王信凯的《柳诒徵研究》（台湾佛光人文社会学院2005年硕士研究生论文）；王家范的《柳诒徵国史要义探津》（《史林》2006年第4期）；向燕南的《关于柳诒徵国史要义》（《史学史研究》2011年第4期）等。

② 柳诒徵：《教学及研究报告》，《核定及指派部聘教授案（四）》，台北“国史馆教育部”档，档案号：019000001487A。

叛逆、伶官、义儿，何以定名？由礼定之也。名臣、卓行、孝友、忠义，何以定名？以礼定之也。不本于礼，几无以操笔属辞”[①]。书中关于“礼”之论述多有精义，且以礼释史足见中国史学之特色，是以熊十力称柳诒徵“精于礼，言史一本之礼，是独到处”[②]。蔡尚思则指出，柳诒徵“早就指出中国历史以礼为核心，伦理是礼之本，真为许多后辈的论孔子思想核心者所不及”[③]。

第二，比较中西史学以“表章国光”，以史德为依归，用以经世。书中多见中西史学之比较，其目的是为了凸显中国传统史学之特色和优越性。柳诒徵篇首即言“吾国之有史官乃特殊于他族”，“吾国与他族之史，皆记事也”。“由赞治而有官书，由官书而有国史。视他国之史起于诗人，学者得之传闻，述其轶事者不同。世谓吾民族富于政治性，观吾史之特详政治及史之起原，可以知其故矣。”[④] 从“吾国”“吾民族”与“他国”“他族”可以看出，柳氏比较中西史学之意。实则，在《国史要义》中，此类比较在在皆是。柳诒徵反对学者“徒以近百年间，国力不振，遂若吾之窳敝，皆受前人遗祸，而不知表章国光”的治学态度，主张表宣国史。[⑤]而史家会致力于国史之宣传，与他的史德修养有很大关系。若史德不佳，史家“挟考据怀疑之术以治史，将史实因之而混淆，而其为害于国族也亟矣”。是以“学者之先务，不当专求执德以驭史，而惟宜治史以蓄德矣”[⑥]。只要史家具备良好的史德，那他就会有强烈的正义感。“史之所重在持正义。”“虽史才之高下不同，而必持义之正，始足以经世而行远。”“持义”正，“史术”就正。“史术”正就能“道济天下，参赞育位，礼乐兵刑，经纬万端，非徒智效一官，行比一乡，德合一君，能征一国已也。第人事之对待，安危存亡祸福利害，亦演变而无穷。治史者必求其类例，以资鉴戒。则原始察终，见盛观衰，又为史术所最重者也”[⑦]。

第三，“以中释中”。以中国传统史学话语和思维方法来疏解传统史学理论的内涵和特质等，而非当时流行的以现代西方史学理论来观照中国传

---

① 柳诒徵：《国史要义》，商务印书馆，2011，第11页

② 柳诒徵：《国史要义·题辞》“熊十力函”，华东师范大学出版社，2000。

③ 蔡尚思：《中国思想研究法中国礼教思想史》，复旦大学出版社，2015，第347页。

④ 柳诒徵：《国史要义》，第2页。

⑤ 柳诒徵：《国史要义》，第99页。

⑥ 柳诒徵：《国史要义》，第134、109、266~267页。

⑦ 柳诒徵：《国史要义》，第65、84页。

统史学，展现了柳诒徵的文化自信和理论自信。在柳诒徵看来，“苟屏前史，一切不信，妄谓吾之识力能破传统观念之藩，则事实所不可能也。或袭近人之言，或采异域之说，亦即秉遐迩之史，以为创新之识，隐有其传，非能舍史而得识也”。所以“吾人治中国史，仍宜就中国圣哲推求人群之原理，以求史事之公律”。[①] 就此而言，书中也是精义纷呈。如“治史之识，非第欲明撰着之义法，尤须积之以求人群之原则。由历史而求人群之原理，近人谓之历史哲学。吾国古亦无此名，而其推求原理，固已具于经子。近人治史，多本进化论，盖缘西哲就生物之演变测人群之进步，而得此基本观念。治吾史者，准此以求，亦可以益人神智”[②]。

因为是书主旨在于展现“国史”之“要义”，突显中国史学之独创性与优越性，在此预设语境下，柳诒徵之《国史要义》实有预设之对手方，那就是梁启超和以顾颉刚为代表的疑古派。[③] 因为梁启超尖锐指出中国的旧史学虽“汗牛充栋”，但不是编排“帝王的家谱”、士大夫的“墓志铭”，就是罗列一些“邻猫生子”的琐事，“皆如蜡人院之偶像，毫无生气，读之徒费脑力”。[④] 于此，柳诒徵实无法赞同，故书中多有针对梁氏之处。如“近人谓吾史都似聚若干篇墓志铭而成”，“病吾国史籍只述朝政不及民众社会，目为帝王家谱”等。[⑤] 至于疑古之风，柳诒徵也很是不满，一再批评有人“以他族古初之蒙昧，遂不信吾国圣哲之文明，举凡步天治地、经国临民宏纲巨领、良法美意，历代相承之信史，皆属可疑。其疑之者，以他族彼时不过图腾部落，吾族似不能早在东亚建此大邦。复以晚近之诈欺，推想前人之假托。不但不信为事实，即所目为乌托邦之书，亦不敢推论其时何以有此理想。只能从枯骨断简，别加推定……至其卑葸已甚，遂若吾族无一而可，凡史迹之殊尤卓绝者，匪藉外力或其人出于异族，必无若斯成绩”[⑥]。也正因为如此，柳诒徵在《国史要义》中的一些表述亦孔多溢美。如“古史孔多，唐虞时已有五典”。“《周官》之制，相权最尊，而太史、内史执典礼以相匡弼。法意之精，后世莫及”等。[⑦]

---

① 柳诒徵：《国史要义》，第 140、163 页。

② 柳诒徵：《国史要义》，第 163 页。

③ 《国史要义》针对梁启超之处，亦可参见张昭军《柳诒徵“为史以礼”说的意蕴》，《社会科学》2015 年第 10 期。

④ 梁启超：《新史学》，《饮冰室合集·文集之九》，中华书局，1989，第 3 ~ 4 页。

⑤ 柳诒徵：《国史要义》，第 103、174 页。

⑥ 柳诒徵：《国史要义》，第 136 页。

⑦ 柳诒徵：《国史要义》，第 3、44 页。

《国史要义》出版之际，中华书局曾有广告："本书作者是当代史学权威，研究中国史学垂五十年。本书为抗战后期著者讲学重庆国立中央大学时所作，一生精力，实萃于是。所述皆国史根本要义，且多为刘知幾、章学诚辈著作所未论及者。诚吾国史学上不朽之名著也。"① 评价不可谓不高。可能因为关涉的是传统史学理论，写作上又是采用了传统的纲目体，写作语言上用的又是文言文，导致《国史要义》并未引起学界足够的重视，但作为中国近代最后一部系统省察中国传统史学的论著，对我们继承和发展我国传统史学遗产具有重大价值和意义。② 缪凤林即盛称《国史要义》"为先生一生研究国史心得的结晶；全书篇幅及论述范围虽不及《史通》和《文史通义》，而胜义纷纭，尚在二书之上。以此书与二书鼎立为三，实毫无惭色。传统的国史学，可说自此书出，始尽发其蕴，亦自此书出始得一真正的总结。国史研究的最高境界，可与读此书时得之"③。苏渊雷视《国史要义》为柳诒徵"文史学之晚年定论，于刘（知幾）、章（学诚）、梁（启超）、刘（咸炘）诸氏之著作，皆有所突破"④。也有学者认为该书价值较《史通》和《文史通义》有过之而无不及，足以和梁启超《中国历史研究法》相媲美。⑤

在20世纪上半叶，史学史研究并未成为显学，史学史学科也并没有被普遍认可。据杨翼骧回忆，当时史学史课程仍旧比较冷僻，很多大学也不开设这门课程，一些人认为史学史不是学问，即使是也是50岁以后才能研究的学问；而在金毓黻《中国史学史》出版之后，"有人说中国史学史已经搞完了，不必再研究，因为研究的余地微不足道了"⑥。南高学派的史学史研究就是在此氛围下进行的，这展现了他们史学撰述的自觉和自律意识。虽然他们并没有在史学史学科建设上提出系统的理论架构，但他们却在梁启超提出的史学史框架基础上予以各种细化和深入，尤其是在史学史分期和浙东史学等方面做出了开创性的贡献。他们在史学史学科基础建设上也多有卓见，除了前述外，南高学派对各时代史学基本状况也多有研

① 转引自柳曾符《新版后记》，柳诒徵《国史要义》，中国人民大学出版社，2007，第328页。
② 张文建：《传统史学的反思——柳诒徵和〈国史要义〉》，《学术月刊》1988年第4期。
③ 缪凤林：《研究中国历史漫谈》，《创进》第1卷第15期，1948年。
④ 苏渊雷：《柳诒徵史学论文集·序》，《柳诒徵史学论文集》，第4页。
⑤ 康虹丽：《论梁任公的新史学和柳翼谋的国史论》，杜维运、陈锦忠编《中国史学史论文选集》第3册，台北华世出版社，1980，第429～504页。
⑥ 杨翼骧：《学忍堂文集》，中华书局，2002，第459页。

究，如郑鹤声的《古史官考略》《汉隋间之史学》和《唐以后之史学》。[①]毋庸讳言，南高学派的史学史研究，多以中国史学史为主，虽然向达和陈训慈都曾醉心于西方史学史，但二人最终都未继续相关研究，陈训慈曾转向图书馆学，成为图书馆事业大家，而向达则成为中西交通史大家，可谓收之桑榆。无论是中国史学史的探索，还是传统史学理论的弘扬，无疑都是有助于中国史学史学科的发展的，在民国史学史学科发展上具有重要地位。

① 吴宓在其自编年谱中说："东南大学学生郑鹤声投来其所作之《汉隋间之史学》及《唐以后之史学》两长稿，皆罗列材料，而乏义理。"见氏著《吴宓自编年谱》，生活·读书·新知三联书店，1995，第258页。

姚薇元的中国史学史研究述评

李　敏
（暨南大学文学院，广东广州　510632）

摘　要： 姚薇元前后期的学术研究呈现出明显的转变，他前期专注于魏晋南北朝史和中国近代史研究，后期研究中国史学史，体现出由历史到史学、古今贯通的治学轨迹。姚薇元勤于考证，早年治学方式较为传统，但他在中国史学史的研究方面敢于创新，力图实现由史书解题到发展过程的揭示。他对中国史学史的研究受到政治和学术的双重影响，对中国史学史诸多基本问题所进行的理论思考，具有创见。姚薇元为中国史学史的研究做出了辛勤的探索，在20世纪60年代中国史学史学科建设上具有重要地位。

关键词： 姚薇元　《中国史学史概要》　中国史学史学科

姚薇元（1905～1985年），安徽繁昌县人，是我国现代著名的历史学家。学术界一般比较关注他在中国近代史研究方面的成就，所著《鸦片战争史实考》被誉为中国近代史研究领域的一部代表作。实际上，姚薇元的史学成就远不止此。他在陈寅恪的指导下，撰写了中国首部胡姓研究著作《北朝胡姓考》，为魏晋南北朝史研究做出贡献。1953年，他随李达调到武汉大学历史系，承担了中国史学史课程的教学，并编写出讲义，这就是我们今天所见到的《中国史学史概要》一书。① 可以说，姚薇元是20世纪后半期较早关注中国史学史研究且有所撰述的重要史家，但学术界目前对他

① 2007年，武汉大学出版社将姚薇元的《鸦片战争史实考》与《中国史学史概要》二书合刊，列入“武汉大学百年名典”出版。

这方面的研究还比较薄弱。[①] 本文尝试评述姚薇元的史学史研究，以期对回顾20世纪的中国史学史研究和学科建设拾遗补阙。

一　由历史到史学：研究轨迹的变化

姚薇元的求学之路颇为波折。他六岁入私塾，后因父亡而辍学三年。1926年以优异成绩考入清华大学，兴趣促使他从学习物理转而研究中国近代史。大学期间，他广搜史料、潜心考证，补正魏源所著《道光洋艘征抚记》的百余处缺漏和贻误，撰成本科毕业论文《鸦片战争史事考》（又名《道光洋艘征抚记考订》）。此后姚薇元根据新材料多次修订此书内容，将书名改为《鸦片战争史实考》。该书被中外史学界视为鸦片战争史研究的权威著作，费正清就在一篇论及鸦片战争的论文中评价该书“是一本有详细的注释而且有判断力的书”[②]。章开沅教授也称赞《鸦片战争史实考》“学风严谨，功力深厚，堪称开创之作”[③]。20世纪80年代初，年逾古稀的姚薇元与萧致治等合撰《鸦片战争研究》，还准备参与《鸦片战争史》的撰写，但未能完成便辞世了。田禾在谈及《鸦片战争研究》时，认为该书“论述细致，分析周到，以雄辩的史实阐明了自己的观点，具有较大的说服力，特别是姚薇元教授的《道光洋艘征抚记》为魏源所作说”，“具有值得学习借鉴之处”。[④]

回顾姚薇元的治史道路，可见他的学术领域非常广泛，且体现出由历史到史学、古今贯通的研究轨迹。1931年姚薇元考入清华大学研究院历史门，师从陈寅恪研究魏晋南北朝史。他继承了陈寅恪精密考证的治学路径，在研究生毕业时写出《北朝胡姓考》，此书成为我国胡姓研究的滥觞之作。自清华大学研究生毕业后，姚薇元辗转于南京中央大学、大夏大学、贵州大学、重庆中央大学、金陵女子文理学院、金陵政治大学、南岳

① 有学者在回顾20世纪60年代的中国史学史学科建设时，注意到了姚薇元。参见郭澎《关于中国史学史的讨论》，《北京师范大学学报》1962年第1期，第119页；周文玖《中国史学史学科的产生和发展》，北京师范大学出版社，2002，第141页。

② 〔美〕费正清著《1840～1842的鸦片战争》，林继焘译，费正清等著，福建省历史学会福州分会编《外国学者论鸦片战争与林则徐》（下），福建人民出版社，1991，第2页。

③ 章开沅：《〈鸦片战争史〉序二》，萧致治主编《鸦片战争史》，福建人民出版社，1996，第1页。

④ 田禾：《鸦片战争研究的深化与新进展——读姚薇元、萧致治等著〈鸦片战争研究〉》，《武汉大学学报》（社会科学版）1989年第5期。

国立师范学院、湖南大学、武汉大学等高校任教，曾教授中国通史、隋唐五代史、中国近代史等课程。在此期间姚薇元发表了30余篇学术文章，其中包括《与钱宾四论唐藩镇胡姓》《唐代回纥人华化考》《欧阳修集古录目考》等。①

除魏晋南北朝史和中国近代史之外，姚薇元还有一个重要的学术领域，即中国史学史研究。早在1944年姚薇元便已出版了具有史学史色彩的《廿四史解题》。该书篇幅虽小，但却言之有物，显示出姚薇元对中国古代历史典籍的熟练，以及扎实的读书功夫，其治学方法也如当时大多数学者一样偏向考证，这对姚薇元后来的中国史学史研究也产生了重要影响。20世纪40年代，他还讲授过“《通鉴》读法”等与史学史关系密切的课程。这些经历为他日后的中国史学史研究打下了坚实的基础。

20世纪60年代前期是中国史学史研究的“活跃时期”。② 尤其是1961年，全国各地开展了关于史学史问题的讨论，对中国史学史学科的发展起了直接推动的作用。这一年，姚薇元参加了在武汉召开的“纪念辛亥革命50周年学术讨论会”，而此次学术研讨会也讨论了中国古代史学史问题。周文玖充分肯定了该时期有关史学史基本问题大讨论的意义，认为当时“许多著名史学家对史学史的建设表现出高度的责任感”③。具体说来，仅北京和武汉两地与会并提出意见的学者，既有来自各历史研究领域的史学翘楚，也有白寿彝、刘节等中国史学史研究名家。④ 由此可见1961年关于中国史学史的讨论规模甚大，且与会史家在学界多具有较高的史学地位，因而开展这些会议对指导中国史学史的发展方向具有重要意义。

参与这次中国史学史讨论的姚薇元自然也受到了大会所营造的学术氛围的鼓舞。就在这个时期，他在武汉大学开设了“中国史学史”课程。他

① 关于姚薇元的生平和教学活动，参考李天松的《历史学家姚薇元》，载《中国史学史概要》，武汉大学出版社，2007，第1~3页。

② 中国史学史研究的发展道路，大致可以划分为五个阶段：即草创时期（20世纪三四十年代）、沉寂时期（20世纪50年代）、活跃时期（20世纪60年代前期）、再度沉寂时期（20世纪60年代中期至70年代中期）、发展时期（20世纪70年代末以来）。参见瞿林东《中国史学史研究八十年》，《史学理论与史学史学刊》2006年卷，社会科学文献出版社，第7页。

③ 周文玖：《中国史学史学科的产生和发展》，北京师范大学出版社，2002，第141页。

④ 先后在会内外参加讨论、提出意见的学者有方壮猷、王毓铨、尹达、白寿彝、刘盼遂、刘节、张德钧、张鸿翔、孙书城、孙毓棠、何兹全、周春元、郑天挺、郑鹤声、胡厚宣、侯外庐、柴德赓、贺昌群、姚薇元、韩儒林等。参见郭澎《关于中国史学史的讨论》，《北京师范大学学报》1962年第1期。

运用马克思主义的立场、观点和方法，探讨了中国史学史的基本内容、中国史学史的目的和任务，还就中国史学史的分期提出了自己的观点。《中国史学史概要》由绪言和正文五篇构成，叙述了史学史各发展阶段的史学著作、对史家的评价以及史学发展的特点。颇为遗憾的是，现存的中国史学史讲义仅见绪言和前两篇的内容，还有约一半的篇幅散佚不见了。即便如此，《中国史学史概要》的目录和绪言仍可显示出姚薇元讲授中国史学史的大体风貌，对研究姚薇元的史学史思想、反映当时学者对史学史研究的认识，仍具有较高的学术价值。

二 从“解题”到“概要”：史学史研究走向深入

如前所述，姚薇元的中国史学史研究可以上溯到他在 20 世纪 40 中年代出版的《廿四史解题》，这代表了他前期史学史研究的风格。《廿四史解题》简要介绍了二十四史的大致内容，属于目录提要的范畴。颇有价值的是，关于二十四史的评价问题，姚薇元较多地吸收了前代史家的研究成果，继而通过爬梳史料，考证索隐，提出了个人见解，条理清晰地为读者呈现出关于历代正史较为客观中肯的评价。该书在内容上与《中国史学史概要》既有变化也有所重合，故在此将两书对比可看出姚薇元史学思想的变化，以及其史学史研究的特点。

二书由于成书年代不同，明显呈现出由史书解题到史学史的过渡。《廿四史解题》按二十四史书名编排目次，在内容方面也是按照传统的历史要籍书目提要来撰写的。以《史记》为例，姚薇元在此条目下分“史学鼻祖司马迁”“《史记》之内容”“《史记》是否原书”“《史记》之评价”四部分[①]，介绍了司马迁的生平事迹、《史记》的大致内容及成书经过、考辨其流传和真伪情况，并对《史记》的作用和地位予以评价，可谓典型的目录解题式专书。与《廿四史解题》一样，《中国史学史概要》也将《史记》单列一章加以叙述，但在整个布局框架上与前书已有很大差异，第二篇第二章“司马迁的《史记》——第一部‘纪传体’通史”下分“司马迁著《史记》”“《史记》的体裁”“司马迁的史学方法”“司马迁的历史观点和《史记》的思想性”四个部分。[②] 可见，姚薇元后期更加关注史书体

---

① 姚薇元：《廿四史解题》，中周出版社，1944，第 1 ~ 13 页。

② 姚薇元：《中国史学史概要》，武汉大学出版社，2007，第 230 ~ 253 页。

裁、史学方法和史学思想等史学史基本问题，而不是如早年评介“二十四史”那样简单罗列史书，介绍内容，评估史书的价值。在探索中国史学史的发展过程中，姚薇元为摆脱传统史书解题式的著书风格向史学史研究过渡做出了不懈努力。与《廿四史解题》一书相较，也不难看出姚薇元史学史研究不断深入的轨迹，兹概括如下。

第一，重视探讨史书体裁的发展。《中国史学史概要》论及“春秋时期诸侯列国的国史和世卿的家史”时，列举史料考证国史和世卿的家史，认为国史记录史事发生过程和以记言为主这两种形式对后来的编年史体裁起了开创的作用，又论证世卿的家史“记载的体裁也是按年、月、日次序的编年体”①，肯定了该时期国史和世卿家史对推动编年体史书形成的意义。他认为《春秋》不仅是编年体国史确立的标志，而且“是中国史学史上的一件大事”②，姚薇元还将战国时期的史书体裁分为编年史、国别史、人物传记、专门史，并说这些体裁“只是雏形，远远没有达到完善的地步”③。直到西汉时期，出现了“一个完整的、系统的即后世所谓‘纪传体’的复合形式，并且第一次采用这种复合形式，有计划地、全盘地述论了我国古代三千年历史发展的过程，这不能不说是司马迁的一种创造性的成就”④。尽管姚薇元在《廿四史解题》中也谈到司马迁在史书体裁上的创新，称“史迁之作，独创新体，成一家之言，贯穿古今，旁通六合，实为我国第一部通史”⑤，但还十分简略，也并未就创立史书新体裁的历史意义作充分的阐述。但在《中国史学史概要》中，他开始用较大篇幅探讨《史记》的体裁，书中不仅分别叙述“本纪”“世家”“列传”“表”“书”五种体例，还深入剖析司马迁使用不同体裁背后的用意及高明之处，赞扬司马迁“组成一种综合性的史书体裁，这在中国史学史上，确是一个创造性的成就”，“是中国学术史上的一件划时代的大事”。⑥ 姚薇元肯定了《春秋》和《史记》为代表的两种史书体裁在中国史学史上都占有重要地位，《史记》所确立的纪传体更是被称为“划时代的”。以上表明他此时已经认识到史书体裁的创新和发展对中国史学史进程的意义，这些论述在《廿四

① 姚薇元：《中国史学史概要》，第 205 页。
② 姚薇元：《中国史学史概要》，第 208 页。
③ 姚薇元：《中国史学史概要》，第 225 页。
④ 姚薇元：《中国史学史概要》，第 233 页。
⑤ 姚薇元：《廿四史解题》，第 10 页。
⑥ 姚薇元：《中国史学史概要》，第 237 页。

史解题》中是很少见到的。

第二，加强了关于史学方法的研究。《中国史学史概要》与《廿四史解题》的又一大不同，是前者运用了很大的篇幅专门阐述史学方法问题，这里以《春秋》为例略作说明。姚薇元于《廿四史解题》仅仅提及“《春秋》《左传》则局于时代”[①]，而在《中国史学史概要》中则具体说明孔子著《春秋》所存在的局限性，认为“他虽不是什么大贵族，却是吃地租（食田）的文士，加以出身于旧贵族家庭，又受到周礼文化的熏陶，现实的生活规定了他的思想意识和政治倾向”[②]。更为重要的是，他还总结了《春秋》在史学方法上的特点，包括“常事不书，详内略外”，作为依据鲁国国史而编纂的《春秋》，在叙事范围和对象选择上有轻重之分，所记之事多关乎大局；“多闻阙疑”，这是孔子在处理史料时的态度，以审慎缜密的态度求得最可靠的文献；“文约指博”，即《春秋》言辞简洁却意旨深远；“为尊者讳，为亲者讳”，揭示了孔子著书背后的政治意图。姚薇元对《春秋》上述史学方法并非一味褒扬，比如他就“文约指博”提出了批评，认为倘若没有《左传》人们根本不能领会其深意，“行文过于简略，毋宁说是它的缺点”。[③] 这是指出编年体史书的缺陷，从而明确了史书体裁发展的必要性。第四个特点表现了孔子的史学思想和政治诉求之间的联系，这就造成一些史实交代得不清楚，“也可说是一个缺点”。[④] 后来在论述《春秋》与《史记》在史学方法上的关联时，姚薇元认为“司马迁对孔子的史学方法，采取批判继承的态度，吸收其合理的部分，而扬弃其不合理的部分”[⑤]，即司马迁继承了孔子前两个原则，扬弃了后两个“书法”，进而赞扬司马迁宏大叙事的特点和坚持实录的史学精神。

第三，运用唯物史观指导中国史学史研究。这种转变显然是受到政治和学术的双重影响，这在当时的史学史研究与撰述上是一个相当普遍的现象。如金毓黻在 1944 年就出版了《中国史学史》，至 1957 年著作再版时，金毓黻在“重版说明”中检讨说：“当时著者并未建立辩证唯物主义之历史观点，因而缺点甚多。”[⑥] 可见史观的革新已迫在眉睫。20 世纪 40 年代

① 姚薇元：《廿四史解题》，第 10 页。
② 姚薇元：《中国史学史概要》，第 210 页。
③ 姚薇元：《中国史学史概要》，第 214 页。
④ 姚薇元：《中国史学史概要》，第 214 页。
⑤ 姚薇元：《中国史学史概要》，第 240 页。
⑥ 金毓黻：《中国史学史 · 重版说明》，商务印书馆，1957。

中期，马克思主义虽然早已传入中国，但尚未在知识分子群体中被普遍自觉地运用。1949 年后，学术界开始认真学习马克思主义，并将辩证唯物主义运用到学术研究上。受时代大潮的鼓舞和影响，姚薇元也开始运用唯物史观对历史问题进行分析，这种转变在他的中国史学史研究中体现得较为突出。在《中国史学史概要·绪言》中姚薇元就说到研究旧史学“需要运用马克思主义的立场、观点和方法”[①]，明确表示“我们的工作必须要以马克思列宁主义的基本原理和毛泽东的著作为指南”[②]，还表示“我们研究某一史家的历史著述时，必须运用马克思主义的阶级分析法”[③]，继而在书中利用马克思主义对历史著作的产生背景、史籍特点作深刻剖析，充分展示了学习马克思主义的成果。书中随处可见作者运用唯物史观分析史学的例证。在阐述殷周时期人们历史观点的变化时，姚薇元引用了一段恩格斯论述宗教产生和发展的话，剖析殷商的祖先神与西周的万能神的不同及特点，从而“帮助我们理解从远古传说中的神话成分到殷周宗教史观的发展过程”。[④] 又如在分析春秋时期史官产生“重视人事”思想的原因时，姚薇元将其与当时诸国纷争、阶级矛盾突出这一现实相联系，认为“这种思想是奴隶制瓦解下的产物”[⑤]，承认这种思想变化是意识形态对社会变化所作出的反映。从对史家的评价来说，姚薇元认为孔子的思想“保守性多于进步性，妥协性多于反抗性”[⑥]，而司马迁的思想则“具有朴素的唯物主义因素和大胆的批判精神”，极力揭露社会现实的黑暗和道德法律的伪善，在某些历史问题上表现出“一些人民的观点”。[⑦] 再如对《史记·货殖列传》的评价，姚薇元认为司马迁充分意识到社会经济具有自身发展规律、贫富不均会造成社会压迫、财富占有决定道德观念等问题，“表明司马迁认识到物质生产对社会生活的重要作用，财富对社会政治关系和社会意识的决定作用”。[⑧] 可见姚薇元将马克思主义运用于史学研究当中，这是一种全新的尝试，从他的分析来看，他将马克思主义与中国史学分析结合得相当紧密，且能自圆其说。

---

① 姚薇元：《中国史学史概要》，第 185 页。
② 姚薇元：《中国史学史概要》，第 188 页。
③ 姚薇元：《中国史学史概要》，第 187 页。
④ 姚薇元：《中国史学史概要》，第 201 页。
⑤ 姚薇元：《中国史学史概要》，第 207 页。
⑥ 姚薇元：《中国史学史概要》，第 215 页。
⑦ 姚薇元：《中国史学史概要》，第 247 页。
⑧ 姚薇元：《中国史学史概要》，第 243 页。

综上所述，《中国史学史概要》并非是对《廿四史解题》的简单改写，而是对“解题”式史书介绍的一种模式突破，蕴含着姚薇元对中国史学史研究的诸多思考。此外，两书在行文风格与学术观点方面也有变化。一是文风的转变，由古朴到平实，相较于《廿四史解题》，《中国史学史概要》除引用原始史料外，论述时一般不再采用文言的形式；二是观点的修订，如关于《史记》这一称谓所出现的时间，两书的说法并不一致，《廿四史解题》提出“以《史记》称太史公书，盖起于魏晋之间”①，而《中国史学史概要》改为“到后汉桓帝时，才被称为《史记》”②。根据前人研究结果，“东汉说”在学界的认可度更高，且论据更加充分③。可见姚薇元在学术上严谨审慎、精益求精的治学品格。

三　关于中国史学史研究的理论思考

如前所述，姚薇元研究中国史学史与20世纪60年代初中国史学史学科的大讨论有着密切联系。作为这段学术史的亲历者和参与者，姚薇元既受到时势和学术的激荡影响，又逐渐形成了自己关于中国史学史的一些理论认识，举其要者，约有三端。

首先，关于如何认识中国史学史研究的目的与任务。根据当时的报道，1961年的史学史学科建设讨论内容主要为四个方面：关于中国史学史的目的、要求；关于中国史学史古代部分的基本内容；关于中国史学史的分期；关于中国史学史教科书的写法。④ 姚薇元《中国史学史概要》一书《绪言》的副标题即为“学习中国史学史的目的和任务”，包括阐明中国史学本身的发展过程及其规律性；总结过去中国史学的成就，批判地继承我国史学的优良传统；通过对各个时期中具有代表性的史家的代表作品的具体分析，从而阐明史家的政治倾向，历史观点和方法，以及其历史著述的

① 姚薇元：《廿四史解题》，第3页。

② 姚薇元：《中国史学史概要》，第232页。

③ “《史记》之名始于魏晋”说，为梁启超、王国维等人提出。详见梁启超《饮冰室合集》专集之七十二《要籍解题及其读法》，中华书局，2015，第8406页；王国维《观堂集林》（上册），中华书局，1959，第511页。“《史记》之名始于东汉桓帝时”说，由陈直最早提出，见陈直《太史公书名考》，《文史哲》1956年第6期，第60～61页。这一说法在后来为大多数学者接受。

④ 郭澎：《关于中国史学史的讨论》，《北京师范大学学报》1962年第1期。

可靠程度。[1] 姚薇元所做的《绪言》与大会所讨论的“中国史学史的目的要求”这一问题基本吻合，但在具体表述和侧重点上也有自己的看法。

1961 年的史学史讨论会上，学者普遍认为中国史学史的主要目的是阐述中国史学发展规律，姚薇元在书中也主张要阐明中国史学的发展过程和规律，但他又进一步提出要探索“中国史学发生、发展的社会历史条件”及“史学本身发展的客观规律”[2]。会议上多数学者认为史学“有本身的承前启后，就是对前人的史学有所继承，并且也使后人有所继承。这种长期的继承性的发展，使中国史学形成自己的面貌、自己的路数”[3]。姚薇元赞同这一观点，并进一步认为既然史学“具有自己的特点”，“研究某一时代的史学的发展，就不宜单纯地、机械地从当时社会经济发展的情况来寻找原因，而必须追溯前一时期的史学已经达到的水平基础，以及它对后一时期的史学的影响来考察”[4]。大会讨论和姚薇元都主张立足于史学本身，考察特定时期的史学水平及其前后时期的史学成就，通过对比来揭示史学发展的规律和阶段性特征。而姚薇元的说法更为具体，是具有方法论意义的认识。白寿彝于 1964 年在《人民日报》发表文章阐述中国史学史研究任务时，也明确指出“阐明规律和总结成果，是我国史学史研究的两大经常任务”[5]。由此可见，姚薇元在 20 世纪 60 年代初期对中国史学史目的任务的认识是比较恰当的，他在把握研究大方向后对具体任务作了细致阐释，在史学史研究方面是有创见的。

其次，关于中国史学史的分期问题。史学史的分期不仅是划分阶段的时间问题，说到底，是涉及对中国史学史发展的阶段性及其特征、地位的认识。仓修良这样谈道：“史学史的分期确实是一个大问题，在某种意义上来说，也许比单纯的社会分期要难得多，因为它不仅要考虑到社会的发展变革，而且要考虑到史学本身发展的阶段与特点。”[6] 对于史学工作者而言，历史分期是必须要面临的问题，而史学史工作者也同样需要回答中国史学史可以分为几个阶段、分期的标准、分期的意义等问题，这反映出史

① 姚薇元：《中国史学史概要》，第 185 ~ 188 页。

② 姚薇元：《中国史学史概要》，第 186 页。

③ 郭澎：《关于中国史学史的讨论》，《北京师范大学学报》1962 年第 1 期。

④ 姚薇元：《中国史学史概要》，第 186 页。

⑤ 白寿彝：《中国史学史研究任务的商榷》，吴泽编选，袁英光主编《中国史学史论集》，上海人民出版社，1980，第 3 ~ 4 页。原载《人民日报》1964 年 2 月 29 日。

⑥ 仓修良：《谈谈中国古代史学史分期问题》，《史学史研究》1983 年第 2 期。

学史研究者对数千年来中国史学发展轨迹的基本认识。梁启超最早提出“史学史的做法”，包括史官、史家、史学的成立及发展、最近史学的趋势四个方面。[①] 他所开创的史学史研究模式影响了此后数十年间的史学史研究，但显然地，上述四点仅是研究史学史需予以重视的基本要素，并不是史学史研究的全部。如果只做“梁启超式”的史学史四要素的介绍，就很难勾勒出中国史学史分期的框架，无法展现出中国史学发展的有机联系。姚薇元在《中国史学史概要·绪言》中就中国史学史的分期问题发表了自己的观点，将中国史学史划分为五个阶段：“中国史学史的酝酿时期——秦以前”“中国史学史的形成时期——西汉至唐”“中国史学史的发展时期——宋至清末”“清末以来资产阶级史学的兴起及其流派”“马克思主义历史学科在战斗中成长”。[②] 从上述分期可以看出姚薇元是将中国史学作为一个整体来探索其自身的发展进程。实际上，前三个阶段、后两个阶段分别对应中国古代史学史和中国近代史学史。古代部分，姚薇元从各历史时期中概括出史学史的阶段性特征，把中国社会历史的发展与史学的发展相结合，这种划分方式的高明之处则在于能够更加直观地展现出中国史学史发展的自身特点以及史学的阶段性演进。如关于第一阶段“酝酿时期”的论证就是如此：“在司马迁以前，中国史学是跟文艺、哲学和宗教等纠合在一起的酝酿时期。”[③] 近代部分，姚薇元明确提出了“资产阶级史学”和“马克思主义历史学科”，有层次地将各时期史学的理论特色归纳出来，可以看出姚薇元对马克思主义指导中国史学发展给予了充分重视，肯定了马克思主义对中国史学发展的推动乃至革新之作用。即便无法参阅姚薇元有关分期的完整论述，但是就中国史学史的目的和任务而言，《绪言》中所表现出的分期思想也与“阐明中国史学本身的发展过程及其规律性”这一任务实现了基本统一。

当然，作为新中国成立后出现的较早的一部史学史讲义，《中国史学史概要》在某些方面呈现出明显的不足。如在内容方面，依旧显露出罗列史料的痕迹。在运用马克思主义唯物史观来分析史学方面，姚薇元在理论阐述上还不能做到游刃有余，甚至在某些问题上只简单提及并未作充分阐释。姚薇元对中国史学史的研究仍然偏重于分析代表史家和代表性史籍，

---

① 梁启超：《饮冰室合集》专集之九十九《中国历史研究法补编》，第10747页。

② 姚薇元：《中国史学史概要》，第188页。

③ 姚薇元：《中国史学史概要》，第189页。

尽管在《绪言》中他强调要把握史学的发展规律，但在具体实践上并未对史学的发展规律做出深刻的揭示。虽然至晚在东汉的时候，史学家班彪就已经具备史学之历史的意识[①]，然而直至20世纪20年代，中国史学史才被作为一个历史学分支学科提出来进行系统研究，该学科实属一门年轻的学科。吴怀祺在20世纪80年代仍然撰文指出已出版的史学史著作“史”的特点不突出。[②] 可见其时史学史研究仍存在诸多不足。因此我们不必苛求姚薇元这位为史学史教学和史学史学科建设发展做出了贡献的先行者，而应看到他在中国史学史研究领域孜孜不倦的探索和来之不易的创获。回顾史学史学科的发展历程，可以说姚薇元对中国史学史的研究并非一个孤立的存在，越来越多的学者重视中国史学史的研究并为之辛勤耕耘，这标志着中国史学史学科的建设日渐走向繁荣和成熟。

---

① 瞿林东：《中国史学史研究·导言》，湖北教育出版社，2006，第1页。

② 吴怀祺：《史学史要有“史”的特点》，《光明日报》1982年10月27日，第3版。

余英时“内在理路”说的再审视

任芮欣
（南开大学历史学院，天津　300350）

摘　要：自余英时提出“内在理路”说后，学术界基本认为是一种新范式。然而，余英时把梁启超的“反理学”说评论为外缘因素，把钱穆的“每转益进”说评论为汉宋对峙的叙述，从而凸显“内在理路”说的创新性并不符合历史事实。实际上，三种说法都是基于学术自身发展所提出的看法，是内在分析的不同形态。在内在分析的前提下，梁启超侧重清学的创造性，钱穆侧重理学的延续性，余英时侧重“尊德性”与“道问学”的互动性。从某种程度言，三者还存在着层层深入的递进关系。

关键词：“内在理路”说　“反理学”说　“每转益进”说　递进关系

清学论述是20世纪中国学术史上的重要图景。从清末以来，章太炎、刘师培、梁启超、钱穆、侯外庐、杨向奎、张舜徽等学者都曾着力研究清学并产生深刻的认识。① 此外，值得注意的是海外华裔学者余英时所提出的“内在理路”说。自从提出后，“内在理路”说产生了重大学术反响。学者基本认为“内在理路”说提供了清代思想史研究的新范式，为今后的清代思想史研究开辟了新路径。在余英时看来，梁启超的“理学反动”说

① 著作有李帆《章太炎、刘师培、梁启超清学史著述之研究》，商务印书馆，2006；武少民《百年清学九论》，吉林人民出版社，2008。代表性论文有王俊义《二十世纪清代学术思想史研究回顾》，《中国社会科学院研究生院学报》1997年第3期；陈居渊《20世纪清代学术史研究范式的历史考察》，《史学理论研究》2007年第1期。

是强调外缘因素的“反满”说的一种延伸，而钱穆的“每转益进”说则强调了汉宋对峙。针对此问题，他提出了“内在理路”说。此后的相关研究者基本依照余英时的论断，一方面因袭“反理学”说和“每转益进”说的不足，另一方面强调“内在理路”说的范式意义。然而，重读梁启超和钱穆的清学史论述，笔者发现事实并非如此。余英时曲解和误读之处随处可见。因此，对于影响重大的“内在理路”说应重新审视并且深入考察。①

一 “内在理路”说的旨趣及学术反响

中国思想史是余英时学术研究的主要领域②，而清代思想史又是其中的重要部分。在清代思想史研究中，“内在理路”说是余英时的重要概念工具，并且受到海内外学者的高度关注。“内在理路”说贯穿于《论戴震与章学诚》之中，理论表述主要集中于《从宋明儒学的发展看清代思想史》《清代思想史的一个新解释》之中。这两篇文章先后收录在余英时的各种文集中，譬如《历史与思想》《中国思想传统的现代诠释》《余英时学术思想文选》《论戴震与章学诚》《余英时文集》等。③ 在其他综合性文集中，这两篇文章也经常被选入。由此可见，余英时本人和学术界对于“内在理路”说的重视。

所谓“内在理路”说就是每一个特定的思想传统都有一套自身的问题需要不断地被解决。也就是说，思想史并不完全依赖于外在因素的刺激，也可以具有内在的发展。④ 当然，“内在理路”说的提出是针对从外缘因素解释清代思想史的研究而言的。在余英时看来，章太炎的“反满”说是从政治压迫的视角来解释清代思想史的，而侯外庐的“市民阶级”说是从经济的视角解释清代思想史的。另外，梁启超的“反理学”说是和“反满”密

① 在20世纪中国史学发展历程中，影响重大的学说尚有重新审查的必要。其中乔治忠对王国维“二重证据法”的反思颇具代表性。详见乔治忠《王国维“二重证据法”蕴义与影响的再审视》，《南开学报》（哲学社会科学版）2010年第4期。

② 详见〔美〕余英时《我与中国思想史研究》，《思想》2010年第8期。

③ 〔美〕余英时：《历史与思想》，联经出版事业公司，1976；《中国思想传统的现代诠释》，江苏人民出版社，2006；《余英时学术思想文选》，上海古籍出版社，2010；《论戴震与章学诚》，生活·读书·新知三联书店，2000；《余英时文集》，广西师范大学出版社，2004。

④ 〔美〕余英时：《清代思想史的一个新解释》，《论戴震与章学诚》，生活·读书·新知三联书店，2012，第325页。

切相关的一种学说，是从外缘的因素来研究清代思想史的。而余英时的老师钱穆虽然认为清代学术是宋明理学的延续，但是余英时也并不表示满意，因为钱穆把宋明儒学的“义理之学”和乾嘉时代的“考据之学”相对照。①

在对既有研究成果的检讨之上，余英时借鉴西方的“智识主义”和“反智识主义”的概念来分析南宋以来儒学发展中的“尊德性”与“道问学”之间的关系。在此视角之下，宋代儒学同时包罗“尊德性”和“道问学”两个方面，而明代儒学在“尊德性”的领域内开拓到了尽头。而在反智识主义高涨的学术氛围下，“取证于经典”的呼声日益高涨，并促进了智识主义的崛起，从而实现儒学从“尊德性”阶段向“道问学”阶段的转变。从近世儒学嬗变的角度看，清学是在“尊德性”和“道问学”两派争执不下的前提下儒学发展的必然归宿。② 从以上的分析中可以看出，余英时认为清学并不是宋明儒学的反动，而是近世儒学发展的第三阶段。

“内在理路”并非是简单的概念工具，而是余英时历史观念和人生理想的凝聚。有学者指出“内在理路”说包含了三个层面的内容，就是研究的方法、历史的观念、人生的理想。作为研究的方法，“内在理路”说是解释从宋明理学到清代朴学儒学转型的概念工具；作为历史的观念，“内在理路”说隐含了对于历史决定论的否定。作为人生的理想，“内在理路”说反映了余英时追求思想独立，坚信理想能够超越现实并引领现实。③ 这一认识对于理解余英时“内在理路”说提供了深刻的评论。

从其学术经历来看，余英时一直强调从思想史的内在发展来进行研究。

1962 年，余英时在博士学位论文《东汉生死观》的导论中就谈到对于思想史的理解和认识，即观念也拥有超越社会环境的历史。余英时之所以产生这种认识，是基于对因果观念的困惑。正如他所言：“我们这一代思想史家特别面对的另一个长期的困惑是因果观念的问题。受历史唯物论，最近更直接的则是受知识社会学的冲击，人们今天普遍倾向于从社会、经济和政治环境出发思考观念。将观念隔绝在不受时间影响的真空里的传统习惯已经衰退。在许多方面，这种变化须被认为是人类认识技能的改善，

① 〔美〕余英时：《论戴震与章学诚》，第 324、292 页。

② 〔美〕余英时：《论戴震与章学诚》，第 310 页。

③ 何俊：《余英时先生的中国近世思想史研究》，载氏著《师英录》，上海辞书出版社，2014，第96～102 页。

但尽管如此，它也带来了困扰思想史家的新难题。”① 从中可以明确地看出，余英时已经对从社会、经济、政治等外缘因素分析思想的方法表示不满。虽然余英时对思想史研究的外缘分析表示不满，但是此时他并没有实际的学术行动去进行深入思考和学术论证。而若干年后，清学史恰恰提供了他进行内在因素分析的空间。也可以说，“内在理路”说是余英时反思外缘因素分析思想模式的总爆发。但是，以“内在理路”说分析儒学史的问题在于“尊德性”和“道问学”在相当时间之内并不是对立的，而是统一的，如“尊德性不容不道问学，道问学乃所以尊德性”。②

自从“内在理路”说的系列文章发表之后，海内外学术界对此引起强烈的学术回响。总体而言，学术界反响以赞扬为主，并视之为新范式。1994 年，台湾学者丘为君发表《清代思想史“研究典范”的形成、特质与义涵》。他在文中认为：“内在理路”说超越了典范对立的难题，创造了清代思想史研究的新典范。具体而言，“余氏的系统至少展现了两种特色：第一是在与传统对话时，经由对传统内涵的理解所造成的对儒学义理机构阐释的新突破；第二，是作者在理论建构时所呈现的方法论的高度自觉”。③ 同年大陆学者指出，余英时的“内在理路”说为解决儒家思想现代转化的知识问题及儒家思想内部道德与知识的关系问题树立了好的范式。因为建立客观认知的精神问题是现代儒学的重要课题，余英时建立客观认知精神和儒学的现代命运之间的联系，为中国文化的未来方向提供了一种新的思考。④ 此后，大陆学术界不断撰文论述和阐发余英时的“内在理路”说，指出“内在理路”说是余英时中国学术思想史中影响最为广泛的学术方法。它强调中国学术思想演进的内在因素，注意发掘中国思想史中的知识传统，为以后的学者提供了新的研究路径。⑤

与此同时，“内在理路”说也受到了质疑，但是质疑之声已消弭于赞

---

① 〔美〕余英时：《东汉生死观》，上海古籍出版社，2005，第 4 ~5 页。

② 王坚：《20 世纪清学史研究范式之历史审查》，《山东社会科学》2013 年第 7 期。

③ 丘为君：《清代思想史“研究典范”的形成、特质与义涵》，载氏著《戴震学的形成：知识论述在近代中国的诞生》，新星出版社，2006，第 254 页。

④ 应奇：《寻求儒家知识论的源头活水：余英时清代思想史新解释平议》，《社会科学》1994 年第 2 期。

⑤ 刘墨：《余英时及清代学术史研究》，《中国图书评论》2004 年第 11 期；孙永才：《内在理路：从尊德性到道问学》，《安徽史学》2008 年第 1 期；侯宏堂：《从“朱陆之争”到“内在理路”：余英时中国学术思想史研究理念与方法管窥》，《兰州大学学报》2010 年第 4 期；张笑龙：《钱穆、余英时对清代学术思想史的研究》，《齐鲁学刊》2012 年第 6 期。

扬洪流中。在对“内在理路”说提出的商榷和批评意见中，台湾学者林聪舜和大陆学者张汝伦的看法值得注意。林聪舜通过对明清之际儒学思想的研究提出对“内在理路”说的不同见解，认为“清代经学考证是理学内部的争论逼出来的论断，并不能得到有力的佐证”。譬如，顾炎武“经学即理学”的主张是出于实用目的提出来的，并非是解决理学的内部矛盾。在商榷的基础上，林聪舜提出自己的看法，也就是清代经学考证学风的形成与经世致用的学风密切相关。从“经世致用”转为“通经致用”再转为客观的经史考证，最后埋葬了原来的经世致用的发展过程才是清初学术演变的内在线索。① 如果说林聪舜的商榷是从明清之际儒家思想嬗变的角度提出的，那么张汝伦的商榷视角主要基于哲学的概念。在《以今度古的诠释：余英时清代思想史研究献疑》中，张汝伦揭示了以西方的“智识主义”和“反智识主义”的思想概念解析儒学内部“尊德性”与“道问学”并不恰当，并且这一对思想概念在近30年的西方学术界不断被批判和纠正。在具体的分析中，余英时以重视读书与否作为判别“智识主义”和“反智识主义”是一种狭隘的标准，因为经史书本知识为知识，天文、地理、钱粮、水火等实践知识也是知识。某种程度言，以“智识主义”和“反智识主义”解释“尊德性”和“道问学”是一种以西释中的过渡诠释。②

毫无疑问，“内在理路”说的学术反响主要集中于学说的内涵和意义，而对学说提出的合法性基础即前人研究成果一笔带过，并且基本沿袭余英时关于梁启超和钱穆的评论，从而把梁启超的“反理学”说视为用外缘因素来解释清代学术思想史；把钱穆的“每转益进”说视为汉宋对峙。而问题恰恰出于这里，从而刻意强调余英时“内在理路”说的突破性意义，而忽视该说与前人研究成果联系的深刻考察。必须明确的是，无论是梁启超的“反理学”说还是钱穆的“每转益进”说都是从学术演进的内在理路来认识清代思想史的。在内在理路的前提下，梁启超、钱穆、余英时的清学认识有所差异。笔者试图从学术史的角度重新审视梁启超和钱穆的清学论述与余英时“内在理路”说的关系，并在此基础上重新认识余英时的“内在理路”说。

① 林聪舜：《明清之际儒家思想的变迁与发展》，（台湾）花木兰文化出版社，2009，第199～203页。

② 张汝伦：《以今度古的诠释：余英时清代思想史研究献疑》，《现代中国思想研究》，上海人民出版社，2001，第529～562页。

二　关于“反理学”说与“内在理路”说

余英时“内在理路”说的新解释是建立在对“反理学”说批判的基础之上的。在余英时看来，“反理学”说是政治解释的派生物，是一种外缘分析。然而，事实可能并非如此。“反理学”说和“内在理路”说的学术关联有重新审视的必要。

梁启超的“反理学”说首先萌芽于《论中国学术思想变迁之大势》第八章近世之学术中，其后在《清代学术概论》和《中国近三百年学术史》中得到充分的阐发。因为清代学术的认识关涉宋明儒学的发展，所以有必要分析梁启超对于宋代以来学术思潮的整体观察。梁启超指出：

> 在“道学”总旗帜底下，虽然有吕伯恭、朱晦庵、陈龙川各派，不专以谈玄为主，然而大势所趋，总是倾向到明心见性一路，结果自然要像陆子静、王阳明的讲法，才能彻底地成一片段。所以到明代中叶，姚江（王明阳）学派，奄袭全国……阳明学派，在二千年学术史上，确有相当之价值，不能一笔抹杀，上文所引诸家批评，不免都有些过火之处。但末流积弊，既已如此，举国人心对于他既已由厌倦而变成憎恶，那么这种学术，如何能久存？反动之起，当然是新时代一种迫切的要求了。①

从以上的论述中可以得知，第一，宋明儒学的主体是道学。第二，宋代不专以谈玄为主，但是总体倾向于明心见性。第三，阳明学在明心见性方面得到彻底发展。第四，王学末流的流弊引起学者的反动。结合余英时的相关论述可知，其实以上的四点认识中，前三项余英时也基本持类似的观点，指出从近世儒学的发展来看，宋代儒学规模较广，可以同时包括尊德性和道问学；而明代儒学则所入较深，把“尊德性”开拓到了尽头。②也就是说，问题的关键其实就是第四点的王学问题。

如果承认余英时与梁启超认识差异的关键在于王学问题，那么接下来就应当首先分析“反理学”说与王学问题的关联。“反理学”说的提出与梁启超关于学术分期的看法密切相关。梁启超根据佛教学说的生、住、

① 梁启超：《中国近三百年学术史》，上海古籍出版社，2014，第3、6页。

② 〔美〕余英时：《从宋明儒学的发展论清代思想史》，《论戴震与章学诚》，第298页。

异、灭把学术思潮的演进轨迹划分为启蒙期、全盛期、蜕分期、衰落期。而启蒙期就是对于旧思潮的反动期，因为旧思潮经过全盛期之后“极熟而致烂”，所以不得不反动。“反动者，凡以求建设新思潮也。”[①] 在学术演变轨迹的宏观认识之上，梁启超得出结论：清代学术思潮是对宋明理学的一大反动。根据“有流弊斯有反动”的认识，清代学术思潮是针对晚明王学的流弊而产生。从字面来看，梁启超所使用的“反”不是势不两立的二元思维。阅读史料，可以发现梁启超根据不同状况使用反对或反动，有时候用修正或矫正。梁启超所谓的“理学”不是整个宋明理学，而是明中后期的王学末流。正如梁启超所说“晚明理学之弊，恰如欧洲中世纪黑暗时代之景教。其极也，能使人之心思耳目皆闭塞不用，独立创造之精神，消蚀于零度”。[②] 也就是说，梁启超的“反理学”说重点在于矫正王学末流。

另外，把“反理学”作为梁启超清学论述标签的行为也是有必要重新认识的。因为“反理学”只是梁启超的理论概括，并非具体分析的看法。在具体的分析时，梁启超并没有夸大“反理学”的意义和典范。首先，“反理学”并非必然走向乾嘉的经史考证之路。以顾炎武、阎若璩、胡渭为代表的经学考证只是矫正王学末流诸多方向中的一个。此外，还有数种方向也对王学末流大有裨益。譬如注重日常行事的颜元、李塨一派；史学经世的黄宗羲、万斯同一派；专治天文历算的王锡阐、梅文鼎一派。其次，“反理学”并非清代学术转变的唯一因素。在《论中国学术思想变迁之大势》中就说明王学反动只是学风转变的一种因素。另外，如时势的因素，诸先生地位的因素。[③] 在《清代学术概论》中分析原因有四种。一是厌倦空疏学风，返于沈实；二是社会安定，人安心于学；三是异族入主，耻于立于朝廷，专心治学；四是未定一尊，学风自由。[④] 再次，“反理学”并非意味着切断宋明理学与清代学术的关联。在清初，无论是程朱理学还是陆王新学仍有不少学者，如孙奇逢、李颙、刁包、张履祥、张尔岐、陆陇其、陆世仪、汤斌、李光地、魏象枢、魏裔介等。并且，梁启超指出“时清学壁垒未立，诸大师著述谈说，往往出入汉宋”[⑤]。在《中国近三百年学术史》中，梁启超专门论述了“阳明学派之余波及其修正”“程朱学

① 梁启超：《清代学术概论》，上海古籍出版社，2011，第2页。

② 梁启超：《清代学术概论》，第8~9页。

③ 梁启超：《论中国学术思想变迁之大势》，上海古籍出版社，2012，第89~90页。

④ 梁启超：《清代学术概论》，第27页。

⑤ 梁启超：《清代学术概论》，第67页。

派及其依附者”。也就是说，梁启超虽然主张理学反动说，但是并未主张宋明学术与清代学术的彻底断裂，而是强调宋明与清代的学术主潮的不同。从以上的分析中可知，“反理学”说是梁启超清学论述的理论概括；在具体分析时注重学术转型的多元分析。

梁启超“反理学”说的旨趣和内涵已经明确。在此前提下，重新审视余英时对于“反理学”的三点商榷内容：第一，“反理学”说过于强调清学的反面意义，而忽略清学的正面意义；第二，“反理学”说与事实不符合，清学鼎盛期的考据家并不反对理学；第三，考证方法和“反理学”说并无必然关系。余英时所指出的问题有一定的合理因素，但是值得推敲。

根据梁启超的认识即“反理学”是矫正王学末流和“反理学”仅是理论性概括，余英时的商榷有可以再商榷的余地。第一，“反理学”从字面上看似乎只是强调清学的反面意义，但是是否就忽略清学的正面意义。标榜“经学即理学”的顾炎武正是清代经学的建设者，并且清代学术的中坚正是经学。梁启超对顾炎武的评价甚高，称之为“清学开山之祖”。这种论断正是从正面意义来判断的。所以，“反理学”说所包含的正面意义就是建设经学。第二，“反理学”说是明末清初学者矫正王学末流弊端的学术实践，所以“反理学”说并不意味着处处与理学针锋相对。那么，清代鼎盛时期考据家并不反对理学是完全可以理解的。第三，“反理学”说意在矫正王学末流的弊端，并且矫正的方向是多种的。经学考证只是众多路向中的一种而已。至于乾嘉时期形成经学考据是在多种因素相互交织中形成。

余英时对梁启超“反理学”说提出最值得注意的一点是“反理学”说和“反满”密切关联，认为这是用外缘来解释学术思想的演变。可以说，余英时的这一论断并非理性思考的结果，似乎故意强调“反理学”的外缘性来强化自己的“内在理路”说。有学者已经指出，余英时为了显示自己是从“内在理路”解释清代思想史，硬说“反理学”说是政治解释的派生物。然而，“反理学”说恰恰就是从思想演进的内在理路来解释清代思想史的。[①] 这一点尤其值得注意。然而，作者的研究重点并不在此，因此轻描淡写地一笔带过是颇为遗憾的。欲解决此问题，应注意“反理学”说和“反满”的关系。余英时说“像梁启超先生便认为清初一般读书人痛定思

① 张汝伦：《以今度古的诠释：余英时清代思想史研究献疑》，《现代中国思想研究》，第551页。

痛，深恨清谈心性误国，因此都反理学，终于走上了经史实学的路子”[1]。梁启超确实有过类似的表述，但是这和“反满”说有一定关系并非决定因素。换句话讲，明朝灭亡是晚明王学反动趋势的促进因素，而不是导致王学反动的因素。因为王学的反动已经在明末开始了，然而当时明朝并没有灭亡。[2] 梁启超之所以以“中国近三百年学术史”来代替“清代学术概论”，就是因为清学的先河已经在晚明开始。除此之外，梁启超特别分析了清初学风转变的四种原因，异族入主中原只是其中一个。而余英时则以偏概全，紧紧抓住这一点批驳梁启超“反理学”的外缘性，对于其他三项原因存而不论。所以，“反满”只是“反理学”的促进因素之一。另一方面，“反理学”说的重点在于矫正王学末流。既然是针对阳明学末流的弊端而提出的看法，当然是着眼于学术思想的演进。某种程度上，“反理学”说也是内在理路的一种阐释形态。

综上所述，余英时对梁启超“反理学”说的批驳是值得讨论的。尤其把“反理学”和“反满”绑架在一起刻意地强调“反理学”是一种政治解释的派生物。实际上，梁启超“反理学”说正是一种基于学术思想内在演变的观察和分析，因为“反理学”的核心在于矫正王阳明心学末流的积弊。此外，余英时引用陈垣《明季滇黔佛教考》的看法来印证和支持自己的“内在理路”说。陈垣指出，明末云南和贵州的佛教也发生了变化即“问学与德性并重”。[3] 其实，梁启超早在《中国近三百年学术史》中也表达过这种想法，认为佛教徒也发生了类似于佛学方面的反动从而研究学理，譬如憨山注释《楞严》《楞伽》；蕅益注释《楞严》《起信》《唯识》等，“一返禅宗束书不观之习”。[4] 可知，余英时对梁启超的清学论述理解并不全面，是片面的，并以此来凸显“内在理路”说的价值。

三　关于“每转益进”说与“内在理路”说

作为余英时的老师，钱穆同样是清学论著颇丰的学者，其中以《中国

---

① 〔美〕余英时：《清代思想史的一个新解释》，《论戴震与章学诚》，第 324 页。

② 梁启超特别指出“若依政治的区划，是应该从一六四四年起的，但文化史的年代，照例要比政治史先走一步”。见梁启超《明清之交中国思想界及其代表人物》，《东方杂志》1924 年第 21 卷第 3 期。

③ 〔美〕余英时：《清代思想史的一个新解释》，《论戴震与章学诚》，第 335 页。

④ 梁启超：《中国近三百年学术史》，第 9 页。

近三百年学术史》最为著名，此外有论文集《中国学术思想史论丛》第八册。对于钱穆的清代学术史研究，学术界基本达成共识：钱穆的清代学术史研究主要以宋学精神为旨趣，在评价清代学术时以经世明道的宋学精神为标准。[①] 但是，在余英时看来，钱穆的清学论述是一种汉宋对峙叙事。阅读钱穆的论述可以得知，余英时的批评并不切合事实。

1937 年 5 月，钱穆的《中国近代三百年学术史》由商务印书馆出版。钱穆的撰述动机无非是与梁启超同名著作意见相左。值得注意的是，钱穆的清学论述受梁启超的影响不可低估。以往的研究过于强调梁启超与钱穆在清学史认识上的差异，甚至认为两书代表了清学史研究的不同路径。[②] 实际上，两人的清代学术史研究并不能代表不同范式，或许正如台湾学者王汎森所指出：钱穆的《中国近三百年学术史》受梁启超的影响最大。[③] 虽然梁启超主张“反理学”说，而钱穆主张“每转益进”说，但是梁启超和钱穆的相似之处也有很多，其中最重要的一点就是认为清代学术史是由晚明学术的发展路向而来，最终走上了考据训诂的道路上。在此前提之下，梁启超更加强调的是理学的衰落和经学考证的成就；而钱穆更加全面地认为理学并没有衰落，为了更好地理解考据训诂应当明白理学的状况。甚至，余英时也认为钱穆的看法是对梁启超的修正。也就是说梁启超和钱穆的观点差别并不是范式的差别。[④]

钱穆的“每转益进”说发端于《中国近三百年学术史》的引论，理论表述于《〈清儒学案〉序》中。钱穆在《中国近三百年学术史》中开篇就提出治清代学术“必始于宋”的论断，主张从两宋学术流变看清代学术，因为“不知宋学，则无以平汉宋之是非”。他指出，清代汉学的渊源可以追溯到晚明的遗老；乾嘉时期汉学家水平的高低受到宋学的影响；晚清时候汉宋兼采说盛行。所以，钱穆的得出结论，认为“不知宋学，即无以识近代也”。[⑤] 也就是说，宋学基本贯穿于清学始终。既然从清初到清末宋学

---

① 陈勇：《“不知宋学，则无以评汉宋之是非”：钱穆与清代学术史研究》，《史学理论研究》2003 年第 1 期。

② 周国栋：《两种不同的学术史范式：梁启超、钱穆〈中国近三百年学术史〉之比较》，《史学月刊》2000 年第 4 期。

③ 王汎森等：《中国思想史研究的重要传统》，许纪霖主编《何谓现代，谁之中国？现代中国的再阐释》，上海人民出版社，2014，第 68 页。

④ 鉴于以往学术界多关于二者的“异”，李长银则考察了二者的相同性，见《梁启超、钱穆〈中国近三百年学术史〉平议》，《江南大学学报》2014 年第 1 期。

⑤ 钱穆：《中国近三百年学术史》，九州出版社，2011，第 1 页。

一直延续，那么钱穆当然主张不能忽视宋学来研究清学。

但是钱穆仅在引言中论说宋学显然是不足以评论汉宋之是非。这种认识在 1942 年《〈清儒学案〉序》中进一步深化。与《中国近三百年学术史》不同，《清儒学案》仅收录延续宋明理学而讲究心性义理的学者，概不收录经籍考据学者。在《〈清儒学案〉序》中，钱穆指出“清代经学，亦依然沿续宋、元以来，而不过切磋琢磨之益精益纯而已。理学本包孕经学为再生，则清代乾、嘉经学考据之盛，亦理学进展中应有之一节目”。最为难能可贵的是钱穆在此基础上概括出学术演进的基本态势即“每转而益进，穷途而必变”。在钱穆看来，两汉经学是包孕先秦子学的再生，宋明理学是包孕汉唐经学而再生，清代经学是包孕宋明理学而再生。[①] 当学术穷途之时，梁启超指出了“反动→建设”方式，钱穆指出了“包孕→再生”方式。其实，两者的思考路径相差无几，只是侧重有所差异。与梁启超更关注“变”的一面不同，钱穆能够在关注“变”的同时兼顾“不变”的一面。以此来看，钱穆并不与梁启超针锋相对，而是对梁启超研究的深化。

余英时在清代思想史新解释的文章中，仅引用钱穆《中国近三百年学术史》一次。即“言汉学渊源者必诉诸晚明诸遗老”等来说明宋明理学传统在清代的延续。这也是余英时赞成钱穆的地方，但是他对钱穆的理解表示不满，认为仍然没有摆脱汉宋对峙，从而把讨论义理之学的宋明儒学与讨论考据之学的清代儒学相对照。另外，他还指出汉宋之辨是清儒宗派意识的产物，并不能反映宋明以来儒学发展的实际状况。[②] 实际上，余英时对钱穆的批驳并非事实，而且还继承了钱穆的认识。余英时批驳钱穆的清学论述是一种汉宋对峙的叙事，但是钱穆并非是一种汉宋对峙的论述。从历时的角度看，钱穆认为宋元明清的儒学思想就是理学。也就是说，宋学和清学一以贯之的儒学思想是理学，即宋学和清学并不是对峙的。清学的精神是承袭宋明儒学思想的治学传统的。不仅如此，钱穆还特别批评了现代学人把清代学术视为“蔑弃宋、明而重返汉、唐”的说法。[③] 可以看出，钱穆从正反两方面批判了汉宋对峙的说法。从共时的角度看，钱穆在《中

① 钱穆：《〈清儒学案〉序》，《中国学术思想史论丛（八）》，生活·读书·新知三联书店，2009，第 411 ~414 页。

② 〔美〕余英时：《从宋明儒学的发展论清代思想史》，《论戴震与章学诚》，第 290 页。

③ 钱穆：《前期清儒思想之新天地》《〈清儒学案〉序》，《中国学术思想史论丛（八）》，第 1、411 页。

国近三百年学术史》的引论中明确地指出，清初学者对宋学有极深的造诣；清中期才有汉学的名称，汉学家水平受宋学影响很深；晚清时期汉宋兼采。[①] 也就说，钱穆虽然是用汉学和宋学的名称，但是可以很清晰地看出，钱穆并没有把汉宋对峙起来而是考察汉学与宋学之间的复杂学术关联。从以上两个角度可以看出，余英时批驳钱穆的清学论述是汉宋对峙是并不能成立的。不仅如此，余英时的清学论述反而继承了钱穆不少的内容。关于余英时与钱穆关于清代学术思想研究方面的连续性，学者有一定的讨论。譬如，在学术趋向方面，余英时认为从“尊德性”到“道问学”转变的认识，与钱穆指出从“性理之学”到“经史之学”的认识基本相同；在研究路径方面，余英时和钱穆都注重从中国学术思想长时段的流变审视清代学术的源流和要旨。[②]

钱穆和余英时的师生关系为审视两人的清学论述提供了双重视角，其一是余英时对于钱穆的态度，其二是钱穆对于余英时研究的看法。虽然余英时的“内在理路”说因为重新解释清代思想史而名声大噪，但是他从内在演变探寻学术思想轨迹的想法较早，主要集中在《汉晋之际士之新自觉与新思潮》和博士学位论文《东汉生死观》中。1960 年，钱穆阅读《汉晋之际士之新自觉与新思潮》初稿后就致函余英时，对余英时过分强调士的自觉表示不满，指出：

> 弟原论文正因太注重自觉二字，一切有关政治、社会、经济等种种外面变动，弟意总若有意撇开，而极想专从心理变动方面立论，但内外交相映，心理变动有许多确受外面刺激而生，弟文立论，时觉有过激之处。[③]

从中可以得知，首先，余英时有意撇开外在因素。余英时在《东汉生死观》导论中对思想史方法论的省思可以证明钱穆所论“有意撇开”是正确的。其次，余英时过激地强调内在因素。这从余英时对清代思想史的新解释即“内在理路”说可以证明仍然在深化这一认识。钱穆对余英时的批评可谓正中余英时的软肋，然而余英时对清代思想史的新解释可谓更加深

---

① 钱穆：《中国近三百年学术史》，第 1 页。

② 张笑龙：《钱穆、余英时对清代学术思想史的研究》，《齐鲁学刊》2012 年第 6 期。

③ 〔美〕余英时：《钱宾四先生论学书简》，《钱穆与中国现代学术》，广西师范大学出版社，2006，第 201 页。

化了思想的自觉性。

另外，余英时重新解释思想史所依赖的线索也并不能得到钱穆的同意。余英时重新整理清学史的起点正是基于章学诚《文史通义》的《朱陆》篇和《浙东学术》篇。[①]《浙东学术》篇主要内容是讨论清代学术中浙东和浙西的学术差别，从而强调"学者不可无宗主，而必不可有门户"；《朱陆》篇的主要内容是探究宋以来区别朱学和陆学的差别，说明"宋儒有朱、陆，千古不可合志同异，亦千古不可无用之同异也"。[②] 余英时以此为线索并借助西方的"智识主义"与"反智识主义"的一对概念来重新解释清代思想史。早在1947年，钱穆在《前期清儒思想之新天地》中就指出章学诚相关说法的不可靠性，并认为：

> 据章实斋自己说，当时经学考据乃承袭亭林一派上接程、朱，而他的史学则是承袭梨洲一派上接陆、王。此种意见，在近代学术思想史有稍深刻研究者，未必都能同意。[③]

章学诚的这种说法正是集中在《程朱》和《浙东学术》篇。也就是说，钱穆对于《程朱》和《浙东学术》论述并不认可。根据日本学者山口久和的研究，章学诚违背史实所虚构的系谱是"为印证学术上的某种主张而阐发的一种思想宣言"[④]。此种解读颇具见识。1966年，余英时把正在酝酿的清代中期思想史新解释的想法致函钱穆。钱穆在答书中也指出，章学诚"清代浙东、浙西分派远自朱陆则牵强不稽之说"，并建议余英时阅读邵念鲁的《思复堂集》来考察章学诚的学术渊源。[⑤] 可见，钱穆对于余英时的清学思想史新解释未必认同。

总而言之，余英时对于钱穆清学论述的批驳不符合历史事实。钱穆认为应当从宋学和清学的复杂关系中理解清代学术，一方面指出宋明理学与清代学术的连续性，另一方面揭示清代学术演进中宋学在不同时段与学术思潮的交互联系。可以说，这并非是一种汉宋对峙的历史叙事。

---

① 〔美〕余英时：《清代思想史的一个新解释》，《论戴震与章学诚》，第350页。

② 仓修良主编《文史通义新编新注》，浙江古籍出版社，2005，第121~129页。

③ 钱穆：《前期清儒思想之新天地》，《中国学术思想史论丛（八）》，第9页。

④ 〔日〕山口久和：《章学诚的知识论：以考证学批判为中心》，王标译，上海古籍出版社，2006，第46页。

⑤ 〔美〕余英时：《钱宾四先生论学书简》，《钱穆与中国现代学术》，第210页。

结 论

余英时以“内在理路”说为清学史提供了一个新看法。学术界对此产生重大反响，但是基本视之为新范式。但是，余英时把梁启超的“反理学”说评论为外缘因素，把钱穆的“每转益进”说评论为汉宋对峙的叙述并非符合历史事实。梁启超“反理学”说的核心在于矫正理学末流的流弊；钱穆的“每转益进”说的关键在于说明宋学与清学之间的复杂互动。因此，梁启超的“反理学”说绝非是强调外缘因素，钱穆的“每转益进”说也不是汉宋对峙的叙述。在笔者看来，梁启超的“反理学”说、钱穆的“每转益进”说、余英时的“内在理路”说都是从学术思想自身的发展所提出的看法，是内在分析的三种不同形态。在内在分析的前提下，梁启超侧重清学的创造性，钱穆侧重理学的延续性，余英时侧重“尊德性”与“道问学”的互动性。某种程度言，三者存在着层层深入的递进关系。另外，对于余英时的“内在理路”说有两点值得注意：第一，余英时建构“内在理路”说的线索即《文史通义》的《浙东学术》和《朱陆》是章学诚违背史实的虚构。第二，余英时建构“内在理路”说的理论即“智识主义”与“反智识主义”并不适合解释中国思想史。

历史文献学研究

《通鉴》汉武帝元狩年间史事书写辨正*

李　峰

（河南师范大学历史文化学院，河南新乡　453007）

摘　要：《资治通鉴》将获麟事、有司建言命名年号事与济北王献泰山事，同系于元狩元年；将武帝得神马事、立乐府事、司马相如等造为诗赋事、李延年为协律都尉事、汲黯讥武帝作《天马歌》事系于元狩三年；将少翁被诛事置于元狩四年，并叙及王夫人事，将天子病鼎湖事、义纵道不治事系于元狩五年，将义纵被诛事系于元狩六年。实则济北王献泰山事发生在元狩三年至元鼎二年间，有司建言命名年号事发生在元鼎三年；元狩三年武帝未得神马，立乐府事及李延年为协律都尉事皆当发生在元鼎六年武帝见李延年后，司马相如造为诗赋事颇不可信，汲黯讥武帝事亦难以成立；少翁并未致王夫人的神魂，其被诛在元狩五年，武帝病鼎湖事发生在元狩六年，义纵被诛在元鼎元年。

关键词：《资治通鉴》　武帝　元狩

众所周知，《史记》中《封禅书》《乐书》《平准书》等篇，《汉书》中《郊祀志》《礼乐志》等篇，在叙述武帝元狩年间史事时颇多模糊之处，故司马光等在编撰《资治通鉴》时，非常重视对这段时间史事的考辨，因此成效甚著。但不可否认的是《资治通鉴》对这段时间史事的书写仍有颇多值得商榷之处，故笔者决定对此略作探析，以求正于方家。

---

* 本文系2018年度国家社会科学基金项目“西汉后期郊庙改制问题研究”（项目编号：18BZS043）阶段性成果。

一

按《史记·封禅书》云："其明年，郊雍，获一角兽，若麃然。有司曰：'陛下肃祗郊祀，上帝报享，锡一角兽，盖麟云。'于是以荐五畤，畤加一牛以燎。锡诸侯白金，风符应合于天也。于是济北王以为天子且封禅，乃上书献泰山及其旁邑，天子以他县偿之。"① 《汉书·郊祀志》所载与此同。获麟事《汉书·武帝纪》系于元狩元年（公元前122年）："元狩元年冬十月，行幸雍，祠五畤。获白麟，作《白麟之歌》。"② 当年终军以谒者、给事中的身份，从武帝"幸雍祠五畤，获白麟，一角而五蹄。时又得奇木，其枝旁出，辄复合于木上"。武帝异之而博谋群臣，终军因上书请求改元："今郊祀未见于神祇，而获兽以馈，此天之所以示向，而上通之符合也。宜因昭时令日，改定告元。"武帝对终军的建议，"甚异之，由是改元为元狩"③。应劭也称当年改元，是由于"获白麟，因改元曰元狩也。"④ 荀悦《汉纪》将获麟事与终军建言事系于元狩元年，并称"由是改元朔为元狩"⑤。由于《封禅书》曾述及改元事："其后三年，有司言元宜以天瑞命，不宜以一二数。一元曰'建'，二元以长星曰'光'，三元以郊得一角兽曰'狩'云。"⑥ 《通鉴》遂将有司建言命名年号事置于获麟事与济北王献泰山事之间，同系于元狩元年："（元狩元年）冬，十月，上行幸雍，祠五畤，获兽，一角而足有五蹄。有司言：'陛下肃祗郊祀，上帝报享，锡一角兽，盖麟云。'于是以庆五畤，畤加一牛，以燎。久之，有司又言：'元宜以天瑞命，不宜以一二数，一元曰建，二元以长星曰光，今元以郊得一角兽曰狩云'。于是济北王以为天子且封禅，上书献泰山及其旁邑；天子以他县偿之。"⑦

因为《封禅书》在叙述获麟一事之前，有"其后，天子苑有白鹿，以其皮为币，以发瑞应，造白金焉"之语。⑧ 而《武帝纪》称元狩四年冬，

① （西汉）司马迁：《史记》卷28《封禅书》，中华书局，1959，第1387页。
② （东汉）班固：《汉书》卷6《武帝纪》，中华书局，1962，第174页。
③ （东汉）班固：《汉书》卷64《终军传》，第2814～2817页。
④ （东汉）班固：《汉书》卷6《武帝纪》，第174页。
⑤ （西汉）荀悦：《汉纪》卷12"元狩元年冬十月"条，中华书局，2002，第204页。
⑥ （西汉）司马迁：《史记》卷28《封禅书》，第1389页。
⑦ （北宋）司马光：《资治通鉴》卷19"元狩元年"条，中华书局，1956，第622～623页。
⑧ （西汉）司马迁：《史记》卷28《封禅书》，第1387页。

“县官衣食振业，用度不足，请收银锡造白金皮币以足用”①。施之勉据此认为“是获麟在元狩五年，不在元年”②。但是获麟一事确实如上所述，发生在元狩元年。故《封禅书》将造白金事置于获麟事之前，梁玉绳指出“此误也”③。

据《封禅书》，有司建言命名年号事发生在“其后三年”，叙述过此事后，紧跟着“其明年冬，天子郊雍”云云，是年有封栾大为乐通侯事。由于封栾大为侯之时，武帝诏称“朕临天下二十有八年”④，可知栾大封侯那年为元鼎四年，《汉书·外戚恩泽侯表》亦云元鼎四年“四月乙巳封”栾大为乐通侯。⑤ 以此为基点逆推，则有司言元宜以天瑞命那年为元鼎三年。

因《封禅书》“其后三年”云云上文言“文成死明年，天子病鼎湖甚”⑥，《通鉴》叙其事于元狩五年，王先谦遂称“承上‘文成死明年’为元狩五年言之，则后三年为元鼎二年。而下云‘今郊得一角兽曰狩’，必非元鼎年中言也。后三年，疑是后一年之误。荀悦诸人皆知后三年之不可通，故《汉纪》即书于获麟之下，云‘由是改元朔为元狩’。《通鉴》亦于获麟下，书‘久之，有司又言元宜以天瑞命’云云，莫能定为何年事。《封禅书》《孝武纪》并作‘后三年’，班氏承用之”⑦。观王先谦之意，当是认为命名年号事应该发生在元狩年间。

因武帝年号，元狩之前除建元、元光外，尚有元朔，而《封禅书》叙及此事，有“一元”“二元”“三元”之说。《郊祀志》从之，只是去“三元”，改“以”为“今”：“今郊得一角兽曰‘狩’云。”⑧ 钱大昕遂称：“元光之后，尚有元朔，则元狩乃为四元，非三元。班史改‘以’为‘今’，无三元字，盖得之矣。”同时钱大昕指出《封禅书》言三元而不言四元，并非失误：“言建元、元光而不言元朔者，‘建’以斗建为名，‘光’以长星为名，皆取天象。若元朔纪年，应劭解朔为苏，取吕物毓息

---

① （东汉）班固：《汉书》卷6《武帝纪》，第178页。

② 施之勉：《汉书集释》（第6册）第三卷《郊祀志第五上》，（台北）三民书局股份有限公司，2003，第2269页。

③ （清）梁玉绳：《史记志疑》卷16《二十五史三编》，岳麓书社，1994，第344页。

④ （西汉）司马迁：《史记》卷28《封禅书》，第1389～1391页。

⑤ （东汉）班固：《汉书》卷18《外戚恩泽侯表》，第690页。

⑥ （西汉）司马迁：《史记》卷28《封禅书》，第1388页。

⑦ 王先谦：《汉书补注》卷25《郊祀志》，上海古籍出版社，2008，第1709页。

⑧ （东汉）班固：《汉书》卷25《郊祀志》，第1221页。

之义，不主天瑞，故不及之耳。"① 朱一新也注意到元朔年号问题，指出《史记》的《封禅书》《武帝纪》"今"作"三元"二字，然而"元光下尚有元朔年号，则元狩不得谓之'三元'"②。对此，王先谦释曰："专举天瑞，故略元朔不言。武帝于元狩中，追改建元、元光、元朔、元狩，于元封追改元鼎，系两次追改。"③

严耕望指出就年号而言，古帝王初未有年号，"但以在位之年顺序纪之而已"。至文帝、景帝时方有"后元""中元"之号，"然尚无以专雅之名为年号者。武帝初年，亦仍旧制，至二十七年，始以天瑞定元追改，是为有年号之始"。就元鼎三年追改年号而言，"当时既以天瑞为定元准则，则此次追改，自尚无元朔之号，而命一年至六年为'建元'，命七年至十八年为'元光'，命十九年获麟以来以迄本年均为'元狩'"。王先谦等人的辨析，"是皆不知第一次追定年号之时，原准天瑞，本无元朔之号，以致误疑误释耳"。④ 因此《汉书·终军传》所谓的改元为"元狩"乃是事后追记，当时只是改元而已。《汉纪》称"改元朔为元狩"属误书。当然《通鉴》将此事系于元狩元年也是不恰当的。

《封禅书》云武帝先赐白金，然后济北王上书献泰山及其旁邑。考武帝造白金事，《武帝纪》称在元狩四年。然《史记·平准书》称"其明年，骠骑仍再出击胡，获首四万。其秋，浑邪王率数万之众来降……其明年……乃以白鹿皮方尺，缘以藻缋，为皮币，直四十万……又造银锡为白金。……其明年，大将军、骠骑大出击胡，得首虏八九万级"云云。⑤ 考霍去病这两次攻打匈奴，分别是元狩二年和元狩四年，可知武帝决定造皮币白金在元狩三年。后白金废止流通，"是岁也，张汤死而民不思"。徐广曰："元鼎三年。"⑥ 然《武帝纪》云："（元鼎）二年冬十一月，御史大夫张汤有罪，自杀。"⑦ 故王先谦称"《武纪》汤死在元鼎二年。徐广注三

① （清）钱大昕：《廿二史考异》，方诗铭、周殿杰校点，上海古籍出版社，2004，第42～43页。

② （清）朱一新：《汉书管见》卷2，葆真堂清光绪刻本。

③ 王先谦：《汉书补注》卷25《郊祀志》，第1709页。

④ 严耕望：《武帝创制年号辨》，《严耕望史学论文集》，上海古籍出版社，2009，第17～18页。

⑤ （西汉）司马迁：《史记》卷30《平准书》，第1424～1428页。

⑥ （西汉）司马迁：《史记》卷30《平准书》，第1434页。

⑦ （东汉）班固：《汉书》卷6《武帝纪》，第182页。

年，非也”[①]。又《史记·汉兴以来将相名臣年表》载元鼎二年，御史大夫张汤“有罪自杀”[②]。是张汤死当在元鼎二年。因此济北王献泰山事当在元狩三年至元鼎二年间。

故《通鉴》书济北王献泰山及其旁邑事于“有司言元宜以天瑞命”事后，是不恰当的。合理的处置当是将其系于元狩三年至元鼎二年间，然全祖望认为“武帝元鼎元年，献泰山及其旁邑”[③]。语甚确，未知何据。

二

《汉书》多次提及武帝得神马事。《礼乐志》称“元狩三年马生渥洼水中作”《太一天马之歌》[④]。而《武帝纪》云元鼎四年“六月，得宝鼎后土祠旁。秋，马生渥洼水中。作《宝鼎》《天马》之歌”。太初四年春，“贰师将军广利斩大宛王首，获汗血马来。作《西极天马之歌》”。[⑤]

《史记·乐书》则叙及武帝作歌十九章、李延年为协律都尉及汲黯讥武帝作歌事：“至今上即位，作十九章，令侍中李延年次序其声，拜为协律都尉。……又尝得神马渥洼水中，复次以为太一之歌。……后伐大宛得千里马，马名蒲梢，次作以为歌。……中尉汲黯进曰：‘凡王者作乐，上以承祖宗，下以化兆民。今陛下得马，诗以为歌，协于宗庙，先帝百姓岂能知其音邪?’上默然不说。丞相公孙弘曰：‘黯诽谤圣制，当族。’”[⑥]

《礼乐志》在述及李延年为协律都尉、作郊祀歌十九章事的同时，又载武帝立乐府事、司马相如等造为讲诗赋事：“至武帝定郊祀之礼，祠太一于甘泉，就乾位也；祭后土于汾阴，泽中方丘也。乃立乐府，采诗夜诵，有赵、代、秦、楚之讴。以李延年为协律都尉，多举司马相如等数十人造为诗赋，略论律吕，以合八音之调，作十九章之歌。”[⑦]

据《史记·公孙弘列传》：“元狩二年，弘病，竟以丞相终。”[⑧]《汉

---

① 王先谦：《汉书补注》卷24《食货志》，第1635页。
② （西汉）司马迁：《史记》卷22《汉兴以来将相名臣年表》，第1139页。
③ （清）全祖望：《汉书地理志稽疑》卷2《史记两汉书三史补编》（3），北京图书馆出版社，2005，第72页。
④ （东汉）班固：《汉书》卷22《礼乐志》，第1060页。
⑤ （东汉）班固：《汉书》卷6《武帝纪》，第184~202页。
⑥ （西汉）司马迁：《史记》卷24《乐书》，第1177~1178页。
⑦ （东汉）班固：《汉书》卷22《礼乐志》，第1045页。
⑧ （西汉）司马迁：《史记》卷112《公孙弘列传》，第2953页。

书·百官公卿表》：元狩二年，“三月戊寅，丞相弘薨”。元朔五年“主爵都尉汲黯为右内史，五年免”[①]。《史记·汲黯列传》称汲黯免官后，“居数年，会更五铢钱，民多盗铸钱，楚地尤甚。上以为淮阳，楚地之郊，乃召拜黯为淮阳太守……黯居郡如故治，淮阳政清。……七岁而卒”。徐广曰：“元狩五年行五铢钱。”又曰汲黯卒在“元鼎五年”。[②] 据此可知元鼎四年武帝作《宝鼎》《天马》之歌时，汲黯尚在淮阳太守任上，无由讥刺武帝，太初四年武帝作《西极天马之歌》时，汲黯已死多年。唯《礼乐志》所云的元狩三年作《太一天马之歌》时，汲黯可能尚右内史任上，然其时公孙弘已死。故司马光等认为汲黯讥武帝事，当是因武帝作《太一天马之歌》而起，时汲黯当仍在右内史任上，而打击汲黯者非公孙弘：“公孙弘以元狩二年薨。汲黯以元狩三年免右内史，五年为淮阳太守，元鼎五年卒。又黯未尝为中尉。或者马生渥洼水作歌在元狩三年，汲黯为右内史而讥之，言当族者非公孙弘也”[③]。

鉴于以上原因，《通鉴》遂将武帝得神马事、立乐府事、司马相如等造为诗赋事、李延年为协律都尉事、汲黯讥武帝作歌事系于元狩三年：“是岁，得神马于渥洼水中。上方立乐府，使司马相如等造为诗赋；以宦者李延年为协律都尉，佩二千石印；弦次初诗以合八音之调。……及得神马，次以为歌。汲黯曰：‘凡王者作乐，上以承祖宗，下以化兆民。今陛下得马，诗以为歌，协于宗庙，先帝百姓岂能知其音邪？’上默然不说。”[④] 然而征诸史实，《通鉴》此段叙述颇值得商榷。

据《郊祀志》云：“其春，既灭南越，嬖臣李延年以好音见。上善之，下公卿议，曰：‘民间祠有鼓舞乐，今郊祀而无乐，岂称乎？’……于是塞南越，祷祠泰一、后土，始用乐舞。”[⑤] 而《武帝纪》明言灭南越在元鼎六年，则李延年为协律都尉当在此年见武帝后。《郊祀志》称武帝定郊祀之礼为甘泉祠太一、汾阴祭后土之礼，而《武帝纪》称元鼎四年十一月，“立后土祠于汾阴脽上”；元鼎五年十一月，“立泰畤于甘泉”[⑥]。从武帝见李延年后所言，显示其初行郊祀天地之礼时并无用乐舞，见李延年后方用

---

① （东汉）班固：《汉书》卷19《百官公卿表》，第772~774页。
② （西汉）司马迁：《史记》卷120《汲黯列传》，第3110~3111页。
③ （北宋）司马光：《资治通鉴》卷19“元狩三年”条，第637页。
④ （北宋）司马光：《资治通鉴》卷19“元狩三年”条，第636~637页。
⑤ （东汉）班固：《汉书》卷25《郊祀志》，第1232页。
⑥ （东汉）班固：《汉书》卷6《武帝纪》，第183~185页。

之，则其立乐府当在元鼎六年武帝见李延年后。

《乐书》《郊祀志》皆云武帝时郊祀歌共十九章，所异在于《乐书》云皆由李延年“序次其声”，《郊祀志》则未言之。考武帝时所定的郊祀歌，有确切纪年者，最早为元狩元年的《白麟之歌》，最晚为太始三年《赤雁之歌》。由于李延年被诛在“在太初三年秋以后至四年春以前”[①]。故《乐书》所云并不确切。

就《礼乐志》云司马相如造为诗赋事而言，《汉书·佞幸传》亦有载：“延年善歌，为新变声。是时上方兴天地诸祠，欲造乐，令司马相如等作诗颂。延年辄承意弦歌所造诗，为之新声曲。”[②] 然《史记·佞幸列传》及《司马相如列传》《乐书》皆未言有此事。且《司马相如列传》云：“司马相如既卒五岁，天子始祭后土。八年而遂先礼中岳，封于太山，至梁父禅肃然。”徐广注“元狩五年也”。[③] 据此可知，李延年受到武帝赏识时，司马相如已卒多年，显见此事为班固所增，然颇不可信。

又《乐书》言武帝先以得神马渥洼水中作《太一之歌》即《太一天马之歌》，后伐大宛得神马又作歌，汲黯遂讥之，而公孙弘则抨击之。《资治通鉴》据《礼乐志》将武帝作《太一天马之歌》的时间定在元狩年，然而《武帝纪》却明言是在元鼎四年。且《武帝纪》并未言元狩三年得天马事，倒是元狩二年“夏，马生余吾水中”。且据学者考证，《礼乐志》所载《西极天马之歌》，实作于“元鼎四年”，《太一天马之歌》实作于“太初四年”。之所以如此，乃“系错简造成”。故《乐书》所云汲黯讥武帝事是难以成立的，司马光等将此事予以采信自然也是不正确的。

考《乐书》问题所以如此之多，当与其出于后人续补有关。据《汉书·司马迁传》云司马迁为《太史公书》，“而十篇缺，有录无书”。张晏注称所缺之十篇中有《乐书》。[④] 故王应麟云：“盖《乐书》后人所续，非史迁之笔也。”[⑤] 余嘉锡亦称：“《乐书》之非太史公笔，晓然易见。”就汲黯谏天马事而言，“其为后人据传闻之辞以补亡，而未深考当时之事，亦明矣”。[⑥]

---

① 虞云国：《李延年杂考》，《上海师范大学学报》1991 年第 2 期。

② （西汉）司马迁：《史记》卷 117《司马相如列传》，第 3072 页。

③ 赵季：《〈史记乐书〉错简发覆举隅》，《文献》1986 年第 3 期。

④ （东汉）班固：《汉书》卷 62《司马迁传》，第 2724 页。

⑤ （南宋）王应麟：《通鉴答问》卷 4《玉海（6）》，江苏古籍出版社、上海书店 1987，第 65 页。

⑥ 余嘉锡：《太史公书亡篇考》，《余嘉锡文史论集》，岳麓书社，1997，第 44 ~ 45 页。

三

《封禅书》称武帝曾“病鼎湖甚”，后病愈，“遂起，幸甘泉，病良已。大赦，置寿宫神君”云云[①]。因该事件前后文字叙事甚模糊，故武帝病鼎湖的时间颇难考订。而据《史记·酷吏列传》载义纵为右内史，“上幸鼎湖，病久，已而卒起幸甘泉，道多不治。上怒曰：‘纵以我为不复行此道乎？’嗛之。至冬，杨可方受告缗，纵以为此乱民，部吏捕其为可使者。天子闻，使杜式治，以为废格沮事，弃纵市”[②]。因太初改历以前，汉以十月为岁首，则杨可在冬季受告缗，义纵因反对被处死一事，当发生在武帝病鼎湖、幸甘泉的次年，据《百官公卿表》，元狩四年，“定襄太守义纵为右内史，二年下狱弃市”[③]。又《平准书》云：“自造白金五铢钱后五岁，赦吏民之坐盗铸金钱死者数十万人。”[④]《武帝纪》，元狩四年冬，有司“请收银锡造白金及皮币以足用”[⑤]。司马光等据此诸事，认为武帝病鼎湖事发生在元狩五年，且当年无赦：“《考异》曰：《史记·封禅书》云：‘明年，天子病鼎湖，甚；病愈，幸甘泉，大赦。’莫知其为何年。本纪皆无其事，独《义纵传》有之。按《汉书·百官公卿表》，义纵、李敢死皆在今年。敢传云：‘从上雍，至甘泉宫。’‘雍’盖衍字也。《平准书》云：‘自造白金五铢钱后五岁赦。’按《武纪》，元狩四年造白金，元鼎元年赦，首尾四年。若今年更有赦，则四年再赦，与《平准书》不合，今从《百官表》。”[⑥]

因《封禅书》云方士文成将军少翁因欺骗武帝而被诛，次年武帝病鼎湖，“文成死明年，天子病鼎湖甚”[⑦]，《通鉴》遂将少翁被诛事置于元狩四年。由于《封禅书》称武帝曾让少翁招致王夫人之神：“其明年，齐人少翁以鬼神方见上。上有所幸王夫人，夫人卒，少翁以方盖夜致王夫人及灶鬼之貌云，天子自帷中望见焉。于是乃拜少翁为文成将军，赏赐甚多，

① （西汉）司马迁：《史记》卷28《封禅书》，第1388页。
② （西汉）司马迁：《史记》卷122《酷吏列传》，第3147～3146页。
③ （东汉）班固：《汉书》卷19《百官公卿表》，第775页。
④ （西汉）司马迁：《史记》卷30《平准书》，第1433页。
⑤ （东汉）班固：《汉书》卷6《武帝纪》，第178页。
⑥ （北宋）司马光：《资治通鉴》卷20“元狩六年”条，第651页。
⑦ （西汉）司马迁：《史记》卷28《封禅书》，第1388页。

以客礼礼之。”[①]《武帝本纪》与此同。《郊祀志》亦载此事，然称少翁所招致的是“李夫人”之神[②]。《后妃传》亦载有此事。对此，《通鉴》认为王夫人死在少翁被诛前，故持王夫人说：“《汉书》以此事置《李夫人传》中，古今相承皆以为李夫人事。《史记·封禅书》：‘少翁见上，上有所幸王夫人卒，少翁以方夜致王夫人及灶鬼之貌云。’按李夫人卒时，少翁死已久，《汉书》误也。今从《史记》。”[③]

有鉴于此，《通鉴》将少翁被诛事置于元狩四年，并叙及王夫人事：“齐人少翁，以鬼神方见上。上有所幸王夫人卒，少翁以方夜致鬼，如王夫人之貌，天子自帷中望见焉。于是乃拜少翁为文成将军……文成又劝上作甘泉宫……居岁余，其方益衰，神不至……于是诛文成将军而隐之。”[④]

将天子病鼎湖事、义纵道不治事系于元狩五年：“（元狩五年）夏……天子病鼎湖甚……于是病愈，遂起幸甘泉……时上卒起，幸甘泉，过右内史界中，道多不治，上怒曰：‘义纵以我为不复行此道乎！’衔之。”[⑤]

将义纵被诛事系于元狩六年：“（元狩六年）冬……上既下缗钱令而尊卜式，百姓终莫分财佐县官，于是杨可告缗钱纵矣。义纵以为此乱民，部吏捕其为可使者。天子以纵为废格沮事，弃纵市。”[⑥]

就武帝时让方士为其亡故宠姬致神事而言，自《通鉴》否定其为李夫人后，历代学者多赞同其说，沈钦韩更是进而指出：“南粤灭在元鼎六年，此志有云‘既灭南越，嬖臣李延年以好音见’，而李夫人之进，以延年歌《北方有佳人》得召见，又在延年后明矣，其死安得反在元狩时乎？”而“少翁之诛在元狩中，李夫人卒不得有少翁也。”[⑦]

然而《通鉴》所持的王夫人说却遭到王益之的质疑。王益之据《史记》褚少孙补叙，考出王夫人元狩六年还在世，关于王夫人，徐广称：“齐怀王闳之母也。”[⑧] 据《史记·三王世家》，册封刘闳等为王的动议起自元狩六年，该年三月，霍去病上疏请武帝册封刘闳等，经过讨论，当年

---

① （西汉）司马迁：《史记》卷28《封禅书》，第1387页。
② （东汉）班固：《汉书》卷25《郊祀志》，第1219页。
③ （北宋）司马光：《资治通鉴》卷19“元狩四年”条，第647页。
④ （北宋）司马光：《资治通鉴》卷19“元狩四年”条，第647页。
⑤ （北宋）司马光：《资治通鉴》卷20“元狩五年”条，第649～650页。
⑥ （北宋）司马光：《资治通鉴》卷20“元狩六年”条，第650～651页。
⑦ （清）沈钦韩：《汉书疏证》卷18，（清）沈钦韩等：《汉书疏证（外二种）》（1），上海古籍出版社，2006，第527页。
⑧ （西汉）司马迁：《史记》卷12《武帝本纪》，第459页。

四月策刘闳等皇子为王。据褚少孙称，刘闳将被立为王时，王夫人病，“武帝自临问之”，并表示要封刘闳于齐，王夫人死后，武帝“使使者拜之曰：‘皇帝谨使使太中大夫明奉璧一，赐夫人为齐王太后’”。[①] 此显见王夫人最早只能死在元狩六年，确切说王夫人在元狩六年三四月份还在世。因赞同《通鉴》的少翁元狩四年被诛说，故王益之据此认为，“是元狩之六年王夫人尚无恙，而少翁之死已二年矣，岂得云‘致鬼如王夫人之貌’乎？”由于他同时也反对李夫人说，故认为“《史记》以为王夫人既不可，《汉书》以为李夫人尤不可”。因此除夫人之姓而书之：“今除其姓云‘上有所幸夫人’庶不牴牾耳”。[②] 由于事实确凿，此说一出，几至推翻司马光之论。故陈仁锡、梁玉绳等虽持王夫人说，也只是摭拾司马光之陈言，如陈仁锡云：“李夫人卒时，少翁死久矣。”[③] 梁玉绳云：“李夫人卒时，少翁之死已久，必《汉书》误。”[④]

由于《封禅书》称少翁并没死在见武帝的当年，而是“居岁余，其方益衰，神不至”。[⑤] 少翁因设计以骗武帝而被处死。而在少翁见武帝的前一年，据《封禅书》为武帝郊雍获麟之年，而据《武帝纪》时为元狩元年，王益之遂认为少翁见武帝并致某夫人之神是在元狩二年：“《考异》曰：《通鉴》载于四年。按：《封禅书》载于郊雍获一角兽之明年，当是元狩二年，今从《封禅书》。”[⑥] 沈钦韩采此说，并修正王益之的看法，认为被致神之夫人就是王夫人，据此认为王夫人说有其合理性，而《汉书》的李夫人说也有实据，故未下断语：“考《史记·三王世家》，王夫人者与卫夫人并幸，计其始进当元光时，至元狩二年卒，前后相当。然《外戚传》汉武实悼李夫人，惟少翁之诛在元狩中，李夫人卒不得有少翁也。为传之误，若此志无一是者。《史记》作王夫人，又是一事而两传之误。”[⑦] 然王先谦指出“《通鉴》诛文成在元狩四年。下云‘居岁余’云云，是‘见上’或在元狩三年”[⑧]。并且王益之的王夫人卒于元狩六年说形同铁证，故而沈钦

① （西汉）司马迁：《史记》卷63《三王世家》，第2115页。
② （北宋）王益之：《西汉年纪》，王根林整理，卷14，中州古籍出版社，1993，第264页。
③ 〔日〕泷川资言考证《史记会注考证附校补》，水泽利忠校补，上海古籍出版社，1986，第793页。
④ （清）梁玉绳：《史记志疑》，《二十五史三编》，岳麓书社，1994，第344页。
⑤ （西汉）司马迁：《史记》卷28《封禅书》，第1388页。
⑥ （北宋）王益之：《西汉年纪》，王根林整理，卷14，中州古籍出版社，1993，第264页。
⑦ （清）沈钦韩：《汉书疏证》卷18，沈钦韩等：《汉书疏证（外二种）》（1），第527页。
⑧ 王先谦：《汉书补注》卷25《郊祀志》，第1706页。

韩的观点仍然难以成立。于是周寿昌试图通过否定褚少孙叙述的真实性来支持王夫人说，所谓："褚先生补《传》，纪年每有与事不相应者，即《匈奴传》末载李贰师年事皆舛，诸家皆驳正之，他可类推。史公当武帝朝，此当不舛，似宜从《史记》作王夫人为是，亦不必云无姓也。"① 但以褚少孙他事叙述有误，来推出此事亦误，理由并不充分。而施之勉则另辟蹊径，修正司马光的少翁被诛于元狩四年说，提出少翁以方见武帝在元狩六年，其理由是武帝"获麟在元狩五年"，而据史载获麟的次年，少翁以方见武帝。据《三王世家》褚先生补述，"是王夫人死在元狩六年，少翁得以方夜致王夫人也"②。

不过，施之勉虽据《汉书·武帝纪》载武帝造白金皮币在元狩四年，推得获麟在元狩五年，少翁以方见武帝在元狩六年。然如前所述，获麟一事确实如《武帝纪》所言是发生在元狩元年，且武帝造白金事当叙在获麟事后、赐诸侯白金事前。由于《武帝纪》称造皮币白金在元狩四年，则据此下推，少翁见武帝似应在元狩五年，由于《封禅书》称少翁并没死在见武帝的当年，则少翁被诛当在元狩五年之后。不过，如前所述，由于武帝决定造皮币白金的时间是元狩三年。故少翁以方见武帝当在元狩四年，被诛则在元狩四年以后。

关于少翁何时被诛，施之勉认为是元狩六年。因为《封禅书》称："文成死明年，天子病鼎湖甚。"③ 据《史记·酷吏列传》可推得武帝病鼎湖那年，又诛杀了义纵，义纵被诛后一年张汤自杀，而据《史记·汉兴以来将相名臣年表》可知张汤死在元鼎二年，因此武帝病鼎湖那年为元鼎元年："据《将相表》，汤有罪自杀，在元鼎二年。武帝病鼎湖，幸甘泉，在其前一岁，则在元鼎元年也。"因云"文成死在元狩六年，其明年则当在元鼎元年。《通鉴》在元狩五年，误也"④。

然而，如前所述，在太初改历以前，汉以十月为岁首，则杨可在冬季受告缗，义纵因反对被处死一事，当发生在武帝病鼎湖、幸甘泉的次年，由于张汤在义纵被处死的次年自杀，即元鼎二年（公元前 115 年），则据

① （清）周寿昌：《汉书注校补》卷 55，（清）沈钦韩等：《汉书疏证（外二种）》（2），第 824 页。

② 施之勉：《汉书集释》（第 6 册）第三卷《郊祀志第五上》，第 2269 ~ 2270 页。

③ （西汉）司马迁：《史记》卷 28《封禅书》，第 1388 页。

④ 施之勉：《读史记会注考证札记》，大陆杂志社编《史记考证研究论集》第 4 辑第 2 册，大陆杂志社，1975，第 87 页。

此推考，武帝病鼎湖之年既非施之勉的元鼎元年（公元前116），亦非《资治通鉴》的元狩五年，而是在元狩六年，故少翁被诛应在元狩五年。

并且据《封禅书》所载史事推考，武帝病鼎湖也是在元狩六年，少翁被诛在元狩五年。因为《封禅书》叙及此事称文成将军少翁因骗术被武帝识破，武帝“于是诛文成将军，隐之。……文成死明年，天子病鼎湖甚……其后三年，有司言元宜以天瑞命”[①] 云云。由于有司言元宜以天瑞命那年为元鼎三年（公元前114），则武帝病鼎湖甚那年当为元狩六年，少翁被诛在元狩五年。

由于少翁被诛在元狩五年，而王夫人死在元狩五年后，故少翁致王夫人之神说是错误的。桓谭认为是李少君致王夫人之神，“武帝有所爱幸姬王夫人，窈窕好容，质性嫚佞。夫人死，帝痛惜之。方士李少君言能致其神”云云[②]，然一者李少君是“以祠灶、谷道、却老方见上”，并无致神之术；二者，李少君见武帝是在武帝初年，“居久之”[③]，病死，此后多年，王夫人方卒；三者，《史记》《汉书》皆不言有此事，故李少君致神说论者皆置而不论。倒是王益之的另外一夫人说似颇有道理。然“史公当武帝朝，此当不舛”[④]，所误在不应将致神者书为少翁耳。

综上所述，少翁被诛于元狩五年，武帝病鼎湖在元狩六年，诛义纵在元鼎元年，《通鉴》于诸事所叙时间皆误，且少翁所致武帝亡姬之神亦非王夫人之神。

---

① （西汉）司马迁：《史记》卷28《封禅书》，第1388～1389页。

② （东汉）桓谭：《新论》，卷下《辩惑》，上海人民出版社，1977，第54页。

③ （西汉）司马迁：《史记》卷28《封禅书》，第1385～1386页。

④ （清）周寿昌：《汉书注校补》卷55，沈钦韩等：《汉书疏证（外二种）》（2），第824页。

新发现《蔡尚思全集》佚文述论

王舒琳
（北京师范大学历史学院，北京　100875）

摘　要： 皇皇八卷本400万字的《蔡尚思全集》已于2005年由上海古籍出版社刊行。然而，蔡尚思平生著述颇丰，全集不全的问题比较明显。2015年，傅德华沧海拾珠，主编了《集外集补编》，但仍有遗珠之憾。本文对新发现的佚文进行介绍和论析。此外，本文还对《集外集补编》中的若干舛误做出辨证。

关键词： 蔡尚思全集　佚文　补遗

蔡尚思（1905～2008）是著名的思想史研究专家，复旦大学教授，曾任复旦大学副校长。2005年，适值蔡先生百岁诞辰之际，皇皇八卷本400万字的《蔡尚思全集》由上海古籍出版社出版。10年后，原先承担第八卷《蔡尚思全集·集外集》工作的复旦大学的傅德华先生沧海拾遗，从《大公报》《文汇报》等又发现蔡先生的文章50余篇，编为《蔡尚思全集·集外集补编》，使得《全集》的遗漏得以弥补。尽管作者尽力搜集，但《蔡尚思全集》到目前为止，仍有遗珠之憾。笔者在查阅民国报刊时，发现《蔡尚思全集》及《补编》没有收录的蔡先生的文章24篇。兹作绍介，庶几有益于《蔡尚思全集》的进一步完善。

为简明起见，本文将这些文章列表如下。

文章名称	刊载杂志名称	发表时间及期刊序号
《江西在西，东海在东……》	《新福建（南京）》	1929年创刊号
《总理恢复固有道德补遗》	《新福建（南京）》	1929年创刊号

续表

文章名称	刊载杂志名称	发表时间及期刊序号
《人生世上应有之态度》	《新福建（南京）》	1929 年创刊号
《论著：评佛之一》	《大夏周报》	1929 年第 67 期
《论文摘要：研究中国思想应有的新认识》	《哲学评论》	1937 年第 7 卷第 3 期
《时代知识：中国历史研究法》	《上海评论》	1939 年第 4 期
《时代知识：中国历史研究法》（续）	《上海评论》	1940 年第 5 期
《我对于战后教育的意见：战后教育的改进》	《时代学生（上海）》	1945 年第 1 卷第 1 期
《民主统一与两派看法》	《民主（上海）》	1946 年第 13 期
《民国政治的空前阶段》	《民主（上海）》	1946 年第 14 期
《中国人为发财而做官：财迷论》	《民主（上海）》	1946 年第 19 期
《二中全会与反民主》	《民主（上海）》	1946 年第 24 期
《武力不可恃的例证》	《民主（上海）》	1946 年第 33 期
《真民主与共和行》	《民主（上海）》	1946 年第 47 期
《中国与各头等国的异点：纪念胜利一年后的国庆日》	《民主（上海）》	1946 年第 1/2 期
《民主的休刊与评价："民主"不是"民奴""民猪"》	《民主（上海）》	1946 年第 3/4 期
《教费与军费：教薪与官薪兼答官方对我的质难》	《时与文》	1947 年第 2 卷
《新教师的新认识：（二）新教师的新认识》	《现代教学丛刊》	1948 年第 3 期
《为纯教员和好学生请命》	《现实文摘》	1948 年第 1 卷第 12 期
《怎样研究才会成功》	《现实文摘》	1948 年第 2 卷
《论破坏与骂人》	《现实文摘》 《时与文》	1948 年第 2 卷第 7 期 1948 年第 3 卷第 14 期
《不要做空前的文化奸》	《报告（上海 1949）》	1949 年第 1 期
《我看新教育（笔谈）本质、目的、任务》	《现代教学丛刊》	1949 年第 2 卷第 2 期
《一所好大学应具备的几种精神：以北京大学为例》	《中国建设·综合版》	1949 年第 1 卷第 2 期

下面以发表之刊物为据将这些文章依次绍介。[①]

① 以上《为纯教员与好学生请命》《怎样研究才会成功》《论破坏与骂人》《武力不可恃的例证》《真民主与共和行》因字迹模糊难以辨别，本文暂不论述。

一

《新福建（南京）》为同乡会刊物，主要刊登全闽关于军纪政绩的评述，教育实施，实业主张以及公共事业建设诸问题。1929 年 5 月创刊之际，诸多福建籍名流受邀题写发刊词，蔡尚思便是其中一位。蔡尚思出身福建德化，考取北大国学门，可谓福建籍的青年才俊。他在《新福建（南京）》创刊号上撰写三篇文稿，拳拳赤子之心跃然纸上。

第一篇《江西在西，东海在东……》是为该刊的题词，64 个字，其云："江西在西，东海在东，北临于浙，文学称雄；南临于粤，革命所宗，有闵省者，位于其中，不文不武，传笑四方！闵人之乎，能无惭惶？天日重见，千载难逢！新福建刊，力图改良。"蔡尚思表达了对家乡的期冀，指明了该刊"联络感情，图谋改革"的主旨。

第二篇《人生世上应有之态度》，800 余字，表明了蔡尚思积极奋斗、奉献家乡的人生观，"吾既赖人世以生，自当尽其能力，以图有的裨益世人，如厌世而不甘死，则当自问能免仰人以生否？如难免也，则是生养我者，我反弃之，乌有是理？我不过问人世，而众人勤劳养一游民，所谓'贪食惰作'，理终不合"。

第三篇《总理恢复固有道德补遗》，940 余字，是福建省厅级官员吕渭生亲嘱函告蔡尚思所写与道德有关的论文。他说道："吾系一研究哲学之人，其间所谈，自知虽免带有哲学色彩，今姑以此应吕先生之命，补孙总理之一遗也。"[①]"孙总理对于旧道德，如仁爱，忠孝，信义，和平等，业已详哉言之矣，吾今可毋喋喋焉，继而思之，乃知尚有'恕'之一德。在固有诸道德中，实当推'恕'为首。请试述之，作为总理保存固有道德之补遗可也。"[②] 蔡尚思进而引经据典地阐发"恕"的积极方面和消极方面。

1929 年秋，蔡尚思经蔡元培推荐任教于人称"沪上双璧"之一的大夏大学，并在《大夏周刊》发表《评佛之一》（1929 年第 67 期）。《大夏周刊》，原名《大夏周报》，由大夏大学学生会主办。《评佛之一》，近 700 字，旨在批评佛家学说："现代研究佛学的人，对于释迦所主张的厌世——脱臭皮囊和禁杀生，莫不说他是个最彻底最美善的了；而吴稚晖先

① 蔡尚思：《总理恢复固有道德补遗》，《新福建（南京）》1929 年创刊号。
② 蔡尚思：《总理恢复固有道德补遗》，《新福建（南京）》1929 年创刊号。

生在《一个新信仰的宇宙观及其人生观》里面，却老不客气的批评他说：'倘不高兴的向后要求派有如佛者，他不愿意看这相斫世界，原也大有理由；但他要涅槃，涅槃不了，徒然造成许多待布施的乞丐，简直无意中阻碍同类吃饭，好像是变相的同类相残，也是他初意所不及料'。此说大概是很不错的，也是人人所会知道的；而我还有所见，更足以反证佛说之不彻底不美善。"① 吴稚晖是20世纪20年代科玄论战"科学派"的主将。蔡尚思不仅赞成并进一步论证了吴稚晖的观点，还特意在开头提及此文是受大夏大学的创始人王祉伟之托所撰，明确在受众为学生群体的刊物上表明支持"科学派"，倡导科学的人生观，一定程度上反映了大夏大学的办学宗旨和主流思想。

二

《研究中国思想应有的新认识》，是蔡尚思参加中国哲学年会（1937年）的论文，刊载于1937年第7卷第3期的《哲学评论》。《哲学评论》（1927～1947），出版地为北京、上海、重庆，由金岳霖、冯友兰、瞿菊农、贺麟、熊十力等担任主要撰稿人，设有书评、介绍与批评、本会纪事、学术通讯、论文摘要、国外新出书报介绍等栏目，对民国时期的哲学发展变化有重要的促进作用。蔡氏这篇文章共275字，由绪言、思想材料方面、观察方法方面、内容侧重方面、分工合作方面、结论六部分构成，集中展示了他研治中国思想史的心得。其中他重点介绍了寻找思想研究材料最可靠的方法——搜集法，即通过对经、史、子、集四库总目存目等搜罗找到最全的资料。两年后，更具系统的专著《中国思想研究法》付梓，获得学界的众多好评，这与他参与学术活动的经历不无关系。

《时代知识：中国历史研究法》及《时代知识：中国历史研究法》（续），分别在1939年和1940年刊登于《上海评论》，是沪江大学学生潘家振整理的蔡尚思授课笔记，共8000余字。蔡尚思的课程讲义分六章，强调历史的学科性质为"历史是所有学科的总汇"②，应该有效利用经济学、政治学、考据学及哲学等辅助学问；他将史实类比为戏剧和国家，形象地比喻史实的空间、时间、人类和他物四种成分；他指出研究中国历史，首

① 蔡尚思：《评佛之一》，《大夏周刊》1929年第67期。

② 蔡尚思、潘家振：《时代知识：中国历史研究法》，《上海评论》1939年第4期。

先要了解中国“年代最为久远、人口最众多、气候最适宜、幅员极广大、物产丰富、史籍最丰富”这六大历史特色，继而细致地讲述了史书的分类。值得注意的是，蔡尚思浓墨重彩地阐述了科学的新史观，“再就是整个社会历史看来，是革命的，进步的，是螺旋式的，时刻有发展的；而自然界的变化是机械的，重复的，循环的，仅是维持原状的”。[①] 蔡尚思的授课观点体现出他服膺唯物史观。对于唯物史观如何正确运用，他也有较为成熟的想法，所提的四点注意事项可见一斑，他说，不可太呆板重公式；不可太随便无定见，指责陶希圣发议论极多，但结果却极糟；不可太缺乏疑古精神，肯定了顾颉刚、胡适的工作，批评冯友兰缺乏疑古精神；不可太忽略归纳的考据，鞭挞吕振羽考证功夫不够。此时，蔡尚思的学术态度已经明显展露，崇仰唯物史观，并重传统的考据学的研究方法。潘家振说：“蔡尚思先生是我国专门研究历史的有名人物，他对于历史方面的各种问题，了解非常深切。”[②] 从学生的评价来看，蔡尚思在学界已经小有名气。

《我对于战后教育的意见：战后历史教育的改进》发表在1945年第1卷第1期《时代学生（上海）》，约2300余字。《时代学生》（上海），1945年10月至1946年5月，是反映学生问题、沟通学生思想，探讨教育问题的学生刊物。抗日战争胜利，全国百业待兴，时任上海光华大学历史系主任的蔡尚思，对战后历史教育的改进谈了四点看法。首先，他指出历史教育的基础性和重要性，“历史和各种社会科学有密切的关系，它包含社会科学的各部门，如政治经济文化等无所不谈，它本身亦是社会科学之一，所以历史教育的改革，亦可以说是社会科学教育的改革”[③]。其次，他从宗旨、方法、教材、课程等方面提出具体的改进建议，这些处处都显露出他对唯物史观和科学精神的宣扬，如“要注意民间，而不注意朝廷”；“要注重群众，而不注重英雄伟人”；“要注重内因、要注重科学而反对玄学”；“要注重真相，而不注重宣传”；“要注重和平，而不注重侵略”“与其注意正史，不如注意野史”；“与其注重机关报，不如注重民间报”等原则。[④]

---

① 蔡尚思、潘家振：《时代知识：中国历史研究法》，《上海评论》1939年第4期。

② 蔡尚思、潘家振：《时代知识：中国历史研究法》，《上海评论》1939年第4期。

③ 蔡尚思：《我对于战后教育的意见：战后历史教育的改进》，《时代学生（上海）》1945年第1卷第1期。

④ 蔡尚思：《战后历史教育的改进》，《时代学生（上海）》1945年第1卷第1期。

《教费与公费·教薪与官薪——兼答官方对我的质难》（1947 年《时与文》第 2 卷），共约 2400 字，缘于蔡尚思 1947 年 10 月 12 日在上海《大公报》发表的《民国三十六年》，文章直接指摘中华民国是“武治而非文治”[①]。言论一出，即遭到当局公职人员的驳斥。一是教费与公费投入高低的问题。蔡尚思引用李济深的话，“一师兵的开支便是十二万万元，而办一所大学每月的预算却只有三千多万。养一师兵的费用可以维持三十九座大学”[②]，说明国民政府投入的教费与军费相当悬殊。教育部督学陈东原发表特别谈话，加以反驳，“按目前教育经费，诚然不敷实际需要，但任何稍有思考的人，俱不会相信每月三千多万元即可办一座大学。大学开支因为学校规模有大有小，所在地区物资亦有高低，实际并不一样。以南京中央大学而言，按照目前标准，每月开支已达二十九亿余元，包括……学生膳食等四项。……重庆大学规模较小……然每月亦连七亿余元。蔡君以书面预算来喻实际开支，在逻辑上实犯以偏例全之弊”[③]。二是教薪与官薪孰高孰低的争论。蔡尚思说：“不论平常时期还是非常时期，都是官薪高于教薪，教薪连用来维持生活也不够，哪里谈得到去安心专门研究学术?”[④]行政院会计处特为此事而发出辩证的专电：“此绝非事实，现国立大学教职员，最高薪为简任三级，六百元年功加薪可至八百元，教职员尚有学术研究费及特别辅助费，公务员则无。”[⑤] 针对以上两方的批驳，蔡尚思据理力争，继续深化自己的观点，证明《民国三十六年》的观点无误。

《新教师的新认识：（二）新教师的新认识》发表在 1948 年第 3 卷《现代教学丛刊》，约 450 字。《现代教学丛刊》，1948 年 2 月在上海创刊，属于教育专业刊物，以教师和学生为阅读对象，旨在教与学之间寻求一个较好的联合。从笔者找到的报刊来看，蔡尚思这篇文章应是此卷“新教师的新认识”栏目的第二篇，第三篇是著名职业教育家江问渔先生所写的《经师与人师》。蔡尚思在文中指出，“教育实随各种社会而转移，旧时代的教师和新时代的教师已经大不相同：孔子式教育的时代已经过去，反孔子式教育的时代已经到来，新时代的教师在学校以内，应该和传统相反的去向大多数的青年学子学习；在学校以外，也应该和传统相反的去向大多

① 蔡尚思：《民国三十六年》，载《蔡尚思全集》第八册，上海古籍出版社，2005，第 305 页。
② 蔡尚思：《教费与公费·教薪与官薪——兼答官方对我的质难》，《时与文》1947 年第 2 卷。
③ 蔡尚思：《教费与公费·教薪与官薪——兼答官方对我的质疑》，《时与文》1947 年第 2 卷。
④ 蔡尚思：《教费与公费·教薪与官薪——兼答官方对我的质难》，《时与文》1947 年第 2 卷。
⑤ 蔡尚思：《教费与公费·教薪与官薪——兼答官方对我的质难》，《时与文》1947 年第 2 卷。

数的下层人民学习”。[1] 蔡尚思主张新时代背景下，教师打破传统的师学方式，进行反孔子式教育，与他此期批判传统儒学的政治立场有很大关联。

1949 年第 2 期《现代教学丛刊》登载了蔡尚思及其夫人林寒松的《我看新教育（笔谈）本质、目的、任务》，约 500 字。文章的主要观点是：“因为政治经济走上新民主主义到社会主义之路，教育也就以学做工农大众消灭压迫剥削者为至高无上目的；其次也是为工农大众服务而学，这就是新中国的教育。”[2] 他们对于社会主义教育本质、目的和任务的认识，带有浓烈的时代色彩。

《一所好大学应具备的几种精神——以北京大学为例》是蔡尚思为纪念北大成立五十周年而特意撰写的，共约 3500 字，发表在《中国建设·综合版》1949 年第 1 卷第 2 期。其核心内容为，“蔡元培的精神就是北大的精神，北大的精神就是蔡元培的精神，蔡元培和北大是无法分开的”[3]。蔡尚思求学时的北大，恰逢蔡元培革新中国现代高等教育新风，名师云集、思想自由，学术活跃，这些都让蔡尚思如沐春风，受益终身。加之，他与蔡元培深厚的私人交谊，都让他对北大怀有深刻的感情。

三

抗日战争胜利后，“民主”成为全国人民的共同呼声，但国民党的一系列反动举动表明其并没有和谈的诚意。作为共产党员的蔡尚思忧心忡忡，对政治事件表现出高度的关注。他以本名和笔名“郭生”在《民主（上海）》发表了八篇文章。《民主（上海）》，1945 年 10 月创刊，郑振铎任主编，由民主周刊社出版，属于时事政论刊物，旨在要求民主，揭露国民党政府假和平打内战的阴谋。撰稿人中有许多知名民主人士，如马叙伦、叶圣陶、吴耀宗、田汉、周建人等。

第 13 期《民主统一和两派看法》，计 2300 余字，蔡尚思针对社会各界人士饶有争议的“民主统一”问题发表看法。“关于中国的民主统一问题，已经大闹了十多年；尤其是在抗战胜利以后的现在，更成为各地各界街谈巷议笔战的主题。但在研究历史，主张求真的我，仍未便多发议论，

---

① 蔡尚思：《我看新教育（笔谈）本质、目的、任务》，《现代教学丛刊》1949 年第 2 卷第 2 期。
② 蔡尚思：《我看新教育（笔谈）本质、目的、任务》，《现代教学丛刊》1949 年第 2 卷第 2 期。
③ 蔡尚思：《一所好大学应具备的几种精神——以北京大学为例》，《中国建设·综合版》1949 年第 1 卷第 2 期。

只想做一个忠实的报道者，根据最近的见闻，把它记录下来，归纳为两大派别，四大问题，以备国人的参考和批判。”① 面对众说纷纭，蔡尚思根据“国共两党政绩的长短”“政治腐败的因果”“用军事手段还是和平谈判解决国家统一”“军队国家化与政治民主化的先后”四个议题的立场，分为甲乙两派。“总而言之，现今各地各界在言语上文字上所争论的，都不出上述几个主要问题，甲乙两派格格不入，针锋相对，大概甲派多可代表上阶层，较为倾向执政党；乙派多可代表下阶层，较为倾向在野党。”②

第 14 期《民国政治的空前阶段》，约 3000 字，蔡尚思对中华民国（1912～1946）的民主状况作了整体的评价。他论述到：“一部民国政治史，约可割分为三个空前阶段；如把最近将来的趋势，可能发生的问题也预算在内，则有如下的四个阶段：（一）中华民国的成立与二千年帝制的结束（二）国民革命的成功与北洋系军阀的结束（三）一致抗日的胜利与国民党专政的结束（四）最近将来的问题必多与经济的民主有关。”“上述三个阶段，就政治方面来说：其形式虽有君主、军阀、政党的分别；但在内容，却都失之‘不民主’。所以直到今日，民国已经三十四周年，人民还要时时去作‘民主’的要求，想起真是痛心！就经济方面来说：更是‘反民主’。因为民国三十四年，最大的问题就是‘民不聊生’。”③ 总体来看，蔡尚思对民国时期的社会状况持一种失望的态度，近代中国虽历经辛亥革命、国民革命等重大社会变革，战胜外来侵略，但中国的民主程度依然令人担忧，中国从未没有走上真正的民主道路。可贵的是，蔡尚思意识到经济不民主更甚，是造成民生凋敝的原因。

第 19 期《中国人为发财而做官：财迷论》，共 500 余字。蔡尚思通过古今中西的比较，力证“中国人为发财而做官”。首先，他认为民国官吏与黄远庸 30 年前所作《官迷论》中描写的封建官吏已大不相同，如今的状况是“所谓‘官迷’原来就是‘财迷’，‘财迷’是骨子，‘官迷’是外表”④。随后，蔡尚思又进行了中西对比，认为中国人是先做官后发财，西方人则是先发财后做官，这是中国半封建政治和西洋资本主义政治的异点，这反映出蔡尚思对民国官吏贪污腐化的不满。

第 24 期《二中全会与反民主》，计 2000 余字。首先，蔡尚思揭穿了

① 郭生：《民主统一与两派看法》，《民主（上海）》1946 年第 13 期。

② 郭生：《民主统一与两派看法》，《民主（上海）》1946 年第 13 期。

③ 蔡尚思：《民国政治的空前阶段》，《民主（上海）》1946 年第 14 期。

④ 蔡尚思：《中国人为发财而做官》，《民主（上海）》1946 年第 19 期。

政治协商会议“反民主”的实质以及对代表名额的变更问题提出质疑，他认为：“国民党政府经过国内军事的大起冲突，国际政治的大施压力，和全国人民的众起要求，才不得不和中共及其他党派正式开了一个政治协商会议。”① 其次，蔡尚思对会议代表名额的变更问题提出质疑，他说：“而在政治协商会议讨论国民政府改组与国民大会代表改选的时候，又由国民党代表提议在国民政府委员名额中，国民党应占三分之一，如有三分之二以上委员同意之议案，便应予以执行，必要时主席亦得为权宜处置。……后来几经讨论，国民党才不得为让步；但国民党员还占半数。在国民党自己指定的代表，后来几经商量，国民党也不得不稍为让步；但在二千零五十名额中，国民党外却只有七百人。据此以观，政治协商会议的结果，国民党在行政、立法各方面，仍获胜利。”② 尽管国民党在政治协商会议中攫取了民主权利，几成一党专政独裁，“但在国民党中的反动分子看来，却要硬认为国民党的大失败，所以先后发生了‘沧白堂’‘校场口’及‘新华’‘民主’各报的被特务捣乱事件，力图推翻政治协商会议的一切决议案”③。一些不法分子对政治协商会议的结果依旧不满足，而是干涉舆论，镇压民众，蔡尚思非常清醒地认识到各种不堪勾当都是国民党所为，并且批评二中全会和政治协商会议可谓一丘之貉，会议背后掩藏着更加肆无忌惮地破坏民主的行为。“我们看了这一段电文，真有无限感慨：第一，可知从前一切的特务捣乱事件，和这次二中全会的修改宪章案件，二而一，一而二。只是从前使党徒去作秘密的反对，现在由党委来作公开的反对，程度愈来愈深，胆子愈来愈大，有点不同罢了！”④

第 2 卷第 1/2 期《中国与各头等国的异点——纪念胜利一年后的国庆日》，约 3500 余字。抗日战争胜利一周年，全国本应欢度国庆日。蔡尚思却忧心如捣，撰写此文。“我们人民在抗战前，每逢国庆日，就觉得无可一庆；在抗战中，对于国庆日，当然也觉得不大可庆。大家都想在胜利后的第一次国庆日来大庆特庆一下。去年的这个时候，因为已有种种事实的发生，虽然也尚说得过去，所以又忍耐一下，期待今年再来纪念“胜利”和“国庆”。可是到了现在，胜利已过一年，不但还是那样的糟，而且糟

① 郭生：《二中全会与反民主》，《民主（上海）》1946 年第 24 期。
② 郭生：《二中全会与反民主》，《民主（上海）》1946 年第 24 期。
③ 郭生：《二中全会与反民主》，《民主（上海）》1946 年第 24 期。
④ 郭生：《二中全会与反民主》，《民主（上海）》1946 年第 24 期。

得更厉害了。这真是始料所不及，所以格外的失望！”[①]“说到这一点，我们又非把中国去和其余头等国比较一下不可：在第二次世界大战未结束以前，世界七个头等国，可以分为两组，即德、日、意三个‘不民主’‘反民主’的头等国，和美、苏、英、法四个‘民主’的头等国。当时好像两组势均力敌，不相上下，所以在一般弱小国家，也就各有所倾向了。可是到了第二次世界大战结束，不民主反民主的头等国都已惨败，降为殖民地；剩下来的头等国，便全是民主国了：如美国是‘政治民主’‘文化民主’；英法已经由‘政治民主’‘文化民主’渐进到‘经济民主’，苏联更是‘经济民主’，美国在右，英法在中，苏联在左，右有右的民主，中有中的民主，左有左的民主，虽有右、中、左程度深浅的不同，要其各有一种‘民主’则一。回头来看我们这个大老中国，却在三种民主方式当中，一无所像。”[②] 依目前来看，尽管蔡尚思对于英、美、苏联等国的民主状况分析得不那么精准，但恰恰反映了从未走出国门的他，对于中国实行民主制度的急切渴求。

第2卷第3/4期《民主的休刊与评价——“民主”不是“民奴”“民猪”》，600余字。1946年10月，由于政府的镇压，《民主（上海）》被迫休刊，大批拥护民主的人士撰文表达对当局的愤怒。作为《民主》的经常撰稿人之一，蔡尚思愤而书写对于休刊一事的看法。“我得到《民主》因遭受无理压迫而不得不休刊的消息，始而悲，继而喜。始而悲者，悲其遭遇之惨；继而喜者，喜其因为遭遇之惨，而益表见其价值之高，与影响之大。”[③] 他进一步说：“《民主》最大的价值在于对民主的大力宣传。《民主》等刊物，力倡‘民主’，痛斥‘反民主’，所以最受多数‘民主派’的拥护，最被少数‘反民主派’所统恨，这便是‘民主’等刊物最光荣的地方。反之：如那些最受少数‘反民主派’的拥护，最被多数‘民主派’所痛恨者，便是最无价值的了！”[④]

1949年，《报告（上海1949）》第1期刊登了蔡尚思《不做空前的文化奸》（1500余字）一文。《报告（上海1949）》，1949年3月5日创刊，

---

① 蔡尚思：《中国与各头等国的异点——纪念胜利一年后的国庆日》，《民主（上海）》1946年第2卷第1/2期。

② 蔡尚思：《中国与各头等国的异点——纪念胜利一年后的国庆日》，《民主（上海）》1946年第2卷第1/2期。

③ 蔡尚思：《民主的休刊与评价——“民主”不是“民奴”“民猪”》，《民主（上海）》1946年第2卷，第3/4期。

④ 蔡尚思：《民主的休刊与评价——“民主”不是“民奴”“民猪”》，《民主（上海）》1946年第2卷，第3/4期。

由姚雪垠、徐中玉主编。主要撰稿人有陆君平、林焕平、焦敏之、米克、许杰、蔡尚思、雷丁等，以站在人民的立场，忠实地批判现实和反映现实为宗旨，所载文章或与政治形势相关，或是对和平的呼吁，反映了战争结束前人们的心声。蔡尚思撰稿《不要做空前的文化奸》，强烈抵制国民党政府将我国文物运往美国的行为，回顾了我国历史上从无出卖文物的历史，指出文物不是一党一派的私产，呼吁政府能听从民意。

四

傅德华先生主编《蔡尚思全集——集外集补编》（以下称《集外集补编》）有几处错误需要纠正。

第一，《暹罗的兄妹婚姻》《戏舞战胜一切》《租妻怪闻》《叶张情杀案》《女子出阁捐》《焚人书的不道德》《误焚藏经》《重视古版书的害处》《独裁制无一是处》等篇文末均注明出自 1931 年《中国杂志》第 1 卷。经查证，刊物名称应为《中南杂志》。该刊为综合性华侨刊物，创刊于 1931 年，主要刊登政治时事，评论社会问题，研究东南亚风土人情，报道南洋地区社会新闻，刊登华侨动态，发表文学文艺作品等。据笔者考证，民国时期却有名为《中国杂志》的刊物，其宗旨是唤醒国人抗击日本帝国主义对华侵略、共御外侮，所登内容有对日本法西斯主义的研究，和对中国现阶段的工业革命和农村经济概况的报道。

第二，上述九篇文章实为《时事汇评》九则，而《集外集补编》中并未明确标明。

第三，《时论汇评》三则应为《“密斯”与亡国奴》、《文人皆要烟酒色吗》（《集外集补编》中为《文人皆好烟酒色吗》《驳佛教徒的片面戒淫说》）。

第四，蔡尚思在 1931 年《中南杂志》第 1 期的“研究”板块同时刊登了《“文学”不能独自成立》和《梁启超误解韩非子》两篇文章，其中《梁启超误解韩非子》已收入《集外集补编》，另一篇《“文学”不能独自成立》则未被收录。1930 年，蔡尚思《中国学术大纲》由上海启智书局出版，他在《中国学术大纲》详论过“文学是否可以独自成立”这个问题，《“文学”不能独自成立》就是《中国学术大纲》的简要总结。“吾认为世间并没有所谓‘文学’这一类，文学根本不能独立成立为一专门。反而言之：则认世间只有所谓‘文学’这一类，文学就是总学杂学混学。”①蔡尚思所得结论植根于他对文学、史学、哲学三门之间关系的分析，“属于解字者，是文字学而非文学；属于论理者，是哲学而非文学。属于记事者，是史学而非文学：若除此哲理，史事，文字等类之外，那简直就不能下笔了！由此看来，我们便可知道：所谓文学者，只是史哲等学之公共公用手段；而史哲等学实质为文学之各种目的。如未便即说世间并没有文学，那至多也只能说她是手段学”②。

① 《“文学”不能独自成立》，《中南杂志》1931年第1期。
② 《“文学”不能独自成立》，《中南杂志》1931年第1期。

一份难被遗忘的考古学讲义

——赵光贤《中国考古学大纲》述评

刘卓异

（北京师范大学历史学院，北京　100875）

摘　要：赵光贤先生在20世纪50年代中叶曾撰写过一部考古学讲义——《中国考古学大纲》。因种种原因，该讲义遗失无闻。幸运的是，它近年在旧书肆中被重新发现。《中国考古学大纲》体例科学、内容丰富，理论性与资料性兼备、注释体系较为完备、充分结合考古资料与历史研究，对一些学术争议点有较为客观的认识。该书是一部优秀的讲义，也具有很高的学术价值，对今天的大学历史教学与古史研究都有启发性。该书也是赵光贤先生一生考古学情结的结晶，凝结了他对利用考古学资料构建科学可信的中国古史体系的思考。

关键词：赵光贤　《中国考古学大纲》　先秦史教学　古史研究

赵光贤先生（1910～2003）是20世纪著名历史学家，公认的先秦史研究领域的权威学者，在学术上自成一家，成就卓著，学术界早有公论。赵先生先后在辅仁大学和北京师范大学执教60余年，培养和影响了一大批学者。笔者在2014年于旧书肆中偶见赵光贤先生于20世纪50年代编纂的《中国考古学大纲》油印本，购回之后请赵先生的学生，也是笔者业师晁福林先生鉴定。晁先生细审该书中红笔批注的笔迹，确定为赵光贤先生亲笔所书。经察，《中国考古学大纲》并未公开出版，为赵光贤先生因教学需要自编而成，作为油印本讲义在北师大历史系行用的时间也不长①，加之赵先生并无以此书显名于世之心②，故长期以来湮没无闻。赵先生的旧友门人讨论赵先生的治学经历及学术成就时，也未见提及这部《中国考古学大纲》。③ 但此书在赵光贤先生的学术体系中实际占据重要位置，在先秦史和考古学研究领域亦有其独到价值，而且，由此书反映出的赵先生治学与育人的基本观念，深刻地影响了他的学生。因此，笔者认为有必要重点介绍此书，考察其学术价值，阐发其在当时与今日的考古学与历史学研究中所给予我们的启示。

一 《中国考古学大纲》的体例与内容

《中国考古学大纲》按页码计至少有 182 页，但笔者购回的这一本第 19～22、25～44 页缺失，且从体例和内容上看，第 182 页之后应当还有内容。全书有四种不同的书写笔迹，应当是由四人分别誊写进而油印。但全书页面排版风格一致，文字较为密集，每页约有 26～27 行，每行26～27字，估算已知 182 页的字数约在 12 万～13 万字，全书完整版的篇幅还在此之上。这在 20 世纪 50 年代的油印讲义中应属篇幅较大者，与赵先生已出版的其他学术论著相比，其篇幅仅次于《周代社会辨析》④，大致与《中国历史研究法》⑤ 相当。长期以来，学术界一般认为赵光贤先生尤重考证，长篇幅成体系的专著较少，仅有《周代社会辨析》与《中国历史研究法》两部，《中国历史研究法》还是在课堂讲义的基础上由赵门弟子整理而成。《中国考古学大纲》重新发现后，赵先生的专著数量至少应当增加至三部。而且，该书完稿年代最早，又是由赵先生本人亲自编撰而成，在赵光贤先

① 该书自题“一九五五学年下学期用”，即 1956 年上半年开课时使用。赵光贤先生《我的自述》也提到，“关于考古学，我特别注意，记得在 1956 年开过一个学期的考古学课”（见《亡尤室文存》，北京师范大学出版社，2001，第 6 页），赵先生开设考古学课程，仅此一次，两年后因为政治运动，赵先生被剥夺了给学生上课的权利。

② 赵先生在该书首页正题下注明“初稿尚待修正，请勿外传”。以今日之标准审视，此书体例完备，内容丰富，理论性与资料性兼备，已属较成熟的讲义。特意注明“请勿外传”，体现老辈学者严谨之态度与淡泊之精神。

③ 《赵光贤先生百年诞辰纪念文集》（中国社会科学出版社，2011）汇集了赵先生旧友门人对赵先生的各类回忆文章，对赵先生的学术研究和教书育人进行了全面评价，但并没有人提到赵先生早年编纂的这部《中国考古学大纲》。

④ 赵光贤：《周代社会辨析》，人民出版社，1980。该书约 18 万字。

⑤ 赵光贤：《中国历史研究法》，中国青年出版社，1988。该书共 16 万字，但后面超过 1/4 的篇幅都是摘录的前人著作，属赵先生本人所著的当在 12 万字以内。

生个人学术史上当占据重要地位。

《中国考古学大纲》采用章节体，分为五章，每章下分若干节，每节下又分若干小节。笔者将现在可见的各章节目录整理如下。

第一章　绪言

一、考古学在历史科学中的地位及其任务

二、考古学的对象、范围与分类

三、考古学与金石学、古器物学的关系

四、考古学与其他学科的关系

五、中国考古学的过去和现在

六、资产阶级反动理论的批判

七、马克思列宁主义的理论对于考古学的意义

八、今后中国考古学应走的方向

九、本课的目的、范围与重点

第二章　缺[①]

第一节　缺[②]

第二节　中国旧石器时代的初期及中期

一、周口店遗址与中国猿人的发现

(此后缺)

第三章　中国的新石器时代（一）

第一节　细石器文化

一、从旧石器时代到新石器时代的过渡

二、新石器时代概况

三、中国的细石器文化

四、从渔猎到原始农业与畜牧业

五、细石器文化与北方部落的关系

第二节　中国的彩陶文化

一、彩陶文化或仰韶文化的意义

二、几个重要的彩陶文化遗址

甲、豫晋地区

① 据第三章标题和本章残存部分的内容，可知此章标题或为“中国的旧石器时代”。

② 据此后几章的体例，此节标题或为“概说”。

(1) 种类
(2) 纹饰
(3) 制法
玉器
骨器
陶器
六、甲骨文
第四节　西周至春秋
一、古史争论的焦点
二、遗址与墓葬
(一) 西安
(二) 洛阳
(三) 浚县
三、青铜器与陶器
甲、青铜器
乙、陶器
四、金文与石刻
甲、金文
乙、石刻
五、从考古学上看商周文化的关系
第五节　小　结
一、地下材料所反映的商代社会的生产力与生产关系
二、地下材料所反映的商代社会的上层建筑

第五章　中国的铁器时代（战国至汉末）

第一节　概　说
一、中国铁器时代自何时开始?
二、铁器使用的社会意义
第二节　战　国
一、几个重要遗址
郑州
洛阳
辉县
长沙

易县
兴隆县
二、建筑基址与墓葬
Ⅰ建筑基址
Ⅱ墓葬
竖穴墓
洞室墓
木椁墓

《中国考古学大纲》除第一章为基本概念和理论的介绍外，二至五章是按照历史阶段的早晚依次对各时期中国考古学的基本状况进行介绍和分析。阶段划分采用石器时代（旧、新）—铜器时代—铁器时代的分法，并将铜器时代对应商至春秋，铁器时代对应战国至汉末。归纳起来，这四章的基本体例是：概说→典型遗址→小结。“概说”部分比较倾向于理论，从宏观的理论性的视角对该阶段进行梳理；对典型遗址的介绍有横向、纵向两条线索，不仅包括对重要发掘地点的介绍，还包括对重要遗迹、遗物及其年代、分类、分期的介绍；“小结”部分是结合理论与资料，对当时的社会形态和文化面貌等“上层建筑”进行分析和介绍。可以说，作为讲义，《中国考古学大纲》在体例安排上是很科学的，在内容组织上是很合理的。

二 《中国考古学大纲》的特点

1. 内容兼具理论性与资料性

从整体上看，全书的体例安排和内容设置都体现了理论性与资料性兼备的特点。

在章的设置上，第一章“绪言”中几乎所有的论题都是理论性的，如考古学的地位、任务、对象、范围、分类、与周边学科的关系，都是在学科学理层面的分析；所谓“资产阶级反动理论”和马列主义理论，都是直接或间接指导考古学研究的方法论；“今后考古学应走的方向”部分，也是在归纳总结的基础上对中国考古学的未来发展作了展望。20 世纪 50 年代编纂的高校使用的考古学教材“绪论”大抵都是近似的结构，这一模式一直到《中国大百科全书·考古卷》编纂时仍然沿用。夏鼐先生和王仲殊先生为之撰写的“绪论”部分结构安排为：1. 考古学的定义与特点；2. 考古学简史；3. 考古学方法论；4. 考古学的分支及其与其他学科的关系。[①] 与之相比，曾昭燏先生《考古学通论》[②] 的“引论”部分的结构与之极为相似，而《中国考古学大纲》的“绪言”理论性更强而方法介绍稍略。这在某种程度上反映了几十年来中国考古学者与历史学者对理论探索重视程度的差异。

与“绪言”部分相对，第二章到第五章分别对石器时代、铜器时代和铁器时代的考古发掘情况进行介绍，主体部分由若干具体的考古发掘资料组成，以具体阐述为主。

在主体部分的每一章之内，开头的“概说”是理论性的，中间主体部分的遗址介绍则是资料性的，结尾的“小结”则是理论与资料结合的产物；在遗址介绍的部分里，既有典型遗迹、重点遗物的资料性介绍，也有对陶器、铜器及其他各类遗物遗迹分类、分期的理论性梳理。

以第三章为例。该章第一节的重点是介绍新石器时代、中石器时代的概念与特点，并用马克思主义史学的观点对新石器时代的生产力发展水平和生产方式进行解释。从这一节的理论阐释可以看出，赵光贤先生对当时考古学体系是有自己的思考与想法的。在当时中国考古学的发展水平下，赵先生侧重以典型器物划分新石器时代考古学文化，即将中国的新石器时代考古学文化主要分为细石器文化、彩陶文化和黑陶文化三类。[③] 第二、三节的结构基本一致，分别介绍彩陶文化（仰韶文化）的典型遗址和陶器、黑陶文化（龙山文化）的典型遗址和陶器。第四节重新回归对生产力的探讨，并在此基础上对当时人们的生产、生活方式进行推测。最后对 20 世纪上半叶颇为流行的中国文明“西来说”进行了批判。

该章的第二、三节以介绍各遗址的考古发掘情况为主，分别介绍了仰韶文化的仰韶村、后岗、西阴村、荆村、半坡村、半山、马家窑、辛店、

① 中国大百科全书编纂委员会《考古学》编纂委员会《中国大百科全书·考古卷》，“考古学”，中国大百科全书出版社，1986，第 1～21 页。

② 曾昭燏：《考古学通论》，收入《曾昭燏文集·考古卷》，文物出版社，2009，第 293～296 页。该讲义系 1952 年下半年为南京大学历史系授课时所用。

③ 这种划分在今天看来是较为粗线条的，但在 20 世纪 50 年代中期，中国考古学尚处在草创阶段，新石器时代考古文化谱系远没有搭建起来。按照当时考古资料的积累程度，这种粗线条的划分是完全可以理解的。

齐家坪、寺洼山、罗汉堂、马厂沿、沙井村、沙锅屯、红山后、雅尔崖等遗址和龙山文化的城子崖、两城镇、后岗、不召寨、良渚镇等遗址[①]，虽然对每个遗址的介绍都比较简约，但基本包括了当时考古学的最新发掘动态和研究成果。在逐一介绍典型遗址前，这两节的开头部分用了一定的篇幅对“彩陶文化”与“仰韶文化”、“黑陶文化”与“龙山文化”的概念进行了辨析，分析考古学文化的典型器物命名法与小地名命名法的优劣。在介绍典型陶器时，赵先生避开了繁复的型式分类，而是用种类、形式、制法、纹饰四条比较容易掌握的线索对仰韶文化与龙山文化陶器的整体状况进行介绍。在这两节的最后，都对年代和分期做了较为直观的介绍。很显然，这样做的目的是为了尽可能与历史学联系起来，使考古资料能够更方便地为历史教学所用。

第四章的结构与第三章有异曲同工之处，第五章后半部分残缺，但从现存的部分看，也大体是“理论—资料—理论”式的撰写方式。考古学有其迥异于传统历史学的学科体系与研究方法，对于历史学专业的本科生而言，过分纠缠于理论或过分沉溺于细碎材料，对于他们真正理解考古学的方法、有效运用考古学的资料等，都是较为困难的。《中国考古学大纲》这种深入浅出的叙述模式，更容易被学生接受。

2. 注释体系较为完备

《中国考古学大纲》虽属讲义性质，是为配合北师大历史系本科生的考古学课程而编撰，但全书所采用的注释体系非常完备，不亚于任何前沿学术论著。正文中的直接引注大多采用节后注的形式，即在每一节结尾处统一出注[②]，而且每一节都标明“参考文献”。虽然现存本书的第一、二、五章均有不同程度的残缺，难以窥视其全貌，但仅从第三、四章的引注情况，就可以看出该书的注释体例：第三章第一节有注释 6 条，列参考文献 5 种；第二节有注释 17 条，列参考文献 15 种；第三节有注释 21 条，列参考文献 11 种；第四节列参考文献 10 种。第四章第一节有注释 2 条；第二节有注释 7 条，列参考文献 9 种；第三节有注释 7 条，列参考文献 15 种；第四节有注释 70 条，列参考文献 12 种；第五节有注释 1 条。排除重复的参考文献和常见历史典籍，仅第三、四章的参考文献就有约 70 种。其中不

① 随着考古资料的积累，学术界对部分遗址已经有了新的认识。这里保持原书原貌，不做删改。

② 仅第四章第一、二节采用段后注的形式，或与抄写者不同有关。

仅有中文的论文和专著，还包括6种英文论著[①]，此外还有日文论著。这种完备的注释体系的方便之处在于：首先，书中使用资料基本都可以查到原始出处，严谨性和权威性大大提高；其次，如果有学生愿意进行更深入的学习，可以按照讲义中的注释和参考文献查阅资料，获得更丰富的学术信息；最后，有利于区分前人成说与个人思考，既不会有据他人之说为己有的诟病，也不会让自己思考的闪光点淹没于讲义之中。

与《中国考古学大纲》相比，同时期的其他考古学教材对于注释和参考文献的标注的完备性似乎缺乏重视。譬如中国科学院考古所的考古学家裴文中、夏鼐等先生编写的《考古学基础》[②]，是一部面向一线考古工作者的专门著作，该书几乎略去了所有的注释和参考文献；中山大学的人类学家梁钊韬先生编纂的《考古学通论》[③]，作为当时“高等学校交流讲义”的一种，供中山大学及全国高校的学生使用，书中的注释也非常稀少；夏鼐先生为北大考古专业学生编写的授课讲义《考古学通论》[④]，仅有少量注释；南京博物院副院长、考古学家曾昭燏先生给南京大学历史系讲授考古学时编纂的讲义《考古学通论》[⑤]，于全书结尾处近列参考文献77种，但基本不见注释。这些20世纪50年代的考古学教材都有筚路蓝缕之功，因受众不同，故侧重各异，譬如面向考古一线工作者的教材，从实用性出发略去注释是很合理的。但面对高校历史系学生的通论性考古学教材，有着更为丰富全面的注释和参考文献显然是十分必要的，也更利于教学和学习。上述各种教材的学术价值，笔者绝无评判高下之意，但仅从注释体系严谨和全面的角度上看，赵光贤先生的《中国考古学大纲》即使按照今天的学术标准和规范来看，也是完成度极高的。作为面向历史系学生的考古学教材，这应当是较为优长的一种编纂形式。

① 赵光贤先生英语水平很高，可用英语为学生授课，这在早年间的辅仁大学和北京师范大学历史系非常著名。因此，赵先生直接引用英文文献时会自己翻译，这在本书的注释中有所体现。譬如第83页注9云：“安特生：《甘肃考古记》，七一八页，译文是我的，与原书译文有不同”。

② 中国科学院考古所：《考古学基础——中国科学院考古研究所工作人员业务学习教材》，科学出版社，1958（该书于1958年正式排印出版，但在1956年就已经油印使用）。

③ 梁钊韬：《考古学通论》，中央人民政府高等教育部代印，1953。

④ 夏鼐：《考古学通论》，收入《夏鼐文集》，社会科学文献出版社，2017。该讲义于1954~1955年已经使用，1956年由北大印刷出排印，正式作为教材发放给学生。

⑤ 曾昭燏：《考古学通论》，收入《曾昭燏文集·考古卷》，文物出版社，2009。

3. 考古资料与历史研究相结合

赵光贤先生不是专业的考古学者，他研究考古学的目的是为了辅助古史研究。关于考古学对古史研究的重要性，赵光贤先生在课堂上和著作中曾多次强调。在《中国历史研究法》第一章第三节“辅助学科”中，排在第一位的就是考古学。显然，赵先生认为考古学是历史学研究最需倚重的辅助学科：

> 考古学对于历史学的关系特别密切和重要，因为它给历史研究提供地下埋藏的原始材料，而这些材料往往能补文献资料的不足。当然，考古材料不限于地下出土的东西，地面上的古迹或石窟之类也属于考古范围。不论地下或地上的古迹、古物，最后都要和历史联系起来，才能发挥它们的作用，体现考古学的价值。这样看来，说考古学是历史学的一个分支，也不为过分。
>
> ……这些新发现大大增加了中国史前史的科学内容，它完全扫除了过去讲三代以前的历史只讲些神话传说的不科学的讲法。①

对于古史研究者和教学者而言，考古学新发现带来的是建立科学可信古史体系的材料，利于填补了被“古史辨”学者打破的“三皇五帝”古史体系后所造成的“空白”。可以说，在历史学诸多分支中，中国古史研究尤须重视考古学材料，因为“在先秦史方面，由于留下来的古书不多，不够用，必须另辟蹊径”，故而“学历史的必须有考古知识，否则免不了学识浅陋”。②

古史研究是赵先生考古学研究与教学的出发点和落脚点。赵先生研读和整理考古资料，并不是为了成为考古学专家或培养专门的考古学人才，而是为了更好地理解和研究中国上古历史。这一点在《中国考古学大纲》的字里行间都有体现。无论是对理论的辨析，还是对材料的介绍，最终都要落脚于历史学研究。

譬如在第三章的小结部分，赵先生大胆地推测“在中国传说上中国文明的开创者黄帝及其后裔或许就是使用彩陶的人们”（105 页），“创造这个黑陶文化的人们可能是中国史书所载的夷族”（107 页）。长期以来，很多考古学者避免将考古学文化同历史文献中记载的传说时代的王朝或部族

---

① 赵光贤：《中国历史研究法》，第 29～31 页。

② 赵光贤：《我的自述——学史贵有心得》，《亡尤室文存》，第 6～7 页。

对应起来，这固然是严谨的学术态度。但学术的进步也离不开“大胆地假设”，赵先生的这两个推测虽然大胆，但很有启发性。中国学者浓厚的古史情结并不因材料的多寡而改变，古史研究者永远希望能够确立科学可信的古史体系，那么，将考古学文化与传说时代的王朝部族相对应就是不可避免的。从目前的材料看，赵先生的推测于文献和考古资料都具有相当的合理性。

第四章论述的时段是商代到春秋，已经进入有文字记载的历史时期，考古资料与历史研究相结合的特点尤为明显。但赵先生仍然谨慎地克制了历史学者对文字与文献资料的偏爱，在资料介绍的部分保持了考古学教材应有的均衡，对商周青铜器的介绍重形制、纹饰而轻铭文，介绍甲骨卜辞、金文与石鼓的篇幅与介绍遗址、墓葬、陶器的篇幅相当，且最大限度略去了甲骨文、金文、石鼓文的内容介绍，而是以器物学的视角重点介绍其字体特征和字形变化。这体现了赵先生编纂讲义时对不同学科不同性质的材料的全盘考虑。在小结部分，赵先生才利用考古资料对这一历史时期的生产力和上层建筑进行推测，并提出了“商周文化关系”这一大论题，使此前对考古资料的介绍落脚于对宏观历史问题的思考上。

考古学在赵光贤先生古史研究中的重要性，从其早年发表论文的情况也可看出。赵先生最早从陈援庵先生治明清史，后转西洋上古史，1947 年因教学任务骤然转入中国上古史的研究。现在所见赵先生在 20 世纪 40 年代末、50 年代初发表的与上古史相关的论文，有不少是直接与考古学相关的。譬如《文化遗存与种族迁移问题》①《论黑陶文化非夏代文化》② 等文章，撰写和发表的时间与《中国考古学大纲》的编纂时间基本一致，应当是编纂这部考古学讲义的学术积累和思考成果。

4. 闪耀学术思考的结晶

作为一部撰写于 1955 年前后的著作，《中国考古学大纲》中不可避免地存在一些今天看来稍显教条的论述。但这是时代特征，不能对当时的学者苛责求全。而教条也不等于没有学术价值、没有智慧结晶。虽然是一部讲义，但在《中国考古学大纲》简练的论述中仍可看出赵光贤先生鲜明的学术观点和深入的思考论证。

---

① 赵光贤：《文化遗存与种族迁移问题——与岑家梧同志商榷》，《光明日报》1956 年 7 月 5 日。

② 赵光贤：《论黑陶文化非夏代文化——与吴恩裕同志商榷》，《光明日报》1957 年 1 月 17 日。收入《古史考辨》时自题写定于 1956 年 8 月 20 日。

譬如第四章小结部分的“地下材料所反映的商代社会的生产力与生产关系”，对商代的政权性质和生产关系都提出了在当时较为客观、较少教条的看法。当时一些学者通过商代和西周没有大量使用金属生产工具断定商代生产力低下[①]，进而认定商代和西周的君主并不是“王”，而只是部落酋长。赵先生驳斥了这种教条主义的观点，提出“从商代没有发现铜制农具耒推论商代生产力低下”是错误的。几乎在同时，童书业先生也对这种将商王认定为“部落酋长”的观点进行了反驳。[②]

对于商代的奴隶制，赵光贤先生的观点也与当时主流的看法有所不同。自郭沫若先生始，马克思主义史家多认为商代为典型的奴隶制社会，20 世纪 50 年代初颇有影响力的范文澜《中国通史简编》[③]、吴泽《中国历史简编》[④]、翦伯赞《中国史纲》[⑤] 等著作均持此说。赵光贤先生虽未直接否定商代是奴隶制社会，但认为“在商代的生产关系中，奴隶主和奴隶的对立至少是其中一种”“这种奴隶生产……尚未达到发达的奴隶制的阶段”(171 页)。赵先生熟悉西洋上古史，对古希腊罗马的发达奴隶制有深入的认识，对商代卜辞材料也很熟悉，所以他对商代已进入典型奴隶制社会的观点持保留态度，认为商代的奴隶生产并未达到像希腊罗马那样的发达奴隶制阶段。在 20 世纪 50 年代能够有这种认识，是非常难得的。在当时特殊的环境下，赵先生无法明确表达他的学术观点，但这种保留和疑虑让我们很清楚地看到他内心的想法。到了 20 世纪 80 年代，“无奴派”的兴起在很大程度上受到赵先生的鼓励和启发。[⑥]

此外，在某些广为争论的焦点问题上，赵先生以其敏锐的学术感觉，做出了较为精准的判断。譬如，第四章第一节中涉及“夏墟”的问题，自来众说纷纭，赵光贤先生综合各种记载判断，“可能夏代后期的都邑在今

---

① 赵先生没有指出具体是哪位学者。笔者所见当时的论著中，持“商王为部落酋长”说者较著名的是尚钺先生的《中国历史纲要》（河北教育出版社，2000，第 14 页）。该书系 20 世纪 50 年代初中国人民大学中国通史课讲义，1952 ~ 1953 年在校内印刷使用，1954 年由人民出版社出版。

② 童书业：《关于“中国历史纲要”先秦史及宋史部分的意见》，《文史哲》1955 年第 3 期。

③ 范文澜：《中国通史简编》，华北新华书店，1948，第 36 页。

④ 吴泽：《中国历史简编》，峨眉出版社，1947，第 61 页。

⑤ 翦伯赞：《中国史纲》，生活・读书・新知三联书店，1950，第 210 页。

⑥ 张广志：《赵老对史学理论建设的关注和对“奴隶社会并非人类社会发展必经阶段说”的鼓励和支持》，收入《赵光贤百年诞辰纪念文集》；沈长云：《认清中国古代非西方历史发展道路的特色》，《历史研究》2000 年第 2 期。

河南中部洛阳一带”（113页）。四年后的1959年，徐旭生先生进行了著名的豫西夏墟调查[①]，随后二里头遗址的发掘展开。在20世纪60和70年代，主流观点认为二里头遗址时早商都城[②]，但随着80年代初偃师商城的发现，认为位于洛阳东约20公里的二里头遗址为夏代后期都城成为主流观点。[③]

综上所述，《中国考古学大纲》虽然在性质上属于讲义或教材，但在诸多方面都大大超出一般教材的水准。理论性与资料性兼备决定了这是一部成熟优秀的讲义，注释体系的严密决定了这是一部具有高度学术严谨性的著作，考古资料与历史研究结合则奠定赵光贤先生思考和撰写的先进方法，最终闪现的众多学术思考的光芒则确定了这部书的学术高度。

三 赵先生的考古学情结

赵光贤先生关注考古学，始于20世纪40年代初。赵先生研究生毕业后，留校任教，承担辅仁大学的西洋史教学任务。在西洋史教学中，赵先生阅读了大量西方学者的通史论著，发现早期西方历史学者在讲述古代埃及、两河流域以及希腊、罗马远古时期的时候，同样是神话传说与历史纠缠杂糅，到了19世纪以后，由于在考古学方面取得了的重大进展，加之严密化和科学化的文献考证，才建立起可信的上古史撰述体系。[④] 在中国，疑古思潮兴起后，打破了旧有的古史撰述体系，但并没有确立新的可行的上古史尤其是殷代以前历史的撰述体系。运用考古学资料撰述商周以前历史的尝试，萌发于徐旭生先生的《中国古史的传说时代》。但该书仅零星运用了少量考古材料，整体框架仍然是依靠文献搭建起来的。赵先生对此书极为重视，并高度评价，但仍然提出“无考古学的证明而只是用纸上材料作工夫，等于纸上谈兵，无大是处，一定免不了多少矛盾”。[⑤] 从教授西洋上古史到教授先秦史，赵先生始终高度重视考古学，并对利用考古资料

① 徐旭生：《1959年夏豫西调查“夏墟”的初步报告》，《考古》1959年第11期。

② 中国科学院考古所二里头工作队：《河南偃师二里头早商宫殿遗址发掘简报》，《考古》1974年第4期。

③ 参见杨锡璋、高炜主编《中国考古学·夏商卷》第一章“夏文化探索”，中国社会科学出版社，2003。

④ 刘家和：《赵光贤先生的古史研究与求真》，《北京师范大学学报》1990年第2期。

⑤ 赵光贤：《评徐旭生〈中国古史的传说时代〉》，《大公报》1947年2月11日第11版《图书周刊》第6期。

建构科学可信的上古史撰述体系抱有信心。

由于对考古学的关注与重视，赵先生积累了丰厚的成体系的考古资料，并将之运用在教学中。1947 年，由于张星烺先生病倒，赵先生接替他讲授先秦史。基于多年的思考与积累，赵先生整体革新了讲述体系，既不采用旧的三皇五帝传说体系，也没有直接跳过殷代以前的未发现文字时期，而是利用考古文化序列讲授殷代以前的历史。20 世纪 40 年代末，赵先生这种讲授上古史的方式已经定型成熟，影响到当时听课的学生。著名考古学家赵芝荃先生 1949 年进入辅仁大学历史系学习，在大一时听赵光贤先生利用考古资料讲授史前史，给他留下的印象极深，深刻地影响了他此后的考古事业。赵芝荃先生晚年回忆，他对考古学的兴趣就是由赵光贤先生那里来的。[①]

1952 年，高校进行大规模院系调整，辅仁大学并入北京师范大学。赵光贤先生仍讲授先秦史课程，他每年都组织学生参观周口店遗址，与一线考古工作者交流，近距离观察考古发掘材料。[②] 自己更是经常亲自去最新的考古发掘现场考察。根据《中国考古学大纲》中反映的信息，赵先生早在 20 世纪 50 年代就开始紧追考古新发现，吸收最新的考古资料。该书第 118 页介绍的二里岗时期一个埋有九具人骨的灰坑，赵先生自注“这是我亲自看到的，材料尚未发表”（见于 119 页）。另外，122 页、123 页均有赵先生去考古现场考察时得知的新材料。

这一习惯在处境艰难的“文革”时期仍未改变。20 世纪 60 年代末，北京师范大学在山西临汾建立分校，随后即成为北师大五七干校。1971 年，历史系的几位老先生被下放至临汾劳动，除赵先生外，还有何兹全、李雅书、王桧林等先生。几位先生经常要去附近的高堆村接受贫下中农再教育，却意外在此发现了大量红陶片和两个体型巨大的石犁头。询问村民后，赵先生判断这是一处新石器时代到战国时期的文化遗址，但已遭到严重破坏。为保存标本，赵先生在从临汾返京时带回一大包陶片进行研究。2001 年，由于修建大运高速公路，当地考古工作者对高堆遗址进行了抢救

---

① 北京大学考古文博学院：《记忆——北大考古口述史（一）》，北京大学出版社，2012，第 165～166 页。

② 赵光贤：《我的自述——学史贵有心得》，《亡尤室文存》，第 6 页。20 世纪 50、60 年代，赵先生几乎每年都带领北京师范大学历史系大一本科生参观周口店遗址，甚至在他被剥夺给学生上课的权利之后仍然坚持不辍。大一学生参观周口店遗址的传统在北师大历史专业一直延续到今天，是赵光贤先生为代代学子留下的宝贵财富。

性发掘[①]，对遗物的描述和时代的判断与赵先生30年前的论断基本一致。由于对考古学的高度关注甚至痴迷，考古学已经成为赵先生除先秦史之外的第二专业，何兹全先生就曾评价赵先生是“研究先秦史兼作考古的”[②]。

“文革”结束后，赵先生多次带着自己的研究生去考古新发现的现场考察。自1979年开始到20世纪80年代后期，赵先生不顾高龄，每年都带着学生参观安阳、郑州、洛阳、西安、周原、宝鸡、太原等地的考古发掘现场。赵先生在考古工地挥汗如雨、高低攀爬、长须飘动的形象，在当时考古学界和历史学界不少学者口中传为美谈。赵先生常说一句话“考古工作者是站在第一线，古文字学家和古器物学家站在第二线，历史学者站在第三线，没有考古学家的不断努力，我们研究先秦史就很难办了”。[③] 笔者跟随晁福林先生学习后，仍数次听到赵门诸先生提起这段话。

这部《中国考古学大纲》，就是赵先生的考古学情结在教学方面的集中体现。这是一部面向历史学专业学生的考古学教材，避开了类型学与地层学，以介绍考古学理论和资料为主，建构起能与历史分期分代相对应的考古文化序列。赵先生一生都致力于考古学和历史学的融合，非常注重指导学生充分利用考古学资料进行历史学研究。这种方法在古史研究领域至今仍然极具价值，有很多仍然活跃在学术一线的大家对年轻学子都有类似的呼吁。但由于考古学与历史学的学科体系、话语体系和研究方法迥异，当下通行的各种考古学教材对历史学专业的学生而言显得十分隔膜，难以充分理解学习。编写一部适合历史专业学生学习和使用的考古学教材，显得十分必要和迫切。而赵先生的《中国考古学大纲》早在60多年前就做出了有益的尝试，这一方面的价值也值得我们重视。

余　论

赵光贤先生素来以历史考证著名，其先秦史和明清史研究的成就在学术界早有公论。笔者认为，赵先生在历史教学和教材编纂上的贡献也值得大书特书。赵先生在辅仁大学和北京师范大学任教长达60年，培养的研究生基本都成为学术界知名的专家，受赵先生影响而走上学术高峰的学子更

① 马昇、王京燕：《临汾高堆：劫后余生的“唐尧聚落”》，《文物天地》2002年第11期。
② 何兹全：《爱国一书生》，华东师范大学出版社，1997，第325页。
③ 赵光贤：《我的自述——学史贵有心得》，《亡尤室文存》，第7页。

是不计其数。

在漫长的教学生涯中，赵光贤先生不仅讲授过中国史的课程，也讲授过西洋史和考古学的课程。更让人惊叹的是，赵先生还编纂过中国史、世界史和考古学三个学科的基础教材。

1961 年，中宣部、教育部组织召开全国高校文科教材计划会议，历史学教材的编纂工作在翦伯赞先生的统筹下展开。其中《中国通史参考资料·古代部分》第 1 册[①]就是在赵光贤先生的主导下完成的。但由于赵先生当时已被划为“右派”，被剥夺了署名的权利，所以该书由何兹全先生署名。多年之后何先生在其自传《爱国一书生》中澄清了这段公案，还给赵先生一个公道。[②] 我们今天再看《中国通史参考资料·古代部分》第 1 册，依然能够感觉到这部书中蕴含着浓厚的赵光贤先生的学术风格——全书 240 页的篇幅，有 90 页都用来介绍考古资料。

赵光贤先生 1940 年从辅仁大学研究生毕业留校后，教务长荷兰人胡鲁士要求赵先生教授历史系的西洋上古史和外语系的世界史，长达七年之久。为了配合世界史的教学，赵先生与胡鲁士合编了世界史教材《西洋上古史》，此书作为辅仁大学历史系的教材使用多年。这部《西洋上古史》至今在北京师范大学历史学资料室里仍能看到。

《中国通史参考资料·古代部分》第 1 册、辅仁大学版《西洋上古史》，加上赵先生自撰用于 1956 年上半年考古学课程的讲义《中国考古学大纲》，是赵光贤先生一生中编纂的三部基础课教材。按照当下的学科划分，大历史学科分为中国史、世界史和考古学三个一级学科。能够兼及中国史和世界史的学者已经是凤毛麟角，昔者周谷城先生以一人之力著《中国通史》《世界通史》而闻名于世。而于中国史、世界史、考古学均有涉猎乃至于都曾编著教材和授课者，在近世以来的中国历史学界是极为罕见的。遗憾的是老辈学者素有述而不作之高风，赵先生的这些成就或未能署名，或未刊行于世，或刊印而仅于内部使用，以致长期不为人所知。我辈后学，当有责任恢复历史原貌，不使前辈大家的成就湮没于历史。

---

① 何兹全主编《中国通史参考资料·古代部分》第 1 册，中华书局，1962。

② 何兹全:《爱国一书生》，第 272 页。

方志学研究

民国时期北方桐城派的方志编纂

许曾会
（安徽大学历史系，安徽合肥　230039）

摘　要：民国时期，以直隶为地域核心的北方桐城派学人编纂出不少有影响力的方志，出现了一些方志名家。他们的方志编纂主要体现出四个特点：一是秉着应时之需的原则，希望编纂的方志能够对社会发展有所裨益；二是在内容上呈现新旧杂糅的面貌，增设新的门类体现出时代特点，但仍然保留了一些封建篇目；三是非常注重资料的搜集征引和考辨，以求史料的丰富翔实；四是语言上用连贯雅洁的古文写作，坚守桐城派家法，默默与新文化运动做抗争。民国时期北方桐城派的方志编纂是近代方志编纂的一个部分和缩影，有一定的意义和价值。

关键词：民国时期　北方桐城派　方志编纂

近年来，桐城派不应仅被狭隘的定义为“桐城文派”，更应是“桐城学派”，已逐渐成为学界之共识。桐城派的治学范围广泛，而编纂方志便是他们非常热衷的一个领域。“桐城派向来重视地方志的作用，方苞、姚鼐、刘大櫆等众多作家相继参与了《大清一统志》《江宁府志》《歙县志》等数百部地方志的编修，为清代方志发展做出了重要的贡献。”[①] 可以说，编纂方志，是历代桐城派学人一以贯之的学术活动。长期以来，学界对桐城派学人的方志编纂关注并不是太多，后期桐城派方志编纂更是少有研究。本文所要考察的是民国时期北方桐城派的方志编纂。后期桐城派的领

① 方宁胜：《方宗诚方志思想初探》，选自《桐城派与明清学术文化》，安徽大学出版社，2008，第455页。

袖人物吴汝纶曾于直隶为官为教30年，尤其是主持保定莲池书院10年间，培养了大批优秀弟子，“于是燕、蓟之间，始有桐城之学”。[①] 这些弟子于晚清民国的学术、教育等方面都曾产生一定影响。他们很多人继承前贤优良的文化传统，编纂出或是参与编纂了不少有影响力的方志，有的并因此成为方志名家。本文将对民国时期北方桐城派学人所纂方志进行大致的梳理，并分析他们的编纂特点。

一　方志编纂概况

民国时期北方桐城派当中很多学者有主纂或是参与编纂地方志的经历，所成方志比较多，且有一些影响力较大的方志。因为参与过方志编纂的桐城派学人非常多，不便一一详列，以下就主纂过地方志的北方桐城派学者及所成方志做简单统计。

编撰者	方志名及刊印时间
王树枏②	《新疆图志》(1911)、《冀县志》(1926)、《奉天通志》(1934)、《河北通志稿》(未完成，后河北省地方志办公室整理点校，于1993年由北京燕山出版社出版)、《新城县志》(1935)、《续修临邑县志》(1936)
贾恩绂	《盐山县志》(1916)、《直隶通志稿》(1918年脱稿，未刊印)、《河间县志》(1930年脱稿，未刊印)、《定县志》(1934)、《南宫县志》(1936)、《枣强县志》(1936年完成未刊，1993年中国书店影印出版)、《重订清苑县志》(1941)
梁建章	《察哈尔省通志》(1935)
傅增湘	《绥远通志稿》(后人整理修订，内蒙古人民出版社于2007年出版)
弓汝勤	《安平志稿》(1922年完成未刊，手稿现存中国科学院图书馆)
张　坪	《沧县志》(1933)
马翰臣	《冀县新乡土志》(1933)
姚寿昌	《清苑县志》(1934)
刘祖培	《滦县志》(1937)

① 王树枏：《陶庐文钞·锺广生序》，1915年刻本。

② 王树枏弟子锺广生在《陶庐文钞序》中称“其后与武昌张廉卿、桐城吴挚甫两先生游，始悔弃少作，亦浸淫于两汉而出入于昌黎、半山之间，及其成就，乃一扫桐城末流病虚声下之习”，郭立志《桐城吴（汝纶）先生年谱》（1943年排印本）末附“门弟子表”，王树枏不在弟子之列，但其“执贽请业，愿居门下，而公谢不敢当。曾公所谓不列弟子籍，同时服膺者也”，学界一般还是将王树枏视为桐城派学人。

民国时期北方桐城派所纂方志主要是直隶地区的方志，因为他们都是来自直隶地区的吴门弟子，于当地颇有声名，多被举荐以编纂方志。也有少数直隶地区外的方志，如王树枬编纂的《新疆通志》《奉天通志》和梁建章编纂的《察哈尔省通志》等，是他们于当地为官为教从而编纂。此外，因为桐城派声名在外，不少方志即使不是聘请桐城派学人编纂，也会请他们予以协助，如1934年刊行的河南《西平县志·凡例》称“幸赖新城王树枬晋卿、东阿周云世臣、盐山贾恩绂佩卿、饶阳常堉璋稷生、桐城吴闿生北江诸名宿，分别审定，抉疵审误，受益良多”①，除周世臣，其他几位都是桐城派学人。后期北方桐城派群体因为地域集中，又常有同乡、同门之谊，彼此联系非常紧密，一部方志常常集众多桐城派学者之力完成，如《河北通志稿》，王树枬、贾恩绂、谷锺秀、尚秉和都参与其中；王树枬、吴闿生1928年主讲东北萃升书院时被张学良聘请共同编纂《奉天通志》；王树枬所纂《冀县志》，赵衡、马维周、胡庭麟等均做出贡献；贾恩绂所纂《定县志》，因同为定县人谷锺秀的大力推荐，谷并与另一位同门好友同是定县人的王瑚为方志的参订者。

民国时期北方桐城派所纂方志大多于当时已出版，但也有一些完成后却由于种种原因没能及时刊印。后因时局动荡，很多手稿在流传过程中散佚没有完整的保存下来，非常可惜。如《河北通志稿》《绥远通志稿》《枣强县志》都是残稿，不过后世又经多方搜集、整理加以出版，即使不得全貌也稍得弥补一些遗憾。这里值得一提的是傅增湘曾经编纂的《绥远通志稿》，该志目前不太被提起，一是因为傅增湘在方志方面的成就远远不及其在图书收藏、版本校勘上的影响，容易为人忽略；二是因为傅增湘曾两次纂修《绥远通志》，第二次在伪蒙疆时期，是受日本帝国主义的委托而继修，因此讳莫如深。尽管如此，不能抹杀《绥远通志稿》作为一部志稿应有的学术价值。正如傅增湘自己所言“一线之绪，纯绝而复延；百卷之书，历劫而不泯。从此布在方册，流传万编，开朔方纪事之元，为行省图经之殿”②。以上所列方志中，省志如《新疆图志》《奉天通志》及贾恩绂所纂的一些县志在当时都有比较大的影响，未刊印的没有广泛传播，但可能在其好友之间、学术圈内存在借阅，也能产生一些影响，贾恩绂曾感慨“往余纂《直隶通志》，断自民国五年，今尚

① 陈铭鉴纂《西平县志·凡例》，1933年刻本。

② 绥远通志馆编纂《绥远通志稿·藏园居士序》，内蒙古人民出版社，2007，第6页。

未付剞劂，人目为不刊之作”①。

二 方志编纂特点

1. 应时之需的思想

民国时期北方桐城派学人生活在动荡、落后的家国之中，心中时时怀有救亡图存之理想，他们编纂的方志不再仅仅是像传统方志那样用来资治、教化，更注重的是能适应时代的需求，对社会发展有所裨益，“夫所贵乎志乘者，应时代之所需”。②

面对帝国主义侵略加剧，国土不断沦丧，桐城派学人编纂的方志中常常体现出他们捍卫国家领土和尊严的爱国情怀。王树枏在任新疆布政使一职时，主持编纂《新疆图志》，方志创设“国界志”“交涉志”，用大量篇幅记载了北方强邻沙皇俄国对中国的侵略，这些对沙俄逼迫中国签订不平等条约、割占中国领土的记述，有以史为鉴、警醒国人的重要作用，体现出强烈的国家意识和领土主权意识；又如梁建章③编纂《察哈尔省通志》，是时梁建章为冯玉祥幕僚，随着日本对中国的侵略加深，冯玉祥于1933年成立察哈尔抗日同盟军，梁建章出任同盟军总部顾问，被察哈尔省主席宋哲元聘请纂修方志。《察哈尔省通志》采用“三宝体”的体例，体现编纂者的良苦用心，“孟子谓诸侯之宝三：曰土地曰人民曰政事。近代学者以国家成立三要素亦曰土地曰人民曰主权，与孟子之说隐合。政事者，所以行其主权也。兹书以此三者为经，而以各事分隶之以为纬”④，“此三者苟缺其一，不可以为国，亦即不可以为省，又遑论其文。此有赖于在位者，与全省士庶，共负共责。保此三者，以期可大可久，而为国家之屏藩，以自强不息。此作者之深旨也”⑤。“三宝体”的选择意在对国家领土和主权的突显，于日本侵略中国当头，对号召国人保卫祖国、抵制侵略有着特殊意义。此外，《察哈尔省通志》第二十八卷“大事记”中的《长城战役纪

① 贾恩绂纂《南宫县志·贾恩绂序》，1936年刻本。

② 梁建章纂《察哈尔省通志·梁建章序》，1935刻本。

③ 梁建章（1871~1937），字式堂，河北大城县人。1892年中秀才，入保定莲池书院学习，深受院长吴汝纶赏识，被誉为“当代逸才”，刘声木在《桐城派文学渊源撰述考》中称梁建章“师事张裕钊、吴汝纶，受古文法，称一时才士”。清末举人，后留学日本政法大学。清季民国活跃于政学两界，与段祺瑞、冯玉祥交好。

④ 梁建章纂《察哈尔省通志·梁建章序》，1935年刻本。

⑤ 梁建章纂《察哈尔省通志·梁建章序》，1935年刻本。

略》，详细记录了二十九军的抗日功绩，振奋人心。“观二十九军长城之役，知民情振奋，国家有中兴机，仅举巅末，以告国人。勿因一时衰微而自馁。夫亦曰在人而已，人心不亡，而其国断无可弱可危可亡之理。夫拥有四五万万之民族而谓不足自强以保我疆图者，岂非厚以自诬耶。”[①] 又专设“蒙古编”是对日寇策动“蒙古自治”的强烈抗议，“兹编于蒙事第纪大要，亦势使之然。禹贡纪五服，先甸服而后荒服。兹盖取其义焉”。[②]

近代中国内忧外患，历次的战争以及战败赔款，使得原本就落后的国家更加穷困潦倒。自清末洋务运动开启“求富”之先河，经济的重要地位在国家发展中逐渐凸显。这在近代方志编纂中也体现出来，“社会经济，在今日应为全志之骨干”[③]，与传统方志因重农轻商观念导致重人文轻经济大不相同。桐城派学人编纂方志时非常注重经济，希望引起人们对经济的重视，以图富强。桐城派学人编纂的很多方志中都设有“实业”一目。如《奉天通志》设有“实业志”，多达九卷之多，细分“农业”“工业”“商业”“矿业”“林业”“渔业”“畜牧”“蚕业”等类。姚寿昌编纂的《清苑县志》“风土”下设有“实业”一目，记载了本县一些重要的企业如“乾义面粉公司”和“电灯公司”等的资金和雇工情况；刘祖培的《滦县志》中设“实业志”，记录了著名的开滦矿务局。傅增湘编纂的《绥远通志稿》中设“工业”“农业”“林业”“畜牧”“矿产”等篇目。这些记载对当地工商业以及农业、林业、水利事业、矿业开采等都有参考作用。另外，与“实业”关联较大的就是“物产”，物产为疆域以内之所生，是致富之源，这也是后期北方桐城派学人在编纂方志时比较注重的一项。“物产丰厚，未能启其英华者尽多，有以倡导而提振之，即能驯致于富庶而称强”[④]，“物产为民生命脉，均宜纪实详细编录。若为普通物产，记载不妨从同。若特别物产，必须格外标明，俾营业兹土者。因地利之所宜经营贸易，小可谋一方之生聚，大可开全国之利源”[⑤]。《盐山新志》“故实略”下“物产篇”中，贾恩绂对盐山县各种动植物加以记载，还深入分析了盐山贫穷落后的原因，并提出了发展盐山地区经济的具体意见，贾恩绂认为“盐山物产既薄，率听其自然而不从事之作，其民日贫其俗日媮”，想要致

---

① 梁建章纂《察哈尔省通志》第28卷“大事记”，1935年刻本。

② 梁建章纂《察哈尔省通志·凡例》，1935年刻本。

③ 李泰棻：《方志学》，商务印书馆，1935，第79页。

④ 梁建章纂《察哈尔省通志·凡例》，1935年刻本。

⑤ 张坪纂《沧县志·凡例》，1933年铅印本。

富，可以从盐山三大物产入手，即盐、麦、鱼虾入手。国家对盐业实行弛禁政算，减少税收，发展盐业；建立海产品加工厂，制造鱼虾罐头；发挥当地物产优势，发展草帽草缏等编制业；发展种植业，增加枣、梨、山芋等物产的培植等。[①] 寄托了作者希望能充分开发地方物产以致富强、以利民生的美好愿望。

2. 新旧杂糅的内容

民国时期北方桐城派编纂的方志在内容上呈现出最大的特点就是新旧杂糅。方志的“新”体现在增设新的类目，记载新时代所独有的事物以及运用西方科技来促进方志内容更加科学、生动。“旧”则体现在依然保留了一些封建迷信、不合时宜的篇目。

经历了时代鼎革的民国时期，中国脱离传统、进入近代化的步伐在不断加快，社会出现了许多新事物。新时代的新事物往往会在方志中呈现出来。如贾恩绂所修方志中都有“新政”一篇，“新政”篇下的子目都是新增设的，《南宫县志》“新政篇”下的子目有“公安局”“财务局”“教育局”“建设局”“司法”“自治”“党部”等，《定县志》的“新政篇”下还附有“邮政”“电政”“铁路”等目，《重订清苑县志》的“新政篇”下更是有“红十字会”“卫生院”“农事试验场”。王树枏所纂《冀县志》下设有“新政”篇，分“清末”“民初”两个时间段分别记述，对“警务、学堂、自治司法及近时公署之制数端”[②] 做了详细记载。梁建章所纂《察哈尔省通志》虽没有“新政”一目，但同样也有新事物的介绍，“疆域编”下有铁路、电报、电话等条目，“户籍编”下有“代议士选举表”，“执业编”下有“大学生毕业表”“国外留学生表”，“政事编”下有“司法”“党务”“法院”等。这些新名词是时代变革以及西学东渐的产物，表明了西方知识系统与中国旧有知识系统在方志编纂中的初步碰撞。同时新类目的增加以取代一些旧的类目，也体现了方志的近代转型；方志的“新”还体现在西方科学技术的运用，使得方志在内容上更加呈现近代化的一面。清末民初，随着西方社会科学、自然科学不断传入中国，方志的编修工作也开始提倡运用新兴科学知识。如早在1916年刊行的《盐山县志》的“境界篇”中就用经纬度来表示盐山的地理位置。而且方志卷首所附疆域图非常精详，多为科学实测所得，旧图不讲实测。《定县志》于地

① 贾恩绂：《盐山新志》卷12，1916年铅活字本。

② 王树枏纂《冀县志》卷17，1929年铅印本。

图之后，还附有21张定县境域内各种自然、人文景观的照片。《察哈尔省通志》中除有地图的科学测绘、用经纬度表示疆域幅员外，还有对当地土质、气候的记录等，同时也在方志中插入大量照片，形象地记录了本地的社会历史。《沧县志》《清苑县志》等都有附照片，照片的使用大大提高了方志的可读性。这些新科学技术的运用促进了方志从内容上到形式上的改变。

方志的"旧"主要表现在旧志中的某些封建迷信的类目依旧保留，诸如列女、祥异、星野之类。尤其是列女，基本上在后期桐城派学人所纂方志中都能看到，且所占篇幅比较多。梁建章在《察哈尔省通志》对"列女"大加称颂，"后世于列女，则第录其贤者，所以示褒崇，又大半为夫死守节者之人，此诚为吾民族中可钦敬者。故山岳可移，而志不可移。珠玉可污，而节不可污。方其矢志之初，茹苦百年，岂有望于后世不可知之虚名，要行其心所安耳"。[①] 贾恩绂的方志中，关于"列女"记载，有列女表、列女传，涉及人数非常多。虽然他不认同"列女"仅记载节烈之妇，"凡才德异众者，往籍可征者，皆宜称述，不独节烈为足贵也"，但是还是"徒以节烈攸关，莫敢轻易更张"[②]；"祥异"在后期桐城派学人方志中所见也较多，大都以表格的形式呈现。中国古代所谓"祥异"是一种天人感应的政治语言，是对现实政治情势的反映，是对未来趋势的预兆，所以有迷信的成分。贾恩绂尽管认识到这为近代方志家所不齿，但是在他的方志中依然记载，因为他认为"灾祥则为事实，不应视为迷信概从删削"[③]，所以他的每一部方志都有"祥异表"。姚寿昌《民国清苑县志》卷六《大事记》下附有"灾祥表"，王树枏《冀县志》"地理"下有"灾异"子目，《新城县志》有"地慝"篇，以表格形式介绍当地几千年来的"天灾"和"人祸"；"星野"与"祥异"相似，与占星术、天人感应、趋吉避凶的文化传统密切相关。贾恩绂的《南宫县志》《定县志》以及姚寿昌《清苑县志》都有此目，"分野之说，自岁差出其说，益为无稽。今方志家率屏而不录。……惟其说最古，历代方志不敢遽删"[④]。后期北方桐城派学人虽然有一些意识到了很多封建类目已经与新时代不相容，但是都没有贸然删去

① 梁建章纂《察哈尔省通志》第16卷"户籍编"，1935年刻本。

② 贾恩绂纂《盐山新志》卷16，1916年铅活字本。

③ 贾恩绂纂《重订清苑县志·叙列》，《上海图书馆藏稀见方志丛刊》第2册，国家图书馆出版社，2011，第13页。

④ 贾恩绂纂《南宫县志》卷25，1936年刻本。

而是依然保留在方志中，这说明脱胎于封建传统社会的桐城派学人并没有完全跳脱出来，旧道德和旧方志系统对于他们方志的编纂还是有相当大的制约力。

3. 丰富翔实的史料

民国时期北方桐城派编纂方志时非常注重资料的搜集征引以及考辨，以求史料丰富翔实，他们希望所编纂的方志成为一部有价值的历史文献流传后世。可以说这是桐城派学人方志编纂一个大的共同点，也是他们一直努力追求的。

王树枏编纂的《新疆图志》共116卷，约200万字，纂辑资料丰富。卷首最后一部分是"《新疆图志》引用书目"，在卷首明确标出引用书目的做法，在一般方志中是不多见的。所列引用书目有50种，包括官修正史、地方志、游记、文集、档案，等等。其实正文中所征引的书目远远超过这个数字，有学者对《新疆图志》所引文献目录作粗略统计，共有300余种。除《艺文志》记录的79种书目外，各分志内引录记载的文献资料，能列出书名的有250种左右。[①] 该志注重收录一些原始文献以保存史料，如"奏议志"中收录189篇历代奏议原文，"国界志""交涉志"中录有《中俄塔尔巴哈台记约》《中俄伊犁改订条约》《中俄哈巴河界约》等众多不平等条约全文。此外，王树枏也非常注重史料的真实性，考辨以记录最真实的新疆历史地理概况。该志的"凡例"中称，"是书出于创作，最忌讹传"，所以"甄风考俗，无不证诸前史一二。近今所得者亦必目有所见，然后列入，不敢以耳食者当之"，"凡得之前书者，必详举原书，附考于下。虽采取之各府厅州县乡土志，及各项公牍者，亦必标题清晰"。[②] 又如王树枏作为总纂之一且出力甚多的《奉天通志》也是本着"一以翔实为主""自宜以详赡为主"[③] 的原则，全文征引文献多达659种之多，包括经藉、诸子、正史、别史、杂史、杂记、文集、档案、碑志，等等[④]，"金石文字以广为搜访，勿使漏略"，"各类叙述凡得之前志及古今记载者，皆注书目于下，其据各乡土等志及各署档案者，亦皆一一注明，用期征信"[⑤]；

① 王广荣：《〈新疆图志〉资料来源及运用》，《新疆地方志》1989年第2期。

② 王树枏纂《新疆图志·凡例》，1923年东方学会本，天津博爱印刷局。

③ 王树枏纂《奉天通志·凡例》，1934年铅印本。

④ 陈沆：《〈奉天通志〉征引书目辑录》，《中国历史文献研究会第26届年会论文集》，2005年10月1日。

⑤ 王树枏纂《奉天通志·凡例》，1934年铅印本。

梁建章编纂《察哈尔省通志》，因察哈尔处偏远之地，又加上日本侵略加剧时局动荡，书籍购买、资料搜集等方面有诸多不便，但尽管如此，“省内外各机关及采访诸君子，从事勤敏，所得乃出望外”①。在此基础上，梁建章仅用一年半时间将三十卷的省志编纂完成。虽然时间短暂，但仍不失为民国一部佳志；贾恩绂编纂方志也是力求史料的充足，其在编纂《南宫县志》时，嘱托莲池同门、南宫人邢赞亭搜集以前旧志资料，邢赞亭不负重托“悉力搜访”，“于是南宫志五次所修，只字无遗，此亦各县之所稀也”②，这对贾恩绂编纂新县志有非常大的帮助。贾恩绂的方志编纂素以地域为核心，尤其注重参引各种资料以对古今地理的考辨，王树枏给贾恩绂方志作序特意称赞他考辨的功夫，“浃洽好学深思之士如吾佩卿（贾恩绂字）者，为之一一辨订其是非”，“余向读《禹贡》诸书，传注所谓逆河碣石者，蓄疑至今，而佩卿独谓逆河广漠，二三百里为鬲津、徒骇两河之总名。古之碣石即春秋之无棣，晋魏之盐山，唐宋之马谷，元明之大山，同实异名，古今随变。历引诸书及目所实验者参互勾稽，砉然而解，世之辨者虽百喙不能易其说”。③ 后期北方桐城派学人编纂的多是朴茂的北方地区的方志，相对南方地区的文化兴盛，这些地方相对偏远滞后，尤其如新疆、察哈尔、奉天等地，资料搜集并不易，但是桐城派学人依旧能在艰难的环境下尽可能地去做好资料的搜集考辨工作，因此在此基础上所编纂的方志往往成为当地比较有影响力和有代表性的方志作品，对地方文化事业做出一定贡献。

4. 连贯雅洁的语言

桐城派学人向以能文而著称，他们坚信“言之无文，行而不远”，精通文章之学的桐城派，对写作方面的要求必然高于一般学者。后期北方桐城派学人在编纂方志时不像一般的方志多是资料的堆积，如流水账一般不注重行文表达，他们编纂方志就像写一部著作，非常讲究语言。尤其五四新文化运动后，桐城派成为众矢之的，背上了“桐城谬种”的声名，古文逐渐被白话文取代，用白话文编纂方志成为一种趋势，但是桐城派学人依然坚守着家法，用流畅典雅的古文来写作。

贾恩绂在民国后期编纂的好几部方志序言中都有批评方志写作的问

---

① 梁建章纂《察哈尔省通志·梁建章序》，1935年刻本。

② 贾恩绂：《南宫县志·叙例》，1936年刻本。

③ 贾恩绂纂《盐山新志·王树枏序》，1916年铅活字本。

题，“是以载籍中之踳駮芜杂以方志为最甚，而文词之鄙倍尤其后焉”[①]，“文不成章如市之簿、如事之档者，更勿论已”[②]，而对其所修方志，总是颇为自矜“乃篇各成文……丝连强贯，力避档薄之讥”[③]。梁建章也自许《察哈尔省通志》“脉络相衔，不啻一篇书也”[④]、“而为文亦必求一贯也”[⑤]。除了行文连贯外，语言雅洁更是桐城派的追求。桐城派三祖之一的方苞创“雅洁”之说，具体表现在文章的语言风格上要求文辞典雅简洁。这一传统在桐城派漫长的发展历程中一直被恪守，后期北方桐城派即使在编纂方志时也不例外。贾恩绂虽然不认同章学诚提出“志乃史体”“仿纪传正史之体而作志”[⑥] 的说法，但却认为在语言上应该“亦仿正史专志著述，以归雅饬”[⑦]。王树枏所纂《新疆图志》行文雅驯，《奉天通志》又以《新疆图志》为榜样，“大约行文以《新疆图志》为雅驯”[⑧]。如《新疆图志》“建置篇”这样写道：“新疆东扞长城，北蔽蒙古，南连卫藏，西倚葱岭，居神州大陆之脊，势若高屋之建瓴，得之则足以屏卫中国，巩我藩篱，不得则晋陇蒙古之地，均失其险，一举足而中原为之动摇。”[⑨] 短短几句话，将新疆地理位置及地理位置的重要性描述出来，典雅简洁。又如《察哈尔省通志》，察哈尔省政府秘书杨兆庚作序称赞《察哈尔省通志》“典册高文，信今传后”[⑩]。该志于编、细目之前言，总是先引古典，再将此编或此细目的重要性引出，使行文典雅、有说服力。如“疆域编”下“交通”一目的前言说：“易称黄帝尧舜，垂衣裳而天下治，似涉于清静无为。然又曰，刳木为舟、剡木为楫。舟楫之利，以济不通，致远以利天下。服牛乘马，引重致远，以利天下。是治天下者，必先利乎交通，自上古为然矣。今之交通利器，度越前古远甚，其利民也更溥。是不可不疾起直追。”[⑪] 这段话连贯流畅，为文多为短句，少用长句，使文章简洁而有层

① 贾恩绂纂《南宫县志·贾恩绂序》，1936 年刻本。
② 贾恩绂纂《定县志·贾恩绂序》，1934 刻本。
③ 贾恩绂纂《南宫县志·贾恩绂序》，1936 年刻本。
④ 梁建章纂《察哈尔省通志·梁建章序》，1935 年刻本。
⑤ 梁建章纂《察哈尔省通志·凡例》，1935 年刻本。
⑥ 章学诚：《文史通义》，《方志立三书议》，张耕华、李永圻导读整理，上海古籍出版社，2011，第 182 页。
⑦ 贾恩绂纂《南宫县志·叙例》，1936 年刻本。
⑧ 王树枏纂《奉天通志·凡例》，1934 年铅印本。
⑨ 王树枏纂《新疆图志》卷 1，1923 年东方学会本，天津博爱印刷局。
⑩ 梁建章纂《察哈尔省通志·杨兆庚序》，1935 刻本。
⑪ 梁建章纂《察哈尔省通志》第七卷“疆域编”，1935 年刻本。

次，同时长短交替，语言丰富而有活力。又如贾恩绂《盐山县志》，《续修四库全书提要》中收录了该志，评价称“恩绂通晓文章……要其大致可观，亦近代地方志中之有文采者矣”①。其中该志人物志部分非常值得称道，根据其言行事迹，用典雅简洁的语言写出人物的风采神韵和个性特征。如“人物·节概传”下的“王庆元”传：“居京二十年，风采峻整，莫敢以私，遇事奋发侃侃，议论惊座，诗酒纵横，迈往不屑，一时戏以‘犬王’呼之，言其狂也。”② 五四新文化运动后白话文兴起，取代古文、将古文置于死地而成为唯一的书面用语成为一种趋势。面对白话文的来势汹汹，桐城派弟子默默进行着抗争，认为“近今语体文兴，如以裸人妄厕冠裳者，益当等诸自郐矣”，“忧斯文之将丧，恐赓续之不易也”③，而他们所能做的只是以己之力来延续着古文一脉。

民国时期社会已经发生了很大的变革，方志编纂也经历一个由传统加速向近代转型的过程。后期北方桐城派学人的方志编纂是近代方志编纂的一个部分和缩影，体现出一些时代共有的特点，同时也具有自身的学派特色。他们的方志像那一时期大多数方志一样因时而变，呈现出与传统方志不一样的面貌，但也存在一定的局限性，没有完全摆脱封建因素的影响，演示了一种过渡时期的新旧交替。此外，有两百余年发展历史的桐城派一直将“义理、考证、辞章”视为治学不变的家法，应用于各种学术领域，“是三者，苟善用之，则皆足以相济”④。民国时期北方桐城派在方志编纂中继承桐城衣钵，讲究方志的致用性，注重史料的搜集考辨，注重方志语言表达，即是“义理、考证、辞章”的三者合一，因此他们所编纂的方志与同时期一般方志相较，大都是质量比较高的方志，于当时产生了一定影响力，并多成为其他方志借鉴的范本，于近代方志学史上有其一席之地，不该被忽视、遗忘。

---

① 王云五主持《续修四库全书提要》第6册，台湾商务印书馆发行，第1884页。

② 贾恩绂纂《盐山新志》卷十六，1916年铅活字本。

③ 贾恩绂纂《南宫县志·贾恩绂序》，1936年刻本。

④ 姚鼐：《述庵文钞序》，《惜抱轩诗文集》，上海古籍出版社，1992，第67页。

域外汉学研究

论美国汉学家卜德的《史记》研究

胡青松

摘　要：美国的《史记》研究，比较有价值的是美国汉学家卜德的研究，他在20世纪三四十年代先后出版了两本著作，其中一本《中国首位统一者》中不仅有对《史记》的文本批评，还借由对李斯生平的叙述展开了对秦统一的全面考察；第二本译著《三篇秦代人物列传》，对于《吕不韦列传》等篇章的真实性都有所质疑，也认为《史记》中诸多人物对话乃是出自司马迁的文学加工。卜德的史记研究成果对于后来的沃森、倪豪士等汉学家的翻译和研究都有重要的参考价值。

关键词：美国　汉学　卜德　史记　李斯

卜德（1909~2003）为20世纪美国著名汉学家。自1938~1975年卜德一直在宾夕法尼亚大学任中国研究教授，也曾被推选为美国东方学会会长（1968~1969）。

卜德于1930年毕业于哈佛大学，后获哈佛-燕京学社的资助，赴华学习六年，先后翻译出版了《燕京岁时记》（1936）、冯友兰《中国哲学史》第一卷（1937），1938年，凭《中国首位统一者——以李斯生平来研究秦代》论文获博士学位，同年返美开始在宾大任教。卜德有关《史记》的工作主要是对《史记》中秦代部分相关传记的译注和解读，除了《中国首位统一者》①，后来还有《中国古代的政治家、爱国者和将军——三篇〈史

① Derk Bodde, *China's First Unifier: A Study of the Ch'in Dynasty as is Seen in the Life of Li Ssu*, Leiden University, 1938.

记〉秦代列传》[1]。

在卜德的学术兴趣中，秦史占据相当比重。在《中国首位统一者》一书序言中，卜德写道，秦史研究之重要性在于，源始于秦的社会、政治和经济事业对后世影响深远。在第一章开头作者也提到，秦废了封建，由秦所开创的帝国模式一直延至中华民国的成立。

从《中国首位统一者》章节目录来看，全书围绕李斯而展开。卜氏指出，在整个始皇统治期间，李斯统理朝政，统一天下之功应归于李斯，而非始皇。在第五章“秦始皇帝与李斯”里，卜德分析了秦始皇的性格、思维模式。在第六章里，卜德花了很大篇幅分析了“帝”字意义从商周到秦的演变，他认为，通过“皇”“帝”两个字的组合，秦始皇塑造了自己半神的形象。[2] 与始皇相反，李斯的性格理智冷静，精于算计，与那些招摇撞骗的方士也保持距离。从秦始皇的统治生涯来看，年少登基，除去吕不韦辅政的 10 年，在剩下的 30 多年中皆由李斯辅佐，始皇对李斯的依靠是与日俱增。因此，卜德认为，始皇的功业多由李斯主导。

在国内学界，对卜德与《史记》相关的著译的研究目前还仅有几篇少量的论文，还有进一步研究的必要。

二

卜德的《史记》研究，其比较关注的是李斯在秦统一过程中所起的作用，对此多有论述，在《中国首位统一者》一书中专辟一章讨论“一个中华的观念”，认为这种开阔的视野才使得李斯从战国末年一群政治家、思想家中挺立而出，李斯的伟大之处也在于此。[3]

卜德提到这样一个问题：李斯是改变中国历史格局的统一运动的主宰者，没有李斯，是否就没有天下一统？抑或他只是秦国条件具备之后势在必行的统一事业的执行者？[4] 卜氏自己的回答是，应该达成一个平衡，把

---

① Derk Bodde, *Statesman, Patriot and General in Ancient China: Three Shih-chi Biographies of the Chin Dynasty*, American Oriental Society, New Haven: Connecticut, 1940.

② Derk Bodde, *China's First Unifier: A Study of the Ch'in Dynasty as is Seen in the Life of Li Ssu*, p. 130. 卜德在文中写道，关于“帝”字义的演变，参考的是顾颉刚的《三皇考》。

③ Derk Bodde, *China's First Unifier: A Study of the Ch'in Dynasty as is Seen in the Life of Li Ssu*, p. 236.

④ Derk Bodde, *China's First Unifier: A Study of the Ch'in Dynasty as is Seen in the Life of Li Ssu*, p. 236.

历史看成是人与环境两种力量相互作用的结果。个人虽不能完全掌控环境，但在足够伟大时，至少可以指引、修正环境所产生的力量。伟大的历史运动由一小群英雄人物领导，但这些人物是特定历史时期才可以造就的。历史演进中，起作用的是合力，而这是人所无法控制的。卜德的观点既没有夸大，也没有贬低个人在历史进程中的作用。

卜德对焚书一事的评价与中国传统的史评并不相同。卜认为，焚书对书籍的破坏程度可能被自汉以降的人夸大。他的理由是：其一，并非所有的书都遭到焚毁，被烧的是民间所藏儒家的《诗》、《书》、诸子之书以及除秦史记以外的诸国史记，而博士所掌管的内府图书不在焚书之列，且民间的医药、卜筮及种植之书也可得以保留。其二，焚书执行时间极短。从公元前 213 年颁行至公元前 208 年李斯身死，只有五年时间，而随后秦王朝旋即灭亡。其三，自汉至今，大量的古籍亡佚。即使没有焚书，流传至今的先秦典籍也不会增加太多。卜德进一步分析道，博士淳于越关于恢复封建的提议刺激了李斯，而后才有焚书的建议，焚书一事也体现出法家和儒家思想的激烈冲突。李斯建议焚书的真实目的并非是要毁灭之前所有的文化成果，只是想实现文化的垄断。书收在内府，有博士掌管，以免流落民间，士人也无法凭借经典以古非今。① 在他看来，李斯焚书造成的一大恶劣后果是，给了汉儒篡改和伪造经书的借口；另外，事与愿违，焚书激起了汉代学者恢复古籍、学习古典的风气，士人更加亲近传统，人们更多向后而非向前看，这种思想趋向对后世的消极影响绵延至今。②

二

卜德对李斯的重视，还体现在他关于李斯思想背景的深入研究，卜德从集权主义、功利主义和法家几个方面，对此进行了分析。

1. 集权主义

卜德认为，最早的集权主义思想要追溯到孔子，孔子面对礼崩乐坏的现实，提出了“君君臣臣，父父子子”的主张，力图维护日渐坍塌的封建等级秩序，这种集权思想是温和的。接下来到了墨子，他提出了“尚同”，

① Derk Bodde, *China's First Unifier: A Study of the Ch'in Dynasty as is Seen in the Life of Li Ssu*, p. 164.

② Derk Bodde, *China's First Unifier: A Study of the Ch'in Dynasty as is Seen in the Life of Li Ssu*, p. 166.

将集权思想明确化。后来，荀子又进一步发展和强化了这一思想，同时这也成为法家的指导思想。但是各家各派的集权思想存在差别：孔子强调君主的“德”与“仁政”；即便墨子的“尚同”也是根植于道德，相信人格化的天会奖善惩恶；荀子重教化和伦理。法家的集权却是只为君主服务，民众的福祉在法家那里是次要的，甚至无须考虑，不顾道德价值，只凭借“势”的力量成事。[①]

在卜德看来，儒家与法家在是否教化国民方面是截然不同的观点。儒家的礼乐教化是道德进步的手段，而法家根本不认可对民众的教化，认为唯有严刑峻法方可驱使民众为善。前者以礼教化民众，后者则以法训民。作为中国法制史方面的专家，卜德提出，在先秦，法创立之初，只适用于被征服的民族，后来才逐渐适用于本国国民并取代了“礼”。另外，秦法适用于秦，是因为自商鞅变法至秦统一天下，已有一百多年历史，秦人世代受到训练，故而知法、守法，而在秦灭六国以后，急速将秦法推广到原六国的区域，遭遇到六国传统的抵抗，在无比广袤的疆域，法家的政策不施仁义，结果只能是昙花一现。卜德进一步分析了儒家成功而法家失败的原因，从而指出，长久的一统不是靠竣法的逼迫，而是要基于思想文化的同质。[②]

2. 功利主义、法家

卜德说，功利主义连接了法家与墨家，也区分了法家与儒家。墨家倡导的兼爱、非功从本质上来看也是基于利益的考量，后期墨家直接以义为利，后来法家发展了这种功利主义；而儒家是人文主义、理想主义者，与法家旨趣迥异。李斯作为法家的信徒，其反智以及功利主义的思想反映在焚书一事之上，焚书对象为《诗》《书》以及诸子之书，这些在李斯看来都是邪说，而保留的都是巫医、种植之类实用书籍。[③] 卜德最后专门用一节谈了法家的历史观。他写道，法家与其他派别最大的区别就在于其历史观。法家的历史观与荀子的历史观非常相近，但两者的不同在于：荀子虽然提出法后王，其历史观是静态的，古今为一，法后王是因为先王之事已

① Derk Bodde, *China's First Unifier: A Study of the Ch'in Dynasty as is Seen in the Life of Li Ssu*, pp. 182 – 191.

② Derk Bodde, *China's First Unifier: A Study of the Ch'in Dynasty as is Seen in the Life of Li Ssu*, pp. 198 – 199.

③ Derk Bodde, *China's First Unifier: A Study of the Ch'in Dynasty as is Seen in the Life of Li Ssu*, pp. 206 – 211.

不可考，不得已而为之；而法家认为社会是不断发展变化的，环境决定人的行为，不必再学先王之道。法家思想在当时具有明显的进步意义和科学精神，故而能成就秦之统一天下这样辉煌的事业，然而也因为是今非古成为众矢之的。[①]

另外，对古籍文本的批评尤为卜德这一代汉学家所重视。卜德在《中国首位统一者》第三章通过内校、互校等方法对《李斯列传》进行了详细的文本分析，得出的结论是，该列传中有些段落并非出自太史公之手，而是为后世的文人所添加。

遭到卜德质疑最多的是《李斯列传》末尾自李斯之死至秦亡这一段叙述。卜德的理由是，太史公在《史记》里每遇到"谈"字都会有意为其父司马谈避讳，把"谈"改为"同"或者"谭"，而在这段文字里却反常地连用了几个"谈"字。[②] 而且此段与《史记》其他卷所记载内容多有不一致处。于是卜德断然认为，当《史记》里出现"谈"字，这些章节、段落的真实性（即是否真为太史公所作）都是可疑的，这是《史记》文本批评一个重要原则。[③]

受质疑的还有太史公在《李斯列传》中某些对话，例如赵高与胡亥、赵高与李斯的对话，卜德认为并非历史的真实，而是太史公根据当时的历史情境所做的文学渲染。卜德的质疑，不无理由，值得我们借鉴。

三

卜德第二本与秦史有关的著作《三篇〈史记〉秦代列传》出版于1940 年，据作者称乃是为填补前书《中国首位统一者》之空白。与前书不

---

① Derk Bodde, *China's First Unifier: A Study of the Ch'in Dynasty as is Seen in the Life of Li Ssu*, p. 215.

② 卜德坦承这一材料来自中国清代学者钱大昕和民国学者陈垣，前者在《廿二史考异》，后者在《史讳举例》里面都提到《李斯列传》末段的问题。《史讳举例》第十五"文人避家讳例"："太史公父名谈，《史记·赵世家》改张孟谈为张孟同，《佞幸传》改赵谈为赵同。……然《史记·李斯传》'与宦官韩谈'，《滑稽传》'谈言微中'，《司马相如传》'因斯以谈'，不避谈字"（《史讳举例》，中华书局，2012，第 1 版）。陈垣对此前后不一的解释是，那些谈字或为后人改回。但是据李长之分析，不讳"谈"字的篇目可能是由司马谈本人所作。

③ Derk Bodde, *China's First Unifier: A Study of the Ch'in Dynasty as is Seen in the Life of Li Ssu*, p. 111.

同,《三篇》以译文为主，但在每篇列传译文后会附一篇文章，来解读此文本及相关历史背景，并分析其史料来源及文本的可靠性，作者以此来避免译文中注释过长的问题。译文所据文本为中华书局1923年版《史记》。三篇列传依次为《吕不韦列传》、《刺客列传》里的荆轲传、《蒙恬列传》。

卜德写道,《吕不韦列传》最吸引人之处在于，刻画了中国历史上首位谋取到卿相高位的资本家形象。卜德还以李斯与吕不韦作比：两者皆出身布衣，而后凭借个人才干位列卿相。但李斯受过良好的教育，曾师从荀子；而吕并无学识，“粗俗、缺乏教化，自我成才”，只是靠着商人的精明和财富才得以发迹，故吕的传记不似李斯列传那样包含传主的传世文章。因吕出身于卑微的商人阶层，又缺少教育，故无法像李斯那样跻身于重农抑商且重视文辞的法家之列。吕组织食客编写《吕氏春秋》也从另一侧面显示了其与法家之流的分野。

在卜德看来,《吕不韦列传》乃《史记》之中最令人困惑的篇章之一。和其他批评者一样，卜德也将此篇截为两段。前半段至公元前250年吕成为秦国卿相为止，后半段聚焦于吕与太后的持续关系以及太后与嫪毐的丑闻。前半段之叙述与《战国策》相关记述时间线索上相平行，但是细节方面出入很大。其中较大的问题是，在《战国策》里并未言及嬴政乃吕不韦私生子一事，而在列传之中却言之凿凿。太史公行文严谨，在征引前代文献时应不会如此随意篡改。卜德由此推出，现存此传并非太史公所写。卜德自承此观点来自于钱穆。钱穆在《先秦诸子系年》中不仅质疑了此篇列传的真实性，还揭示了私生子故事的原型，即《战国策·楚策》以及《春申君列传》中的故事——春申君献已孕之姬妾于楚王，所生之子随即成为王储。此故事与嬴政为吕不韦私生子一事如出一辙，编造者可能是以春申君轶事为模板。而编造此绯闻者乃汉代儒生，汉儒痛恨法家和秦朝的暴政，故而借此诋毁丑化秦始皇。此传除太史公的论赞之外的文字似大都为后来者所写。

与《吕不韦列传》的情况正好相反，卜德认为，有关荆轲的列传非常可靠，因为与《战国策》内容基本一致，而且司马迁在论赞中也写道，事件目击者的熟人为自己讲述了这一切，“始公孙季功、董生与夏无且游，具知其事，为余道之如是”。[①] 从司马迁这段论赞中也可推断出，此篇当为司马谈所著。这是因为荆轲刺秦是在公元前227年，而司马迁出生于公元

① 司马迁撰《史记卷八十六·刺客列传第二十六》，中华书局，1982，第2538页。

前 145 年，此事件离成年的司马迁有一百年，作为秦王医官的夏无且在刺秦时至少已近弱冠，那么按常理推断，能与夏无且交游的人到了司马迁成年时可能已不在人世，那么其父司马谈从公孙季功、董生处获取这些材料的可能性更大。在分析荆轲列传的文章里，作者也指出了《史记》里的一个普遍性问题，即其中多数对话皆不可信，皆是为填补历史事实所做的文学性粉饰。卜德所根据的证据依然是对《战国策》与《史记》文本的比对，在《史记》的荆轲传记中，大部分内容均采自《战国策》，相异之处唯有加入了荆轲的一些言辞，这些言辞难以找到史料来源，故而推断，可能是太史公为了文学效果而增加进去。

卜德认为，《蒙恬列传》是三篇列传中最合常规的一篇，因为列传里对蒙恬、蒙毅与子婴言语的记述都采取了惯常的手法，即三者的言辞里都反复征引诸多历史典故，这些典故的使用使这些言辞显得不够现实、相当程式化。① 由此也可推断，这些大段言辞是史家的文学渲染，以增加一种戏剧效果，进而借人物之口表达自己的道德观点。卜德觉得，如此才可以解释大段的言辞如何能在那些绝密的环境之下为人知悉和记录，而且同类话语又为何如此频繁地出现在当时的历史书写之中。②《蒙恬列传》之中，记载了子婴对二世所做的进谏，劝二世不杀蒙恬、蒙毅。卜氏也以此进谏内容为例，质疑这些言辞的真实性，因为子婴的话语完全是儒家的，不合当时的思想潮流。③

卜氏用来证明文学虚构的另一个有力证据是，《蒙恬列传》与《白起列传》关于两人自尽的叙述无论在情节抑或在具体文字上都极其相似。卜氏认为此足可以证明，两篇中至少有一篇为文学虚构。此外，从蒙恬列传文末太史公的论赞可以看出，此篇列传不是太史公自己的创作，一定是编排现成的材料。因为在列传中蒙恬认为自己的罪过在于断了地脉，而太史公作为一名严谨的历史学家，在篇末论赞中驳斥了这种说法，如果是太史

---

① 子婴劝谏不杀蒙氏兄弟，所用历史事例是赵王杀李牧；蒙毅自我辩词中引了“秦穆公杀三良，罪百里奚”“昭襄王杀白起、楚平王杀伍奢、夫差杀伍子胥”的事例；蒙恬在辩词里则用了周公辅成王、桀杀关龙逢、纣杀王子比干的故事。

② Derk Bodde, *Statesman, Patriot and General in Ancient China: Three Shih-chi Biographies of the Chin Dynasty*, American Oriental Society, New Haven: Connecticut, 1940, p. 63.

③ Derk Bodde, *Statesman, Patriot and General in Ancient China: Three Shih - chi Biographies of the Chin Dynasty*, p. 62. 属于秦王室的子婴被塑造为一个有德之人，太史公对子婴与扶苏两位公子的描写如出一辙，卜德说，这反映出汉儒对他们悲惨结局的同情，二人虽然皆无权力，却都遭受惨剧，实为秦之先祖残暴统治的恶果。

公自作，应该不会在蒙恬临终遗言里记下如此荒谬的说法。当然，卜德此理由也有牵强之嫌，因为太史公作为良史，即便他不认可蒙恬的说法，也会据实记录。对于荒诞的“地脉”之说，太史公在论赞中进行驳斥也符合《史记》行文的特点。

卜德的两本有关《史记》的著作在出版后得到美国汉学界的高度评价，《中国首位统一者》被视作具有开创意义的秦史研究专著。其时知名的汉学家、《汉书》英译者德孝骞（Homer H. Dubs）为此书写了书评，称之为杰出的学术成果。但德孝骞也做出了批评，认为卜德过于遵从中国历代儒家对于李斯的谴责，不能简单以道德标准来评判一位政治家，说“李斯缺乏道德原则”则过于严苛，应该将李斯从后世的诽谤之中解救出来。关于李斯矫诏杀扶苏而扶植胡亥继位一事，德孝骞也表示没有充分材料来证明李斯在这一阴谋中的主谋角色，对他的指控多是后世伪造的材料。①毕安祺（Bishop C. W.）认为此书逻辑分明、编排精心，充分运用了源头一手材料，但是处理材料时又能具备独立的评断和敏锐的批判性视角。毕氏也批评说，卜德过于突出李斯而忽视了秦始皇的作用，始皇绝非受强力人格控制的傀儡，相反，他能择天下英才而用之，李斯只不过是其中一位股肱之臣。②

结　语

卜德的《史记》研究特点是史料翻译和解读相结合，充分利用经典文献，并用语言学、考据学等手段展开文本批评，对于《史记》里多篇列传如《李斯列传》的最后部分、《吕不韦列传》全篇的真实性都表示出了怀疑。此外，卜德对于一些被载入《史记》的如焚书、始皇为私生子等成说展开了质疑，也将列传之中人物的诸多对话视为文学的渲染而非历史的真实。以上种种质疑显示出卜德极强的批判性思维。卜德又并不局限于文本批评，而是借由对秦代关键人物列传的翻译切入到秦代历史的探讨，原始察终，勾勒出从秦国到秦帝国的发展轨迹，并总结了秦统一天下的原因，一一评价了秦统一的措施。故卜德的研究不仅仅是对《史记》文本的研

① H. H. Dubs, "Review of China's First Unifier," *The American Historical Review*, 1939, 44 (3): 640.

② C. W. Bishop, "Review of China's First Unifier," *Pacific Affairs*, 1939, 12 (1): 88 - 89.

究，也是秦史研究。卜德曾在中国北平访学多年，与顾颉刚、冯友兰等中国学人交游甚广，后来又去荷兰莱顿大学师从戴闻达，受到欧洲汉学传统的训练，这种多元文化的体验和学术的滋养体现在著作中，即是对当时中国以及欧洲学人的成果的大量借鉴，从而表现出异于同辈汉学家的宽广学术视野。卜德在《中国首位统一者》一书中，参考了当时中国学者的最新成果，这些成果以发表于20世纪二三十年代学术期刊上的论文为主。同时，书中还引用了德国汉学家福兰阁、法国汉学家葛兰言、马伯乐以及英国翟理士等人的学术观点。涉及《史记》文本的一些细节问题，卜德以沙畹的法译本《史记》作为准绳。卜德的《史记》翻译和研究上承法国汉学家沙畹的《史记》译注，下启沃森的大规模《史记》英译，在美国《史记》翻译、研究史中是一位具有开创地位的学人。[①] 故而卜德在20世纪三四十年代成长起来的一代美国汉学家里也是值得重视的一位。

① 有学者认为，卜德对《史记》四篇列传的翻译"开启了美国汉学界选译二十四史之先河"。参见吴原元的论文《略述二十四史在美国的译介及其意义》（《历史教学问题》2011年第5期）。

当代史学评论

一部丰满而精致的晚清史学批评史

——评刘开军著《晚清史学批评研究》

朱洪斌
（南开大学历史学院，天津　350053）

自20世纪80年代以来，学术界有关“史学评论”“史学批评”的各种呼吁和实践，历经30多年的学术积淀，已经取得不少共识，收获了一些重要的学术成果。[①]“史学评论”或“史学批评”，应该成为一门独立的学科，即是趋于一致的一项共识。依笔者的观察及体会，倡议的学人，大都来自历史学及相关领域内的分支学科；诸家的理论阐释，虽有精粗详略之别，使用的术语，亦各有差异，但意见分歧并不大。而最值得关注的是，出现了两种互有联系、各有侧重的趋向：其一是借鉴西方史学的经验，致力于建立现代史学的批判机制，积极推动具体历史研究的深入；其二是发掘中国传统史学的理论遗产，阐明古代史学批评的范畴、命题和理论体系，为构建中国当代的史学话语体系提供本土的经验及资源。

前一趋向的史学评论或史学批评，与当下的历史研究紧密相连，具有极强的针对性、实践性。美籍华人著名学者杨联陞先生以撰写学术书评享誉学林，其评论的范围涉及语言、官制、考古、边疆史、文学史、科技史、经济思想史、书画史、佛教史等诸多领域。杨联陞先生把撰写书评当

① 20世纪80年代以来，史学界有关“史学评论”“史学批评”问题的综合性评述，参阅下述诸文：李庆祥、范敏娟《当代中国史学评论理论的研究述评》，《唐山师范学院学报》2008年第1期；徐国利《当代中国大陆史学评论理论研究述评》，瞿林东、葛志毅主编《史学批评与史学文化研究》，黑龙江人民出版社，2009；白云《趋势与走向：中国史学批评研究30年》，《廊坊师范学院学报》（社会科学版）2011年第4期；刘开军《中国史学批评史研究的兴起与发展趋势》，《中国史研究动态》2016年第5期。

作一门学问来做，他在《书评经验谈》一文中指出："许多人认为书评不重要。我则以为一门学问之进展，常有赖于公平的评价。很盼望像西洋、日本，养成良好的风气。"① 通过学术性的书评及综述，对当代历史研究的各个领域、各个专题做全面的综括和深刻的分析，显然会切实地推动历史研究的发展与繁荣，这既需要有像杨先生这样的具有精深功力和批判意识的史学大家，同时也需要在学术建制方面予以大力的完善。

后一种趋向的研究，在以瞿林东先生为首的一批学者的努力之下也蔚然成风，并在中国史学史学科中形成了极具活力的史学批评史领域。刘开军的新著《晚清史学批评研究》（以下凡引用该书，皆在引文后标识页码），是继张三夕《批判史学的批判——刘知幾及其〈史通〉研究》（台湾文津出版社，1992；华中师范大学出版社，2010）、瞿林东《中国古代史学批评纵横》［中华书局，1994；重庆出版社，2016，（增订）］、白云《中国古代史学批评史论纲》（人民出版社，2010）三书之后，在这一新兴领域内涌现的一部厚重密致的学术佳作。笔者于该书反复研读，获益匪浅，兹略抒个人的一些体会。依笔者浅见，该书最主要的学术创获有三方面：一是拓展了中国史学批评史原有的研究领域，深化了晚清史学的研究；二是把握晚清史学变迁的时代特征，以史学批评主体、批评形态这两种视角交融渗透，揭示各种史学现象与史学观念的交织、碰撞、沟通和扬弃的立体样貌，对于认识晚清史学的复杂性大有裨益。三是把古代与近代的史学批评融会贯通，以史学批评史的理论视野，透视不同群体、不同形态的史学批评观念之间的互动与交融，在一系列的专论中寓含通识，在旧课题中写出新意。

一　从史学批评到史学批评史

在20世纪80~90年代的讨论中，为了使"史评"成为现代史学中独立的分支，已有一些敏锐的学者联系中国古代的史学批评，指出中国古代史学批评与史学理论之间的密切关系，并开始构想中国古代的史学批评史。譬如海峰的文章认为，古代史家的自我评论，不同史家相互之间的评论，这些评论的不断累积、总结和概括，逐渐系统化，经过刘勰、刘知幾等人的进一步提炼升华，逐渐发展为比较成熟的封建史学理论。所以史学

① 杨联陞：《书评经验谈》，杨联陞著，蒋力编《汉学书评》，商务印书馆，2016，第458页。

批评是“史学理论形成和发展的一个必要环节”[①]。王建辉明确地指出，中国古代史学理论植根于史学批评，即往往是在对史学现象、史家史著的评论中表达一种理论见解，“不只是少数学者感觉到，一部中国古代史学理论史（尽管我们尚未写出这样的史书）在很大程度上是一部史学评论史”[②]。张三夕关注古代史学理论及史学批评的民族特点，他提出了一个挑战性的问题：“就整个史学领域来说，中国的史学遗产是富有的，但是史学批评却相对贫困；就史学批评领域来说，随感散论式的批评占优势，而系统的理论专著则处于完全劣势。为什么在我国史学批评史上不乏精辟丰富的随感散论，而系统的史论专著却寥若晨星呢?”[③] 古代史学理论的思维特点，史学批评的民族传统，在当时的语境中多被认为是一种缺陷、不足。事实上，如何辩证地认识中国古代史学的遗产，尤其是史学理论、史学批评的特点和价值，仍需要付出长期而艰巨的学术探索。

正像许多学者所言，史学批评（或称史学评论）是史学的理性反省和自我审视。对于职业史家而言，学术研究的每一个环节都离不开自觉的批判意识；对于历史学这门学科而言，史学批评则是推动史学发展的重要源泉。东汉学者桓谭在《新论》中有一段著名的话：“《左氏传》于经，犹衣之表里，相持而成。经而无传，使圣人闭门思之，十年不能知也。”[④] 借用这一形象化的譬喻，我们也可以认为：史学批评之于史学，“犹衣之表里，相持而成”。历史研究不能脱离史学理论的指导。史学实践和史学批评，在催化、促进史学理论的发展中起了重大的作用。如果说史学史、史学理论是历史学的一种系统性的自我反省，那么史学批评便是从史学实践到史学理论的中介，是史学理论产生的经验基础，史学批评史则是从“批评”史学的动态过程中探索史学史、史学理论不断变化的内在张力，揭示史学在与社会、文化的互动中所呈现的复杂历史面相。

凡是一门学科或学问的成立，至少需要满足两个条件：一是说明本学科的基本理论及方法问题，二是不断有学者投身实践并取得“过

① 海峰：《史学评论》（下），《历史教学问题》1985 年第 3 期。参阅吴泽主编《史学概论》，安徽教育出版社，1985，“第八章”。

② 王建辉：《试论史学批评》，《求索》1989 年第 6 期。

③ 张三夕：《批判史学的批判——刘知幾及其〈史通〉研究》，华中师范大学出版社，2010，第 28 页。

④ （清）严可均校辑《全后汉文》卷 14，《全上古三代秦汉三国六朝文》1，中华书局，1958，第 546 页上。

硬”的学术成果。本书作者师从史学史名家瞿林东先生，专治中国史学批评史多年，已有不少这方面的成果问世。《晚清史学批评研究》一书，是作者多年积累、精心结撰的最新成果。关于史学批评史的具体“做法”，史学批评史的基本范畴，作者显然有比较深入系统的思考，因而在阐释晚清史学批评问题时，体现出鲜明的理论指导，具有独特的学术意识。

在该书“绪论”中，作者集中论述了有关“批评”的几个基本问题。首先，作者吸收瞿林东等先生的意见，对“史论”和“史评”做了必要的概念区分。把“历史评论”称为“史论”，“史学批评”称为“史评”。二者虽有分别，却依旧有内在的联系，作者对此丝毫没有忽视。古代史家对于史书的评论，往往与历史认识有关；历史认知的差异，会导致对于历史书写的不同看法。作者提出，史学批评“是关于史家、史书、史学思想、史学现象、史学潮流、史学机制、史学宗旨与功能等问题的各种鉴赏与判断、评论与商榷”，史学批评史则是“对批评者的有关言论和批评活动的总结、提炼和再批评”（第7页）。在后文中，作者结合具体研究，进一步把批评区分为显性与隐性两种类型。显性的批评是指评论者对于客体（史籍、史家）的直接批评，隐性的批评是指隐藏在史学活动背后的价值判断（第58页）。这两种类型的批评，虽是在分析古代正史时提出的，但其实是适用于一切时代的史学批评。至于史学批评的学术功能，作者精到地概括为两点：第一，通过批评实现“纠谬”，从而形成学术律例，直接影响学术发展；第二，批评塑造史学范畴，推动史学理论的深入与史学观念的传播。史学批评往往是根据学人的价值观、学术素养、爱好甚至门户之见对史学作品、史学思想、史学现象等进行评论。因此，从学术史的意义上说，“批评是不同思想、观念、立场、知识体系之间的碰撞，是批评者与被批评者之间，学术与时代之间的对话”（第12页）。

以往中国史学批评史的研究对象主要是古代史学，学者投入的精力和热忱，也远大于近现代史学。与中国古代史学的漫长发展相比，近现代史学虽然时间不长，但其复杂性、丰富性不遑多让。作者以中国史学批评史的视角，透视在西学、西史的冲击之下，身处世变中的晚清知识精英在治史理念、方法及历史书写中的复杂反应，对传统史学话语体系的嬗变、晚清史学话语体系的价值及局限性予以细腻的评判和深入的总结，其意义不止于拓展了中国史学批评史原有的研究领域，对于晚清史学的研究也可以说是别开生面的一次有价值的尝试。全书的结构颇见匠心，除绪论、结语外，主体部分包括六章，依次从史学批评的学术分野与演进大势、正史考论、来华传教士、近代报刊、新学书目提要、新史纂修六个方面，以一系列专论的形式，多线索、多层面地勾勒出一幅晚清史学批评史的精致画卷。全书以旧史家的正史考证发端，以清季新史学运动的高潮终结，显示了作者对于晚清史学演进的路径、趋势的精确驾驭。刘复生先生在《序》中称道本书“展现出了一部丰满的晚清史学批评史”，笔者深以为然。

二 晚清史学批评主体、批评形态的多元化

晚清以来的中国现代化，包含着经济、政治、社会结构和文化观念的多重转换，尤其是在近代资本主义文明的冲击下，传统文化、传统学术的体系及其价值观念彻底地走向分崩离析。关于晚清社会的巨变，雷海宗先生曾有如下一段生动的评议：“传统的中国，在制度方面可以帝制为象征，在文化方面可以科举为象征……帝制先取消了科举，象征传统文化大崩溃的开始；然后帝制自己也被取消，象征传统制度大崩溃的开始。所余的是一个在政治文化各方面都失去重心的中国，只有一个外表上全新的面孔聊以自慰自娱。积弱不堪的民族文化从此要在新旧的指针一并缺乏之下盲目地改换方向，乱寻方向；前途茫茫，一切都在不可知的数中。”① 若用传统术语来说，“失去重心的中国”就是“礼崩乐坏”的时代，也是思想、学术、史学自由竞争与多途发展的阶段。蒙文通先生以思想活跃、哲学发达为史学繁荣的动因，认为中国史学之盛有三期，即晚周、六朝、两宋。②据此而言，清季民初其实是中国史学的又一次高潮。

鉴于晚清史学变迁的时代特点，作者深刻地指出：“只有充分考虑史学批评主体的多元化，并依此原则撰写的史学批评史才可能是一部完整的史学批评史。”③ 本书在布局谋篇、章节设计方面，充分体现了作者的这一学术自觉，即紧紧抓住史学批评主体、批评形态的多元化这一显著特征，这也是该书值得称道的学术创新之处。纳入作者视野的既有传统史家、域外传教士，也有革命派、改良派、国粹派等形形色色的新史学家群体。史

① 雷海宗：《中国通史选读》，北京大学出版社，2006，第702页。

② 蒙文通：《中国史学史·绪言》，《蒙文通全集》二，巴蜀书社，2015，第339～340页。

③ 刘开军：《中国史学批评史研究的兴起与发展趋势》，《中国史研究动态》2016年第5期。

学批评形态，既有传统的著述形式（史学论著、读史札记、日记、文集、笔记等），也有刊于报纸、杂志及出版社发行的新式学术论文、史著和新学书目。全书以批评主体、批评形态这两种视角贯彻始终，交融渗透，清晰而生动地揭示了在新旧史学转化的进程中，各种史学现象与史学观念的交织、碰撞、沟通和扬弃的立体样貌，这对于我们认识晚清史学的复杂性大有裨益。

该书第二章“正史考论与史学批评”，篇幅尽管不长，却饶有意味，在材料的钩稽及运用方面颇见功力。作者认为：“正史考论中的史学批评则大多比较具体且零星。然若将散落在考证中的点滴评论汇聚起来，抽绎其中的思想认识，则足以窥见一时的史学思潮，能够反映一时期史学理论的水平，显露出史学家关注和思考的重心”（第 88 ~ 89 页）。经过作者不完全的统计，晚清问世的正史研究专书多达 126 种。作者以正史考论的专书为主，辅以散见的资料，详悉梳理、评估旧史学一派的史学批评，指出旧史学派的正史考论，几乎完全沿袭传统史学的路数，继承乾嘉治史的风气。在治史观念上，旧史学派认同正史的价值倾向，这是和以梁启超为首的新史学派截然不同的史学群体。作者强调指出，晚清正史考论为我们提供了观察中国史学发展延续性的一个重要视角。这一分析，弥补了过去的一种偏颇，即侧重新史学派的研究而忽视旧史学派的延续，更有力地展现了晚清新旧史学交织的时代特色。

又如第四章“近代报刊与史学批评”的篇幅最长，作者用力也至勤。近代报刊是晚清社会转型中出现的新生事物，它极大地推动了新知识的传播和整个社会的思想启蒙。作者认为，传统史学批评的载体，落后而延误，新式报刊的出现，为史学批评提供了新载体、新形式，改变了传统史学批评载体的落后局面，是晚清史学批评对于古代史学批评的一大突破。作者把报刊上的史学批评文献，细分为商榷型专文、新书介绍和史学广告三种类型，并进一步概括每种类型的特点。商榷型专文多出自史学精英，它塑造了晚清史学批评史的主体，引领史学革命的风潮。新书介绍标志史学批评的专栏化。关于史书广告，过去学界重视较少，作者经过辛苦的搜集、分析，认为它是史学批评的一座丰富的宝库。围绕晚清知识精英在报刊上引发的“无史与有史之争”“君史与民史之辨”的思想论战，作者详尽地梳理了两次论战的演变过程及代表人物的观点及其思想倾向，犀利地指出“无史”“有史”聚讼的实质乃是中国传统史学存在的合理性问题，“君史”“民史”之辨则直接涉及旧史学的合法性问题。“民史”“君史”

之辨的背后，实为政治与权力之争。最后，作者又以国粹派的骨干陆绍明的史学批评为例，剖析陆氏运用传统学术思想，整理绘制旧史学图谱的尝试和努力。其意义当不仅在于表彰陆绍明个人，而是试图通过一位顽强捍卫传统史学价值的史家，进一步地发掘传统史学潜在的活力与价值。陆绍明其人其学，学术界绝少有人关注，作者的研究，真可谓“发幽阐微”。

三　寓通识于专论之中

作者娴熟于古代史学批评史的脉络，有意把古代与近代的史学批评融会贯通，并以史学批评史的大视野，透视不同群体、不同形态的史学批评观念之间的互动与交融。像本书各章讨论的传教士、近代报刊、新史学家等，学术界有不少精湛的研究①，因为作者的视野独特，研究方法巧妙，使得本书在一些旧课题中写出新意，益人心智，颇堪玩味。

譬如“来华传教士与史学批评”一章，利用来华传教士创办的期刊、撰写的专著等一手资料，着重考察并评论了卫三畏、丁韪良、傅兰雅、艾约瑟、慕维廉、李提摩太、花之安等人的史学批评，以域外学人的视角思考中西史学的异同。晚清来华传教士创办、出版了大量的新式刊物，向国人介绍西方世界的历史与现状，为中国社会及史学的转型提供了鲜活动力。传教士在“西史东渐”方面的贡献，早为学界所重视，而他们介绍、批判中国史学（即“东史西传”）的意义，却没有被充分的研究。作者既关注“西史东渐”，也重视“东史西传”，这就更全面揭示了传教士在中外史学交流中的作用。囿于西方中心论的偏见，传教士对于中国的传统历史哲学、历史编纂学的评价偏低，各种批判，真伪掺杂，这固然是事实。但正像作者所指出的，“由于视角、立场、知识结构和文化背景的差异，从域外看中国，恰恰为晚清史学的自省提供了另一种可能，为20世纪初年的‘史学革命’做了思想上的启蒙。他们提出的中国传统史学缺乏历史哲学、历史叙事中帝王与民众的关系、中西史学比较等问题，成为此后相当长时期内中国史学界重要的理论课题。晚清来华传教士的史学批判之价值与意

① 本书重点参考的著作有邹振环《西方传教士与晚清西史东渐》（上海古籍出版社，2007），刘兰肖《晚清报刊与近代史学》（中国人民大学出版社，2007），刘超：《历史书写与认同建构——清末民国时期中国历史教科书研究》（社会科学出版社，2016），李孝迁《西方史学在中国的传播（1882～1949）》（华东师范大学出版社，2007），等等。其他有深度的研究成果，还有不少。

义即在于此”（第 133 页）。这一深入的剖析，无疑是极具贯通性的史学洞察。卫三畏、丁韪良等对于中国历史编纂以帝王为中心的批判，对旧史学缺陷的猛烈抨击，与此后的中国新史家前后辉映，确实令人惊异，作者倾向于把二者直接联系起来，认为传教士是“导夫先路”，中国新史家是“接踵而至”。据此，作者认为：“在晚清西史东渐的大潮中，中国士大夫是被动的接受者，而传教士却是发起者、传播者。中国史家对于西方史学理论的认知，一定程度上取决于传教士给史学界输入了什么”（第 128 页）。不过，似乎还应增加一项条件，即“中国史家又接受了什么？”传播者和接受者，各有他们的境遇和诉求，因此文化的传播与接受，通常并不同步。新史家的史学批评，是否直接导源于传教士的史学批评？还需要提供更为丰富的资料，更加细腻的疏通。

第四章是关于“无史”与“有史”、“君史”与“民史”的两场大论战，作者不拘泥于言辞的表象，对史学观念的潜在指向做了透彻的辨析。有关“君史”“民史”最早由谁提出，学术界存在争议。作者认为澄清概念的发明权，关乎历史的事实层面，考辨确有必要；但这一观念“与其说是由某一个人提出，不如说是新史学群体在 19 世纪最后几年间的思想结晶”（第 175 页注释①）。在相同或相似的语境中，类似的批判观念完全有可能源自群体意识，不见得是某一个人的“孤明独发”。该章有关“有史”论者的梳理、阐释，同样具有启发意义。“有史”论者以《新世界学报》为阵地，以陈黻宸为领袖，包括其弟子杜士珍、侄子陈怀、马叙伦等。陈黻宸是否属于“无史论”者，学界有不同的看法。作者细细体会《独史》文本，认为“从《独史》全文主旨和陈氏的新史学主旨和实践来看，与其将陈黻宸所说的‘无史’理解为中国古代没有历史学，似不如解读为中国古代史学日渐衰落更妥当。‘无史’之‘无’的真正内涵乃‘衰落’，而不是‘没有’”（第 159 页）。作者之所以有如此认识，得益于自身的古代史学理论的修养。“有史论”者批判梁启超等“无史论”一派的激进思想，但也主张批评旧史学、创造新史学，他们的理路是偏向传统文化、传统学术。从他们的观点来看，所谓“无史”“有史”，实际上是在学术转型进程中如何看待传统史学及其文化价值的问题。“有史论”者的文化观，与当时名头响亮的“国粹派”若合符契，这对于重新审视晚清文化保守主义思潮不无启示。

四　商榷与思考

本书涉猎的领域相当广泛，取材颇为宏富。据该书所附的《主要参考文献》，直接援引的基本文献有 74 种，报刊文献有 35 种，今人著述有 59 种。各章脉络清晰，史料剪裁得当，所选人物也颇具见识。稍觉遗憾的是，对于晚清思想界影响巨大的严复，重视不够。“严译名著”中有不少精辟的中外文化及史学的比较，对于新史学一派的启迪作用，效力或远胜于外来传教士。旧史学一派以谭献为章学诚式的理论型史学批评家，或者还可纳入张尔田《史微》，因《史微》初刻于 1908 年，也属于本书讨论的范围。此外，还有二事值得提出。

“绪论”重点是探究“批评”一词的语源，先从古汉语中列举与“批评”意义相近的字词和词组，包括“品”“评”“论”“鉴赏”“评点”“权衡”“纠谬”“商榷”“评点”“评论”。其后引录《宋书》卷六十九《范晔传》所载范晔《狱中与诸甥书》：“详观古今著述及评论，殆少可意者。”依据这段文字，作者作如下论断：“这是从史学层面专门提出来‘评论’一词，并且把‘评论’与历史著述相提并论。”大概作者觉得这预示着史学批评朝着独立化的方向发展。古代史籍中原有史家评论的传统，《左传》称“君子曰”，《史记》称“太史公曰”，《汉书》《汉纪》称“赞”，陈寿《三国志》称“评”，范晔《后汉书》称“论”“赞”，后世把史传篇末所附的评论通称为“论赞”。但最能体现评论独立的标志，是南朝梁萧统编的《文选》和刘勰的《文心雕龙》。《文选》收入“史论”“史述赞”“论”三种文体，都被视作具有文学价值的独立文体。《文心雕龙》区别古今文体为二十类，“论说”是其中之一。《文心雕龙·论说》有一段话说：“详观论体，条流多品：陈政，则与议说合契；释经，则与传注参体；辨史，则与赞评齐行；铨文，则与叙引共纪……论也者，弥纶群言，而研精一理者也。”① 从刘勰的剖析可以看出，论作为一种文体，可以运用于时政、经学、史学、文学等不同领域，各有不同的称谓。运用于史籍中的“论”“赞”“评”等，性质是一致的，至少作为一种文体，是有独立的地位。作者太专注于“批评”一词的寻觅，仅提及锺嵘的《诗品》，却没有提到更重要的《文选》《文心雕龙》。后文所举多属于文学批

① 周振甫：《文心雕龙今译（附词语简释）》，中华书局，2013，第 167 页。

评的资料，其实专门针对史家、史籍的资料还是很丰富的，可惜未多加援引。

本书“结语”是关于晚清史学话语体系嬗变的思考，这当然是相当复杂、也是非常重要的史学理论问题。其重要性，恰如作者所概括的，“史学话语体系涉及理论、方法、模式、价值取向等一系列问题，是一个关乎史学发展的根本性课题”（第292页）。同时，作者认为，“晚清新史学话语体系中的科学治史理念、民众历史书写、社会史、文明史研究等是20世纪以来几代史家共同的学术追求，至今仍被奉为圭臬”（第297页）。所见甚为中肯。按作者的看法，晚清史学话语体系变迁的总体趋势是：19世纪末20世纪初，中国新史学家开始史学话语的明显转向，表现为摒弃传统，主动袭用外来语词汇和术语。20年代中期以后，这一套话语开始呈现衰退之势。最重要的证据之一，即是梁启超在《中国历史研究法》中的自我反省，这一研判牵掣梁启超史学思想的前后变化，值得认真剖析。

关于梁启超史学理论体系及其发展历程，胡逢祥先生最早予以关注，撰文解析了梁氏史学理论的整体结构及其特点，并且指出：“这一理论体系，初步形成于1902年左右，即《中国史叙论》和《新史学》发表之时，以后逐步加以完善，而以1921年和1926年《中国历史研究法》及其补编的发表为集其大成。”① 其史学理论显著变化的分界点，则源自一战后梁氏为期一年的欧洲考察。学界一般以此为转折点，将梁启超史学划分为前后两期。前期的史学论著，和他当时所撰述的其他政论文章同一旨趣，皆以近代西方的民主、自由和进化论为武器，批评专制主义的政治、思想和落后的国民性，探讨西方国家富强和中国落后的根源。后期的史学论著，立足于史学自身的变革和发展，从批判旧史学转入建设新史学，早期批判旧史的基调继续保留，措辞由激烈改为和缓，态度由彻底批判转为深入理解，同时用心发掘传统史学遗产的精髓，试图糅合中西史学创造一系统之新史学理论体系。关于梁氏前后期史学的“变”与“不变”，已有不少有益的分析。② 不少学者注意到，梁氏史学前后期的变化，不是截然对立的

① 参阅胡逢祥、张文建《中国近代史学思潮与流派》，华东师范大学出版社，1991，第215页；胡逢祥《梁启超史学理论体系新探》，《学术月刊》1986年第12期。

② 相关研究，参阅黄敏兰《梁启超新史学从政治向学术的过渡》，《史学理论研究》2001年第1期；张越《梁启超后期史学思想的变化》，《河北学刊》2001年第6期；张越《梁启超史学思想的变化》，《学术研究》2002年第12期；汪荣祖《论梁启超史学的前后期》，《文史哲》2004年第1期。

关系，后期实乃前期史学的进一步发展。梁启超前期的“史论”，更多的是“政论”；五四以后的“史论”，则渐趋于史学自身，这也契合了五四以后现代史学的专业化、科学化的潮流。

如果从思想史、学术史或概念史的角度来看，所谓的“中西文化之争”始终是晚清民初思想界最迫切的焦点问题，晚清知识精英与“五四”知识精英在观念、价值、思维方式，乃至于精神气质上具有千丝万缕的联系，其主流意识大都偏于以现代化（欧化、世界化）为方向的国家社会、学术文化的再造与重生，分歧在于西方与本土、现代与传统之间的比重拿捏。梁启超毕生追求中西文化之沟通融合，具体认识却屡有变化。早期主张中西学并重，内心却忧虑于传统之沦丧；中期主张中西文明之联姻，其文字却以西方观念严厉批判传统政治及思想；晚年主张立足于民族文化之核心价值，汲取西方文明的成果，在此基础之上探索文明自新之路。其思想定位，恰如史华慈所谓的“新传统主义”①。人生每一阶段的主张虽异，关注的问题却始终如一。他对传统史学的态度，背后反映的是中西文化观的调整与变化。晚清史学话语体系是否从“流行”到“淡出”，“淡出”的含义又是什么，笔者以为仍需结合思想史、学术史、概念史等学科的研究视野，做进一步的考察与思索。

① “新传统主义”一语，是美国汉学家史华慈（Benjamin Schwartz）所提出的概念。史华慈指出：“在很多方面，康有为、严复、梁启超、谭嗣同、章炳麟、王国维等人事实上是突破性的一代；他们是真正的价值转型者和来自西方的新思想的肩负者。”参阅史华慈《〈五四运动的反省〉导言》，许纪霖、宋宏编《史华慈论中国》，新星出版社，2006，第85～86页。

当代西方史学理论的路线图

——《史学理论手册》评介

余　伟

（福建师范大学社会历史学院，福建福州　350007）

一　背景与概况

撰述并出版相关学科的专业手册或研究指南，是西方学界颇为值得称道的优良传统。19 世纪末 20 世纪初，以方法论为中心的史学研究手册层出不穷，它们对西方史学的职业化、规范化和科学化功不可没。个中翘楚当推伯伦汉的《史学方法论》和朗格诺瓦、瑟诺博司的《史学原论》。当然，这类著作着眼于历史学实践，对历史本身的反思着墨不多。20 世纪以来，西方史学的一个突出进展就是理论自觉，即在理论层面上日渐自觉地深化反思对历史及历史学的认识，并快速从思辨的历史哲学过渡到批判的和分析的历史哲学，特别是在 20 世纪 70 年代之后发展出了后现代主义史学理论，虽极具颠覆性，引发全球性争议，但俨然已是当今西方史学理论主流。进入新世纪，在经历一个世纪的发展之后，或许是又一个世纪之交的缘故，英美学界专门针对史学理论，先后推出多部偏重史学理论的学科手册，系统总结当代西方史学发展的理论成就，力图在认知层面上展现当代西方史学的多重面貌。比如新世纪伊始，艾伦・蒙斯洛独撰《劳特利奇历史研究指南》、2009 年艾维尔泽・塔克尔主编布莱克韦尔哲学指南系列的《历史哲学与历史编纂学指南》。

《史学理论手册》[①] 作为新近出版的学科指南，2013 年由久负盛名的全球第五大学术出版社美国世哲（SAGE）出版公司甫一推出，就博得英美史学理论界的极高赞誉。后现代主义史学理论大师海登·怀特盛赞此书堪为科学手册“应该像什么样子的典范。……脚注中肯、全面、信息量大，参考文献涵盖广泛”（封底）。国内较为熟悉的当代西方史学理论名家，大卫·卡尔说它“处处呈现新洞见”，克里斯·洛伦茨则认为它“是对历史书写当前状况的一次重要概览和批判分析”（第 II 页）。

《史学理论手册》一书，由南希·帕特纳与萨拉·富特主编，分为 3 编 29 章。在每编开始前有南希·帕特纳所撰导论，而且几乎每章结尾都附有丰富的参考文献。第一编“根基：关于‘过去’知识的理论框架”共 13 章，讨论当代西方史学理论的体系与范式变革。其中又划分为“现代性与历史学：职业化的学科”和“后现代主义：语言学转向与历史知识”两部分，前者 6 章涉及当代西方史学的科学转向、经验主义的多重内涵与柯林武德、年鉴学派、思想史、社会史等重要流派思想，后者 7 章侧重 20 世纪 70 年代以来海登·怀特、德里达、福柯等大师的工作和修辞、文本、叙事、虚构等概念的演化及内在张力。第二编“应用：历史学的理论密集区”共 10 章，阐述了社会史与文化史的合流，继而探究了女性主义、性别、性态、精神分析、认同、文化研究、记忆、后殖民等暂时还未具有全局影响力的新理论。第三编“尾声，后－后现代主义：方向与质疑”共 6 章，展望了后现代主义之后当前西方史学理论的重要动向，通过对后－实证主义实在论、历史表现、照片、数字信息、能动性等概念的讨论，力图更新已成主流的后现代主义史学理论，并在最后一章，在对亚里士多德《诗学》一书所蕴含的叙事理论分析基础上，阐述了当代西方史学理论（今日即为后现代史学）的古典源头。特别地，全书对海登·怀特与性别这两个主题分别给予两章篇幅，凸显了它们在当代西方史学理论中的重要性。

该书编者队伍十分强大，多为既从事具体历史研究又关注理论探讨的各国知名学者，他们普遍活跃于史学理论前沿，整体展现了当今西方史学理论界的研究状况。主编南希·帕特纳为加拿大麦吉尔大学历史学教授，专攻中世纪史和以叙事理论及认识论为中心的史学理论；主编萨拉·富特

① Nancy Partner & Sarah Foot eds., *The SAGE Handbook of Historical Theory*, SAGE Publications Ltd, 2013. 文中引述该书内容只标注英文版页码，不再另注。

为英国牛津大学基督教堂学院钦定教授，精研盎格鲁－撒克逊史和历史编纂学。31位撰稿人中包括了杨·范·德·杜森、唐纳德·凯利、汉斯·凯尔纳、弗兰克·安克斯密特等国内较为熟悉的理论名家，也有迈克尔·本特利、迈克尔·罗珀等多年来兼顾史学理论及实践的历史学家，当然更多的是专攻不同史学理论方向的学者。从地域来看，编者队伍中既有来自英、美、加、德等史学理论传统强国，也有来自荷兰这一近年我们所知史学理论研究十分活跃的国家，更有来自澳大利亚、印度等西方学术版图上不常显现的国家。特别值得一提的是，包括主编在内有11位女性历史学家参与其间。

在我们看来，本书与以往同类著作相比，后出转精，优点显著。在其内容编排和主导观念上，更集中地展现了当代西方史学理论的认知深度和基本理论框架；在其研究对象广度与深度上，更全面地反映了当代西方史学理论界的总体面貌和关键节点；而最值得瞩目地是全书虽为主题手册，但各部分并不零散，整体隐然自成体系，构成了一部首尾连贯、前后呼应、内在逻辑一致的当代西方史学理论的史学史。换言之，这是一部当代西方史学理论家们从本学科内部进行自我反思的路线图。

二 主导观念与古典源头

在每编开始前的导论，帕特纳不仅综述了相关章节的内容主旨，更是简洁明了地阐明了编者对史学理论的看法。本书因其专业手册的地位，其开篇导论不啻为一篇当代西方史学理论的自白书，展现了新世纪西方史学理论的基本观点。

何谓史学理论？帕特纳开篇就界定了史学理论的内涵，将西方史学理论家最新认识清晰呈现。“史学理论是一套严密规整但有有所弹性的框架组织，它支撑着历史知识分析，并有助于我们对于我们所能获得的关于过去的某种知识的理解，确切地说，促进我们理解那种知识如何被建构、编排和表达”（第1页）。从本书原文用语来看，史学理论（historical theory）通常我们翻译为历史理论，另有 theory of history 对应史学理论。history 一词兼有历史、历史学与故事等义，进入中文语境形成多义理解，近几十年来我国学界刻意区分历史与历史学，提出历史理论与史学理论的区别。但在本书中，帕特纳则认为这种史学理论不同于方法论，也与以往解释世界变化的历史哲学不同，它主要是20世纪下半叶才出现的。她明确表示史学理论不是"一种关于历史的理论"（第3页）。在她看来，历史哲学，涵盖人类集体生活中的各种变化，但从没认真反思过作为知识形式的"历史"本身。史学理论，在焦点与目标上与之不同，更关注"历史"一词意味着什么。

为什么会出现史学理论？在当代西方史学理论家看来，历史学家一方面以各种手段探查关于"过去"的消息，另一方面也以各种语言来传达他们所确认的事实意义，但事实标准与语言标准并不一致。换言之，历史学在科学性上是通过各种证实手段来确定事实真值，但把相关事实组合在一起，却要通过文学性的语言形式。从而在这一张力之间，史学理论诞生了。

史学理论意在何为？它旨在对那些语言形式进行审查。因为历史虽然形式上是叙事的，但所需要的各种叙事结构并不素朴的事实可以证实。而且，"关于单一事件的各种陈述的语言结构，在规模、复杂性和论证方面，是完全不同于长篇叙事"（第2页），此外，对单一陈述进行的证实，也并不适用于组合事实的语言结构。

史学理论对象为何？帕特纳从知识角度出发，认为历史作品（而非历史）才是对真实过去的抽象表达。她明确表示，"唯有那些恪守当代历史性规程的著述，能作为历史［*as history*］而被以某种系统方法来分析"（第3页），因而史学理论针对的就是书写历史，它是要对这种历史知识进行深度分析，是对历史学科的自我反思。

因此，史学理论将提供给历史学一套框架，支持我们进行历史知识研究。有这种自我反思性的审查，历史学家才更有可能"把观察数据、记忆、关于过去的证据性遗迹、文献和物质制品都变成历史［*histories*］——昭告真理的文本"（第3页）。在此意义上，"史学理论的发展，标志着作为一种智识与文化实践的历史学明确进入到现代成熟期的一个阶段"（第1页）。在这种史学理论视域中，显然历史将是我们今日耳熟能详的一种语言的文化制品了。这种观念作为这本基础性手册的主导思想，彰显了当代西方史学理论中后现代主义的君临地位。

在这一立场上，帕特纳有机地对本书主题进行选择编排，那些视历史为语言文化制品的史学理论家们，在全书中占据了大部分空间。但在全书末尾，帕特纳意味深长地亲自书写了关于亚里士多德的叙事理论的一章，揭示当代史学与古典文学的内在深层联系，深入阐述了对于书写历史之诗学性质的看法。

亚里士多德的《诗学》以卷首语“关于诗的艺术［*peri poietikes*］”而得名。那句卷首语源自希腊原形动词 poiein（制作、做、做成、完成），在此意味着如何用语言进行制作。《诗学》并没有怎么讨论历史，而是以悲剧为主，核心思想为“情节”优先。情节就是把各种事件组合在一起，纳入一个连贯一致的序列中。帕特纳认为此书论点堪为后现代历史书写的先导。

帕特纳在终章开篇引述《诗学》中一段话为题词：“所以很明显，据此而言，特别地，如果诗人因其模仿而［被认为］是一位制作者而且如果他所表现的是行动的话，则诗人必然是其情节的一位制作者，而非［只是一位］韵文的制作者。的确，即使证明了他以实际事件制作了［他的作品］，他依然是一位诗人——一个制作者：因为没有任何东西可阻止某些实际事件成为那种有可能发生的东西，而在那种情况下，他是那些事件的制作者”（第 495 页）。这一论断在《诗学》中尽管只是亚里士多德的偶尔推论，但她转换视角，从对历史进行语言学分析的立场出发，发现完全可以说构成情节的事件在历史上可以完全真实，但制作情节的作者依然可以说是位“诗人”，历史与虚构难舍难分。从而，当代史学理论实际上奠基于这种千年来隐而不彰的古典传统中。帕特纳还现身说法，言道在她的研讨班上，当讨论《诗学》这一部分时，“学生们毫无困难地认出了亚里士多德所暗指的那种人工制品——它源自于以实际事件来制作其情节的‘诗人’——肯定就是我们以历史一词所意指着的东西”（第 496 页）。

当然，对于亚里士多德本人来说，历史仅仅意味着编年和经验，处理着特殊性，历史学家要忠实记录事件（即模仿事件），而非像诗人一样去制作情节。可历史学家一旦拒绝成为纯粹的编年家，就必然要编织情节，诗学的逻辑也就为他们所享有，他们也必然成为“诗人（虚构作品制作者）”，对一系列事件（行动）进行连贯而又可理解的书面叙述（模仿），就是在以实际历史事件来制作情节。而且情节总是成序列的，有开始就有结尾，“结尾，在古典希腊意义上就是目的，决定着开始”（第 504 页），由之帕特纳揭示了历史学家进行叙事的那种意识形态蕴含与现实关怀。

可以说，在帕特纳看来，“亚里士多德的《诗学》，这在西方传统中对各种复杂的语言人工制品（我们所谓的‘文学’）进行的第一次系统性分析，是作为他们的、我们的元史学理论基础文本，提供给历史学家们的”（第 399 页），当代西方史学理论的进展在本质上从未脱离西方传统，而它的更新也有赖于一次又一次地重返古典，烛幽抉微。

三 关键人物

该书正文提及相关历史学家与思想家有 650 多人之多。从我们尚了解不多的 19 世纪末的维拉里到近年来崭露头角的艾克·鲁尼亚，从柯林武德、海登·怀特等成名许久的英美史学理论大师到安克斯密特、吕森等当今欧陆领军人物，从关注底层的霍布斯鲍姆等文化马克思主义者、查克拉巴蒂等印度贱民研究学派到探索历史隐微面的葛尔·罗宾、朱迪斯·巴特勒等欧美女性主义思想家，从詹金逊等传统文书档案研究者到本雅明、桑塔格、克拉考尔等照片理论奠基者，从金兹伯格等微观史家到倡导人类世的保罗·克鲁岑等大历史学者，他们随不同主题出现，有机地展现了当代西方史学理论的总体发展面貌，堪为一幅人物众多但错落有致的动态集体照，无愧本书"手册"之名。

当然，毫无疑问，当代西方史学理论在很大程度上受益于那些敢于挑战传统思维方式的大师们。本书专章论述了柯林武德、海登·怀特、德里达与福柯等 4 人。他们共同构成当代西方史学理论的基本生长点，提供着主题和方法，规定着概念框架和基本议程。特别后 3 人，明确提出语言并非可把实在透明地传达给意识的媒介，引领着当代西方史学理论的语言学转向。在以往其他指南中，这 4 人多半按字母顺序排列，或者按照单一主题分列，较难看到他们在整个西方史学理论变迁中发挥的整体效应，通行的历史哲学史还不一定给这 4 人都有专章论述。本书在后现代主义视野下，把他们置于当代西方史学理论范式转换的场域中来考察，依内在逻辑而自然地形成共力。

在这 4 人中，柯林武德活动于"二战"前，但却以身后出版的《历史的观念》（1946）一书引发了英语世界对历史哲学的特殊兴趣。本章作者杜森认为他"论历史的观念性和历史想象的观点不仅预示了后现代主义'语言学转向'——由海登·怀特《元史学》发起——所采纳的立场，而且与后者相比照，他也是致力于'现代主义'主题（比如历史证据、历史解释及理解、历史推理，以及因果性）的先锋"（第 42 页）。杜森以"为历史想象辩护：捍卫人的因素与叙事"为题，鲜明体现出当代西方史学理论范式的关键词。杜森探讨了柯林武德的历史概念。历史以往被认为是对过去的研究，而柯林武德提出历史既是一种特殊知识又是某种特殊对象，

“历史事件是已发生的事情，因而并非事实的而是观念的”（第 46 页）。这一历史观念性思想扭转了以往历史实在论倾向，并开启了他那著名的重演论和“一切历史都是思想史”命题。杜森还明确指出柯林武德认为人是理性的，“行动应该被视作思想的表达”，是“理性的能动者们在追求他们的理性所确定的目标时所作的种种行动”（第 48 页）。这种行动理性观后被德雷继承并发展出主观理性与客观理性论。柯林武德还说想象“是人类心灵的一种先验的能力”，“一切历史都是由奠基于各种原始资料的各式各样的想象性建构组成”（第 60 页），这开辟了 20 世纪下半叶以来历史知识确证路径中的建构论。而因为想象在历史学与艺术中都起着作用，柯林武德看到了二者的类似从而又较早地涉足历史叙事。

关于海登·怀特的两章，分别对应于他的“制作历史”或历史书写理论，以及促发历史书写的内在规范或预设研究。怀特被认为是“把诸多理论问题推到历史学及历史编纂学相关论辩之最前沿的超群绝伦的思想家”（第 106 页）。他的《元史学：19 世纪欧洲的历史想象》把实证与理论相结合，开辟了“人文学科前所未有的自我反思与重新评介的时代”（第 106 页）。通过借鉴维柯的真理 - 创造理论，怀特把历史认识论基础从客观知识转换为自我认知问题，从而提出历史与历史书写同一，“书写历史是一件个体与集体的自我肯定及自我创造的活动”（第 107 页）。在此基础上，他以转义理论揭示历史学家以隐喻来把握历史实在，并聚焦于历史表现与叙事问题，阐释叙事形式与叙事内容如何相互作用产生历史话语。尽管怀特被批评认为历史是虚构的，但他从未否认过去的实在性，“他只不过在说故事形式本身必然或内在就是虚构的”（第 114 页），而且这种虚构性决定了特定历史意义的生成。当然，在史学实践中，历史学家都处于某种价值立场，从而历史叙事就是道德论证，这促使怀特更关注历史的伦理及政治预设，关心历史学家担负的应有政治职责。

“德里达与解构：挑战语言透明性”这一章的标题鲜明映照出德里达的贡献。德里达“是一个在 20 世纪哲学及艺术的高等现代主义中的关键人物”（第 137 页），但实际上他从未写过什么史学理论方面的文章。他至少在三个方向上冲击着当时的史学理论。首先，他的著作最彻底地沉思了语言对认知和表现的效果；其次，他的思路被视作一种方法论；最后，他的思想促进了对历史研究本身、历史能动性、因果性等一系列问题的深思。以往年鉴学派等史家寻求发掘历史的深层结构，连怀特的《元史学》都以一种结构主义的方式进行写作，但德里达却反向判断任何结构都有着某个主控点，由之展开解构，让一切成为话语。他以细读文本的方式来进行思考，吸引了读者把解构“等同为一组可重复的步骤（一种操作性句法）和一组关键词（一部词典）”（第 141 页），从而创造了解构主义方法论。有鉴于“历史工作的操作程序，在每个层面都涉及书写。这种解构主义技巧首先提供了一种可用来处理书面证据的新方案”（第 142 页），使得人们可以去分析所有符号系统，这启发了新文化史。但另一方面，解构主义暗示世界没有任何意义，从而历史知识遭到严重质疑。德里达的解构批判最终宣告了宏大叙事的彻底崩解，同时也使人们有理由宣称过去是无止境地开放着，任何关于过去的记述都是暂时的，所有历史作品都必然要被修正。

福柯其人一直备受争议，但他用历史材料分析哲学问题，不断侵入不同专业领域，挑战历史学家的规则与预设，给出不同的历史观念，激发史家的灵感，对当代历史编纂学的贡献至关重要。“福柯关于历史编纂学的最广泛和最集中的讨论出现在他于 1967 和 1971 年间以及此后接着直至 1970 年代末刊行的著作中”（第 166 页），而其在 1970 年当选法兰西学院思想体系史讲座教授的“话语的秩序”演讲，标志着他的研究从“话语”转向“权力”。作者区分了福柯的 5 个刺激了历史学反思的重点：① 历史的伦理及政治功用。“福柯把历史视作连续的‘差异’”（第 169 页），历史学不是去解释或发现过去真相，而是帮助人们去做出选择，创造新的文化。他以历史促进社会正义。② 题材与原始资料。他关注经验及社会的边缘，倡导发掘“被压制的知识”，否定官方叙事的唯一可能性。③ 时间的组织化。他认为“历史是一批批的断裂”（第 173 页），从而提出断裂性历史分期与知识型概念。④ 主体与历史。他认为所有主体都参与历史，因而“那种塑造历史中重要人士的权力层级，必须被挑战”（第 176 页）。⑤ 历史中的真理与权力。他认为真理是权力的产物，二者关系也是整个历史的主题。

四 书写后现代的史学理论史

对于该书中涉及的每个主题章节，作者们都详尽地探讨了相关主题的来龙去脉，堪称单一主题的简短发展史。而从全书角度来看，主编基本上按照时间顺序排列相关内容，可以说又展现了当代史学理论的发展历程，或者更直白地说，后现代主义如何在史学理论中崛起并君临的。全书内容虽涵盖通常所谓的批判的、分析的和叙事的历史哲学，但在主编断然放弃“历史哲学”而采纳“史学理论”一词后，其多多少少与我们以往认识有些不同，与国内常见的西方历史哲学或史学理论史相比，更多展现出从历史学科内部生发出的力求跨学科理解“历史”的思维风格，也更为关注历史学科理论与实践的互动。

在帕特纳看来，史学理论以20世纪70年代为界，此前是经验主义主导，关注结构；此后由后现代主义把持，聚焦叙事。但经验主义主导的现代史学始终被质疑。

长期以来，作为一门学科的历史学，以客观性为目标，通过经验主义证实方法，发展出各种标准规程，在职业化与科学化的道路上飞驰前进。“但是历史学家所接纳的经验主义，在常识意义上等同于无偏颇的客观性，但并非是一种不变的或普适的前提”（第4页），这在19世纪末20世纪初引发德国“方法论之争”。而在“一战”和“二战”之间的岁月里，贝克尔、比尔德等以相对主义挑战客观性。费弗尔、布洛赫等年鉴学派第一代批驳科学历史学。“二战”后，“历史学术以其对有关充分举证的新路径及新概念的内在诉求，不断扩展着学科主题域”（第5页），柯林武德遗著让人把证据、想象与移情联系起来，并在此后潜移默化地影响着史学理论。而在实践中，年鉴学派第二代发展出“长时段”理论打破原有事件史模式，思想史拓展了语言分析与概念变迁研究，社会史颠覆了历史研究对象和方法。这一切使得历史学悄悄放弃经验主义的科学旨趣。不过这并不意味着“这门学科取得现代主义进步的那种严格方法论和苛刻训练已经被放弃或抛开了”（第398页），而是给予一个新的定位。

20世纪70年代之后，语言学转向来临，后现代主义史学理论成形并发展。前述海登·怀特、德里达和福柯等3位大师功不可没。罗兰·巴特、赫克斯特、巴赫金等也引人注目。在与反后现代主义者的论战中，围绕着历史书写之叙事形式，史学理论家们展开讨论，并逐步认识到“那种对语言在关于实在的学术性话语之概念形成中的角色的关注，实际上应该被视作诗学，即修辞的一个子范畴”（第148页），从而迎来了修辞的复归，历史话语分析成为潮流。叙事成为此一时期讨论的中心，人们重点讨论了叙事的结构与能动者、叙事与知识、叙事抑或不叙事、历史学与文学的关系等问题。值得注意的是，史学理论中的“语言学转向是从文学理论中而非从语言哲学中汲取了灵感”（第438页），而且叙事研究是独立兴起的，并非受文学理论影响。

受后现代主义的影响，历史学家开始重新思考他们的实践，探究新的历史书写模式。就历史书写形式而言，形成了以罗伯特·罗森斯通为代表的绵延20多年的后现代实验史学浪潮。但更重要的是，历史学家们自觉地对不同历史领域进行理论分析，在理论与实践的互动中，从细节上深化了当代史学理论，“拓展了历史学家的能力，令他们能够‘看见’历史上未呈现出的昔日主题，并且让在其他方面不可能‘有一部历史’的主题通过批判得以澄清”（第221页）。

比如，社会史尽管已被认为是历史实践的全部，但在20世纪80年代受后现代主义影响，转而提出“语言需要被严肃对待，而非视作经济基础的一种单纯反映”（第227页），由之引发对以往被认为非历史的行动者和社会生活领域的关注，并且改变了历史书写观。人们不再认为文化由社会经验决定，相反文化建构了社会经验，研究重心也从物质转向语言，开始重新关注个体，而精神分析也被作为探究内在自我的手段得到肯定。福柯的权力概念也给了他们很大启发，阶级、国家等概念被削弱，性别、性态、民族等被关注。这一切，以文化转向著称，突出代表就是新文化史。

进而，历史－社会中的妇女被深度发掘。“妇女史作为一个新题材，使一个迄今被完全抹去了的人类群体得以显见，并且由于妇女史家拆解了精确性、公正性和客观性等传统主张以及关于人类社会‘自然’秩序的预设，也带来了理论性挑战”（第223页）。它广泛吸纳多学科成果，在20世纪70年代就十分兴盛。而在那时起，女性主义妇女史家“就已转向对性别语言的‘解构’”（第256页），并在20世纪80年代借助德里达等人的法国理论而正式升格为性别史，而且性别、种族、民族、阶级等要素被纠缠在一起来思考。到了20世纪90年代，更是“转向关注作为性存在物和性别存在物的男人”，形成男性研究。妇女及性别研究还进入到世界史和后殖民史。再而，更深入到人的隐秘处，注重性态研究。原本“性对于自有历史学家以来的绝大多数历史学家而言，似乎根本不具有一部历史”（第223页），但现在一切都改变了。性态史使得所有相关术语被根本上重新阐释，也更多体现出“那种历史学家渴望代表被排斥的少数派的愿望；历史学家对逝者和对他们生命真相所负有的责任；解除可研究主题的道德规范”（第223页）。这是一处异常复杂的理论化领域，也是可对其理论框架进行充分自由论辩的领域。

当然，后现代主义史学理论引发的历史学实践反思还有很多，比如精神分析、文化研究、记忆研究和后殖民等跨学科研究，这些都是以往历史学所忽视的。但最大的变化，还是关于社会与性（女性、性别和性态）的思考。

进入新世纪以来，后现代主义史学理论成了新正统，后－后现代主义却也快步来临。正如帕特纳所言，“这种‘后’，在我们学术文化的加速生活中，似乎是一个暂停下来进行巩固、实践测试并对各种实用分析工具进行调整和微调的点”（第398页）。后现代主义影响下的半个世纪的史学实践，促使人们重新思考史学理论。面对当前这样一个数字时代，表现与证据再度成为热点与重点。大量的讨论围绕着大屠杀展开。而在解构之后，由于“历史地读、写和存在，历史地行动，是纯粹的人”（第492页），自我与能动性也被认真考察。要解决这些问题，在帕特纳看来，还是要重返古典。

这正是帕特纳笔下的当代史学理论发展史，不过，由于本书并不是严格意义的史学理论发展史，帕特纳的看法也并非毫无异议。任何一位读者都可以根据全书各主题章节，结合自身经验与认知，形成属于自己的当代西方史学理论变迁脉络。在该书中，不同章节作者也有着自己的判断，比如安克斯密特就划分历史哲学为三个阶段：亨佩尔的覆盖律模型时期；威廉·德雷的诠释学时期；20世纪70年代后的语言学转向时期。如此，该书讲述的史学理论故事，各家道路略有相异，旨趣根本相同，成百川汇流之势，倒也颇合后现代主义多样性的立场。

此外，不同史学理论家对于相同问题的不同看法，该书作者们也都尽量涉及，这些情况深刻反映了当代史学理论的内部分化，丰富了我们对其内涵及变迁的认识。比如，杜森认为柯林武德是后现代语言学转向的先声，但也明确表示“语言学转向的路数与柯林武德的方法之间的主要差异，是后者没有把他自己局限于历史叙事的‘上层建筑’——换言之，历史研究的最终成果——而是也聚焦于（包括理论的与实践的）涉及其所有分支的历史研究‘底层基础’”（第64页）。这一分歧实际上延续到了后现代主义史学理论内部。海登·怀特常常把探究阶段与情节化及表现阶段区分开，而南希·帕特纳则注意到“在实践中，这几乎从未发生。这种叙事化过程，在活动中先于并且完全处于‘探究’中”（第132页）。

余　论

作为一部手册，该书典范意义显著。不过，尽管该书内容异常丰富，但显然在一个全球性的世界中，这一领域的丰富内容不是一本《手册》能完全囊括的。从我们的角度来看，该书仍有些值得商榷的地方，对我们反思史学理论也不无启发。

对于后现代主义来说，多元化、多样性与非中心性是其主要观点表现之一。然而，本书主要以英美世界为主，对其他国家史学理论探讨皆以接受程度为标准，还是让人觉得有点英美中心论的感觉。按作者所言，法国思想对于英美世界的冲击异常强烈，也为之单列出年鉴学派、德里达和福柯等章，并在妇女史、叙事等相关章节中讨论了其他法国思想家。不过有些重要的法国史学理论家，比如雷蒙·阿隆和马鲁着墨不多，而他们在保罗·利科《法国史学对史学理论的贡献》被重点阐释。利科本人作为叙事理论的重要研究者，其著作《时间与叙事》被编者们认为是丰碑般的著作，但也讨论不足。而另一个史学理论大国德国，被认为在“二战”后贡献极小，只有在“伽达默尔《真理与方法》问世，德国人对史学理论的一次新的重要贡献方才出现”（第 41 页），但正文中依然对这一贡献没有多加讨论。至于广阔的第三世界，也只有那些进入欧美学界的才得到重视。

从全书所展现的主题来看，基于“历史”一词的后现代定义，在特定的史学理论框架下讨论问题，本不无厚非，但面对多样性的历史观念，却也让人略感“历史”单调了些。该书秉持历史与历史书写同一的观点，其主体部分涉及 20 世纪 70 年代及其后，斯宾格勒、汤因比等思辨历史哲学作为宏大叙事被割舍，情有可原。但对思辨历史哲学的诉求并没有在现实中消失。“从列维 - 施特劳斯到利奥塔、从克利福德到福山，我们仍然受到历史的困扰，即使我们迫切想彻底摆脱总体叙述的弊端，但我们还是一而再再而三地回返宏大叙事。”[①] 埃娃·多曼斯卡[②]、阿格妮丝·赫勒[③]等对后现代主义之后的宏大叙事反思较多，特别后者提出通过共同经验把“我的历史”转化为“我们的历史”，展现了超越后现代主义史学观念的构想。麦克尼尔等更是在历史学科内部身体力行地尝试构建全球视角下的世界史，但这些在本书尾声部分基本付之阙如。

此外，奠定当代西方史学理论基石的大师们普遍重视历史与政治的关

① Kerwin Lee Klein, “In Search of Narrative Mastery: Postmodernism and the Peoples without History,” *History and Theory*, Vol. 34 (1995), p. 276.

② 参见 Ewa Domanska, “Universal History And Postmodernism,” *Storia della Storiografia*, Number 35 (1999)。

③ 〔匈牙利〕阿格妮丝·赫勒：《碎片化的历史哲学》，赵海峰、高来源、范为译，黑龙江大学出版社，2015。

系，马克思主义不仅在理论上而且在实践中对之阐发颇多，该书处处可见马克思主义的影响，但都较为零散，多作为后现代主义影响下各种专门领域史学理论的来源之一，难见其整体面貌。比如，该书在社会史中阐述了汤普森、霍布斯鲍姆等文化马克思主义者的思想，在妇女史、后殖民等涉及政治实践较多的领域内也都谈到了马克思主义的阶级、压迫与解放等思想。

也许对于这样一部大部头集体著作来说，内容编排与取舍总有些缺憾之处。但对于我们来说，该书无论是总体认识还是局部阐释，对于我们更深入把握西方史学理论脉络都是益处颇多的，而那些缺憾随着我们自身史学经验的增长，或可更能激发我们的创造力，成为我们史学理论的新增长点。

《史学理论与史学史学刊》稿约

《史学理论与史学史学刊》为教育部普通高等学校人文社会科学重点研究基地北京师范大学史学理论与史学史研究中心主办的研究论集，是国内外史学理论与史学史工作者发表研究成果的阵地，欢迎中外专家、学者惠赐稿件。

1. 本刊设有历史理论与史学理论、中国古代史学、中国近现代史学、外国史学、中外史学比较、史学批评、图书评论等栏目。

2. 来稿一般应在1.5万字以内，重大选题可适当放宽至2万字。稿件使用A4型纸张打印，并请将稿件的电子版通过电子邮件发给我们。限于经费原因，恕不退稿，作者如果在3个月内未接到刊用通知，可自行处理稿件。

3. 本刊实行匿名评审，请作者不要在来稿上署名，另纸附上作者姓名、性别、出生年月、职称、工作单位、通信地址、邮政编码、联系电话、电子信箱等相关信息。来稿避免使用有可能透露作者个人信息的表述，诸如参见拙文、拙作等。

4. 来稿应遵守学术规范，尊重前人研究成果。禁止剽窃、抄袭与一稿两投行为，凡发现有此类行为者，5年内不受理该作者的任何稿件。

5. 来稿请寄：北京市新街口外大街19号北京师范大学史学理论与史学史研究中心《史学理论与史学史学刊》编辑部。

邮编：100875

电子信箱：history1101@163.com

《史学理论与史学史学刊》编辑部

《史学理论与史学史学刊》匿名审稿实施办法

为保证本论集用稿的学术质量，进一步提高刊物的学术层次，给广大读者奉献高水平的研究成果，我们实行稿件匿名评审制度。具体实施办法如下。

1. 来稿请勿在稿件中出现署名和与作者有关的背景材料，作者简介请另附在一张纸上，内容包括姓名、性别、出生年月、工作单位、职称、通信地址、邮政编码、联系电话、电子信箱等。来稿避免使用有可能透露作者个人信息的表述，诸如参见拙文、拙作等。

2. 来稿请直接寄往或送达编辑部，勿寄个人或托人转交，以免造成延误。

3. 本编辑部收到稿件后，由编辑人员登记，然后将原稿匿名送交有关专家审阅，就稿件的写作质量和学术水平做出评定，提出初审意见。

4. 编委会根据专家初审意见，对来稿学术质量进一步讨论，就稿件是否具有新观点和学术价值诸问题形成一致意见。

5. 责任编辑根据上述意见初步提出是否采用的建议，初步决定采用的稿件送交主编，最后由主编终审，决定是否刊登。

《史学理论与史学史学刊》编辑部

图书在版编目（CIP）数据

史学理论与史学史学刊. 2018 年. 上卷 ：总第 18 卷 / 杨共乐主编 . -- 北京 ：社会科学文献出版社，2018. 10
ISBN 978 - 7 - 5201 - 3123 - 0

Ⅰ. ①史… Ⅱ. ①杨… Ⅲ. ①史学理论 - 文集 ②史学史 - 文集 Ⅳ. ①K0 - 53

中国版本图书馆 CIP 数据核字（2018）第 161692 号

史学理论与史学史学刊 2018 年上卷（总第 18 卷）

主　　编 / 杨共乐

出 版 人 / 谢寿光
项目统筹 / 宋月华　郭白歌
责任编辑 / 范明礼　郭白歌

出　　版 / 社会科学文献出版社 · 人文分社（010）59367215
地址：北京市北三环中路甲 29 号院华龙大厦　邮编：100029
网址：www. ssap. com. cn
发　　行 / 市场营销中心（010）59367081　59367018
印　　装 / 三河市东方印刷有限公司

规　　格 / 开 本：787mm × 1092mm　1/16
印 张：21　字 数：350 千字
版　　次 / 2018 年 10 月第 1 版　2018 年 10 月第 1 次印刷
书　　号 / ISBN 978 - 7 - 5201 - 3123 - 0
定　　价 / 89. 00 元

本书如有印装质量问题，请与读者服务中心（010 - 59367028）联系